KB090591

Third Edition

Introduction to
Hotel Management
호텔경영론

이준혁 · 박대환 · 정연국 공저

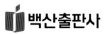 백산출판사

2000년도 영산대학교 호텔관광학부를 시작으로 어언 23년의 세월이 흘렀다. 매년 호텔경영론을 강의하면서 기억해 두었던 중요한 것들을 정리하기 시작하여 지금에 이르렀다. 박대환 학장님의 저서를 참고 삼아 하나둘 벽돌 쌓는 심정으로 새롭게 호텔경영론 책자를 정리하였다. 또한 퇴직하신 정규엽 교수님의 수작에서도 참고하여 인용하였다.

최근에는 호텔심사의 내용이 등급제로 변경되어 매우 정교한 평가가 이루어지고 있다. 그에 따라 1등급부터 5등급 호텔까지 모두 새롭게 태어나는 기분이다. 그러나 지난 3년간 코로나 팬데믹으로 인한 외래관광객의 급락은 정말 호텔산업 자체를 위협하고 있다. 이에 관광산업의 진흥과 호텔산업의 발전을 위해 본서는 이제 중요한 디딤돌 역할을 하여야 할 것으로 판단된다.

아직 미흡하지만 앞으로 좀 더 최신의 경영기법을 새롭게 반영하려는 노력이 필요할 것으로 판단된다. 제3판을 준비하면서 다시금 최신의 내용을 반영하고자 노력하였다. 그 내용을 살펴보면,

제1부 환대산업의 이해에서는 제1장 환대산업의 역사적 배경에서 관광 및 호텔의 개념을 설명하였으며, 환대산업의 역사적 배경과 한국호텔산업의 발전과정을 살펴보았다. 제2장은 호텔서비스 성과로 호텔서비스시스템과 프로세스를 설명하였으며, 그에 따른 성과가 어떻게 나타나는지를 설명하였다. 제3장은 호텔의 경영형태와 체인화로 프랜차이즈 및 위탁경영을 설명하였으며, 체인호텔과 총지배인의 역할에 대해 설명하였다. 또한 제4장에서는 호텔의 경영조직과 학생들이 가장 이해하지 못했던 현업에서의 용어를 부서별로 정리하였다.

제2부는 영업부문으로 제5장은 영업을 총괄하는 호텔마케팅으로 마케팅부서의 업무와 역할, 전략적 호텔마케팅 계획, 호텔마케팅믹스 전략, 호텔마케팅부서의 평가 등에 대해 서술하였다. 제6장은 객실영업과 객실관리를 통합하여 객실예약,

프런트데스크, 고객서비스 업무, 객실정비 및 공공지역 관리, 객실관리 오피스 및 세탁관리 등에 대해 상술하였다. 제7장은 식음료영업으로 레스토랑의 분류, 기물관리와 테이블 세팅, 식음료 고객서비스, 메뉴 구성(사진을 첨부함) 등에 대해 설명하였다. 제8장은 조리부서로서 조리부서관리의 의의, 주방관리, 원가관리, 메뉴(사진을 첨부함) 등을 서술하였으며, 제9장에서는 호텔 연회업무에 대한 것으로 호텔 연회업무, 연회의 종류, 연회예약 업무, 연회장의 서비스상품, 연회 서비스와 사후관리를 사진과 함께 다루었다.

　제3부 영업지원부문의 제10장 호텔 인적자원관리에서는 호텔 인적자원관리의 목적, 직무분석 및 직무설계, 인적자원관리부서의 업무 등에 대해 서술하였으며, 제11장 호텔회계에서는 호텔회계의 기본 이해, 호텔의 영업회계, 재무제표의 이해 등에 대해 설명하였다. 특히 호텔영업 회계의 특징에 대해서는 연습문제를 실어 학생들의 이해에 도움이 되고자 하였다. 제12장 호텔 구매관리에서는 구매, 검수, 창고관리, 원가관리 등에 대해 서술하였으며, 제13장 호텔정보관리에서는 프런트오피스시스템, 식음료영업 및 부대시설영업의 정보시스템, 업무지원부문의 정보시스템, 인터페이스 시스템 및 4차 산업혁명과 더불어 나타나고 있는 사물인터넷(IoT)과 호텔정보시스템에 대해 서술하였다. 마지막으로 제14장 호텔 프로젝트에서는 호텔 프로젝트의 의의, 사업타당성 조사의 접근, 호텔의 구입과 재정의 확보, 호텔개관의 준비과정 등에 대하여 설명하였다.

　본서의 내용은 지속적으로 수정·보완 작업이 이루어져야 할 것으로 믿는다. 왜냐하면 호텔의 경영시스템이 날로 발전을 거듭하고 있기 때문이다. 끝으로 본서의 출간에 도움을 주신 백산출판사 진성원 상무님을 비롯하여 편집부 김호철 부장님과 편집부 직원들께 심심한 감사의 인사를 전한다.

2024년 1월
부산 해운대 반송골에서
저자 씀

제1부 환대산업의 이해

제2부 영업부문

제3부 영업지원부문

제 **1** 부

환대산업의 이해

제1장 환대산업의 역사적 배경

제1절 관광 및 호텔의 개념

1. 관광의 개념[1]

관광이란 보양(保養)·유람(遊覽) 등의 위락적인 목적으로 여행하는 것이다. 일본에서 관광이라는 단어를 영어의 tourism에 맞추어서 쓰게 된 것은 明治(1868~1912년까지 사용된 일본의 연호; 명치천황의 재임기간) 초기부터이며, 그 근원은 『易經』의 "觀國之光"에 근거한다고 알려져 있다. 여기서 나라의 빛(光)을 본다고 하는 말의 뜻은 타국을 돌아다니며 그 지역의 풍속·제도·문물을 시찰하는 것을 의미한다. Tourism은 라틴어 tornus(골차: 滑車)에서 비롯된 것으로 여러 나라를 순회 여행한다는 뜻이다.

한편 학자들의 관광에 대한 정의를 살펴보면 다음과 같다.

1911년 H. Schulern(슐레른)은 "관광이란 일정한 지역·주 또는 나라에 들어가 체재하고, 그리고 다시 돌아가는 外客의 유입·체재 및 유출이라는 형태를 취하는 모든 현상과, 그 현상에 직접 관련된 모든 事象을 나타내는 개념이다"라고 정의하였다.

1935년 R. Glücksmann은 "우리는 관광을 체재지에 일시적으로 체재하고 있는 사람과, 그 지역의 주민과의 사이의 제 관계의 총체로서 정의한다"라고 하였다.

---

1) 영목충의 편(1995), 현대관광론, 서울 : 백산출판사.

　　1966년 J. Médecin(메드생)은 "관광이란 사람이 기분전환을 하고 휴식을 취하며, 또한 인간활동의 새로운 여러 국면이나 미지의 자연경관에 접촉함으로써 그 경험과 교양을 넓히기 위하여 여행을 한다든가, 거주지를 떠나 체재하는 등의 일로 이루어지는 여가활동의 하나이다"라고 정의하였다.

　　오래된 종래의 정의가 관광을 이민과 구별하기 위하여 일정기간 동안 체재한 뒤에 거주지로 돌아간다는 것을 강조했다는 점이라든가, 문제의 복잡성을 피하기 위해 의식적으로 동기나 목적을 거론하지 않았다든가, 혹은 경제적 측면으로서의 소비를 중시한 것 등에 비교하면, 최근의 정의에서는 관광을 탈출욕구, 인간성 회복욕구 등의 표출로 보고, 또한 경제행위라기보다는 넓게 문화활동이라고 보는 견해가 많아진 것을 알 수 있다. 이러한 뜻에서 위에서 말한 메드생의 정의는 가장 현대적이라고 할 수 있다.

　　쓰다 노보루 교수는 "관광이란 사람이 일상의 생활권을 떠나서 다시 돌아올 예정으로 타국이나 타 지역의 문물·제도 등을 시찰하거나 혹은 풍경 등을 관상, 유람할 목적으로 여행하는 것이다"라고 정의하였다.

　　이상의 정의를 통해 관광을 정의하면 다음과 같다.

　　'협의의 관광'이란 ① 사람이 일상생활권으로부터 떠나, ② 다시 돌아올 예정으로 이동하여, ③ 영리를 목적으로 하지 않고, ④ 풍물 등을 가까이하는 것이며, '광의의 관광'이란 그와 같은 행위에 의해서 나타나는 사회현상의 총체이다.

　　역사적으로 관광의 발전단계를 살펴보면 우선 'Tour의 시대'로서 고대부터 1830년대까지로 보며, 귀족, 승려, 무사 등 특권계급과 일부 평민들이 종교심 향상을 위하여 여행했던 것이고, 'Tourism의 시대'는 1840년대부터 제2차 세계대전까지(1945년) 특권계급과 일부의 부유한 평민들이 지식욕을 충족시키기 위하여 여행했던 것으로 파악된다. 'Mass tourism의 시대'는 제2차 세계대전 이후 현재까지로 대중을 포함한 전 국민이 보양과 오락을 목적으로 여행했던 것으로 파악되고 있다.

〈표 1-1〉 관광의 발전단계

단계	시기	관광객	관광동기	조직자	조직동기
Tour의 시대	고대·1839년	특권계급과 일부 평민	종교	교회	종교심의 향상
Tourism의 시대	1840년~ 제2차 세계대전	특권계급과 일부의 부유한 평민	지식욕	기업	이윤추구
Mass tourism의 시대	제2차 세계대전 이후	대중	보양과 오락	기업, 공공단체, 국가	이윤추구, 국민후생 증대

출처 영목충의 편(1995), 현대관광론, 서울: 백산출판사, p. 26.

2. 호텔의 개념[2]

1) 호텔의 사전적 의미

호텔의 개념은 우리들이 일상적으로 생활하는 범주의 기본단위인 가정(home)을 확대한 것으로 생각하면 쉽게 이해할 수 있다. 즉 가정을 떠난 가정(a home away from home)의 뜻으로 사랑하는 가족이 있는 집처럼 안락하고 편안한 가정의 분위기를 포함하는 숙박시설인 것이다.

'Hospitale'이란 현대어로 병원에 가까운 의미로 해석되고 있으나 Webster's Dictionary에서는 "A place of shelter and rest for travelers"로 기술하여 병원의 기능과 호텔의 기능이 합해진 숙소의 역할을 하는 공간으로 풀이된다. 따라서 'Hospitale'은 여행자의 숙소 또는 휴식의 장소, 병자나 부상자를 치료하고 간호하는 시설로 볼 수 있다. 전자의 성격이 발전하여 Hostel(여인숙), Inn(여관), 또는 현대의 Hotel이 되었고, 후자의 성격이 지금의 Hospital(병원)이 된 것으로 파악된다.

Webster's Dictionary에서는 현대적 호텔을 "A building or an institution providing lodging, meals, and service for the public"이라 정의하고 있다. 이를 토대로 현대적 호텔을 정의하면 "호텔이란 숙박과 식음료, 각종 연회행사 및 국제행사, 부대시설을 활용한 제반 이벤트 등을 수시로 제공하는 영리 서비스기업"이라고 할 수 있다.

---

2) 박대환·박봉규·이준혁·오홍철·박진우(2014), 호텔경영론, 서울: 백산출판사.

2) 호텔의 법적 정의

호텔의 정의를 영미 법률에서 보면, 호텔이란 "예절 바른 접대에 대한 지불능력 및 준비가 되어 있는 모든 사람에게 시설의 여유가 있는 한 수용이 허락되며, 체재 중에는 타당한 대가를 지불하고 식사, 침실 등을 제공받으며, 그 건물을 임시 가정으로 이용하는 데 필연적으로 부수되는 서비스와 관리를 받을 수 있는 장소"이다.

일본의 호텔 관계법령에는 "외객의 숙박에 적합한 양식 구조 및 설비를 갖추고 지어진 시설"이라 규정하고 있다. 이는 호텔의 기본적 개념 이전에 관광사업 진흥을 목적으로 한 국가적 견지에서 규제요건을 설정한 개념이다.

우리나라의 경우에도 1961년에 제정·공포된 「관광사업진흥법」에는 관광호텔의 개념을 "외국인 숙박에 적합한 구조 및 설비를 갖춘 시설에서 관광호텔 또는 이와 유사한 명칭을 사용하여 사람을 숙박시키고 음식을 제공하는 업"이라 규정하고 있다.

(1) 「관광진흥법」에 의한 분류

우리나라 「관광진흥법」은 제3조 제1항 제2호에서 관광숙박업을 호텔업과 휴양 콘도미니엄업으로 나누고, 호텔업을 다시 관광호텔업, 수상관광호텔업, 한국전통호텔업, 가족호텔업, 호스텔업, 소형호텔업, 의료관광호텔업으로 세분하고 있다(동법시행령 제2조 제1항 2호).

① 관광호텔업

관광객의 숙박에 적합한 시설을 갖추어 관광객에게 이용하게 하고 숙박에 딸린 음식·운동·오락·휴양·공연 또는 연수에 적합한 시설 등을 함께 갖추어 관광객에게 이용하게 하는 업을 말한다.

② 수상관광호텔업

수상에 구조물 또는 선박을 고정하거나 정박시켜서 관광객의 숙박에 적합한 시설을 갖추거나 부대시설을 함께 갖추어 관광객에게 이용하게 하는 업을 말한다.

③ 한국전통호텔업

한국전통의 건축물에 관광객의 숙박에 적합한 시설을 갖추거나 부대시설을 함께 갖추어 관광객에게 이용하게 하는 업을 말한다.

④ 가족호텔업

가족단위 관광객의 숙박에 적합한 시설 및 취사도구를 갖추어 관광객에게 이용하게 하거나 숙박에 딸린 음식·운동·휴양 또는 연수에 적합한 시설을 함께 갖추어 관광객에게 이용하게 하는 업을 말한다.

⑤ 호스텔업

배낭여행객 등 개별 관광객의 숙박에 적합한 시설로서 샤워장, 취사장 등의 편의시설과 외국인 및 내국인 관광객을 위한 문화·정보 교류시설 등을 함께 갖추어 이용하게 하는 업을 말한다.

⑥ 소형호텔업

관광객의 숙박에 적합한 시설을 소규모로 갖추고 숙박에 딸린 음식·운동·휴양 또는 연수에 적합한 시설을 함께 갖추어 관광객에게 이용하게 하는 업을 말한다.

⑦ 의료관광호텔업

의료관광객의 숙박에 적합한 시설 및 취사도구를 갖추거나 숙박에 딸린 음식·운동 또는 휴양에 적합한 시설을 함께 갖추어 주로 외국인 관광객에게 이용하게 하는 업을 말한다.

(2) 휴양콘도미니엄업

관광객의 숙박과 취사에 적합한 시설을 갖추어 이를 그 시설의 회원·공유자, 그 밖의 관광객에게 제공하거나 숙박에 딸리는 음식·운동·오락·휴양 또는 연수에 적합한 시설 등을 함께 갖추어 이를 이용하게 하는 업을 말한다.

3. 호텔서비스의 특성

1) 무형성(intangibility)

호텔산업은 서비스산업으로서 서비스의 특성으로 인해 제조업에 비해 제품의 마케팅 측면에서 상당부분이 다르다고 할 수 있다. 즉 제품의 무형성으로 인해 보다 더 가시화하려는 노력이 필요하다. 여기서 무형성이란 오감으로도 측정하기 애매한 부분이 많고 또한 포장하여 판매하기 불가능한 부분을 말한다. 가시화란 manipulation of tangible clue로서 유형적 단서로의 조작이 필요한 것이다. McDonald's의 성공요인이 바로 여기에 있다. 이러한 측면 때문에 종사원들의 외모는 매우 중요한 요인으로 작용한다. 물론 looking good이 아닌 looking right의 측면이 강조되어야 할 것이다. 또한 유니폼은 차별화의 도구로 매우 중요하다.

2) 동시성(simultaneity)

두 번째는 동시성으로 생산과 소비가 동시에 일어난다는 것이다. 이로 인해 호텔산업은 고객과의 접점상황을 사전에 대비하여 연습하고 훈련하여 실제 상황에서 고객만족을 이루어나가는 것이 중요하다. 따라서 OJT(on the job training)와 같은 직무훈련이 매우 중요한 의미를 갖는다.

3) 이질성(heterogeneity)

세 번째는 이질성이다. 이는 서비스를 하는 행위의 주체가 사람이므로 항상 이질적일 수밖에 없는 특징이 있으며 또한 고객도 이질적일 수밖에 없다는 의미이다. 따라서 이러한 이질성을 줄이기 위해서는 직원의 복장을 유니폼으로 통일하고 매뉴얼에 따라 서비스를 교육하여 그 차이를 감소해 나가는 노력이 뒤따라야 할 것이다. 마찬가지로 고객의 이질성을 줄이기 위해서는 시장세분화를 통해 표적고객을 선별하여 만족시키는 전략이 유효할 것이다. 이렇듯 환대산업은 서비스의 특성으로 인해 1차 및 2차 산업과 구분된다.

4) 소멸성(perishability)

네 번째 특징은 소멸성이며, 시간상품의 특성으로 당일에 판매되지 못한 객실과 식음료 상품들은 영원히 판매할 수 없는 상품이 되어버린다. 따라서 어느 정도의 수요가 예측되어야 이러한 부패성으로 인한 손해를 만회할 수 있다. 그러므로 신규고객들보다는 단골고객이 중요하며, 이러한 고정고객들의 수요를 예측하는 것이 매우 중요하다. 즉, 수요예측이 잘 실행되지 못하면 많은 낭비요소로 인해 재료비의 비중이 과다하게 책정되며 경영의 마이너스 요소로 작용할 것이다.

5) 고정된 수용규모

호텔산업의 제품특성 중 제조업과 근본적으로 차이가 나는 것은 공급의 규모(수용규모)가 고정되어 있다는 점이다. 호텔 객실, 레스토랑, 연회·회의실 등 대부분의 제품은 수용규모가 제한되어 있다. 수요의 변동이 심한 호텔업에 있어서 이 사실은 매우 중요한 의미이다. 즉 수요주기에 따라 수요를 융통성 있게 통제해야 한다는 것이다. 따라서 예약관리, 시간관리, 인력 및 공간관리, 고객관리 등이 중요한 과제가 된다.

6) 기타

기타 특성으로 인적서비스에 대한 의존성이 높다는 것이다. 호텔산업은 매우 노동집약적인 산업(labor-intensive)이므로 고용창출 효과도 있지만 인건비의 비중이 높은 단점이 있다. 또한 연중무휴 운영이다. 즉 365일 영업이 지속되어야 하므로 직원들의 스케줄도 매우 탄력적으로 운영되어야 한다.

이 외에도 높은 고정비(high fixed cost), 변동이 심한 수요(fluctuating demand), 부수서비스(peripheral service) 등이 특징이다.

높은 고정비란 초기 투자에 의해 세워진 건물, 시설, 인력 등은 매출과 관계없이 고정적으로 관리해야 하므로 높은 고정비를 감당해야만 하는 것이다. 즉 장치산업 또는 부동산업 등의 특징을 내포하고 있는 호텔업의 경우 고정비를 확보할 수 있는 수익률 관리(yield management)가 중요한 포인트가 된다.

또한 수요의 변동이 심하여 성수기와 비수기가 존재하며, 주중과 주말 등의 효과가 나타나므로 동시화 마케팅(synchro-marketing)을 통해 수요를 관리해 나가야 한다.

부수서비스란 하나의 서비스를 제공하더라도 부가적으로 많은 서비스가 필요하다는 것이다. 예를 들어 커피숍에서 커피를 제공할 경우, 직원늘의 따뜻한 서비스, 커피숍의 분위기, 안락한 테이블 및 의자, 격식에 맞는 기물 등이 뒤따라야만 커피서비스가 이루어진다.

　환대산업(hospitality industry)은 호텔산업, 외식산업 등의 접객산업을 포함하며, 관광산업과 더불어 빠르게 성장하고 있다. 또한 사람과 서비스가 중심이 되는 'people business'이며, 동시에 'service business'에서 핵심적 산업이기도 하다. 본 장에서는 환대산업의 역사적 발전과정 및 범위에 대해 살펴보고, 관광 및 호텔의 개념, 호텔서비스의 정의 및 특성에 대해 알아보고자 한다.

제2절　환대산업의 역사적 배경

1. 환대산업의 발전과정

　페르시아 상인들이 여행할 때 숙박하였던 Caravan은 지금의 텐트와 같은 형태로서 Khan이라 불렸으며, 이것이 최초의 집을 떠난 숙박 기능(home away from home)으로 기록되었다.

　기원전 500년에는 현재의 레스토랑과 같은 기능인 공공 외식시설이 처음 도입되었다. 이 절에서는 환대산업 역사상 무엇이 최초였으며, 산업의 발전에 어떻게 기여했는가에 대한 역사적 이벤트를 추적해 보기로 한다. 마케팅적으로 표현한다면, 역사적으로 환대산업 시장의 욕구와 필요가 무엇이었으며, 산업은 그 욕구와 필요에 부응하여 어떠한 제품과 서비스를 개발하고, 제공했는가를 시간적 흐름에 따라 정리해 보자는 것이다.

■ BC 4000년

메소포타미아(Mesopotamia)의 수메르(Sumer)인이 최초로 맥주 제조.

■ BC 3000년

고대 이집트(Egypt)에서 맥주를 제조하여 그리스(Greece)와 로마(Rome)로 전파됐고, 북유럽에서 맥주 제조법이 정착함(중세에는 수도원이 맥주 양조 독점).

■ BC 1480년

이집트(Egypt)의 룩소르(Luxor)에 위치한 디르 엘 바흐리(Deir el-Bahri) 성당 벽에는 하트셉수트(Hatshepsut) 여왕이 동아프리카(East Africa)의 펀트(Punt)로 여행한 것이 인류 최초의 순수 관광이었다고 기록되어 있음.

■ BC 776년

기록에 의하면 인류 최초의 올림픽 경기(Olympic Games)가 열림. 이후로 스포츠가 관광의 주요 동기 중 하나가 됨.

■ BC 500년

- 그리스(Greece)에서 미네랄과 온천이 있는 곳에 리조트가 최초로 등장함.
- 로마인(Roman)이 온천 리조트(spa resorts)를 영국(England), 스위스(Switzerland), 중동(Middle East) 지역까지 보급함.
- 작은 여관(inn)인 칸(Khan)이 중동지역 도시에 건립됨.

■ BC 50~60년

- 사람들은 여행하면서 여자로부터 독립하여 외식할 장소가 필요함을 인식함 (eat away from home).

■ 0년

- 외국의 한 숙박시설에서 예약이 초과되어(overbooking) Mary와 Joseph이 숙박하지 못하게 되었는데, 이것이 현재까지 숙박산업에서 공식적으로 알려진 최초의 예약 초과 사례임(被動的 能動=神의 뜻).

■ 70~80년

- 여행자에게 필요했던 외식산업이 이탈리아(Italy) 로마(Rome)에 최초로 등장함 (아직 eat away from home의 개념임).

■ 중세

- 여행자들을 위한 숙박소(hospice)가 등장함.

- **1100년대**
  - 유럽식 여관(inn)이 발전하기 시작함.

- **1200년대**
  - 여행자뿐만 아니라 일반인도 집이 아닌 장소에서 외식하기를 원했고, 따라서 외식산업이 발전하기 시작함(meal away from home).
  - 체코슬로바키아(Czechoslovakia) 국왕 웬체슬라스(Wenceslas)의 맥주 제조 금지령 해제를 계기로 체코슬로바키아(Czechoslovakia)가 맥주 생산중심 국가로 성장.

- **1200~1300년대**
  - 1282년 이탈리아(Italy) 피렌체(Florence) 지역에 있던 여관(inn)에서 최초로 허가받은(licensed) 와인을 수입·판매했으며, 이러한 여관(inn)들은 길드(guild)의 멤버로 가입되기 시작함.
  - 일부 런던 여관(London inn)을 주축으로 영국 시골 여관(English country inn)이 발전함.

- **1400년대**
  - 프랑스(France)에서는 법적으로 호텔 등록을 요구했고, 영국(England)에서는 여관(inn)을 위한 규정이 만들어짐.
  - 영국에서 최초로 여관(inn) 내에 개인이 홀로 투숙할 수 있는 '개인실(individual room)'의 개념이 도입됨.
  - 커피 하우스(coffee house)의 개념이 도입되었는데, 이것이 현재의 카페테리아(cafeteria), 카페(cafe), 커피숍(coffee shop) 등의 형태로 분류됨.

- **1500년대**
  - 프랑스(France)에 여관(inn)을 평가한 최초의 여행객 가이드가 만들어짐.
  - 1516년 독일(Germany) 비비리아(Bavaria) 공화국 빌헬름 4세(Wilhelm Ⅳ)의 '맥주순수령'으로 독일(Germany)이 맥주의 중심 국가가 됨(영국은 세계 2위 생산량과 소비량을 가진 맥주 대국으로서 일상생활의 한 부분인 '펍(pub)' 문화를 탄생시킴).

■ 1600～1700년대

• 1687년, 1688년 영국은 명예혁명에 의해 의회민주주의를 확립함.

• 필라델피아(Philadelphia)의 블루 앵커(the Blue Anchor)와 같은 미국 도시들에 항구도시 여관(seaport inn)이 발전함.

• 여관(Inn) 내에 개인 객실, 식당 시설, 회의 시설, 약간의 서비스 등이 복합적으로 제공되며, 지금의 호텔 개념이 유럽에서 도입됨.

• 역 등의 교통 중심지에 입지한 유럽의 여관(inn)들과는 달리, 미국에서는 1630년대 중반부터 tavern 혹은 하숙여관(lodging tavern) 개념의 투숙 시설이 발전했는데, 이 시설들은 시가지 내에 입지하여 사람들이 만나는 장소의 역할을 함.

• 오스트리아(Austria)에서는 크루아상(Croissant)이 최초로 제조됐는데, 당시 터키(Turkey)와의 전쟁에서 승리 후 터키(Turkey) 깃발에 있는 초승달 모양으로 빵을 만들어 '빵을 씹으며' 승리를 자축하기 위한 목적이었음.

• 카지노 형태의 게임 클럽이 영국 및 중앙 유럽에 등장.

• 이탈리아(Italy) 베니스(Venice)에 법적으로 허가된 최초의 공공 게임 클럽 개장.

▍그림 1-1 미국의 Tavern

■ 1700년대

• 1776년 미국의 독립선언, 1775~1783년 독립전쟁에서 영국에 승리함.

• 1789~1794년 프랑스 대혁명.

• 1724년 최초의 코냑 레미 마틴(Cognac Remy Martin) 등장.

- 1743년 최초의 샴페인 모엣&샹동(Champagne Moët & Chandon) 등장.
- 프랑스(France) 파리(Paris)의 플레이스 벤덤(Place Vendome)이 최초의 혼합적 이용시설(Mixed-use Complex)로 탄생됨.
- 유럽에서 탄산소다(carbonated soda)가 최초로 발명됨. 현재 Dr. Pepper, Coca-Cola, Root Beer 등 유명 탄산소다들은 100년 후

▌그림 1-2 Tavern 내의 상상도

인 1886년에 개발됐고, 또 거의 100년이 지난 1962년에야 무설탕(sugar free), 저칼로리(low fat), 무카페인(decaffeinated) 음료 등 시장의 필요에 의한 건강식 탄산소다가 개발됨.
- 1790년 프랑스(France)에서 미터법(metric) 시스템을 개발했고, 미국에서도 토마스 제퍼슨(Thomas Jefferson) 대통령이 이 척도 사용을 채택함.
- 1794년에 최초의 호텔인 시티호텔(City Hotel)이 미국 뉴욕(New York)시 브로드웨이(Broadway)에 70개의 객실로 시장에 진출함.
- 산업혁명이 영국, 유럽, 그리고 미국에 있는 호텔들을 촉진시켜 리조트들이 발전됨.
- 뉴욕(New York)의 사라토가 스프링스(Saratoga Springs)가 미국 최초의 온천 리조트로 개발됨.

■ 1800~1820년대

- 미국의 모든 tavern들이 호텔로 대체되기 시작함.
- 1810년 현재까지 사용되고 있는 주석 캔(tin can)이 식음료 저장 및 보존의 수단으로 개발됨.
- 1817년에는 최초의 동호인 단체인 클럽(private club)이 탄생됨.
- 일본에서 여관(Ryokan)이 발전하기 시작함.
- 1822년 최초의 컴퓨터가 영국에서 고안됨.
- 1827년 역사상 가장 유명한 프랑스(France) 레스토랑인 Delmonico's가 탄생함([그림 1-3] 참조).

- 세계 최초의 현대 호텔로 기록되고 있는 트레몬트 하우스(Tremont House)가 1829년 미국 Boston에서 탄생됐는데, 트레몬트 하우스(Tremont House)는 170개의 객실을 보유한 당시 최고 호텔로서, 개인 객실, 완전한 서비스, 객실 내 화장실, 비누, 주전자, a la carte 메뉴, 객실 키, 객실 문 잠금 장치(door locks on rooms), 프런트 데스크(front desk), 벨맨(bell man) 등의 다양한 신개념 서비스를 제공함.

▌그림 1-3 Delmonico's

■ 1830~1850년대

- 1830년 영국 리버풀(Liverpool)과 맨체스터(Manch-ester) 사이를 잇는 철도가 개설되며 철도시대가 도래됨. 그러나 일반 대중이 기차를 최초로 이용할 수 있었던 것은 1년 후인 1831년 미국의 사우스 캐롤라이나 철도(South Carolina Railroad)임.

▌그림 1-4 Tremont House

- 뉴욕(New York)시에 있는 홀트 호텔(Holt's Hotel)에 수하물 엘리베이터가 최초로 설치됨.
- 뉴욕 호텔(New York Hotel)이 1840년대에 최초로 객실 내 욕조(private baths)를 제공함.

▌그림 1-5 Grand Hotel

- 1850년 프랑스(France)에 세계 최초의 호화 호텔인 그랜드 호텔(Grand Hotel)이 탄생하며 호화 호텔시대가 개막됨.
- 외식산업이 유람선, 기차, 학교(school-lunch program) 등에 진출하며 단체급식(catering) 산업이 도래되는 등 환대산업이 양적, 질적으로 발전함.
- 1850년대 나이아가라 폭포(Niagara Fall), 뉴욕(New York), 그리고 뉴저지

(New Jersey) 해안을 중심으로 동부 리조트들이 발전함.

- 1859년에 숙박기능이 기차에 도입되면서 침대차(pullman railway car)가 탄생됐고, 또한 엘리베이터가 발명된 지 7년 후인 같은 시기에 미국 뉴욕(New York)시에 있는 Fifth Avenue Hotel에 승객용 엘리베이터가 최초로 도입됨.

■ 1860~1870년대

- 1865년 1갤런(gallon)에 23¢였던 오일 가격이 하루 아침에 1$ 45¢까지 급등하여 세계 최초의 오일 파동(oil crisis)이 있었음. 그로 인해 소비자들은 등유 등 다른 대체재를 탐색하게 됨.
- 1874년 세계 최초의 칵테일(cocktail)인 맨해튼(Manhattan)이 뉴욕(New York)의 맨해튼 클럽(Manhattan club)에서 만들어짐.
- 1876년 그레이엄 벨(Graham Bell)이 전화를 발명했으며, 직접 다이얼을 돌릴 수 있는 공중전화(public phone)는 1889년에 보급됨.
- 1876년 프레드 하비(Fred Harvey)가 호텔 체인 개념을 처음 도입함.
- 1870년대 미국 시카고(Chicago)에 오픈한 팔머 하우스(Palmer House)는 그 시대에 가장 큰 호텔이었으며, 최초로 방화 구조물로 건설됨(1925년에 재건축됨).
- 1870년대 미국 샌프란시스코(San Francisco)에 오픈한 Palace Hotel에 아트리움(Atrium) 형태의 로비가 최초로 등장함.

■ 1880년대

- 1880년대의 하이라이트는 지금도 세계 최고의 호텔 중 하나인 리츠 칼튼(Ritz-Carlton)이 세자르 리츠(Cesar Ritz)에 의해 탄생했다는 사실임. 리츠 칼튼(Ritz-Carlton)은 1850년에 시작된 호화 호텔 시대를 완성하며, 동시에 체인호텔의 개념을 확산시킨 공로가 있음.
- 1881년 뉴욕(New York)의 프로스펙트 하우스(Prospect House)가 호텔 최초로 전기를 이용한 조명 시설을 도입함.
- 1884년 접시 세척기(dishwashing machine)가 처음 발명되었고, 곧 호텔에 도입됨.

- 1885년 독일(Germany)의 칼 벤츠(Karl Benz)가 최초로 가솔린을 이용한 3기통(three-wheel) Benz 자동차를 발명함.
- 미국 뉴욕(New York)주 레이크 조지(Lake George)의 사가모어 호텔(Sagamore Hotel)이 모든 객실에 최초로 전기 시설을 갖춤.
- 미국 뉴욕(New York)시의 첼시 호텔(Chelsea Hotel)이 최초의 대형 장기 체재 호텔(residential hotel)로 기록됨.
- 미국 미주리(Missouri)주 캔자스시티(Kansas City)의 빅토리아 호텔(Victoria Hotel)이 모든 객실에 욕조를 갖춘 최초의 호텔로 기록됨.
- 미국 샌디에이고(San Diego)에 오픈한 호텔 델 코로나도(Hotel Del Coronado)가 당시 가장 큰 리조트 호텔로 기록됨.
- 영국 런던(London) 사보이(Savoy)가 극장, 예배당, 복사실, 세탁실을 갖춘 최초의 호텔로 기록됨.

■ 1890년대

- 미국의 호텔 웨이터, 바텐더들에 의해 호텔 노조(Waiters and Bartender National Union)가 결성됨. 곧 이 노조는 호텔과 레스토랑의 전 직원에 확산됨. 국내에서는 1987년도에 필자가 근무했던 서울 힐튼 인터내셔널 호텔(Seoul Hilton International Hotel)의 경우 노조의 결성으로 최저 기본급이 5만 원에서 13만 원으로 급등했음.
- 1894년 네덜란드인(Dutch people)이 운영하던 뉴욕(New York)의 한 호텔에서 최초로 객실 내에 전화가 도입됨.
- 1890년대 최대의 이벤트는 1896년에 건축된 월도프 아스토리아(The Waldorf Astoria)임. 이 호텔은 호화 호텔시대를 연장하였으나 지진에 의해 붕괴됐고, 현재 뉴욕(New York)시 맨해튼(Manhattan)에 있는 월도프 아스토리아(The Waldorf Astoria)는 1931년도에 재건축됨.
- 스위스(Switzerland) 로잔(Lausanne)에 있는 로잔호텔스쿨(Ecole Hoteliere)이 최초의 호텔 학교로 기록됨.
- 미국 뉴욕(New York)시 월도프 아스토리아(The Waldorf Astoria(Empire State Building) 부지에 있었음)가 17층으로 그 당시 가장 높은 호텔로 기록됨.

■ 1900년대

• 미국 필라델피아(Philadelphia)의 Horn & Hardart's Automat 레스토랑에 처음으로 자동판매기(automated vending machine)가 도입됨. 그러나 최초의 자동판매기는 1901년 독일(Germany)에서 수입되던 중 사고에 의한 선박 침몰로 바다 밑에 가라앉았음.

• 1903년 라이트(Wright) 형제가 인간도 날 수 있다는 희망을 주었으나, 신은 그때까지만 해도 라이트(Wright) 형제에게 날개까지는 달아주지 않았음.

• 1907~1908년 사이에 세계 최초로 일반 대중에게 널리 보급된 스타틀러 호텔(Statler Hotel)이 탄생됨. 스타틀러(Statler)는 300개의 객실을 갖추고 호텔의 모든 시설을 도입하며, 일반 대중들도 부담없이 이용할 수 있다는 강력한 시장의 요구로 호화 호텔들에 강력히 도전한 최초의 호텔로 기록됨.

▮그림 1-6 Hotel Statler

• 1909년에는 영국에서 최저 임금제(minimum wage)가 세계 최초로 제정됨.

• 인도 봄베이(Bombay)에 타지마할(Taj Mahal)이 오픈됨(1972년 Inter-Continental에 의해 복구됨).

• 미국 뉴욕(New York)주 버팔로(Buffalo)에 있는 스타틀러(Statler)는 현대 호텔 유통의 흐름(modern hotel circulation flow)에 대한 주요 원칙을 만듦.

■ 1910년대

• 세계 최초로 호텔 협회인 미국호텔협회(American Hotel Association)가 결성됐는데, 이것이 그로부터 50여 년이 지나 결성된 AH&MA(American Hotel & Motel Association)의 모체임. AH&MA는 2001년 4월 AH&LA(American Hotel & Lodging Association)로 개칭됨.

- 1910년부터 약 20여 년 동안 시장의 지속적인 필요에 부응하기 위해 장기 체재 호텔(residential hotel) 및 컨벤션 호텔(convention hotel)이 발전하기 시작함.
- 1913년 상업용 냉장고가 발명됨.
- 1919년 외식산업 최초, 최고의 협회인 NRA(National Restaurant Association)가 결성됨.
- 1919년 미국 캘리포니아(California)에 최초의 패스트푸드(fast food) 레스토랑인 A&W가 탄생됨.
- 미국 뉴욕(New York)시의 Grand Central Terminal이 최초의 교통기관 혼합이용 시설로 기록됨.
- 미국 미네소타(Minnesota)주의 로체스터(Rochester)에 있는 케흘러 호텔(Kahler Hotel)이 최초의 병원 호텔(medical hotel)로 기록됨.
- 대서양을 가로지르는 최초의 비행과 정기 항공로(scheduled airline)가 최초로 개설됨.

■ 1920년대

- 1920년 자동차의 발달로 A & W 레스토랑은 차를 타고 가며 주문하고, 곧 음식을 제공받을 수 있는 drive-in(drive-through) 시설을 최초로 개발함.
- 1920년 상업용 라디오가 보급되었으며, 1926년에는 TV가 발명됨.
- 1926년 공인 호텔 회계 제도(The Uniform System of Accounts for Hotels)가 제정됨.
- 1927년 공인 레스토랑 회계 제도(The Uniform System of Accounts for Restaurants)가 제정됨.
- 1929년 미국 캘리포니아(California)에 오클랜드 공항 여관(Oakland Airport Inn)이 개관되며 최초의 공항 호텔로 기록됨.
- 미국 뉴욕(New York)주 코넬(Cornell)대학에 School of Hotel Administration이 설립됨.
- 미국 보스턴(Boston)의 스타틀러(Statler)가 최초의 호텔/사무실 건물(hotel/office building)로 기록됨.

■ 1930년대

· 1930년대는 호텔산업에 가장 큰 변화가 있었던 시기로 기록되고 있음. 경제 대공황의 여파로 1930~1935년 동안 미국 호텔의 85%가 도산하며 무수한 시장의 기회를 제공했고, 특히 체인 호텔이 급증하기 시작함.

· 1930년 Howard D. Johnson은 처음으로 환대산업에 프랜차이즈(franchise) 개념을 도입함. 최초의 프랜차이즈(franchise)는 1860년 제조업체인 Singer Sewing Machine Company에서 도입하였으므로, 무려 70년 후에 그 개념이 환대산업에 도입된 것임.

· 1939년 독일(Germany)에서 제트 엔진을 발명하였는데, 1975년에 이르러서야 모든 비행기의 반 이상이 제트 엔진을 사용하게 됨.

· 미국 뉴욕(New York)시의 새로운 월도프 아스토리아(The Waldorf Astoria)가 당시 가장 대규모 호텔로 재건설됨.

■ 1940년대

· 1940년 페니실린(penicillin)이 발명됨.

· 1945년 미국 해군이 음식을 냉동하고, 다시 정상적인 상태로 복원시키는 기계를 발명함.

· 1945년 미국 라스베이거스(Las Vegas)의 플라밍고(Flamingo, 현재의 Flamingo Hilton)가 최초의 카지노 호텔로 기록됨.

· 1946년 호텔의 위탁 경영(management contract) 개념이 인터컨티넨탈(Inter-Continental) 호텔에 의해서 최초로 도입됨.

■ 1950년대

· 1950~1960년 사이에 호텔산업과 너불어 외식산업에도 기업 간 경영 계약이 활발히 이루어짐.

· 1951년 미국 의회에서는 각 주를 잇는 고속도

▌그림 1-7 **1952년 Holiday Inn의 개관 모습**: Spence, Bob, Kern, Betty and Carole Wilson Ribbon-cutting ceremony of the first Holiday Inn–1952

로 시스템(interstate highway system)의 개발을 승인함. 국내에서는 1971년 개통된 경부고속도로가 그 최초임.

- 1952년 환대산업 최대 기업이었던 홀리데이 인(Holiday Inn)이 케몬스 윌슨(Kemmons Wilson)에 의해 시장에 등장함(그림 1-7 참조).

- 1954년 힐튼 호텔(Hilton Hotel)의 창시자인 콘래드 힐튼(Conrad Hilton)이 모든 스타틀러 호텔(Statler Hotel)까지 합병하며 힐튼 호텔(Hilton Hotel) 시대를 탄생시킴.

- 1954년 현재까지도 외식산업의 최대 기업인 맥도날드(McDonald's)가 레이 크록(Ray Kroc)에 의해 탄생됨([그림 1-8] 참조).

- 캐리비안(Caribbean)에 리조트들이 발전하기 시작함.

▌그림 1-8 **최초의 McDonald's**

- 클럽 메드(Club Med)에 의해 vacation village 개념이 발전함.

- 미국 라스베이거스(Las Vegas)에 카지노 호텔들이 발전하기 시작함.

- 상업적으로 제트 엔진을 이용하여 대서양을 횡단하는 서비스가 제공됨.

- 항공사들이 호텔을 개발하기 시작함.

▌그림 1-9 McDonald's의 Ray Kroc(左)과 Holiday Inn의 Kemmons Wilson(右)

■ 1960년대

- 미국에서 23,000개의 호텔, 40,000개의 모텔, 그리고 170개의 체인이 운영됨.
- 스페인쪽 지중해(Spanish Mediterranean), 포르투갈(Portugal), 발레아레스섬(Baleares Island), 스칸디나비아(Scandinavia), 그리스(Greek), 유고슬라비아(Yugoslavia)에 리조트들이 발전함.
- 미국 뉴욕(New York)주의 Arden House of Columbia University, Tarrytown에 있는 Tarrytown House, General Electric Co.가 최초의 콘퍼런스 센터(conference center)로 기록됨.

■ 1970년대

- 미국 플로리다(Florida)주의 올랜도(Orlando)에 있는 월트 디즈니월드(Walt Disney World)가 최초의 위락/오락 센터로 기록됨.
- 중동지역의 풍부한 석유로 대규모 호텔이 발전함.
- 호텔 서비스를 제공하는 고급 콘도미니엄이 발전함.
- 처음으로 콘도미니엄이 스위트 호텔(suite hotel)로 개조됨.
- Timesharing 리조트와 콘도미니엄 리조트가 발전함.
- 하와이(Hawaii)의 마우이(Maui)와 멕시코(Mexico)의 칸쿤(Cancun)에 다양한 리조트 혼합 시설(multiresort complexes)이 발전함.
- 중국이 외국 관광객들에게 개방됨.

■ 1980년대

- 공항 호텔(Airport hotel), 콘퍼런스 센터(conference center), 스위트 호텔(suite hotel), 베케이션 호텔(vacation village), 건강 온천(health spa), 마리나 호텔(marina hotel), 스키 로지(ski lodge), timesharing and condo 리조트들이 급격히 증가함.
- 카시노 호텔들이 미국 뉴저지(New Jersey)주의 애틀랜딕시티(Atlantic City)에서 발전함.
- 제한된 서비스를 제공하는 염가(budget) 호텔들이 급격히 증가함.
- 미국 애틀랜타(Atlanta)에 메리어트 마르퀴스(Marriott Marquis)가 가장 큰 컨벤션 호텔(convention hotel)로 탄생됨.

- 미국 뉴욕(New York)시의 타임 스퀘어(Times Square)에 있는 메리어트 마르
  퀴스(Marriott Marquis)가 가장 요금이 비싼 호텔로 기록됨.
- 중국에 호텔 붐이 일어남. 베이징(Beijing)에 2,000개의 객실을 갖춘 리두
  (Lidu)가 당시의 대표 호텔임.
- Whitney Library of Design가 호텔 계획(hotel planning)에 관련된 종합 책자를 최초
  로 출판함.

■ 1990년대 이후

- 1996년 최초의 온라인 여행사 등장(여행의 민주화/경쟁가속/개인화가속)
- 2001년 9.11 테러가 발생함(New York's World Trade Center)
  - 이후 공항에서의 안전검사가 강화됨.
- 2003년 카메라 폰이 디지털 카메라의 판매량을 압도함.
  - 2007년 iPhone, smartphones 등으로 발전함.
- 2008년 AirBnB 등장
- 2010년 Citizen Travel Blogger의 등장
  - 새로운 여행전문가의 등장으로 새로운 여행시장 등장

2. 한국 호텔산업의 발전과정[3]

1) 해방 이전의 한국 호텔

한국의 역사에서 호텔이 갖는 의미를 알기 위해서는 대불호텔, 손탁호텔과 철
도호텔인 조선호텔과 최초의 상용호텔인 반도호텔을 빼놓을 수 없다.

대불호텔은 1887년 착공하여 1년 후인 1888년에 개관하였다. 1883년 인천항의
개항은 대불호텔이 건립되는 직접적인 배경이 되었다. 인천은 일본인은 물론, 서
양의 선교사와 외교사절, 사업가들이 주로 방문하는 곳으로 목적지는 대부분 경
성(서울)이었다. 그러나 유일한 교통수단인 조랑말과 가마로는 서울까지 한나절
안에 당도할 수 없었던 당시의 상황에서는 자연스레 숙박할 장소가 필요했으며,

이에 일본인 사업가 호리 리키타로는 주요 고객을 서양인으로 판단하여 서구식으로 설계된 대불호텔을 건립하였다. 당시 침대 객실 수는 11개, 다다미방처럼 꾸민 객실은 240개에 달했다고 하며, 당시의 화폐로 상급객실 2원 50전, 중급 2원, 하급 1원 50전이었다. 그러나 1899년 경인선이 개통되자 인천항으로 입국하던 외국인들의 숙박수요가 감

■그림 1-10 **대불호텔**

소하면서 사양길로 접어들다가 1918년 중국인에게 매각되고 이후 중국인 역시 호텔사업에 매력을 느끼지 못해 중화루라는 중국음식점으로 바뀌었다.

　손탁은 1902년 정동 29번지 왕실 소유의 땅에 사교장으로 사용하던 한식 건물을 헐고, 2층 양옥의 손탁호텔을 건립하였다. 면적은 1,300m²였고, 회색벽돌로 꾸몄다. 2층은 귀빈객실로, 1층은 보통객실과 커피숍으로 꾸몄으며, 상하층의 창은 아치형으로 멋을 내고, 창 사이의 벽을 작게 하여 모든 벽면이 아케이드 모양이었다. 손탁은 1885년 조선 주재 러시아 대리공사로 부임한 베베르의 처형인데 공사부처의 추천으로 명성황후를 만나 서양요리와 외빈접대의 일을 맡았다. 고종이 애용했던 기호식품 헤이즐넛 커피도 손탁이 권한 음식 가운데 하나였다고 한다. 이러한 손탁호텔은 정동 '살롱정치'의 본거지로서 성과를 높였으나, 러일전쟁에서 일본이 승리한 후 쇠퇴의 길을 걸었으며, 1917년 이화학당이 이 건물을 구입하면서 한국 최초의 서구식 호텔은 역사 속으로 사라지고 만다. 지금도 이화여자고등학교 북문에 들어서면 넓은 주차장의 오래된 정자나무 아래 '손탁호텔 터'라는 표지석이 자리 잡고 있으며, "한말에 러시아에서 온 손탁(Miss Sontag)이 호텔을 건립, 내외국인의 사교장으로 쓰던 곳"이라는 비문을 확인할 수 있다.

▌그림 1-11 손탁호텔 전경

조선호텔은 철도호텔로서, 최초의 철도호텔인 부산의 부산철도호텔과 신의주 철도호텔 다음으로 1912년 경성(서울)의 서울역 인근에 세워졌다. 조선호텔은 69개의 객실을 갖추고 서양요리기술을 발전시켰으며, 1915년에 전 조선 기자대회를 개최함으로써 국내에서 처음으로 회의장소로 이용된 곳이다. 당시 조선호텔에는 거의 모든 객실에 욕실이 갖추어져 있었으며, 객실마다 탁상전화와 세면소가 있었다. 또한 호텔에는 큰 식당과 사교실이 있어 오늘날의 호텔 커피숍 역할을 하였으며, 양식요리가 갖추어져 있었다. 1929년 조선호텔의 객실료는 유럽식(1인 1실)은 3원, 4원, 6원, 8원, 10원, 14원, 15원, 30원, 45원의 9등급의 차이를 보이고 있었으며, 미국식(1인 1실)은 9원, 10원, 12원, 14원, 16원, 20원, 21원, 26원이었다.

일본인 노구치 시다가후는 조선호텔의 뒤편인 황금정 1정목 18번지를 중심으로 6,600㎡의 땅을 매입하고 1936년 5월 12일 최초의 상용호텔인 반도호텔 착공식을 거행하였다. 조선호텔의 뒤편에 반도호텔을 설립한 것은 특별한 계기가 있어서이다. 노구치 시다가후는 1930년대 어느 날 남루한 옷차림(점퍼, 당고바지, 지카다비; 일본 버선 모양의 노동자용 작업화)으로 당시 총독부에서 운영하던 조선호텔에 들어가려 하였다가 호텔 출입구의 종업원에게 "이보시오, 당신 같은 사람이 출입할 수 있는 곳이 아니니 당장 나가시오"라는 소리와 함께 입장을 저지당하였다. 이에 반드시 수모를 갚겠다는 생각으로 조선호텔 바로 뒤에 반도호텔을 개관한 것이다. 남루한 복장으로 쫓겨났던 그는 사실 조선과 만주 일대에서 군수산업으로 큰돈을 모든 신흥재벌이었다. 착공식 후 채 2년이 안 된 1938년에 반도호텔은 지하 1층, 지상 8층, 96개 객실규모의 호텔로 개관하였으며, 당시 동양에서 4위권의 호텔이었다. 반도호텔은 건립 후 한국의 호텔왕으로 군림하게 되는데, 이는 건물의 위상과 규모라는 측면도 있었으며 앞선 마케팅도 큰 몫을 차지하였다. 결혼식장, 위스키를 마실 수 있는 바(bar), 교류의 장이었던 1층의 사교실 등은 세인의 관심을 끌기에 충분하였으며, 엘리베이터 걸도 배치하는 등 차별화된 서비스도 시행하였다. 반도호텔은 미국 스타틀러호텔의 경영방식을 도입하여 일반 대중을 상대로 영업하였다고는 하나, 이 시기는 조선인의 여행이 극히 제한되어 일본인 및 외국인을 위한 시설로 운영된 것으로 보인다. 반도호텔은 현재 국내 최대의 체인호텔인 롯데호텔의 전신이다.

해방 이전의 한국에 세워진 근대 숙박시설인 여관과 호텔들은 모두 외국인에 의해 세워졌으며, 한국에 입국한 일본인과 외국인을 주 대상으로 영업한 것이 하나의 큰 특징이라 할 수 있다.

2) 해방 이후의 한국 호텔

(1) 해방 이후~6·25전쟁

1945년 8월 15일 해방 이후 철도호텔들과 조선호텔, 반도호텔은 미군정에 의해 관리되다가 1948년 8월 15일 대한민국이 정부를 수립함에 따라 교통부로 이관되어 운영되었다. 미군정하에서 운영될 당시, 미군정의 최고책임자인 하지 중장은 서울에 진주한 직후 반도호텔을 숙소로 삼았으며, 국내의 정계 실력자들은 최고 권력자인 하지 중장을 만나기 위해 반도호텔을 찾았다. 당시 이승만, 김구, 김규식 등 우리나라 역사의 한 페이지를 장식한 큰 별들이 반도호텔에서 하지 중장과 국사를 의논하였다고 한다.

교통부로 이관된 후 미국정부는 반도호텔과 조선호텔을 미군정 사무실로 사용한 대가로 1949년에 300만 달러라는 거금을 우리 정부에 지불한 것으로 보아 우리나리의 초기 호텔이 외화벌이에 큰 몫을 한 것으로 볼 수 있다. 1950년 6월 25일부터 27일까지 3일 동안 반도호텔에는 전쟁의 개요를 알려 유엔군의 참전을 촉구하는 뉴스센터가 설치되었다. 서울을 수복한 후 태극기를 걸었던 곳이 서울역과 중앙청(문민정부 시절 '역사 바로 세우기'의 일환으로 철거) 그리고 반도호텔이었으며, 한국전쟁이 끝날 때까지 미 8군의 서울지구 사령부가 반도호텔에 주둔하였다.

1953년 8월에 미 8군은 용산에 터를 잡았고 반도호텔이 호텔로서의 제구실을 하기 시작하였으며, 반도호텔의 관리와 책임이 온전히 우리나라 정부로 이관되었다.

(2) 1950년대 한국의 호텔

6·25전쟁 이후, 한국의 호텔상황은 참혹했다. 전쟁의 상흔이 그대로 남아 대대적인 수리와 보수공사가 필요했으며, 교통부가 그 책임을 맡았다. 휴전 이후 많은 미군들과 UN한국부흥단 의원들이 한국을 방문함으로써 관광사업의 필요성을 인식하기 시작했으며, 1954년 정부는 교통부 육운국에 관광사업 촉진을 위해 관광과를 설치하였다. 이 시기 최초의 민영호텔인 대원호텔이 1952년에 개관하였으며, 1955년 지금의 그랜드 앰배서더호텔(과거 소피텔 앰배서더호텔)의 전신인 금수장호텔이 개관하였다. 또한 1957년에 해운대호텔과 사보이호텔, 1957년에 온양호텔이 계속적으로 개관하였다. 1959년에는 아스토리아호텔, 무등산호텔, 설악산호텔, 서귀포호텔, 대구호텔, 유엔센터호텔이 개관 및 신축공사에 착수하였다.

특히 1950년대는 호텔정치라는 용어가 회자되기도 하였는데, 자유당 정권 시절 반도호텔은 최고의 전성기를 누렸다. 권력의 최정점에 있었던 이기붕 부통령은 반도호텔 809호를 전용사무실로 사용했으며, 이곳에서 당무회의가 열리기도 했다.

(3) 1960년대 한국의 호텔

1961년 8월 「관광사업진흥법」이 제정되어 시설 기준이 우수한 호텔을 관광호텔로 선정하여 정부가 적극적인 행정지원을 함으로써 관광호텔 발전의 계기가 되었다. 1961년에 관광호텔로 지정된 호텔로는 메트로호텔, 아스토리아호텔, 뉴코리아호텔, 사보이호텔, 그랜드호텔 등이 있다.

1962년 국제관광공사(한국관광공사의 전신)가 설립되면서 반도호텔, 조선호텔과 지방 7개 호텔의 경영권을 인수하게 되었고, 이로부터 외화획득, 관광산업의 활성화란 목표 아래 관광공사가 많은 노력을 기울였다. 1963년에는 우리나라 최초의 휴양지 호텔인 워커힐호텔이 263실의 객실로 개관하여 우리나라 호텔산업에 있어 최고의 현대적인 호텔로 명성을 떨쳤다. 1965년에는 PATA(Pacific Asia Travel Association)의 국제회의가 서울에서 개최되어 호텔의 중요성을 재인식하는 계기가 되었다. 1966년 대형호텔로 순수 민간자본으로 건립된 세종호텔이 18층 322실의 객실로 개관하였으며, 1967년 타워호텔이 20층 245실로 건립되었다. 조선호텔이 한국과 미국의 합작체결로 민영화의 길을 걷게 되었다. 특히 1960년대는 한일 국교의 정상화로 일본인 관광객의 급속한 증가가 많은 호텔의 개관과 신축을 이끌어내었다.

　당시 일화의 하나로 1960년 4·19혁명 직후 민주당 정권하에서 장면 총리가 반도호텔 808호와 809호를 사용하고 있었는데, 다음 해인 1961년 5·16군사정변 시 반도호텔은 주요 목표 중 하나였다고 한다. 그때 쿠데타 세력들이 점령하기로 한 1차 목표물은 중앙청, 국회의사당, 반도호텔 등이었으며, 반도호텔의 경우 장면 총리를 체포하기 위한 것으로 보인다. 장면 총리는 당시 상황에 대하여 "1961년 5월 16일 새벽 2시경, 장도영에게서 전화가 왔다. 경호실을 통한 보고였다. 나는 그때 반도호텔 809호실에 있었고, 경호실은 808호실이었다. (중략) 얼마 후에 총성이 요란하게 들렸다. 신변의 위협을 느꼈다. 이성을 잃은 군인들이 무슨 짓이든 못하랴 싶어서다. 부득이 그 자리를 피했다. 반도호텔에 군인들이 들이닥치기 불과 10분 전이었다"라고 회고했다. 이처럼 당시의 호텔은 우리나라 정치, 경제상황의 가장 중요한 시점에서 항상 이용되던 장소였다.

(4) 1970년대 한국의 호텔

　1970년 연초에는 큰 사건이 벌어졌다. 1월 17일 반도조선아케이드에 화재가 난 것이다. 국제관광공사는 관광산업의 활성화란 목표 아래 반도조선아케이드의 건설, 영빈관의 인수·운영 등을 위해 많은 노력을 하고 있었는데 반도조선아케이드에 큰 화재가 났다. 특히 3개월 후인 4월 9일에는 조선호텔에서 ADB(Asian Development Bank: 아시아개발은행)총회가 열릴 예정이어서 긴박한 상황이었다. 1월에만 긴급 복구를 위한 관계부처 합동회의가 3차례에 걸쳐 열렸으며, 완전복구가 이루어지긴 했으나 우리나라 관광산업 특히 호텔산업 역사에 큰 영향을 미쳤다. 당시 박정희 대통령이 관광정책을 대전환하는 계기가 반도조선아케이드의 화재였으며 당시의 최고급호텔이었던 반도호텔과 조선호텔이 이후 국제관광공사로부터 민간으로 매각되는 계기가 되었다.

　1967년 국제관광공사와 미국의 아메리카항공사가 합작투자를 결정한 이후 1970년에 조선호텔이 개관하였으며, 이는 처음으로 자본과 경영을 분리하여 경영하는 호텔의 탄생이었다. 1970년에는 관광호텔등급제도와 관광호텔 지배인 자격시험

제도가 실시되어 호텔의 질적 수준과 경영의 전문성을 향상하도록 노력하였다.

1973년 반도호텔의 민영화가 확정되어 반도호텔을 전신으로 하는 롯데호텔이 1973년 5월 5일에 설립되었으며, 1974년 7월 3일 우리나라 최초의 상용호텔인 반도호텔은 종무식을 끝으로 오랜 역사를 마감하였다. 약 5년간의 공사를 통해 1979년 롯데호텔이 39층 1,019실의 객실로 개관하였다. 같은 해인 1979년에는 삼성그룹의 호텔신라도 개관하여 일본의 오쿠라호텔과 15만 달러, 총매출액의 1%, 영업이익의 4.5% 선에서 체인계약을 체결하였다. 1976년 서울 프라자호텔과 1978년 Hyatt호텔, 부산조선비치호텔, 경주코오롱호텔 등이 개관하였으며, 경주조선호텔, 경주도쿄호텔, 부산서라벌호텔, 서울가든호텔 등의 대형호텔이 개관하였다.

(5) 1980년대 한국의 호텔

1980년대 초기에는 1979년의 제2차 석유파동과 10·26사건의 여파로 인한 정치변혁으로 사회·경제적으로 많은 혼란을 가져와 관광호텔사업은 이 시기에 시련을 겪는다. 그러나 1982년 1월 5일을 기해 1945년 9월부터 시작된 37년간의 통금이 해제되었고, 우리나라 국민의 국내관광이 본격적으로 시작되면서 호텔업은 다시금 부활을 꿈꾸게 되었다.

또한 1986년의 서울 아시안게임과 1988년 서울올림픽은 서울을 국제도시로 알림과 동시에 호텔의 건설에 박차를 가하는 계기가 되었다. 특히 1988년 서울올림픽이 결정된 후 정부에서 추산한 필요 객실은 38,000여 실이었으나 1987년 말 당시 전국의 호텔은 222개 28,043실이었으며, 서울의 객실은 채 5,000실이 되지도 않은 상태였다. 이에 정부는 대회기간 중 숙박대란이 일어날 수도 있는 상황을 해결하기 위하여 86·88숙박대책위원회를 발족하여 문제해결에 나섰다. 또한 롯데호텔은 본관 이외에 별도로 신관을 완공했는데 이는 올림픽 개최 2개월을 앞둔 1988년 6월이었으며, 올림픽 개막일을 10일 앞둔 9월에 롯데호텔월드가 개관하였다.

이 시기에 개관한 호텔은 1983년 대우그룹에서 건립한 힐튼호텔, 1988년 롯데호텔 신관과 롯데호텔월드, 1988년 서울올림픽 이후 스위스그랜드호텔, 인터컨티넨탈호텔, 라마다르네상스호텔 등이 있다.

(6) 1990년대 한국의 호텔

1990년 초기 서울올림픽의 성공으로 인한 서울의 이미지 상승과 1989년의 해외

여행 완전자율화를 통한 외래관광객 입국자 수의 증가 및 내국인의 해외여행 증가로 관광선진국의 반열에 들어가는 계기가 되었으나 서울올림픽 이후 급증하는 내국인의 해외여행으로 인한 국제수지의 악화로 관광산업을 사치성 서비스업으로 규정하면서 호텔건설이 침체되었다.

1993년에는 일본에 이어 아시아에서 대전 EXPO가 개최되면서 국내 호텔의 수는 전국 446개 45,096실의 객실을 보유하는 수준에 이르렀다. 1994년 정부는 그동안 호텔업 등이 사치성 서비스업으로 규정되었던 것을 해제하고 영업시간의 연장과 객실요금에 대한 부가세 영세율 적용 및 시설자금의 지원 등 관광호텔업의 육성지원책을 실시하게 되었다.

1990년대 후반에는 우리나라 호텔업이 다시금 도약할 수 있는 계기가 조성되었다. 바로 1996년 스위스 취리히에서 열린 국제축구연맹(FIFA)의 2002년 한일월드컵 공동개최의 결정이었다. 또한 2000년 ASEM과 2002년의 부산아시안게임도 개최 예정이어서 다양한 국제행사 유치를 위한 숙박시설의 확충이 필요하였다. 1997년 이런 이유 때문에 호텔건설을 촉진하기 위한 「관광숙박시설지원 등에 관한 특별법」이 2002년까지 발효되는 한시법으로 제정되어 호텔의 신축과 개관을 위한 기반이 확충되었다. 그러나 1997년 말의 IMF 구제금융 요청은 국내경기를 위축시켜, 서울시 마포구에 동양그룹이 건설할 예정이었던 호텔건립 계획이 취소되는 등 국내 호텔산업이 위축되는 상황을 맞게 되었다.

(7) 2000년대 이후 한국의 호텔

2000년 IMF 이후 경기가 되살아나면서 대형호텔들이 개관하게 되었고 국내 호텔산업 발전의 계기가 되었다. 특히 이 시기는 호텔업만이 아닌 관광산업이 폭발적으로 성장하던 때였으며, IMF 구제금융으로 인한 환율의 고공행진이 외래관광객의 입국을 증가시키는 촉매역할을 하여 호텔업의 수익이 개선되었다. 특히 이즈음에 가장 큰 성장을 한 호텔은 조선호텔로 IMF 이후 여의도의 증권시장 투자자인 재무적 개별관광객(finance FIT: free independent traveler)의 많은 숙박으로 국내 호텔 중 선두호텔로 나아가는 계기가 되었다.

2000년대에 건립된 호텔은 서울 코엑스 인터컨티넨탈호텔(2000년 10월), JW메리어트호텔(2000년 9월), 롯데호텔제주(2000년 4월), W서울 워커힐호텔(2004년 8월),

Park Hyatt호텔(2005년 4월), 메이필드호텔(2003년 11월) 등과 더불어 인천 국제공항의 개관으로 인천 지역에 대형호텔들이 개관하였다.

또한 반얀트리 클럽 앤 스파(2010년 6월), JW메리어트 동대문 스퀘어 서울(2014년 2월), Four Seasons Hotel 광화문(2015년 10월), 시그니엘 서울(2017년 4월), 시그니엘 부산(2020년 6월) 등의 호텔들이 개관하였다.

(8) 2000년대 호텔관련 정책의 변화4)

2007년에는 과거 호텔업에서 휴양콘도미니엄업과 달리 공유제 분양 또는 회원모집을 할 수 없도록 규정(가족호텔업에 한해서는 회원모집을 허용)하였던 것을 2006년 2월 2일 이후 사업계획 승인을 받은 모든 호텔업에 대하여 회원모집을 허용함으로써 호텔업의 경영 효율화를 도모하였고(관광진흥법 시행령 개정/2007.11.13.), 2008년에는 2006년 2월 2일 이전에 사업계획의 승인을 받은 관광호텔업, 수상관광호텔업 및 한국전통호텔업에 대해서도 회원모집을 허용하였으며(관광진흥법 시행령 개정/2008.8.26.), 2009년에는 배낭여행객 등 개별 관광객의 숙박시설로 호스텔업이 추가(관광진흥법 시행령 개정/2009.10.7)되었다. 2012년에는 외래 관광객 2천만 명 시대를 대비한 관광숙박시설 확충기반을 조성하고, 국내 관광산업의 경쟁력을 획기적으로 강화하기 위한 제도적 기반을 구축하기 위한 「관광숙박시설확충을 위한 특별법」을 제정·시행하였다(제정/2012.1.26). 2013년에는 숙박시설의 다양성 부족 문제의 대안으로 중저가·부티크 호텔 확충 기반을 마련하기 위한 소형호텔업과 의료관광활성화를 위한 의료관광호텔업을 신설하였다(관광진흥법 시행령 개정/2013.11.29). 2014년에는 등급제도 신뢰성 강화를 위하여 호텔업 등급제도 의무화(관광진흥법 개정/2014.3.11.), 등급구분을 성(星)급으로 변경(관광진흥법 시행령 개정/2014.11.28)하였다. 2015년에는 호텔업등급제도 신뢰성 강화를 위하여 등급별 평가기준 도입 및 암행·불시평가 시행(문체부고시 개정/2015.2.13), 등급결정업무를 한국관광공사로 이관(문체부 공고/2015.1.1), 호텔등급표지 고시 제정(문체부고시 제정/2015.5.8)을 추진하였고, 관광숙박업 입지확충을 위하여 유해부대시설이 없는 관광숙박시설에 한하여 일정기준을 충족하면 학교환경위생정화구역 내 입지를 허용(관광진흥법 개정/2015.12.22)토록 개선하였으며, 관광숙박업에 대한 한시적 인센티브를 연장시행(관광숙박시설 확충을 위한 특별법/2015.12.31)[5]하였다. 2019년에는 관광편의시설업종이던 한옥체험업의 안전·위생기준을 강화하여 관광이용시설업종으로 변경하였다.

　2019년 말 전 세계적으로 코로나19가 확산함에 따라 정상적인 등급평가 실시가 어려워 「관광진흥법」 시행규칙 개정(2020.4.28.)을 통한 호텔업 등급평가를 유예할 수 있는 근거를 마련하고, 호텔 등급결정 통지기간을 총 4차례 연장하였으며, 코로나19 장기화와 등급결정 통지기간 연장 고시의 불편함을 개선하여 호텔업 등급결정 유효기간 연장고시를 제정함으로써 2022.6.30.일까지 유효기간을 연장할 수 있도록 하였다. 정부는 「관광진흥법」에 규정되어 있는 관광숙박업 외에도 다양한 숙박공간 확충사업을 추진하여 관광수요에 부응하고 있으며 향후에도 지속적으로 관광객의 수요에 부합하는 숙박시설을 확충해 나갈 계획이다.[6]

---

5) 「관광숙박시설 확충을 위한 특별법」은 2012.1.26.에 제정되어 2016.12.31.까지 한시적으로 적용되었다.
6) 문화체육관광부(2022). 2021 관광동향에 관한 연차보고서

제2장 호텔서비스 성과[1]

제1절 호텔서비스 시스템

1. 호텔서비스

호텔은 고객에게 서비스라는 상품을 만들어 판매한 대가를 받는 기업이라고 정의할 수 있다. 객실, 식음료 및 연회, fitness 등의 호텔시설과 종업원의 서비스, 그리고 경영자의 호텔경영능력이 종합적으로 결집하여 창출되는 상품으로 호텔 그 자체가 서비스라는 상품의 의미이며, 인간이 살아가는 데 기본적 요소인 의식주(衣食住)의 욕구를 충족시켜 주는 다양한 생활문화의 결정체이다.

식사할 때 "많이 드십시오"라고 하는 말이 "맛있게 드십시오"라는 말로 변하고 있으며, 식품에 대한 조리·저장·맛이 다양하고 새롭게 달라지고 있고, 건축에 대한 스타일·내장·lay-out·공간처리와 최신시설·장비·색조·조명·음향·통신 그리고 주변의 조경 및 환경을 조화롭게 향상시키고 있으며, 사람을 중심으로 한 경영 사고방식, 최신 경영기법과 이에 따른 시스템 및 operation, 예절교육이 개발 활용되고 있다.

이렇게 인간의 욕구충족을 위해 생활문화와 결합된 hospitality를 이루어 나아가는 것으로, 호텔의 상품인 서비스를 새롭고 가치있게 만들어, 그 효용으로 고객만족에 목적을 둔 것이 호텔기업이다.

---

1) 전명주(1991), 호텔서비스, Tour Times.

2. 호텔서비스를 만들어내는 요인

1) 호텔기업의 정신(mission)

호텔 그 자체가 서비스라는 상품이라고 전제할 때, "service quality"는 이를 만들어내는 호텔기업 정신과 많은 관련이 있다. 좋은 상품을 만들어내는 기업이 훌륭한 기업인 것처럼 "service quality" 수준이 높을수록 고객선호도가 높아져서 5성급(five-star hotel), 일류, 고급호텔이라고 한다. 따라서 좋은 서비스라는 상품을 만들어내기 위해서는 훌륭한 기업 정신을 갖춘 호텔이어야 한다.

좋은 호텔에서는 훌륭한 기업목표를 볼 수 있다.

우리나라 호텔 중에는 "한국의 전통적 문화와 현대적인 기능이 조화된 세계 정상급의 호텔"이라는 기업목표를 가진 유명한 호텔이 있고, 미국 M호텔의 목표는 "우리는 뛰어난 대고객 서비스를 제공하고, 우리 주주들의 이익을 보장할 수 있도록 직원들을 대우하며, 이에 의해 세계 최고의 숙박과 음식을 제공하는 서비스업체로 자리 잡을 수 있도록 최선을 다한다"이다.

이렇게 서비스의 질적 수준을 높이기 위해서 호텔의 기업목표와 기업의 정신을 새롭게 정립하는 호텔이 많아지고 있다. 이러한 호텔기업의 정신으로 고객이 기대하는 다양하고 높은 욕구(needs)를 만족시키기 위해서, 서비스라는 질 좋은 상품을 만들고, 이에 따라 생활문화를 향상시키고 창출하는 문화사업에 앞서가야 한다.

호텔기업을 운영해 나아가는 데는 궁극적 목적, 즉 "왜 호텔기업을 하고 있는가?" 하는 목적과 수단이 분명하게 정립되어야 하고, 이에 따라 호텔 경영방식과 know-how가 체계적으로 잘 정리되어 서비스라는 상품을 만드는 경영혁신(management innovation)이 뒤따라야 할 것이다.

따라서 호텔기업의 목적 측면과 경영혁신이 질 좋은 서비스라는 상품을 만들어가는 측면에서 중요한 의미가 있으므로 이에 대한 발전적 정립이 바로 서비스라는 상품을 잘 만들어내는 요소이기도 하며, 호텔기업의 본질적 목적에 충실하는 데에도 많은 영향을 주고 있다.

2) 호텔기업의 서비스라는 상품을 만들어내는 시스템

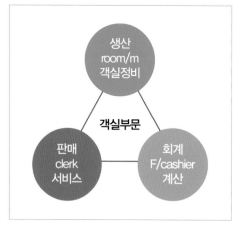

┃그림 2-1 객실시스템   ┃그림 2-2 식당시스템

　이 시스템은 생산-판매-회계분야로 안정적 감각을 주는 삼각형 형태의 구조와 각 분야에 대한 역할이 균형과 조화를 이루어야 한다.

　사람의 조직적 연결(룸메이드–클럭–프런트 캐셔, 조리사–웨이터–레스토랑 캐셔)과 업무기능적 연결(객실정비–서비스–계산, 맛·양–서비스–계산), 그리고 회계적 연결로 서비스라는 상품을 만들어내는 기능을 발휘하여 시장(호텔)에서 고객만족을 이루고 있는 것이다.

　위의 내용을 도표화해서 판매·생산·회계·시장의 분야에서 각 요소들의 객관적 내용을 보면 〈표 2-1〉과 〈표 2-2〉와 같다.

　객실부문과 식당부문에서 [그림 2-1]과 [그림 2-2]의 시스템과 도표에서는 생산, 판매, 회계분야와 사람과 일의 조화 속에서 서비스라는 상품을 만들어내는 것을 알 수 있다. 이러한 시스템과 operation에서 각각의 객관적인 사실요소가 모여서 서비스라는 상품을 구성하게 되는 것이다.

〈표 2-1〉 객실부문에서 서비스를 만들어내는 각 기능과 역할

| 구분 | 객실(Room) | | | 관계 | 顧客 |
	판매	생산	회계		市場
목적(why)	서비스	효용	매출계산	service quality	satisfaction
대상(what)	객실 및 객실의 부대사항	객실이 정비된 공간/layout/시간	revenue	인간의 욕구·필요 (needs & wants)	needs & wants
시간(when)	12:00-익일 12:00/day use/ late charge	좌동	좌동	공항시간/ 목적시간/기타	using time
장소(where)	frontdesk(re-servation/sales/ reception)	객실내부(h/k)	front desk/cashier	五感/空間感	maintenance/ 편리
사람(who)	doorman/ bellman/clerk/ parking svc/ room division/ manager	room maid/ inspector/ ordertaker/ housekeeping/ manager	front cashier/ exchange cashier/ night auditor	room guest/ check in/ check out/ 인적사항	顧客/ guest/ customer/ client
역할(how)	check in sales-reservation -reception	stay 清掃/기타 객용소모품의 정비	check out 이용한 代金을 계속 정리·계산하여 支拂받고	system & manual	treatment (接客)

〈표 2-2〉 식당부문에서 서비스를 만들어내는 각 기능과 역할

| 구분 | 식당(Restaurant) | | | 관계 | 顧客 |
	판매	생산	회계		市場
목적(why)	서비스	맛·cost	매출계산	service quality	satisfaction
대상(what)	F&B/ Other	Cooking	revenue	인간의 욕구·필요 (needs & wants)	needs & wants
시간(when)	breakfast/ lunch/ dinner	좌동	좌동	필요시간/공항시간/ shopping	using time
장소(where)	hall/table/ 좌석	주방(kitchen) 設備/器具	counter/계산대/ 회계기(POS)	五感/空間感	maintenance/ 분위기
사람(who)	waiter/ress captain/ manager	cook/1st cook/ 2nd cook/ chef	cashier/ supervisor/ income auditor	room guest/ foreign/domestic/ mail/femail	顧客
역할(how)	고객으로부터 주문(order)을 받고 제공	注文된 메뉴를 준비된 材料로 만들고	판매대금을 계산하여 지불받고	정감/말씨/솜씨/맵시 /연출(presentation)	treatment (接客)

제2절 호텔서비스 프로세스 및 성과

1. 호텔서비스 프로세스

서비스 질(service quality)은 호텔기업의 인력, 시스템 그리고 오퍼레이션 등의 수준에 따라서 달라지는 것이 당연하다. 따라서 '서비스'라는 상품을 만들어가는 행위요소에 전문적이고 과학적인 분석이 이루어져야 한다.

호텔기업의 목적인 '고객만족'을 위한 정신은 서비스를 만드는 전문인으로서 갖추어야 할 기본요소이므로 실행적 연구가 반드시 뒤따라야 한다. 또한 서비스 행위요소 하나하나의 질적 수준을 향상시키기 위해서는 "왜, 그가, 그렇게, 그 자리에서, 그때, 그것을 하지 않으면 안 되는가?"를 행동도식으로 도출할 수 있는 경영 전반에 걸친 운영방침의 실행이 그 바탕으로 이루어져야 한다.

호텔의 기능과 역할은 서비스를 만들어내는 것이다. 고객은 호텔이 제공하는 프로세스를 통해 서비스라는 상품의 요소를 접하게 되는데, 이는 첫째, 호텔의 입지와 영업장, 둘째, 호텔운영의 인적자원으로서 종업원의 접객태도로 대분할 수 있다.

1) 호텔의 입지와 영업장(hardware)

관찰항목	관찰요점
가. 고객의 이용편리	• 그 레스토랑을 찾아 이용하는 데 위치와 교통은 편리한가? • 주차를 하고 차량을 호출하는 데 편리한가? • 테이블, 의자의 배열이 주는 공간감은 어떤가?
나. 고객층의 선호도	• 품위 있는 고객이 비즈니스로 이용하기 적절한가? • 가족끼리 이용하기에 적절한가? • 그 업장의 지명, 전망 상태는 어떤가?
다. 업장 분위기	• 업장의 주변 및 전망 상태는 어떤가? • 내장, 장식, BGM 등의 업장 분위기는 훌륭한가? • 업장의 청결상태는 어느 정도인가?
라. 음식의 특성	• 특징적 메뉴(event, 오늘의 메뉴, 와인류 등)의 다양성은 어떤가? • 음식의 맛, 모양, 기물은 어느 정도인가? • 메뉴의 가격수준은 적정한가?

이것은 호텔의 위치, 규모, 성격, 특성에 대한 것으로 호텔을 설립하고자 할 때 결정되어야 할 기본정책이다. 이 정책은 호텔이 서비스라는 상품을 만들어내는 데 기본적 요건이 되는 동시에 판매에 대한 정책과 아울러 서비스의 질적 수준이 결정되는 중요한 요소들이다(hardware).

2) 호텔 운영의 인적자원으로서 종업원의 접객태도(software)

(1) 용모

항목	속성
가. 두발	• 짧은 머리로 청결한가? • 착유한 머리로 단아(端雅)하게 하고 있는가? • 뚜렷이 눈에 띄는 머리핀, 액세서리를 부착하고 있는가?
나. 표정	• 밝은 표정으로 항상 미소를 짓는가? • 말끔한 면도, 진하지 않은 밝은 화장인가? • 부드러운 말씨로 편안하게 말하는가?
다. 복장	• 유니폼이 청결하고 다림질이 잘되어 있는가? • 가슴에 명찰을 바르게 패용하고 있는가? • 잘 손질되고 통일된 색의 구두를 신고 있는가?
라. 몸가짐	• 바른 걸음으로 활기차게 걷는가? • 고객을 방해하지 않고 잘 피해 걷는가? • 몸가짐이 자연스럽고 안정감이 있는가?

이것은 사람에 관한 것으로 그 사람이 서비스를 만들어내는 입장에서 개인이 스스로 전문인으로서의 자긍심과 인성에 바탕을 둔 예절과 스스로 지켜야 할 규범을 교육과 훈련을 통해 이루어야 할 것이다.

또한 용모를 단정히 할 수 있는 로커(locker), 이·미용실의 시설적 여건, 밝은 표정이 나올 수 있는 근무스케줄 및 근무분위기, 유니폼에 대한 세탁을 비롯한 착용방법, 몸가짐에 대한 규범훈련 등의 요건이 갖추어져야 할 것이다.

이것은 종업원 개인에 관한 복지사항일 뿐만 이니라 서비스라는 상품을 만들어내는 데 갖추어야 할 준비 시스템이라고 인식해야 할 것이다. 또한 그 사람의 규범에 따라서 스스로 향상된 행동을 할 수 있도록 관리가 되어야 할 것이다. 강한 자극에 의해서나 물리적인 힘을 가해서 실현하고자 하면 오히려 잘되지 않는 특성이 있다.

(2) 고객맞이, 안내, 대기, 전송

항목	속성
가. 예약	• 신속하고 친절하게 예약전화를 잘 받는가? • 고객이 원하는 예약상황을 잘 권유하는가? • 예약내용을 완벽히 확인한 후 고객보다 늦게 수화기를 놓는가?
나. 고객맞이	• 예약객, 고객을 먼저 알아보고 반갑게 맞이하는가? • 상냥하고 친절하게 인사하는가? • 간단 명료한 인사말을 하는가?
다. 안내/대기	• 좌석까지 잘 안내하고 상석을 뽑아 편하게 앉도록 도와주는가? • 감사한 마음을 표한 후 바른 자세로 고객에게 세심한 배려를 하는가? • 동료끼리도 친절하고 존중하는가?
라. 고객전송	• 계산할 사전 준비를 잘 하는가? • 고객의 옷, 소지품을 잘 챙겨주는가? • 감사한 마음으로 전송인사를 하는가?

이는 고객을 맞아들이는 것에서부터 본격적인 서비스에 잘 접근하여 좋은 서비스를 위한 세심한 배려로 목적을 달성하고 다음에도 이용할 수 있도록 고객의 동기를 유발시키는 사항이다.

이것은 고객의 욕구에 따라서 원하는 사항이 편안하고 자연스럽게 전달되어야 고객의 심리적 안정(만족)을 기할 수 있다는 것이다. 따라서 종사원은 고객의 행동이나 언어의 표현에서 고객이 원하는 사항을 잘 파악할 줄 아는 감각을 익혀서 원활한 커뮤니케이션 기술을 발휘해야 한다.

또한 고객이 하려고 하는 행위내용 속에 숨어 있는 '자신을 알아주었으면' 하는 기대를 잘 이해하는 것이 바로 고객의 품격을 존중하는 것이라는 사실을 깨달을 수 있도록 'human relation skill'에 대한 인식이 있어야 한다. 그리고 서비스를 판매하는 과정이 연결된 것이므로, 본 단계는 고객이 원하는 바를 끝까지 신속하게 찾아서 권유할 줄 아는 selling skill의 중요한 단계이다.

전문 서비스맨이라면 이러한 communication, human relation, selling skill에 대해 많은 전문지식이 있어야 하고, 경험에서 오는 감각과 인간에 대한 이해가 있어야 하며, 적절한 판단을 할 줄 알아야 한다.

(3) 서비스라는 상품 판매

항목	속성
가. 주문	• 고객의 기분에 맞게 신속히 주문을 받는가? • 고객취향을 알고 메뉴를 잘 권유하는가? • 주문내용을 바뀜 없이 복창하며 정확성을 높이는가?
나. serve	• 물, 차, 물수건 등을 적절히 잘 서브하는가? • 주문한 메뉴를 정확, 신속한 흐름으로 서브하는가? • 음식을 잘 들도록 기대하는 마음의 말을 하는가?
다. 서비스마감	• 고객이 원하는 시간에 기물을 안전하게 잘 치우는가? • 디저트 후에 고객편리를 잘 도모하는가? • 고객이 떠날 때까지 완벽하게 서비스를 확인하는가?
라. 서비스감독	• 지배인은 서비스 조화를 잘 이루는가? • 종업원의 서비스 태도에 주의를 기울이는가? • 고객의 서비스 만족에 주의를 기울이는가?

　이는 서비스라는 상품의 판매활동의 장에서 고객의 기분, 취향에 맞게 적절하고 순조로운 판매가 진행되어야 한다는 것을 의미한다. 고객이 기대한 것과 고객이 이용한 결과에 따라 인지된 것이 똑같이 일치되어야 고객의 만족수준이 높아질 수 있는 것이다(service quality).

　고객의 기대와 서비스 결과에 따른 인지가 맞지 않았을 경우에 욕구불만의 폭이 크다는 것을 알아야 한다. 커피를 주문했는데 콜라를 가지고 왔다면 뜨거운 것과 차가운 것의 차이만큼 고객의 불만의 폭은 큰 것으로 이해되어야 한다.

　이러한 고객의 불평(complaint)이 있을 경우 '적극적인 경청'과 '즉각적인 개선 실행'이 될 수 있는 개선 시스템이 뒤따르면서, 이에 대해 해소된 사항을 감지해야 한다. 대체로 개선으로 실행된 행동이 만족까지로 바뀔 수는 없어도 그런 기회를 포착할 수 있도록 최선을 다해야 한다.

　판매를 위한 전문적 상품지식을 충분히 깃추어야 하고 이를 필요할 때에 간단, 명료하고 쉽게 설명할 수 있어야 하며, 음식을 즉석에서 만들거나 보여줄 필요가 있을 때, 적극적인 연출자세가 판매효율을 높이는 것이다(simultaneity).

(4) 계산할 때

항목	속성
가. cashier자세	• 밝은 표정이고 용모는 단정한가? • 일어서서 고객을 맞이하는 태도가 좋은가? • 고객이 데스크 가까이 가면 인사를 잘 하는가?
나. 계산속도와 고객 기다림	• 고객이 기다리지 않게 신속히 계산하는가? • 계산금액을 정확히 똑똑하게 고객에게 말하는가? • 현금을 받으면 "얼마 받았습니다"라고 명료하게 말하는가?
다. 영수증, 카드, 수표 등의 처리	• 고객이 무안하지 않게 수표, 카드 등을 대조하는가? • 영수증을 고객에게 공손하게 드리는가? • 잔돈은 신권, 헌돈은 잘 펴서 캐셔 트레이에 주는가?
라. 계산 후 인사	• 계산을 기다렸던 고객에게 미안한 마음을 표하는가? • 분리계산, 지불방법 변경에도 친절히 잘 응대하는가? • 계산이 끝난 후 감사하다는 인사를 하는가?

　고객이 지금까지는 서비스라는 상품을 받고 있었던 것이지만, 계산을 기점으로 서비스에 대한 대가를 지불하게 되는 것이므로 만족도에 대한 기분과 감정의 계량이 일어나게 되므로 고객만족도를 충분히 이해하면서 계산하여야 할 것이다.

　계산을 할 때 고객이 기다리는 경우가 많은데 이 시간은 객관적으로 보아 오래되지 않았는데도 고객에게는 수십 배 이상으로 느껴지는 관념(觀念)의 시간이 될 수 있다.

　또한 계산은 정확하게 표현되어야 한다. 예를 들어, 직원이 계산 실수를 했을 때 고객은 서비스상품의 내용 전체가 잘못된 것으로 착각할 수 있으므로 호텔은 명백한 시스템을 갖추어야 한다. 회계원도 이를 잘 알고 정확하게 계산해야 잘못된 계산에서 오는 오해의 폭을 줄일 수 있을 것이다.

　최근에 고객에게 정확한 회계처리를 인식시키는 데 컴퓨터, P.O.S. 회계기가 큰 도움을 주고 있다. 이처럼 지식이나 취급기술이 서비스라는 상품을 만들어내는 데 큰 역할을 할 수 있다는 것을 알고 보다 많은 연구를 하여야 할 것이다.

(5) 서비스상품의 관리

항목	속성
가. No tipping	• 팁을 주면 무안하지 않게 끝내 사양하는가? • 잔돈 받기를 거부, 무시해도 적극적으로 주는가? • 팁을 주지 않아도 되는 느낌과 분위기인가?
나. 고객관리	• 단골고객의 얼굴, 성명, 직위, 취향을 잘 알고 있는가? • 혜택을 주어야 할 고객에게 잘해 주고 있는가? • 처음 온 고객에게도 차별치 않고 잘해 주는가?
다. 외국어 구사	• 영어가 잘 구사되고 있는가? • 일어가 잘 구사되고 있는가? • 메뉴 bill의 표기가 잘 쓰여 있는가?
라. 컴플레인 처리	• 고객의 불편내용을 잘 경청하는가? • 잘못을 변명치 않고 솔직히 시인하는가? • 불편내용을 즉각적으로 개선해 주는가?

이는 서비스라는 상품을 잘 만들어가는 데 정책적인 관리사항들로서 여기에서 문제가 발생하면 서비스라는 상품에 치명적이라 할 정도로 중요한 사항이다.

우리나라는 제도상으로 팁(tip: to insurance promptness)을 받을 수 있는 명분은 전혀 없다. 그 이유는 계산금액의 10%가 봉사료(service charge)로 부과되기 때문인데, 그럼에도 불구하고 팁을 주려고 하는 고객이 있는가 하면, 반대로 팁을 강요받는 분위기를 느끼는 고객도 있다고 한다. 이런 고객에게는 서비스라는 상품이 존재할 수 없는 경우가 되어버린다.

더 많은 고객을 확보하고 서비스라는 상품을 발전시키기 위해 고객관리가 필요한데 가장 중요한 것은 고객을 차별하지 않고 공평하게 대하는 것이다. 남·여, 내·외국인, 직위의 인지 여부 등 여러 가지 경우에 고객이 차별받는다고 생각하면 이 또한 서비스라는 상품은 존재하지 않는 것이다.

★서비스상품의 관리: Maslow의 욕구 5단계에서 3단계 이상의 욕구들을 관리해야 함

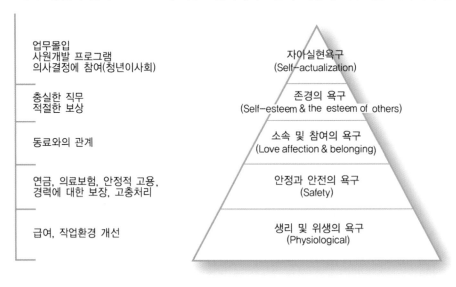

업무몰입
사원개발 프로그램
의사결정에 참여(청년이사회)

충실한 직무
적절한 보상

동료와의 관계

연금, 의료보험, 안정적 고용,
경력에 대한 보장, 고충처리

급여, 작업환경 개선

자아실현욕구
(Self-actualization)

존경의 욕구
(Self-esteem & the esteem of others)

소속 및 참여의 욕구
(Love affection & belonging)

안정과 안전의 욕구
(Safety)

생리 및 위생의 욕구
(Physiological)

〈매슬로의 욕구 5단계〉

2. 서비스가 만들어낸 성과

고객이 서비스라는 상품을 느낄 수 있는 프로세스에서 서비스 요소를 실증적 조사로 파악해 보면 [그림 2-3]과 같은 결과를 얻을 수 있다. 특히 호텔 두 곳의 서비스수준을 비교할 때 매출지수(평당 매출지수, 종사원 1인당 매출지수 등)를 평가하는데 과연 서비스수준과 매출지수가 어떤 연관관계가 있는가를 조사하면 99%가 서비스가 우수한 호텔이 매출지수도 좋다는 결론이 나온다.

즉, 서비스가 좋으면 좋을수록 매출수준도 이에 따라 높아지고 유명한 호텔로 평가되며 고객의 호텔 선호도, 즉 서비스라는 상품의 선호도가 높아지고 있다. 따라서 질이 높은 서비스를 만들려면 우선적으로 그 호텔기업의 정신 그리고 목적과 목표가 분명하게 정립되어 사람을 비롯한 전 부문에 폭넓게 공감되어 있어야 하고, 이에 따른 시스템이 확고한 체계를 갖고 있어야 한다. 고객의 입장에서 느낀 서비스 요소가 전문적인 지식과 이의 각성에서 오는 서비스 인력의 적극적이고 실천적인 행동을 통하여 이루어질 때 이에 따른 성과는 반드시 이루어지게 될 것이다.

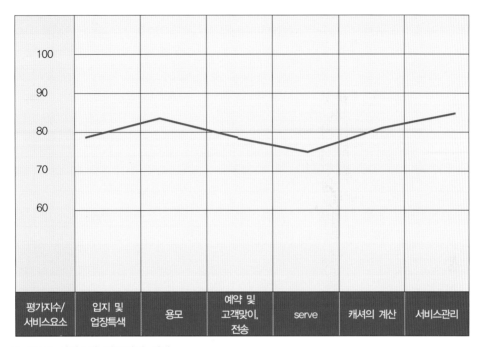

■그림 2-3 서비스가 만들어낸 성과

〈표 2-3〉 호텔서비스 평가를 위한 72point

입지 및 영업장	관찰요점	1	2	3	4	5
가. 고객의 이용편리	그 레스토랑을 찾아 이용하는 데 위치와 교통은 편리한가?					
	주차를 하고 차량을 호출하는 데 편리한가?					
	테이블, 의자의 배열이 주는 공간감은 어떤가?					
나. 고객층의 선호도	품위있는 고객이 비즈니스로 이용하기에 적절한가?					
	가족끼리 이용하기에 적절한가?					
	그 업장의 지명, 전망 상태는 어떤가?					
다. 업장 분위기	업장의 주변 및 전망 상태는 어떤가?					
	내장, 장식, BGM 등의 업장 분위기는 훌륭한가?					
	업장의 청결상태는 어느 정도인가?					
라. 음식의 특성	특징적 메뉴(event, 오늘의 메뉴, 와인류 등)의 다양성은 어떤가?					
	음식의 맛, 모양, 기물은 어느 정도인가?					
	메뉴의 가격수준은 적정한가?					

용모	관찰요점	1	2	3	4	5
가. 두발	짧은 머리로 청결한가?					
	착유한 머리로 단아(端雅)하게 하고 있는가?					
	뚜렷이 눈에 띄는 머리핀, 액세서리를 부착하고 있는가?					
나. 표정	밝은 표정으로 항상 미소를 짓는가?					
	말끔한 면도, 진하지 않은 밝은 화장인가?					
	부드러운 말씨로 편안하게 말하는가?					
다. 복장	유니폼이 청결하고 다림질이 잘되어 있는가?					
	가슴에 명찰을 바르게 패용하고 있는가?					
	잘 손질되고 통일된 색의 구두를 신고 있는가?					
라. 몸가짐	바른 걸음으로 활기차게 걷는가?					
	고객을 방해하지 않고 잘 피해 걷는가?					
	몸가짐이 자연스럽고 안정감이 있는가?					

고객맞이/안내/대기/전송	관찰요점	1	2	3	4	5
가. 예약	신속하고 친절하게 예약전화를 잘 받는가?					
	고객이 원하는 예약상황을 잘 권유하는가?					
	예약내용을 완벽히 확인한 후 고객보다 늦게 수화기를 놓는가?					
나. 고객맞이	예약객, 고객을 먼저 알아보고 반갑게 맞이하는가?					
	상냥하고 친절하게 인사하는가?					
	간단 명료한 인사말을 하는가?					
다. 안내/대기	좌석까지 잘 안내하고 상석을 뽑아 편하게 앉도록 도와주는가?					
	감사한 마음을 표한 후 바른 자세로 고객에게 세심한 배려를 하는가?					
	동료끼리도 친절하고 존중하는가?					
라. 고객전송	계산할 때 사전 준비를 잘 하는가?					
	고객의 옷, 소지품을 잘 챙겨주는가?					
	감사한 마음으로 전송인사를 하는가?					

상품판매	관찰요점	1	2	3	4	5
가. 주문	고객의 기분에 맞게 신속히 주문을 받는가?					
	고객취향을 알고 메뉴를 잘 권유하는가?					
	주문내용을 바꿈없이 복창하며 정확성을 높이는가?					
나. 서브	물, 차, 물수건 등을 적절히 잘 서브하는가?					
	주문한 메뉴를 정확, 신속한 흐름으로 서브하는가?					
	음식을 잘 들도록 기대하는 마음의 말을 하는가?					
다. 서비스마감	고객이 원하는 시간에 기물을 안전하게 잘 치우는가?					
	디저트 후에 고객편리를 잘 도모하는가?					
	고객이 떠날 때까지 완벽하게 서비스를 확인하는가?					
라. 서비스감독	지배인은 서비스 조화를 잘 이루는가?					
	종업원의 서비스 태도에 주의를 기울이는가?					
	고객의 서비스 만족에 주의를 기울이는가?					

계산		관찰요점	1	2	3	4	5
가. cashier자세		밝은 표정으로 용모는 단정한가?					
		일어서서 고객을 맞이하는 태도가 좋은가?					
		고객이 데스크 가까이 가면 인사를 잘 하는가?					
나. 계산속도와 고객 기다림		고객이 기다리지 않게 신속히 계산하는가?					
		계산금액을 정확히 똑똑하게 고객에게 말하는가?					
		현금을 내면 "얼마 받았습니다"라고 명료하게 말하는가?					
다. 영수증, 카드, 수표 등의 처리		고객이 무안하지 않게 수표, 카드 등을 대조하는가?					
		영수증을 고객에게 공손하게 드리는가?					
		잔돈은 신권, 헌돈은 잘 펴서 캐셔 트레이에 주는가?					
라. 계산 후 인사		계산을 기다렸던 고객에게 미안한 마음을 표하는가?					
		분리계산, 지불방법 변경에도 친절히 잘 하는가?					
		계산이 끝난 후 감사하다는 인사를 하는가?					
서비스관리		관찰요점	1	2	3	4	5
가. No tipping		팁을 주면 무안하지 않게 끝내 사양하는가?					
		잔돈받기를 거부, 무시해도 적극적으로 주는가?					
		팁을 주지 않아도 되는 느낌과 분위기인가?					
나. 고객관리		단골고객의 얼굴, 성명, 직위, 취향을 잘 알고 있는가?					
		혜택을 주어야 할 고객에게 잘해 주고 있는가?					
		처음 온 고객에게도 차별치 않고 잘해 주는가?					
다. 외국어 구사		영어가 잘 구사되고 있는가?					
		일어가 잘 구사되고 있는가?					
		메뉴 bill의 표기가 잘 쓰여 있는가?					
라. 컴플레인 처리		고객의 불편내용을 잘 경청하는가?					
		잘못을 변명치 않고 솔직히 시인하는가?					
		불편내용을 즉각적으로 개선해 주는가?					

제3장 호텔의 경영형태와 체인화

제1절 호텔의 경영형태

1. 시설의 소유, 소유 직영, 체인

1) 시설의 소유

시설의 소유(ownership of facilities)는 재산(또는 자산)을 소유하고 타인에게 관리를 맡기는 경우로서 Host Marriott가 한 예다. 다른 예는 CNL Financial Group의 제휴업체인 CNL Hospitality Properties다. 이 기업은 민간 소유의 부동산 및 금융기업으로서 20여 개의 호텔 브랜드를 보유하고 있고, 미국 37개 주에 27,000개 이상의 객실을 보유한 약 127개 호텔에 대한 이권을 소유하고 있다. 또한 California San Diego에 위치한 Hotel Del Coronado도 CNL Hospitality Properties의 소유이다. 이와 관련된 Hotel Asset Managers Association(HAMA)이라는 협회도 있다.

2) 소유 직영

소유 직영 방식(independently owned and management)이란 체인에 속하지 않은 독립적 경영방식을 의미하며, 타 브랜드의 사용, franchise, licensing 등의 특허, 위탁 경영(management contract)에 해당되지 않는 경영 형태다.

기업이 시설의 전부를 관리하고, 소유하면, 사업을 확장시키기가 어려워 보인다. 따라서 기업들은 브랜드를 성장시키기 위한 다른 방도를 찾아야 한다. 예를 들이 Marriott는 이를 위해서 기업을 두 개로 분할했다. 한 부분은 호텔 소유(Host

Marriott)에 집중했고, 또 한 부분은 타사가 소유한 호텔의 관리(Marriott International)에 초점을 맞추었다.

Starbucks의 경우 오랜 기간 동안 모든 지점의 소유권이라는 전략을 추구해 왔다. 그러나 확장은 해야 하는데 지나친 투자가 되자, 서서히 타사에게 Starbucks의 소유와 관리를 허가하기 시작했다. 예를 들어 Las Vegas의 Hard Rock Hotel and Casino, Prim Resort and Casino, Treasure Island, MGM Grand 내에 있는 Starbucks는 모두 각 호텔이 직접 소유하고 운영한다.

3) 체인

시설의 소유 및 소유 직영과 정반대의 개념은 체인(chain)이다. 체인이란 franchise, 위탁 경영, consortium 등의 경영 방식을 통하여 동일 상호를 사용하는 두 개 이상의 기업을 의미한다. 즉 환대산업 분배 전략에 있어서 가장 보편적이고 대표적인 유형이 체인이다. 2015년 기준 중국 전역 250여 개 도시, 1,600여 개의 이코노미형 체인인 Home Inn(루자)은 중국 1위의 비즈니스 호텔 체인이다. Home Inn은 2006년 중국 최초로 미국 NASDAQ에 상장됐으며, Fortune 선정 Global 100 성장성 기업에서 9위에 랭크됐을 정도로 중국 대중 숙박업체의 선두주자다.

그러나 일반적으로 알려진 이러한 체인의 의미 외에 체인은 '가장 강력한 경영 형태'라는 의미가 있다. 타 기업을 소유 혹은 임대하여 모든 부문을 직접 통제, 경영할 때 이것을 체인경영 방식이라고 한다. 국내에 있는 외국 체인 호텔들에 있어서 체인의 의미는 물론 첫 번째 의미에 해당된다.

체인의 경영 방식은 타 형태의 경영 방식보다 명백히 우수한 경영 성과를 기록하고 있으며, 또한 대부분의 경우에는 타 사업 부문에 진출하지 않는다. 이후에 언급될 franchise 경영 방식은 물론, 위탁 경영보다도 강력한 경영 형태로서 모회사가 자회사에 대한 책임과 권한을 100% 갖고 경영한다고 이해해도 무방하다. 예를 들면 롯데그룹의 서울, 울산, 제주 롯데호텔과 롯데월드호텔 경영이 체인의 경영 방식이 된다.

2. 위탁 경영, Franchise, Consortium

대다수의 세계 체인 호텔과 레스토랑은 위탁 경영, franchise, consortium의 형태로 경영되고 있다. 이 세 유형을 설명하면 다음과 같다.

1) 위탁 경영(management contract)

위탁 경영이란 두 소유주 간의 계약 경영으로서, 투자를 하고 소유권을 갖고 있는 기업이 타 기업에게 경영을 의뢰하며 계약이 성립된다. 그 효시는 1946년 Inter-Continental이며, 이후 1969년 Hyatt International이 800객실의 홍콩 호텔과 계약한 것이 국제적 위탁 경영의 시초로 알려져 있다. 1970년대부터 활성화되어 현재에 이르기까지 위탁 경영은 체인을 제외한 가장 이상적인 경영 형태로 인정받고 있다. 국내에서는 1969년 웨스틴조선 호텔, 1970년 Sheraton Walkerhill이 효시로 알려져 있다.

체인의 경영 방식과 비교할 때, 위탁 경영은 경영을 담당한 호텔 측에서 ① 자산에 대한 법적 클레임이 없다는 점(no legal claim for property)과, ② 재무적 책임이 제한되어 있다는 점에서 경영 통제 및 책임이 약할 수밖에 없다. 일반적으로 호텔 간의 위탁 경영은 20~30년간의 오랜 기간 동안, 레스토랑의 경우에는 짧게는 1년에서 수년의 기간 동안 경영 계약이 체결된다. 위탁 경영은 크게 재무, 회계, 마케팅, 영업, 관리 등의 모든 영역으로 나누어지는데, 소유 기업의 회계(controller)와 인사부문에 대한 개입으로 위탁 경영 기업과 많은 마찰을 빚게 된다. 경영을 위탁받은 호텔은 경영의 대가로 수수료(management fee, royalty)를 요구하는데, 경영 수수료는 ① 고정 수수료(straight management fee), ② 고정 수수료 + 이익에 대한 %, ③ 손익에만 근거한 수수료(pure profit and loss basis), ④ ② 번과 ③번 중 많은 것 선택, 현대에 이르러 증가되고 있는 매출의 2%, GOP의 2%를 기준으로 하는 ⑤ '2+2' 등의 다섯 형태로 대분된다. 그 기준은 보통 총영업이익(GOP : gross operation profit)이 되는데, 그 이유는 경영을 위탁받은 호텔이 경영에 대해서 전반적인 책임을 지고 있으므로, 단순한 매출액보다는 GOP가 더욱 합리적인 기준이 되기 때문이다. 가장 보편적인 형태는 고정 수수료+총영업이익에 대한 %다. 위탁 경영의 기간은 기본적으로 8~10년이며, 3~5년에 한 번 또는

두 번 갱신된다. 수수료가 경영 기업의 유일한 목적은 아니다. 유통 채널의 적재
적소에 있는 것이 그보다 더 중요할 수도 있다. 예를 들어 Ritz-Carlton의 입장에
서는 Las Vegas에 호텔을 보유하는 것이 중요하기 때문에, The Strip에서 30분 거
리에 있는 리조트 지역에 체인 호텔을 경영하는 경우가 그것이다.

2) Franchise

환대산업 최초의 franchise는 1907년 Ritz Development Company가 New York City
에 Ritz-Carlton의 브랜드 호텔을 계약하면서 시작되었고, 1927년 Howard Johnson's
가 호텔들을 franchise화시키며 크게 확대되기 시작했다. Franchise는 두 가지 의
미가 있다. 첫 번째 의미는 모기업(franchisor)이 자기업(franchisee)에게 일정기간
(일반적으로 10년간), 특정 장소에 모기업의 상호와 trade mark, 제품, 마케팅 기
법, 인테리어 디자인, 영업 시스템, 지역적 권리(zoning, area right) 등을 이용하여
사업을 영위할 수 있도록 허용해 주는 계약, 혹은 특허를 의미한다. 2021년 공정
거래위원회에 등록된 국내 프랜차이즈 브랜드는 총 7,902개에 달한다. 이 중 외식
업 브랜드는 6094개(77.1%)이며, 도소매업 브랜드는 380개(4.8%), 서비스업 브랜
드는 1422개(18%)에 달한다(시사저널, 2021.4.21.). Finland에서는 6개의 franchisor
가 전국 레스토랑의 대부분을 장악하고 있다.

두 번째 의미는 '지역 연고제'로서 미국의 지역별 자동차 딜러제, 국내 지역별
소주 브랜드, 국내 프로 축구, 프로 야구 선수들의 지명권 등이 대표적 예들이다.
Franchise 계약은 일반적으로 다음과 같은 네 형태로 이루어진다.

(1) Franchise의 계약 유형

① 제조상(manufacturer)과 소매상 : GM, Ford, Chrysler와 같은 자동차산업; Texaco,
   Exxon과 같은 석유산업 등 소매상이 많지 않은 경우.
② 제조상과 도매상 : Coca-Cola, Pepsi 등 소매상이 매우 많은 산업.
③ 도매상과 소매상 : 제약, 잡화, 스포츠, 계절 용구 등의 많은 산업.
④ Licensor와 소매상 : 호텔, 레스토랑, 자동차 임대업과 같이 도매 등 중계 기
   관이 없고, 모기업이 제조상의 개념이 아닌 경우, 호텔과 레스토랑의 모기
   업은 licensor에 해당되며, 자기업은 소매상의 개념에 해당됨.

위의 네 형태 중 한 예로 Coca-Cola는 고객 마케딩에 전념하고, 도매상인 Bottler에게 유통 franchise의 라이선싱을 준다. Bottler는 콜라 농축 원액을 구입하여 원액에 탄산수를 넣고, 병에 담아 유통시킨다. 현재는 Coca-Cola가 이러한 Bottler들을 인수하기 시작했다. 이렇게 기업과 고객 사이에 존재하는 도매상(혹은 브로커나 소매상)을 인수할 때, 이것을 전방 통합(forward integration)이라고 한다.

(2) Franchise 계약 내용

Frachisor와 franchisee 사이의 계약 중 중요 사항은 마케팅 지원, franchisor에게 돌아가는 수입, 계약 기간, 영토권(territorial right) 등이다. Franchisee는 거리 또는 행정 구역에 대한 권리를 획득할 수 있다. 이 공간에서는 다른 franchisee가 같은 제품이나 서비스를 제공할 수 없다. 예를 들어, 인도에 있는 개별 franchisee들은 인도에서 Days Inn, Choice Hotels International, Sheraton의 이름을 독점적으로 사용할 수 있는 배타적 권리(exclusive right)를 획득하고 있다. 환대산업의 경우 Franchise 계약 기간은 모기업의 기준에 따라 큰 차이가 있다. 위탁 경영과 마찬가지로 모기업은 자기업에게 운영 수수료를 요구하게 되는데, 위탁 경영과는 다르게 그 기준은 GOP가 아니라 총매출액(gross revenue)이 된다. 그 이외에도 기본 수수료(initial fee)를 요구하는데, 여기에는 건물, 토지, FF&E 등에 소요되는 비용은 포함되지 않는다. 대신 모기업은 건축비, 매뉴얼, 행정 관리비 등을 지원하여 기본 수수료를 대부분 충당한다. 경영 수수료는 호텔의 경우 운영 수수료, 광고 및 마케팅 수수료, 예약 수수료로 나누어지고, 레스토랑의 경우에는 운영 수수료 및 광고 수수료로 나누어진다. 참고로 국내에 진출한 외국의 casual dining, family, fast food restaurant의 franchisee들은 매출액의 약 1.5~2%를 royalty로 지불하고 있다.

(3) Franchise의 장단점

모기업 측에서는 브랜드 명성으로 사업을 크게 증대시키며 수수료 수입이 병행되어, 브랜드 가치와 수익이 동시에 제고되는 효과를 얻을 수 있다는 것이 가장 큰 장점이며, 자기업 측에서는 유명 브랜드 사업장의 소유주로서, 모기업의 지원을 받아 안정적인 사업을 영위할 수 있다는 것이 가장 큰 장점이 된다. 실제로 franchise 사업의 실패율은 10~15% 정도로 소유 직영 시 사업 실패율을 크게 하향시키고 있다.

위탁 경영과 비교할 때 franchise의 약점은 경영 통제가 약하다는 것이다. 물론 자기업의 융통성을 발휘할 수 있다는 반대 급부가 존재하기는 하나, 위탁 경영과 비교할 때 아무래도 母기업의 경영에 대한 권한과 통제가 약하기 때문에, 子기업의 잘못된 경영으로 인하여 브랜드 가치에 손상을 줄 수가 있다. 따라서 franchise 계약은 특급 호텔보다는 중저가 호텔 부문에서 많이 이루어지고 있으며, 특히 레스토랑 부문에서 보편적으로 이루어지고 있다.

특히 레스토랑의 경우 독립적으로 운영되던 레스토랑이 franchise화되는 사례가 종종 있다. 이러한 경우를 '전환(conversion) franchise'라고 한다.

Franchise 계약에는 'master franchising'이라는 형태도 있다. 이 'master franchising' 이란 대표적으로 성공한 franchisee들에게 고용, 교육, 지원을 담당할 수 있는 권한을 주는 것이다.

3) Consortium

전술되었던 위탁 경영과 franchise는 모기업의 유명 브랜드와 노하우를 바탕으로 子기업이 경쟁력을 갖추게 되나, 소유 직영 방식의 기업들은 그러한 측면에서 큰 불리함을 안게 된다. 이에 대응하여 중소 호텔들은 연합체를 구성함으로써 경쟁력을 키워나가게 되는데, 이러한 연합체를 referral association이라고 한다. Referral association에는 모기업이 없는 대신 연합체 회원들의 객실 수에 비례한 기본 수수료와 예약, 광고 등의 수수료를 공동으로 모아 공동 마케팅 전략을 수행하게 된다.

과거 세계 최대의 referral 체인이었던 Best Western International을 비롯하여 현재 Choice Hotels International로 명칭이 바뀐 Quality Courts Motels(이후 Quality Inns) 등 많은 referral 체인들은 점차 franchise그룹에 매각되거나, franchise 시스템으로 바뀌고 있다. 그 이유는 호텔의 규모, 제품과 서비스의 수준, 경영 방식 등 모든 측면에 있어서 아무래도 franchise 시스템에 크게 못 미치기 때문이다. 현대에 이르러 consortium이라는 용어가 referral association을 대신하고 있다.

▌그림 3-1 Best Western International의 새로운 로고들

⟨표 3-1⟩ 세계 25대 컨소시엄호텔들

2019 rank	2018 rank	Company	Headquarters	2019 Rooms	2019 Hotels	2018 Rooms	2018 Hotels
1	1	Hotusa Hotels	Madrid, Spain	297,430	3,035	269,760	3,032
2	2	Associated Luxury Hotels International	Boston, Massahusetts USA	156,393	320	228,045	597
3	3	Preferred Hotels & Resorts	Newport Beach, California USA	154,329	781	150,349	751
4	4	Keytel Hotels	Madrid, Spain	136,528	1,349	136,795	1,288
5	5	Global Hotel Alliance	Dubai, United Arab Emirates	120,814	578	124,161	591
6	6	HotelREZ Hotels and Resorts	London, England	84,276	932	86,127	981
7	10	The Leading Hotels of the World	New York, USA	61,000	430	57,225	406
8	8	Historic Hotels of America	Washington, D.C. USA	60,315	315	60,000	310
9	11	Logis Hotels	Paris, France	47,000	2,400	45,626	2,200
10	9	Hotel Republic	London, England	39,736	196	58,544	270
11	12	Supranational Hotels	London, England	34,180	206	37,725	300
12	14	Amplified Hotels	London, England	31,865	155	27,145	138
13	13	Epoque Hotels	Miami, Florida	28,255	306	27,745	304
14	15	Small Luxury Hotels of the World	London, England	25,781	550	25,078	535

15	16	Design Hotels	Berlin, Germany	21,476	319	22,144	327
16	18	Sercotel Hotels	Barcelona, Spain	17,834	151	17,834	154
17	17	The Originals Human Hotels & Resorts	Paris, France	16,171	465	19,057	548
18	19	Relais & Chateaux	Paris, France	14,551	580	14,379	580
19	21	Hotels & Preference	Paris, France	10,275	150	10,275	150
20	20	Bespoke Hotels	Warrington, England	9,711	209	14,000	138
21	22	Les Collectionneurs	Issy-les-Moulineaux, France	9,120	357	9,120	357
22	25	Luxe Collection(formerly L.E.Hotels)	Los Angeles, California USA	8,115	64	5,600	65
23	23	Healing Hotels of the World	Cologne, Germany	7,484	85	7,687	82
24	24	Romantik Hotels & Restaurants	Frankfurt am Main, Germany	7,365	205	7,365	205
25	-	Brit Hotel Development	Chantepie, France	6,675	153	5,525	140

출처 www.hotelsmag.com(2020).

〈표 3-2〉 세계 50대 호텔

2021 Rank	2020 Rank	Company	Headquarters	2021 Rooms	2021 Hotels	2020 Rooms	2020 Hotels
1	1	Marriott International	Bethesda, Maryland, USA	1,446,600	7,795	1,423,044	7,642
2	2	Jin Jiang International Holdings Co.Ltd.	Shanghai, China	1,239,274	11,959	1,132,911	10,695
3	3	Hilton	McLean, Virginia, USA	1,065,413	6,777	1,019,287	6,478
4	4	IHG Hotels & Resorts	Atlanta, Georgia, USA	885,706	6,032	886,036	5,964
5	5	Wyndham Hotels & Resorts	Parsippany, New Jersey, USA	810,051	8,950	795,909	8,941
6	6	Accor	Paris, France	777,714	5,298	753,000	5,100
7	8	Huazhu Group Ltd.	Shanghai, China	753,216	7,830	652,162	6,789
8	9	Choice Hotels International	Rockville, Maryland, USA	575,735	7,139	597,977	7,147
9	10	BTG Hotels (Group) Co. Ltd.	Beijing, China	475,124	5,916	432,453	4,895
10	11	BWH Hotel Group	Phoenix, Arizona, USA	348,007	3,963	363,989	4,033
11	12	Green Tree Hospitality Group Ltd	Shanghai, China	337,153	4,659	315,335	4,340
12	14	Oingdao Sunmei Group Co. Ltd.	Qingdao, China	288,293	5,804	250,000	5,000
13	15	Hyatt Hotels Corp.	Chicago, Illinois, USA	284,944	1,162	238,435	982
14	13	Dossen International Group Ltd.	Guangzhou, China	254,774	3,025	254,774	3,025
15	16	Aimbridge Hospitality	Plano, Texas, USA	226,797	1,517	219,310	1,550
16	18	Delonix Group (New Century H&R)	Hangzhou, China	144,468	863	109,365	598

17	17	GG Huspitality	Carrollton, Texas, USA	116,669	1,409	118,205	1,385
18	20	Westmont Hospitality Group	Houston, Texas USA	88,363	795	86,459	736
19	21	Meliá Hotels Intemtaional	Palma de Mallorca, Spain	83,772	316	82,576	317
20	22	Whitbread	Dunstable, England	80,000	820	79,638	818
21	26	The Ascott Ltd.	Singapore	78,000	750	70,000	661
22	23	Minor Hotel Group	Bangkok, Thailand	75,621	527	75,490	525
23	25	Toyoko Inn Co. Lthd	Tokyo, Japan	72,559	331	70,707	323
24	24	Extended Stay America	Charlotte, North Carolina, USA	71,500	650	71,188	651
25	40	Highgate	New York, New York, USA	70,002	409	42,984	176
26	29	Barceió Hotel Group	Palma de Mallorca, Spain	62,000	271	54,974	240
27	27	Red Roof	New Albany, Ohio, USA	60,211	652	60,211	652
28	45	Zhuyou Hotel Group	Hangzhou, China	60,000	1,000	40,064	675
29	41	Funyard Hotels and Resorts	Guangdong, China	55,932	206	42,619	137
30	30	Scandic Hotels	Stockholm, Sweden	54,265	268	53,003	265
31	35	B&B Hotels	Brest, France	50,000	654	45,480	569
32	46	Jinling Hotels & Resorts Corp.	Nanjing, China	50,000	217	40,000	151
33	32	RIU Hotels &Resorts	Palma de Mallorca, Spain	49,832	100	48,467	100
34	31	Caesars Entertainment	Las Vegas, Nevada, USA	47,200	51	52,000	50
35	34	Walt Disney Co.	Burbank, California USA	45,940	37	45,940	37
36	37	MGM Resorts International	Las Vegas, Nevada USA	45,162	21	45,157	29
37	38	Travelodge Hotels Ltd.	Thame, Oxfordshire, UK	44,984	592	43,497	579
38	39	Fattal International Hotels & Resorts	Tel Aviv, Israel	44,000	229	43,000	225
39	–	Benchmark Pyramid	Boston, Massachusetts, USA	43,054	219	–	–
40	51	Sonesta International Hotels Corp.	Newton, Massachusetts, USA	42,680	1,143	34,161	193
41	42	Shangri-La Group	Quarry Bay, Hong Kong	42,640	104	41,600	103
42	43	Nordic Choice Hotels	Oslo, Norway	40,250	222	40,250	215
43	47	Millennium & Copthorne Hotels	Singapore	39,924	139	38,000	131
44	66	Rezen Group	Shanghai, China	37,107	273	22,936	161
45	76	Grupo de Turismo Gaviota	Havana, Cuba	35,497	105	21,000	49
46	50	Barony Hotels & Resorts Worldwide	Shanghai, China	35,462	167	34,726	165
47	49	Pandox AB	Stockholm, Sweden	35,372	157	35,060	156
48	–	Minyoun Hospitality Corp. Ltd.	Chengdu, China	35,095	181	–	–
49	53	Gongsheng Hotels Group	Shanghai, China	33,777	747	31,968	703
50	54	Crescent Hotels & Resorts	Fairfax, Virgina, USA	31,490	118	31,490	115

출처 www.hotelsmag.com(2020).

제2절 호텔의 체인화

체인경영계약은 호텔의 소유자와 호텔의 브랜드를 보유한 체인본부 간에 맺어지는 상호협력 관계를 문서화한 것으로 전략적 경영의 일환으로 추진되고 있다.

주로 협의되는 대상으로는 상호의 사용, 경영노하우의 전수, 운영시스템 활용, 예약망 활용, 공동마케팅 활동에의 참여, 각종 자재의 공동구매 및 개발, 전문인력의 지원 등으로 이에 따른 가입비와 사용료 지급, 계약기간, 법적 지위 등을 포함하고 있다. 현대에 와서 가장 활성화되어 가는 체인경영은 프랜차이즈이며, 호텔 소유주와 체인본부가 상호 큰 부담 없이 체인화에 동의하고, 운영하며, 결별할수 있는 제도이다. 따라서 호텔 체인화의 대부분을 프랜차이즈가 차지한다고 해도 과언이 아니다.

1. 호텔 프랜차이징의 상징

호텔이 프랜차이즈로 얻는 가장 큰 효과는 건물 외벽에 새겨지는 상호(Logo)와 펄럭이는 깃발(Flag)이다. 이러한 징표는 호텔의 소유주, 호텔을 운영하는 총지배인, 그리고 체인본부의 공동이익을 대변하는 것이기도 하다. 흔히 체인본부는 브랜드를 유지·개선하고, 호텔의 소유주, 총지배인은 호텔의 서비스 질을 관리하여 공동이익을 취하게 된다.

2. 프랜차이즈의 성공

호텔 프랜차이즈의 성공은 1950년대 초 미국의 홀리데이인(Holiday Inn) 체인의 창시자인 케몬스 윌슨(Kemmons Wilson)에 의해 이루어졌다. 1951년 미국 테네시주 멤피스에 살던 케몬스 윌슨이 그의 가족과 함께 워싱턴(Washington, D.C.)에 휴가를 떠나게 되었는데, 당시 7명의 가족이 쓰기에는 도로변의 숙박시설이 너무 작을 뿐만 아니라 가격도 비싸고 불결하기 그지없었다.

여행에서 돌아온 윌슨은 가족여행을 떠나는 관광객을 위해 적절한 가격에 깨끗하고 안락한 객실을 제공하는 방안을 검토하고, 이를 동일상호 아래 운영하고자 하는 계획을 세웠다. 그는 건축사를 고용하여 기본에 충실한 호텔을 디자인하도록 요청하였고, 그는 영화 'Holiday Inn'에 나오는 옛날 집 'Bing Crosby'를 보고 스케치한 것을 케몬스 윌슨에게 보여주었다. Bing Crosby를 그린 도면 위에 'Holiday Inn'이란 타이틀을 본 케몬스 윌슨은 그가 제안한 아이디어를 채택하였고, 오늘날 프랜차이즈의 대명사인 Holiday Inn이 탄생하게 되었다. 그는 Holiday Inn의 첫 번째 체인호텔을 1952년 테네시에 개업하였고, 그 후 10년이 지난 1962년 12월에는 400번째 호텔이 탄생했다. 오늘날 Holiday Inn 계열의 호텔은 'Inter Continental Hotel Group'에 속해 있고, 세계 곳곳에 많은 체인호텔을 보유하고 있다. 홀리데이인이 속한 Inter Continental Hotel Group은 Inter Continental Hotels, Holiday Inns, Holiday Inn Select, Holiday Inn Express, Holiday Inn Crown Plaza와 Staybridge Suites 등의 브랜드를 보유하고 있다.

〈표 3-3〉 세계 10대 프랜차이즈 호텔 브랜드

RANK	COMPANY	NUMBER OF HOTELS
1	Wyndham Hotels & Resorts	8,888
2	Jin Jiang International Holdings Co.	8,595
3	Choice Hotels International	7,148
4	Hilton Worldwide Holdings	5,342
5	Marriott International	5,205
6	IHG(Inter Continental Hotels Group)	4,870
7	BTG Hotels Group Co.	3,599
8	Green Tree Hospitality Group	3,149
9	Qingdao Sunmei Group Co.	2,985
10	Accor	2,477

출처 www.hotelsmag.com(2020).

3. 프랜차이즈에 대한 법적 근거

전 세계적으로 호텔에 대한 프랜차이즈 제도를 법제화한 것은 1979년 미국에서 처음으로 이루어졌다. 이 법안은 연방교역위원회(FTC : Federal Trade Commission, 1979)에 의해 제안된 것으로 "Disclosure Requirements and Prohibitions Concerning Franchising and Business Opportunity Ventures"로서 흔히 프랜차이즈 규칙(Franchise Rule)이라 불리며, 프랜차이저(Franchisor)가 프랜차이지(Franchisee)에게 상호를 빌려주는 계약에서 밝혀야 할 사항들을 규정해 두고 있다. 내용을 살펴보면 다음과 같다.

① 프랜차이저는 잠재적 프랜차이지에서 첫 회의를 가지기 전이나 계약금이 지불되기 10일 이전에 프랜차이저가 제공하여야 하는 서비스 내용을 충분히 설명한 것을 문서로 제출하여야 한다.
② 프랜차이저는 일어날 수 있는 분쟁(claims) 또는 예측되는 이익에 대해 서면으로 증거를 제출하여야 한다.
③ 프랜차이저는 프랜차이저에 의해 제공되는 어떤 프로모션이든 잠재적 프랜차이지가 부담해야 하는 광고비의 비율을 밝혀야 한다.
④ 프랜차이저는 잠재적 프랜차이지에게 줄곧 사용해 왔던 프랜차이즈 계약서 사본을 제공하여야 한다.
⑤ 잠재적 프랜차이지가 당해 프랜차이저와 프랜차이즈 계약을 맺지 않기로 결정하면 즉시 계약금을 반환해야 한다.
⑥ 프랜차이저는 잠재적 프랜차이지가 제공한 서류에 대해 구두나 서면으로 대립할 수 없다.

그러나 전문업체와 개인사업자 간에 이뤄지는 법률적 이해관계에서 가끔 약자가 손해를 보는 경우가 있다. 이를 보다 명확하게 보호하기 위해 FOC(Franchise Offering Circular)에는 FTC(연방교역위원회) 프랜차이즈 규칙과 아래 내용을 언급하도록 하고 있다.

- 프랜차이저의 상호와 프랜차이지의 업태 및 업종
- 프랜차이저의 사업경력
- 프랜차이지가 지불해야 하는 경영 수수료와 로열티 금액
- 최초 투자 요청 내용
- 프랜차이저와 프랜차이지의 권리와 의무
- 프랜차이저가 제시하는 기본적인 보호사항
- 운영규정의 요청
- 보상, 전환, 해약 등의 절차
- 수입에 대한 요구내용
- 현재 보유하고 있는 프랜차이지 현황
- 프랜차이지 계약서 견본
- 제시된 FOC의 각 항목에 대한 특정한 정보 제공
- 프랜차이저의 법률사무소에 대한 안내

4. 프랜차이즈 약정과정

호텔을 구입하거나 신축하여 적절한 브랜드와 체인계약을 맺을 때 프랜차이저를 대리하여 브랜드 매니저(Brand manager)와 호텔사주(Hotel owner, Franchisee)가 서명을 하게 된다. 이때 브랜드 매니저는 이 분야 전문가이므로 많은 권한을 가지고 각종 조건을 유리하게 이끌어가게 된다. 최근 이러한 폐단을 막기 위해 아시아·미주지역 호텔사주협회(AAHOA : Asia America Hotel Owner's Association)가 발족되어 체인본부의 독단을 막고 사업파트너로서의 지위를 확보해 가고 있다. 프랜차이즈 약정서의 내용은 대부분 아래와 같은 내용을 의무화하고 있다.

1) 프랜차이즈 약정서의 주요 요소들

- 양 당사자의 법적 지위와 서명자로서의 효력
- 세부 내용에 대한 정의(특히 매출액 산정과 매출원천에 대한 구체적 범위)
- 라이선스 사용범위(브랜드 로고, 사인네이지, 당해 호텔의 명칭 등)

- 계약기간(시작하는 날과 끝나는 날 명시, 보통 20년 계약)
- 경영 수수료(계약금, 로열티, 마케팅 비용과 광고료, 예약망 이용료)
- 보고대상, 보고체계 및 기간(주별, 월별, 분기별, 반기별, 연도별)
- 프랜차이저의 의무(각종 지불에 대한 노력, 경영진단, 마케팅 노력, 브랜드 표준 준수 등)
- 프랜차이지의 의무(운영지침 준수, 각종 지불액 및 기간 준수, 브랜드 이미지 유지 등)
- 계약 당사자의 지위변경(프랜차이지가 매각이나 임대를 할 때는 프랜차이저의 승인을 받음)
- 계약해지와 중도해지에 대한 처리(중도해지 시엔 위반에 따른 변상 조치)
- 보험가입 요청(호텔사주가 보험에 가입, 건물, 이용고객, 종업원, 4대 보험과 각종 충당금)
- 계약변경(계약서 내용의 변경에 대한 권한은 프랜차이저에게 있음)
- 중재료와 법률 수수료(조정, 중재에 대한 장소, 비용을 언급하며 주로 체인본부가 있는 법원 행정구역을 명시함)
- 서명란(법적 효력을 지닌 양측의 대표가 서명)

5. 프랜차이저와 프랜차이지가 각각 얻을 수 있는 것

1) 프랜차이지가 얻을 수 있는 것

- 개별호텔에 유명한 브랜드를 접목하면 전체 자산가치가 상승하게 된다.
- 체인예약망(GDS : Global Distribution System)을 활용하므로 예약률을 증가시킬 수 있다.
- 마케팅력이 강화된다. 대부분 호텔에서 매출액의 증가비율이 경영 수수료율 지급액을 초과한다.
- 체인본부로부터 각종 연수지원을 받을 수 있고, 경영 노하우를 전수받을 수 있다.

- 대행 공급업체로부터 가종 자재 및 용품을 규격화시켜 공급받을 수 있어 비용을 줄일 수 있다.
- 프랜차이저와 협의하여 금융지원에 공동으로 대응할 수 있다.

2) 프랜차이저가 얻을 수 있는 것

- 전체 매출규모가 커지므로 규모의 경제를 달성할 수 있다.
- 브랜드를 사용하는 멤버가 늘어나므로 전체 브랜드 가치가 높아진다.
- 수수료 수입이 늘어나므로 사업의 활성화가 이뤄진다.
- 가입된 프랜차이지와 새로운 호텔의 진입을 공동으로 모색할 수 있다.

3) 프랜차이즈 협상 시 검토할 주요 내용

- 프랜차이저의 질적 수준과 경험
- 프랜차이저가 제공하는 서비스의 수준과 이용하는 고객의 성향
- 프랜차이저에게 지불되는 경영 수수료 금액
- 프랜차이저가 운영하는 브랜드의 장래성 및 과거이력 분석
- 프랜차이저 멤버 호텔의 일일 평균요금(ADR : Average Daily Rate)의 동향
- 프랜차이저 멤버의 지난 5년간 객실점유율(Room Occupancy Ratio) 파악
- 프랜차이저가 제공하는 예약시스템을 통한 예약 기여도와 평균객실요금 평가
- 점포 허용구간에 대한 규정 확인(예, 향후 5년 이내, 8km 반경 이내 브랜드 허용금지)

4) 프랜차이저에게 보내는 협정 진행 질문서 작성 및 배포

호텔사업을 하고자 호텔을 신축할 계획이 있거나, 신축 중인 호텔을 프랜차이즈 형태로 운영하고자 하거나, 현재 운영되고 있는 호텔을 개보수와 함께 새로운 프랜차이즈 브랜드를 도입하고자 한다면 프랜차이즈에 대한 여러 가지 제도와 시장을 면밀히 검토하고, 이들의 조건에 대한 질문서를 작성하여 대상 프랜차이저에게 브랜드 제공이 가능한지, 어떤 조건으로 협상이 가능할지를 미리 타진함으로써 시간과 비용을 절약하면서 호텔이 주도적으로 적당한 브랜드를 택할 수 있

다. 가능하면 긴 기간을 두고 몇몇 업체씩 선별하여 공식서류를 보내서 상대방의 반응을 얻어 협상을 진행하는 것이 바람직한 방법이라고 하겠다.

〈표 3-4〉 프랜차이저에게 보내는 계약 타당성에 대한 질문서

MEMO

To	POTENTIAL FRANCHISORS
From	J.D. Ojisima
Subject	Attached Franchisor Questionnaire
Date	1/1/20XX

I represent an ownership group that will be building a 150-room, limited-service hotel in our city. The investors have asked me to assist them in evaluating options for flagging the property. In an effort to fairly compare the offerings of alternative potential franchisors, please respond, in writing, to the following questions if your brand has an interest in being considered as a potential franchise partner. Please e-mail your responses to J.D. Ojisima at the following e-mail address : JDOJISIMA@ournewhotel.com.

In addition, our group would like to receive any print materials available regarding your brand. Thank you in advance for your interest in our project.

1. **Application Fees**
   • What (if any) franchise fees are required as an up-front affiliation (nonoperating revenue) fee to join the brand?
   • Can the above fee be waived or reduced?
   • If so, what is the name and address of the individual in your organization authorized to waive such fees?
   • Who in your organization will determine the exact date that the property may be promoted, signed as, and advertised as your brand?
2. **Area of Protection**
   • What is the area of protection (AOP) proposed by your organization?
   • Does your AOP restrict any other brands you operate (or will operate in the future) from this AOP? If so, name those brands.
   • Does your AOP give our organization the right of first refusal for any brand(s) you currently operate? If so, name those brands.
3. **Reoccurring Fees**
   • Please identify your proposed fee structure for EACH of the first five years of this agreement. Include all fees, that is,
   • Royalty
   • Marketing

- Reservation
- All other (including required purchases)
- Is there flexibility in regard to these fees? If so, who in your organization is authorized to negotiate these fees?

4. Standards

- Please identify the scoring range used in your brand inspection program, as well as the number of times the property will be inspected each year.
- Please identify the average score (past three years) of all properties in this brand that are within 150 miles of our city. (continued)
- Are inspection scores published? If so where?
- What is the current number of properties operating under this brand? How many of those properties are operating as three diamond (or higher) properties (under AAA inspection standards)?

5. Mandatory Service Programs

- Please describe any mandatory food and beverage programs required by the brand, that is, room service, breakfasts, manager receptions, and so forth.

6. Operating Performance

- Please identify for the previous two years, the brandwide statistics related to
- ADR
- Occupancy percent
- RevPar
- Reservation system room night contribution
- Location of all branded (your proposed brand) hotels in our state that are now open or will open next year
- List of any hotels in our state converting out of your brand last year
- Address of Web site listing all current properties.

7. FOC

- Please send an up-to-date FOC to our address.

8. Fair Franchising

- Do you subscribe to AAHOA's published 12 Points of Fair Franchising? If not, with which points do you disagree?

9. Financing Assistance

- Please describe the assistance your organization can supply us in the area of securing funding for our hotel project.
- Please identify the individual within your organization who would supply such assistance.

10. Termination

- What is the length of your proposed agreement?
- Please describe the penalties incurred and the procedures used should the franchisee elect to take advantage of early termination.

출처 www.franchisehelp.com

〈표 3-5〉 세계 유명 호텔의 프랜차이즈 계약 내용

호텔체인명	기본 수수료	운영 수수료	광고마케팅 수수료	예약 수수료
Ramada	객실당 350$ (최저 3만 5천$)	객실매출의 4%	객실매출의 4.5%	
Days Inn of America	객실당 350$ (최저 3만 5천$)	객실매출의 6.5%	객실매출의 2.3% + 기본 수수료 객실당 100$ 혹은 만$	
Holiday Inn Worldwide(IHG)	객실 100실당 3만$, Crowne Plaza는 7만 5천$	총매출의 5%	총매출의 1.5% Crowne Plaza는 2%	총매출의 1%
Best Western International	객실 100실당 2만 5천$	객실 100실당 2만 2천$	객실 100실당 3,000$	객실당 하루 5¢ (첫해) + 전년 실적에 따라 조정
Choice Hotels International	객실당 300$ (최저 4만$, Suite는 최저 5만$)	객실매출의 5%	객실 매출의 1.3% + 객실당 하루 28¢	객실 매출의 1% + 예약된 객실당 1$
Embassy Suites	Suite룸 1실당 500$(최저 10만$)	객실매출의 4%	없음	없음
Fairfield Inns by Marriott	객실당 375$ + 증축 시 증축 객실당 200$ 추가	객실매출의 4%	객실 매출의 2.5%	객실매출의 1% + 예약된 객실당 2$

출처 정규엽(2017), 호텔외식관광마케팅, 서울 : CENGAGE Learning.

▌그림 3-2 Ramada Hotel

5) 프랜차이즈 도입에 대한 협상

프랜차이즈는 프랜차이저와 프랜차이지의 상호이익을 위한 상업적 협조이므로 서로 협상을 통해 계약조건을 결정하게 된다. 협상내용은 앞에서 언급하였던 약정서 내용, 검토내용의 요약, 질문서의 내용을 바탕으로 진행하면 큰 무리 없이 순조롭게 합의에 도달할 수 있게 된다. 대부분의 영업이 그러하듯이 호텔영업은 먼 앞을 내다보고 인적, 물적 자원을 지속적으로 투입한 결과로 호텔의 이미지가 높아지고 이에 따른 매출 증가, 이익증대가 선순환적으로 이뤄지게 되므로 장래의 브랜드 가치를 찾는 데 노력을 아끼지 말아야 한다.

6) 프랜차이즈 도입에 대한 의사결정

호텔기업을 운영하고자 하는 프랜차이지와 신규사업가를 브랜드에 참여시키고자 하는 프랜차이저는 호텔사업에 대해 깊이 있는 지식이 부족할 수 있고, 그 지역의 특성을 잘 모를 수 있으므로 이때 경영을 맡은 총지배인이 호텔의 기업주를 적극적으로 도와서 의사결정에 도달하도록 최선을 다해야 한다. 상호 간에 프랜차이즈 계약에 서명을 하고 나면 모든 업무는 총지배인이 수행해야 하므로 더더욱 신중한 검토와 의사결정이 요구된다.

〈표 3-6〉 세계 유명 레스토랑의 프랜차이즈 계약 내용

레스토랑 체인명	기본 수수료	운영 수수료	광고 수수료
Burger King	2만 5천$	매출의 4.0%	매출의 4.0%
Domino's Pizza	1천~3천$	매출의 5.5%	매출의 3.3%
KFC	2만$	매출의 4.0%	매출의 4.5%
McDonald's	2만 2천5백$	매출의 3.5%	매출의 4.0%
Pizza Hut	1만 5천$ 이하	매출의 3~4%	매출 1.5만$까지 2%, 이후 총매출의 1%
Subway	7천5백$	매출의 8%	매출의 2.5%
T.G.I. Friday's	5만$	매출의 4.0%	매출의 2~4%

출처 정규엽(2017), 호텔외식관광마케팅, 서울 : CENGAGE Learning.

▌그림 3-3 Wyndham Hotel Group

제3절 호텔의 위탁경영 계약

　현대 호텔경영은 프랜차이즈 계약에 의해 급속히 국제화되고 있다. 그러나 세계적인 호텔그룹들이 고유 브랜드를 보유하고 자사가 직접 건축한 호텔을 직영하는 경우가 있는가 하면 그들의 명성을 앞세워 대규모 호텔의 경영을 위탁받아 크게 성장시켜 나가기도 한다.

　호텔의 위탁경영은 프랜차이즈 호텔의 체인본부가 제공하는 각종 브랜드에 따른 매뉴얼이나 서비스표준에 의해 각각의 호텔이 별도의 경영체계를 중심으로 운영하는 형태이다. 프랜차이저가 지향하는 서비스의 질을 유지하지 못하는 경우가 흔히 발생하는 데 반해, 위탁경영은 브랜드를 제공하는 체인본부에서 총지배인을 비롯한 경영진을 파견하여 호텔을 경영하기 때문에 서비스표준, 고객관리규정, 회계제도, 재투자계획 등이 차질 없이 진행될 수 있다.

　위탁경영 계약이 이뤄지는 과정은 프랜차이즈 경영계약과 크게 다를 바가 없지만 제공되는 각종 수수료, 파견 직원들에게 제공되는 각종 혜택, 호텔기업주가 일선 경영에 참여하지 못하는 규정 등이 적용되므로 호텔기업주가 타 기업의 대주주가 아닌 경우, 또는 규모가 매우 크지 않은 경우 기업주에게 매력적인 제도라고 할수는 없다. 위탁경영에 참여하는 체인본부는 주로 월 매출액의 1~5% 선에서 경영수수료를 요청하며, 파견 직원의 숙식은 물론 가족 생활비도 보조하도록 요청한다.

　최근에는 경영위탁의 약한 형태인 'Soft Management Contract'를 맺어 영업부문은 파견된 총지배인이 중심이 되어 진행을 하고, 인사·총무·재무·구매 등 관리 부문은 호텔기업주가 대리인을 통해 경영에 참여하는 형태로 변화하고 있다.

〈표 3-7〉 세계 10대 위탁경영호텔

RANK	COMPANY	NUMBER OF HOTELS
1	Huazhu Group Ltd.	4,519
2	Dossen International Group	3,062
3	Qingdao Sunmei Group Co.	2,988
4	Accor	2,310
5	Marriott International	2,144
6	Aimbridge Hospitality	1,266
7	IHG(Inter Continental Hotels Group)	1,007
8	BTG Hotels Group Co.	851
9	Westmont Hospitality Group	724
10	Hilton Worldwide Holdings	703

출처 www.hotelsmag.com(2020).

1. 호텔 위탁경영회사의 구조

호텔 위탁경영을 주 업무로 하는 체인본부는 다각적으로 객관적인 평가를 받고 있다. 이들은 브랜드 가치를 높이기 위해 엄격하게 서비스표준을 관리하며, 호텔 브랜드 가운데 상위에 있는 호텔들이다. 이 범주에 속하는 호텔체인은 하얏트, 힐튼, 메리어트, 포시즌, 쉐라톤, 웨스틴 등 국내에도 진출해 있어 우리에게 로고가 익숙한 기업들이다. 위탁경영회사도 다양한 브랜드를 보유하고 있는데 이들의 평가는 체인본부가 운영하는 각각의 브랜드에 소속된 호텔의 수, 객실의 수, 일일평균요금 등으로 평가된다.

체인호텔들이 경영에 참여하는 형태는 아래와 같다.

① 위탁경영회사가 순수하게 경영에만 참여하는 경우
② 위탁경영회사가 합작투자에 의해 자본에 참여하면서 경영을 위탁받는 경우
③ 위탁경영회사가 호텔을 소유한 경우

④ 위탁경영회사가 호텔을 차용하여 운영하는 경우

⑤ 위탁경영회사가 합자 투자한 호텔의 영업만 맡아서 경영하는 경우

2. 위탁경영계약 과정

체인호텔은 경영에 참여하는 형태에 따라 여러 가지 계약조건을 제시하게 된다. 이들의 형태로는 순수하게 위탁경영계약 형태를 취하는 Unique Management Contract와 Operating Agreement가 있다. 이는 다른 용어로 Hard Management Contract와 Soft Management Contract로 불리기도 한다.

위탁경영계약을 맺을 때 개업 준비과정도 포함하는데, 이는 프랜차이즈와 달리 자본투자자가 설계 이전부터 체인본부와 계약에 의해 동반자로서 업무를 함께 진행하게 됨을 알 수 있다. 왜냐하면 체인본부에는 건축, 디자인, 인테리어, 익스테리어, 인력관리, 재무관리, 회계 등의 전문가가 있어 창업에서부터 운영, 경영진단, 재투자에 이르기까지 모든 업무를 맡아서 진행해 주게 된다.

1) 위탁경영계약의 핵심요소들

- 위탁경영기간(시작하는 날과 끝나는 날 명시)
- 쌍방에 의해 계약기간 이전에 계약이 파기될 때 진행하는 절차
- 쌍방에 의해 계약기간이 연장될 때 진행하는 절차
- 호텔이 타인에게 이관될 때 상호 협상해야 하는 내용
- 각종 경영 수수료(월 지급액, 파견 직원급여 및 각종 혜택, 마케팅 비용과 광고료 부담, 예약망 이용료 등)
- 영업결과에 따른 보상과 피해 보존
- 위탁경영회사의 투하 자본
- 위탁경영회사의 지역 내 타 호텔 운영에 대한 제한
- 각종 서류의 보고대상, 보고내용, 보고기간 및 보고 통로
- 보험료 부담과 부보에 대한 책임 명시
- 고용원에 대한 소속(호텔기업주회사 또는 위탁경영회사)
- 총지배인과 파견 경영진의 임용 및 해임에 대한 절차

2) 각급 호텔의 경영 수수료 비교

〈표 3-8〉 국내 호텔들의 경영 수수료

호 텔	소유회사	경영회사	수수료
그랜드인터컨티넨탈서울	한무개발	Inter-Continental Hotels Co.	영업이익의 8.5%
그랜드하얏트서울	미라마관광	Hyatt International Co.	총영업이익의 10~15%
밀레니엄서울힐튼	M&C그룹	Hilton Corporation	총영업이익의 15%
르네상스서울호텔	삼부토건	Marriott Corporation	총영업이익의 12% + 객실수입의 3%
호텔리츠칼튼서울	전원산업	Ritz-Carlton International Co.	총매출이익의 4.5%
부산웨스틴조선호텔	신세계그룹	Starwood Corporation	총영업이익의 2.5 + 객실수입의 7.5%
웨스틴조선호텔	신세계그룹	Starwood Corporation	순영업이익의 1.9%

출처 국내 호텔관련 자료 참고하여 저자 작성(2013년 12월).

3. 위탁경영계약 시 호텔기업주에게 유리한 점과 불리한 점

1) 호텔기업주가 유리한 점

- 경영의 질을 높일 수 있다.
- 위탁경영회사가 보유한 분야별 우수전문가를 활용할 수 있다.
- 위탁경영회사의 명성과 경험이 투자, 융자에 도움이 된다.
- 경영성과를 높일 수 있다.
- 장기적인 파트너십 유지로 새로운 투자처를 발굴할 수 있다.

2) 호텔기업주가 불리한 점

- 호텔기업주가 체인본부에서 파견된 총지배인이나 간부직원을 직접 지휘할 수 없다.
- 호텔기업주가 원하는 능력 있는 경영진이 체인본부에 의해 자주 교체된다.
- 호텔기업주가 고용한 임직원과 체인본부에서 파견된 임직원의 충돌이 잦다.
- 위탁경영사에서 추진한 일들에 의해 호텔의 비용이 증가한다.
- 호텔기업주의 재산권 이양에 걸림돌이 된다.

〈표 3-9〉 서울 지역 특1급호텔의 위탁경영 현황

호텔	계약본사	기간	계약내용	경영 수수료
Inter-Continental	Inter-Continental Hotels corporations(IHC)	1997-2010	IHC는 호텔영업전담 호텔브랜드 사용 IHC의 판매예약망 사용	상표 및 시스템용역대가: 총매출액 대비 Grand : 2.75% COEX : 1.5% 관리운영용역대가 조정 후 고정비 전 영업이익의 2.5~7%
Grand Hyatt	Hyatt Inter'l의 자회사인 Hyatt Technical Service (Hong Kong)	1993-2012	관리용역 고객관리/예약망 판촉프로그램 사용 차장급 이상 한국인 직원의 인사는 합의	경영관리 수수료: GOP의 14% 로고 및 시스템 사용료: GOP의 1%
Millennium Hilton	Hilton Inter'l Co. (USA)	1983-2002	관리용역 한국인 직원의 인사는 소유주와 협의 Hilton의 호텔운영에 대한 자율성 인정	GOP의 15% 그룹서비스 수수료: 245,000$(연간) 예약 수수료: 55,000$(연간)
Ritz-Carlton	Ritz-Carlton Inter'l(USA)	1993-2006	Ritz는 영업, 소유주는 호텔운영 총괄 인사는 소유주의 승인을 득함 판촉/예약망 사용	경영관리비 : 총매출의 2.5% 수수료 : 총매출의 1%
Renaissance	미국 Ramada Inc. 자회사인 Ramada Pacific Ltd. (Hong Kong)	1999-2005	경영관리용역 및 독점적인 지배권 보장 마케팅 및 예약지원 광고판촉활동	1999.1.1~2000.12.31 경영 수수료 : GOP의 14%, 객실매출 2% 2001.1.1~2005.12.31 경영 수수료 : GOP의 15%, 객실매출의 2.25%
Westin Chosun	Westin Hotel Company(USA)	1996-2006	영업부문을 총괄하되 소유주의 사전승인을 득함 판촉/예약망 사용	마케팅 수수료 : 조정 후 매출액의 1.9% 경영지원 수수료 : 조정 후 매출액의 1.3%
Grand Hilton	Swissotel Ltd. (Swiss)	1987-2003	관리계약 노무정책은 소유주의 사전협의 및 승인 월 1회 이상 소유주와 회합	개업준비금 : 220,000$ 수수료 : 총매출액의 3% + 영업이익의 9%

출처 정규엽(2017), 호텔외식관광마케팅, 서울 : CENGAGE Learning.

▌그림 3-4 Inter Continental Hotel

제4절 체인호텔과 총지배인의 역할

　앞서 언급했듯이 위탁경영(management contract) 형태로 경영하는 호텔은 총지배인을 체인본부에서 파견해주고 프랜차이즈 계약(Franchise Agreement)에 의한 호텔경영은 호텔기업주가 임명한 총지배인이 업무를 총괄하게 된다. 어떤 형태이든 투자자와 운영자의 입장은 다를 수밖에 없다. 호텔조직은 총지배인이라는 전문성을 지닌 사람이 표면에서 대표성을 가지고 업무를 수행하지만 그 이면에는 자본을 투자한 기업주와 브랜드를 성장 발전시키고자 하는 체인본부가 있다. 이 때문에 총지배인은 이들의 요구를 조화롭고, 진취적으로 잘 이끌어가는 임무를 맡는다. 매우 힘들고 순탄하지 않은 일들이 일어날 것을 예측하지 않을 수 없지만, 능력이 있다면 오히려 돋보일 수 있는 것이 사실이다.

1. 프랜차이즈 경영호텔의 총지배인 역할

1) 호텔사주와의 협력관계

호텔사주와 체인본부가 서로 협력하기로 결정했던 사항도 비용절감 측면에서 사주는 가능하면 따르지 않으려 한다. 이때 총지배인은 호텔사주를 설득할 수 있는 충분한 자료와 신뢰성을 가지고 업무에 임해야만 장기적으로 체인호텔에 가입한 혜택이 돌아온다.

2) 프랜차이저와의 협력관계

체인본부에서 프랜차이즈 서비스 담당책임자(FSD : Franchise Service Director)가 체인서비스 표준을 따르는지 확인한다. 뿐만 아니라 마케팅과 판매촉진에 대한 노력을 점검하기도 하고, 예약망 활용실태를 확인하기도 한다. 이러한 과정은 호텔기업주와 체인본부 간에 협력관계의 지속여부를 판단하는 기준이 되며, 총지배인의 업무수행 능력과 인간관계 구축이 문제해결의 중심에 있을 경우가 많다.

3) 브랜드 매니저와의 협력관계

체인본부에서 제공하는 서비스와 영업현장에서 일어나는 결과가 언제나 일치하지는 못한다. 또한 상호결점과 비협조에 대한 불만을 보완할 수 있으므로 강력한 협조와 이해를 바탕으로 협력해야 한다.

4) 직원들과의 협력관계

평소 체인본부에서 제공하는 서비스표준 매뉴얼에 의해 근무할 수 있도록 인력관리, 서비스 질 관리를 생활화해야 한다. 서비스 품질을 논할 때는 항상 서비스 태도, 신속도, 정확도, 책임감, 서비스 환경 등을 거론하게 되는데, 이들은 각 체인본부가 제공하는 서비스 매뉴얼에 명시되어 있으므로 많은 시간을 할애하여 교육에 임해야 한다.

5) 고객과의 협력관계

고객은 본인이 지불한 금액 이상의 융숭한 대접을 받았을 때 만족하게 된다. 같은 브랜드 내에서도 지역이나 사업주의 경영의지에 따라 제공하는 서비스가 달라질 수 있는데, 총지배인은 동일 브랜드 내에서 또는 타 브랜드에서 제공하는 각종 서비스를 모니터링하여 개선점을 프랜차이저와 논의하여 적응시키는 데 앞장서야 한다.

2. 위탁경영호텔에서 총지배인의 역할

체인그룹이 소유한 호텔을 직영하는 경우 총지배인은 브랜드와 오너를 위해 일하게 되므로 조직운영에 큰 문제가 되지 않지만, 경영을 맡은 체인본부와 소유주가 다른 호텔의 총지배인일 경우 업무를 매우 힘들게 추진할 수밖에 없다.

1) 주도적 업무능력 배양

체인호텔에서 파견된 총지배인일지라도 업무를 주도적으로 잘 진행하고 체인본부의 지휘력보다 높은 능력을 인정받으면 호텔사업주는 오히려 체인형태보다 총지배인 중심의 호텔로 독자적 경영을 모색하게 될 수 있다.

2) 양 당사자의 이익을 위해

체인본부에서 파견된 총지배인은 체인본부에서 주어진 지침에 따라 일하고, 성과를 내면 되지만 항상 호텔사주와 긴밀한 관계를 유지함으로써 안정된 경영을 할 수 있도록 노력해야 한다.

3) 경영진과의 긴장관계

총지배인이 지휘하는 주요 보직은 영업상황에 따라 체인계약이 연장되지 못했을 때 사직을 권고받을 수 있다. 이러한 상황을 막는 방법은 최선을 다해 위탁경영계약을 연장하고, 최선을 다해 브랜드 이미지를 높이며, 매출과 영업이익을 증대시키는 것이다.

4) 영향을 미치는 관련된 종업원들

만약 경영위탁을 맡은 회사가 계약연장에 실패했을 때 대부분의 고용원은 새로 진입하는 다음 브랜드에 신임 고용되게 된다. 경영위탁의 경우 고용주가 경영회사로부터 종업원의 임용을 거부하게 될 수도 있으므로 관련법규를 중심으로 면밀한 검토와 함께 평소 교육을 통해 인적자원의 가치를 높여야 한다.

5) 브랜드와의 불협화음

아무리 자그마한 일일지라도 브랜드 이미지와 관련된 것은 함부로 처리할 수 없다. 브랜드서비스 담당책임자와 사전에 논의함으로써 불협화음을 예방할 수 있다.

제4장 호텔의 경영조직 및 호텔용어

제1절 호텔의 경영조직

1. 호텔경영조직의 특성

1) 기능화 및 전문화

호텔의 조직은 분업의 원리에 의해 각 부분의 기능을 효과적으로 발휘할 수 있도록 전문화되어 있다. 이는 과학적 관리법에서 비롯된 과업관리(task management), 기능적 감독자 제도(functional foremanship)에 의한 경영의 원칙에 영향을 받은 것이다. 여기서 과업관리란 매니저는 종사원들의 직무를 설계하고 직무 수행방법도 구체적으로 설정하는 기획업무에 치중해야 하며, 종사원은 매니저가 설정한 직무를 그대로 수행하는 것이 그들의 과업이라는 것이다. 또한 관리자의 직무도 분업의 원리를 적용하여 일선 관리자는 부하 종사원의 생산을 감독하는 감독업무에만 치중하게 하고 기타 기획업무, 마케팅, 구매, 경리, 교육훈련 등 다른 관리업무는 이를 전문적으로 취급하는 관리자들을 채용하여 그들에게 맡겨야 한다는 것이다.

2) 지휘계통의 일원화

조직 내의 업무는 통일된 명령과 지시에 의해 수행되어야 한다는 원리에 의해 지휘계통이 일원화되어 총지배인 이하 모든 명령 및 지시사항이 통일되어 운영되고 있다. 이러한 명령 및 지시사항들은 모두 고객만족을 위해 각 부서별로 운영되어야 한다는 것이다.

3) 권한위임과 동기부여

모든 조직의 부서별, 직무별, 직위별 업무들은 직무분석에 의해 분업화되고 책임의 한계와 능력의 범위를 설정하여 설계되므로 상사는 부하들에게 업무의 권한을 위임함으로써 부하들이 보다 업무에 열과 성을 다할 수 있도록 동기부여할 수 있다.

4) Line & Staff 조직

호텔의 조직은 객실, 식음, 연회, 부대시설 등의 영업부문과 이를 지원하는 총무, 인사, 교육, 경리, 구매, 시설, 재무 등의 지원부문으로 나뉜다. 이때 영업부문은 총지배인으로부터 직접 명령을 받는 line 조직이며, 지원부문은 참모(staff)기능을 담당한다고 볼 수 있다.

5) 수익부문과 비용부문의 명확성

호텔의 경영관리조직은 수익부문과 비용부문으로 명확하게 구분된다. 호텔의 수익부문(revenue centers)에 속하는 객실, 식음, 연회, 부대시설, 임대업장 등은 매출부서이고, 호텔의 비용부문(cost centers)에 속하는 마케팅, 재무, 회계, 총무, 인력관리, 구매관리, 시설관리, 안전관리 등은 매출부서의 매출 극대화를 위해 업무를 지원한다.

2. 호텔경영조직의 사례

[그림 4-1]에서 보면 이사진(board of directors) 밑에 총지배인(general manager)이 위치하며 그를 보좌하는 비서진(administrative assistant)이 있다. 총지배인 밑에는 부총지배인(resident manager)이 있고 라인조직은 인사이사, 시설이사, 관리이사, 안전담당이사, 식음료이사, 마케팅이사, 객실담당이사 등으로 구성된다. 관리이사에 속한 조직을 보면 구매과장, 원가관리, 창고담당 등이 있으며, night auditor에 헤드캐셔, 후불담당과장, 급여담당, 수신 및 여신담당, auditor, 관리부장 등이 소속된다. 식음료이사는 총주방장(부주방장, 연회주방장, 제과제빵 주방

장), 식음료부장(인사담당과장, 레스토랑 과장들, 룸서비스 과장), 기물담당과장, 음료담당부장, 케이터링부장(연회장과장, 연회판촉지배인) 등으로 구성된다. 마케팅이사에 속하는 기능은 판촉부장, 홍보부장, 컨벤션서비스과장, 매출관리과장 등으로 구성된다. 여기서 판촉부장은 매출 및 예약관련으로 케이터링부장 및 예약과장과 긴밀한 관계를 유지해야 한다. 마지막으로 객실담당이사 밑에는 프런트오피스과장(예약과장, 교환, 야간담당, 서비스과장), 하우스키핑부장, 주차관리과장 등으로 구성된다.

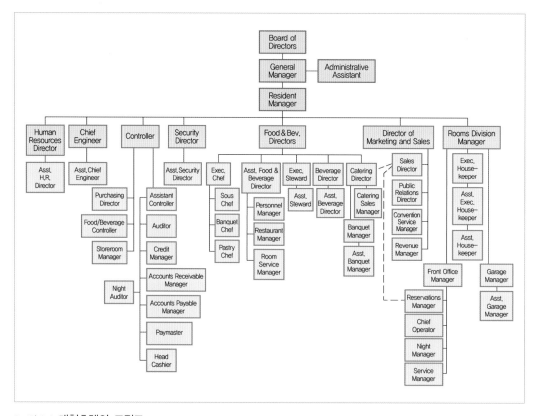

▌그림 4-1 대형호텔의 조직도

출처 Kavanaugh & Ninemeier(2001), Supervision in the Hospitality Industry(3rd Ed.), MI: The Educational Institute of the American Hotel & Lodging Association, p. 12.

제2절 호텔용어

1. 프런트오피스(Front Office)

다음은 객실부서와 관련된 호텔용어이다.

1) **Accommodate**: A promise of a room for a guest-if not in that hotel, then a commitment to find a room elsewhere.(숙박과 관련된 약속을 의미한다. 객실이 없는 경우 타 호텔에서 객실을 찾아주겠다는 약속을 포함한다)

2) **Adjoining Rooms**: Two or more rooms side by side without a connecting door between them. In other words, rooms can be adjoining without being connecting. (객실 간의 통로 문이 없이 인접한 객실)

3) **Adjust/Adjustment**: A correction of an error that occurred on a previous day.(전날 발생한 잘못을 수정하는 것)

4) **Advance Deposit**: Pre-payment of room charges.(선수금: 객실요금을 선납함)

5) **Average Daily Rate**: The average of rates charged for guest rooms during one day of business. Method of computation: ADR=Total guest room revenue divided by number of rooms sold.(평균객실요금)

6) **Bank**: Funds issued to cashier for handling guest transactions which must be balanced at the beginning of each shift.(시제금: 각 근무조의 초반에 고객과의 거래를 위해 준비된 금액)

7) **Block**: A group of rooms held at the request of Sales or Catering.(판촉부서나 케이터링부서의 요구에 의해 미리 잡힌 단체 객실)

8) **Blocked Room**: Room numbers assigned in advance of arrival on the same day of arrival.(고객들이 도착하기 전에 미리 배정된 객실 번호들; 배정된 객실)

9) **Booking Agreement**: Reference material for a number of reservations made under a company or group.(예약 약정서)

10) **Bucket**: Tray used for filing guest folios by room number at Front Desk.(프런트데스크에서 객실번호에 따라 고객관리대장을 철하기 위해 사용하는 도구)

11) **Bucket Check**: When you compare the room board with the bucket.(객실현황판과 객실의 고객관리대장을 비교확인하는 과정)

12) **Budget Check**: AM & PM comparison of guest bucket folios with room rack to verify accuracy of account.(오전과 오후 고객관리대장의 계정들을 비교·확인하는 것)

13) **Check-In**: Hotel day starts at 6:00 a.m.; however, occupancy of rooms by arriving guests may not by possible until after the established check-out time.(usually 1:00 p.m.)(Check-in은 보통 Check-out 이후에 가능하다)

14) **Check-Out**: (verb) To vacate a hotel room, (taking luggage), turn in key and pay bill; (noun, hyphenated) a room that a guest has officially vacated. Check-out time is usually 1:00 p.m.(Check-out은 객실을 비워주고, 키를 반납하고 계산서를 지불하는 절차로 끝난다. Check-out 시간은 호텔에 따라 다를 수 있다)

15) **City Ledger**: Folios of guests who have checked out or local business firms who have been approved by the manager for direct billing.(city ledger는 보통 외상거래를 말한다)

16) **Closed Dates**: Dates on which nothing can be rented because of a "full-house".(객실이 없는 날로 모든 객실이 예약 완료된 날을 말한다)

17) **Commercial Rate**: Rate agreed upon by company and hotel for all individual room reservations.(모든 개별예약을 위해 기업과 호텔에 의해 약정된 가격)

18) **Commission Payment**: Percentage of room rate paid to travel agencies for their hotel bookings.(호텔예약에 대해 호텔에서 여행사에 지급하는 수수료)

19) **Complimentary Room, Comp**: A room free of charge.(무료로 제공되는 객실)

20) **Confirmation**: A written notice to guest in advance of arrival that room has been reserved.(객실이 예약된 것에 대해 도착하기 전에 고객에게 제공되는 확인서)

21) **Connecting Rooms**: Adjacent rooms with a connecting door in between.(객실과 객실 사이에 연결된 문이 있는 인접한 객실)

22) **Convention:** An assembly of association attendees or employees of companies gathering for a common purpose, usually including meetings, banquets, and room accommodations. (회의, 연회장, 객실 등을 사용하는 단체로서 기업의 회사원들이나 협회의 참석자들의 모임을 말함)

23) **Corporate Rate:** Guaranteed "not more than" room rates extended to a major company using hotel often. (호텔을 자주 이용하는 주요 기업체에게 보장된 가격)

24) **Day rate:** Renting room for part of hotel day, normally 9 a.m.-6 p.m. Rate is 50% of double rate for that room. (보통 9시에서 저녁 6시 사이에 객실을 임대하는 것 보통 1박에 해당하는 요금임)

25) **Deposits:** A monetary payment to hotel by guest in advance of arrival to assure room will be held. (예약금)

26) **Desk Information Book:** Contains information which needs to be used for reference. (고객들에게 정보를 제공할 목적으로 제작된 책자)

27) **Direct Bill:** An account which has been approved by the manager and to which we will send a bill after check-out. The folio must be signed by the guest at check-out. (지배인에게 승인받은 계정이며, 고객이 체크아웃한 이후에 계산서를 보내야 하는데, 계산서는 체크아웃 때 고객의 사인을 받아야만 한다)

28) **Discount Rates:** Usually refers to a 50% discount extended to travel agents and airline employees. (Some units may include a discount to government employees and others on a per diem basis.) (할인요금)

29) **Double:** A room to be occupied by two people. (두 명의 고객에 의해 점유되는 객실)

30) **Double Double Room:** A room with two double beds. (두 개의 더블베드가 있는 객실)

31) **Efficiency:** An accommodation containing some type of kitchen facility. (부엌기능을 갖춘 객실)

32) **Flag:** A colored plastic chip placed in the room rack to designate the status of the room-check-out, recent check-in, etc. (객실의 체크아웃이나 체크인 상태를 나타내기 위하여 객실 랙에 있는 색깔 있는 플라스틱 칩을 말함)

33) **Flat Rate**: Specific room rate for group, agreed upon by hotel and group in advance.(사전에 호텔과 단체에 의해 동의된 단체를 위한 특별 객실요금)

34) **Folio**: Used to record the details of all business transacted between the hotel and guest during the guest's stay.(고객이 머무는 동안 호텔에서 일어난 모든 거래상황의 자세한 내용을 기록해 둔 원장)

35) **Forecast**: Projecting future occupancy of the hotel and determining availability status.(호텔의 미래 점유율을 예측하고 가능상황을 결정해 놓는 일)

36) **Front Desk**: Area where guest checks into hotel, where keys are kept, where mail is distributed and from which information is dispensed.(프런트데스크는 고객의 체크인/아웃이 이루어지며, 키가 보관되고, 메일 및 안내를 받아볼 수 있는 곳이다)

37) **Front Office**: Area where information regarding guests is kept; also assistant manager's offices.(고객들 관련 정보를 다루는 곳으로 지배인들의 오피스가 위치함)

38) **Front Office Cashier**: Person who adds up all charges made to a room and collects money upon departure of guests who occupied it.(프런트오피스 캐셔를 지칭하는 용어로 현재는 프런트오피스 모든 직원이 프런트캐셔 업무를 같이 하고 있음)

39) **Front Office Clerk**: Person who checks in guests and keeps track of rooms available.(프런트오피스 클럭으로 체크인 체크아웃 업무를 주로 함)

40) **Front of the House**: Entire public area.(공공지역)

41) **Full Comp**: No charge made for room, meals taken in hotel, telephone, valet or any items.(객실, 식사, 전화, valet 등의 모든 비용을 무료로 제공하는 것)

42) **General Clean**: Indicates thorough cleaning of guest room and bath; done on a periodic basis.(주기적으로 객실과 화장실을 완벽하게 청소하는 것)

43) **Group Code**: Type group name on folio under rate information.(컴퓨터에 단체의 코드를 입력하기 위해 만듦)

44) **Group Reservation**: A specified minimum number of reservations of rooms handled by the sales department.(판매부서에서 이루어지는 단체예약)

45) **Guarantee**: Figure given by function planner to hotel, at least 24 hours prior

to function, stating number of persons to be served. Most hotels are prepared to serve at least 5% over the guaranteed figure. Payment is made on a basis of the guaranteed number of covers or total number served, whichever is greater.(보증인원으로 계산은 보증인원을 근거로 한다. 보통 보증인원을 기준으로 예약인원은 가감된다.)

46) **Guaranteed No-Show(GTD-NS), Guaranteed Reservation(GTD)**: Company, travel agency or person agreeing to pay of accommodations if the guest does not arrive at hotel or does not cancel his reservation within a reasonable time. Gives credit card or company address.(보증된 no-show. 보증된 예약. 따라서 보증된 상태에서 나타나지 않아도 이미 계산되어 있으므로 호텔측에선 문제가 없음)

47) **Guest Charge**: Anything put on guest's bill-purchases, room service, telephone, valet, etc.(투숙한 고객이 사용한 것들을 고객의 계정에 포스팅하는 것)(Guest Ledger)

48) **Guest Folio**: See Folio.(고객 원장)

49) **Held Luggage**: Guest's property held in lieu of payment for accommodations.(지불 문제로 고객의 가방 등을 억류해 놓는 것)

50) **High Balance Report**: Prepared for night audit to notify Front Office Manager of guests whose folio balances have exceeded established limits.(고객원장의 밸런스가 한도를 초과한 고객들을 프런트오피스 매니저에게 알리기 위해 나이트오디터가 준비한 리포트)

51) **Hold for Arrival**: Mail and packages, etc. arriving prior to arrival of guest. "Hold for Arrival" is noted on article.(고객이 도착하기 전에 도착한 메일과 포장들 위에 쓰는 문구)

52) **Hospitality**: A room used for entertaining.(cocktail party, etc.) Usually a function room or parlor.(칵테일파티 등과 같이 유흥을 위해 활용되는 객실. 일반적으로 연회장 또는 거실을 의미함)

53) **Hospitality Suite**: A parlor with connecting bed-room(s) to be used for entertaining.(유흥을 위해 활용되는 연결된 침실을 갖춘 스위트객실)

54) **Housekeeping Reports**: Reports turned in to Front Desk by Housekeeping late in afternoon and used to verify that Housekeeping and Front Desk show same status on all rooms inventory.(오후 늦게 하우스키핑에서 프런트데스크로 넘겨지는 리포트로서, 하우스키핑과 프런트데스크가 모든 객실에 대해 같은 상태를 나타내는지 보여주기 위해 활용된다)

55) **House Count:** How many rooms have sold for that night.(당일 밤에 얼마나 많은 객실이 판매되었는지 확인하는 것/이때 매출은 계상되었으나 키가 발견되는 객실은 확인을 통해 문제를 파악해야 함)

56) **Information Rack:** Revolving rack at PBX(private branch exchange) with all guest information slips filed alphabetically.(교환대에 위치하여 돌아가는 랙으로 모든 고객들의 안내 용지를 알파벳 순으로 정리한 것)

57) **Inspected:** Room has been thoroughly checked by an inspectress, supervisor or housekeeper.(인스펙터, 주임, 또는 하우스키퍼에 의해 완벽하게 확인된 객실)

58) **Junior Suite:** A large room with a partition separating the bedroom furnishings from the sitting area.(거실과 침실이 파티션으로 나누어진 넓은 객실/suite객실은 일반객실의 두 배를 의미함)

59) **King:** Largest size bed available from manufacturers; may be 80" by 80" (2m×2m) or 72" by 72" (1.8m×1.8m); may be formed by putting two twin mattresses crosswise on twin box springs.(King size 침대)

60) **Log Book:** Daily diary where special instructions are noted for follow up and/or documentation.(그날의 특이사항들을 적어 놓고 인수인계하는 장부)

61) **MAP(Modified American Plan):** Rate includes breakfast, dinner and room.(아침, 점심, 저녁식사가 포함된 객실가격)

62) **M.I.P.:** Most Important Person.(매우 중요한 고객)

63) **MTD:** Month to date—these are the accounting totals showing the revenues and expenditures for a specific month as of a specific date.(특정한 날까지 그 달의 매출을 합계한 것)

64) **Make Up:** Change linen on beds, clean room and bathroom, while guest is registered in room.(고객이 등록되어 있는 동안 침대의 리넨을 교환하고 객실과 화장실을 청소하는 것/보통 객실을 청소한다는 의미)

65) **Manager on Duty(M.O.D):** Assumes full responsibility for the hotel in the absence of the General Manager.(총지배인 부재 시에 호텔의 모든 책임을 지는 지배인)

66) **Master Bucket:** Contains internal and master folios.(모든 거래원장을 포괄하는 바구니)

67) **Night Auditor:** Person who balances hotel accounts and posts all guest charges on bills.(모든 고객의 거래를 계산서에 포스팅하고 호텔계정의 밸런스(대차)를 맞추는 사람)

68) **No show:** A confirmed reservation which has not been claimed by the customer. (예약은 확인되었으나 당일 고객이 오지 않은 객실)

69) **Occupancy:** Number of rooms actually in use.(객실 점유율＝판매된 객실÷판매가능객실 ×100)

70) **Open:** The availability of guest rooms for sale.(판매를 위한 객실의 가능성)

71) **Operation:** Functioning of a hotel, especially activities, dealing directly with serving guests.(고객서비스를 직접 다루는 호텔의 모든 기능)

72) **Out of Order Rooms:** Rooms that cannot be occupied by guest due to physical reason like painting, defective plumbing, etc.(페인팅이나 배관결함 등으로 고객에게 제공할 수 없는 객실)

73) **Oversold:** Reservations have been accepted beyond a hotel's capacity to provide rooms.(호텔에서 제공가능한 한도를 초과하여 예약을 받는 경우)

74) **Package Tours:** Special package prepared by tour operators including rooming, sightseeing, dining, etc.(여행도매상에 의해 준비된 객실, 관광, 식사 등이 포함된 패키지)

75) **Parlor:** A sitting room which may or may not have sleeping accommodations.(침실이 있거나 혹은 없는 거실)

76) **Plant:** The entire hotel operation.(전반적인 호텔 운영)

77) **Pre-block:** Assigning a specific room or suite number prior to actual arrival date of guest.(고객이 도착하기 전에 특정 객실 혹은 suite의 번호를 미리 마련해 놓는 것)

78) **Pre-Registered:** Guests registered and room number assigned prior to arrival. Guest needs only to sign his name.(사전 등록, 고객이 도착하기 전에 객실을 assign하고 등록을 마치는 것을 의미: 따라서 고객은 그의 이름만 사인하면 됨)

79) **Property:** A hotel's building, land and all facilities connected with it.(호텔의 건물, 토지 및 관련된 모든 시설들)

80) **Queen:** A room with a queen sized bed.(queen size 침대를 갖춘 객실)

81) **Rack Rate:** Maximum room selling prices as established by management(=Full Charge).

82) **Rebate:** Part or all of rental refunded to guest.(고객에게 되돌려주는 금액)

83) **Register:** The guest check-in procedure.(고객의 체크인 절차)

84) **Relocate or Walk:** Guest accommodated at another property because hotel was unable to honor his reservation.(호텔이 예약된 객실을 제공할 수 없어서 또 다른 숙박업소에 숙박한 고객)

85) **Reservation:** Advance request for a hotel room.(예약: 사전에 호텔객실에 대한 요청)

86) **Reservation Card:** Special reservation request form printed for specific conventions.

87) **Rollaway:** Portable bed, usually twin or double size.

88) **Roll In:** Put rollaway bed in guest room.(이동용 침대를 객실에 설치하는 것)

89) **Roll Out:** Take rollaway bed out of guest room.(이동용 침대를 객실에서 빼는 것)

90) **Room Changes:** Guest changing from one room to another.(고객의 객실을 변경해 주는 것/객실에 문제가 있는 경우 객실을 변경하여 줌)

91) **Room Board:** A piece of Front Office equipment representing the guest rooms in the form of metal pockets in which colors and symbols identify the accommodations.(객실의 상황을 알리기 위해 특정표시를 게시한 상황판)

92) **Rooming:** Escorting guest to assigned room.(할당된 객실까지 고객을 모시는 것)

93) **Rooming List:** List of names participating in a group reservation block.(단체 고객들의 이름 리스트)

94) **Room Revenue Report:** Report made out by 3-11 clerks showing revenue received for each room number, number of occupants in room.(각 객실당 매출을 작성한 리포트)

95) **Rooms Status:** Availability of guest rooms for sale, i.e.: ready, check out etc.(객실들의 상황: 준비된 객실, 체크아웃한 객실 등)

96) **Run of the House Rate**: An agreed upon rate generally priced at an average figure between minimum and maximum for group or corporate accommodations.(단체나 기업 숙박객들을 위한 최저와 최고의 사이에서 평균적으로 책정된 가격)

97) **Security**: The department which is in charge of protecting both employees and guests from thefts and vandalism.(절도나 공공기물의 파손 등으로부터 고객과 종사원들을 보호하는 임무를 맡은 부서)

98) **Selling Up**: Making an effort to sell the better, higher rated room.(더 낮고 더 높은 가격으로 팔기 위한 노력)

99) **Sell Out/ Sold Out**: All available rooms reserved or occupied on a specific date.(특정한 날에 가능한 모든 객실들이 예약되거나 점유된 경우)

100) **Sell Through**: Accepting reservations for multiple nights through sold-out dates to increase occupancy on open dates.(점유율을 올리기 위해 중간에 예약이 완료된 날을 포함하여 예약하는 경우)

101) **Share(or Share with)**: A guest who joins another guest already occupying a room at a hotel(non-family).(이미 투숙하고 있는 고객과 함께 투숙하는 경우)

102) **Single**: Room to be occupied by one person.(1명의 고객에 의해 점유된 객실)

103) **Skips**: Guest leaving hotel without paying the bill.(계산하지 않고 호텔을 떠난 고객)

104) **Sleepers**: Rooms not physically occupied(possibly skips) and not discovered by desk during the course of the day, therefore, room not rented due to account still being active.(객실이 점유되지 않았고, 근무자에 의해 발견되지 못함에 따라 매출은 잡혔으나 팔지 못한 객실)

105) **Sleep-Out**: A room in which the guest did not sleep in bed.(고객이 침대에서 자지 않은 객실)

106) **Studio**: A room with one double bed and a couch.(하나의 더블베드와 긴 소파가 있는 객실)

107) **Suite**: A large room with a sitting area and sleeping area which can be closed off with a door.(객실과 거실이 문으로 분리되어 있는 객실; 일반적으로 suite객실은 일반 객실의 두 배이다)

108) **Tidy-Up**: To straighten and clean a room after guest's departure when full service has been given earlier.(고객이 떠난 후에 객실을 정돈하고 청소하는 것)

109) **Tourist/ Economy**: Commercial-type hotel.(usually without private bath)

110) **Turn Down**: Evening service--removing bedspread and turning down bed, straightening room and replenishing used supplies and linen.(저녁 서비스–베드스프레드를 제거하고 침대의 스프레드를 접고, 객실을 정돈하고 사용한 리넨류를 교환하는 서비스)

111) **Twin**: A room with two twin beds.(두 개의 똑같은 침대가 있는 객실)

112) **V.I.P.**: A guest, who for a variety of reasons has been designated by management to receive special treatment. Is usually pre-registered and should be escorted to room by a management representative.

113) **Vacant and Ready**: A room that is unoccupied, cleaned and ready for renting.

114) **"Walk" the Guest**: A guest who has reservations, but cannot be accommodated is taken(gratis) to another hotel where rooms have been procured and paid for by "walking".(예약은 했으나 객실을 제공받지 못한 고객을 또 다른 호텔로 모시는 것으로, 객실은 어렵게 구하여 walking으로 지불된 것임)

115) **Walk In**: Person(s) requesting accommodations for that night who has no reservation.(예약 없이 당일 숙박을 요구하는 고객)

116) **Walk Out**: When a guest leaves hotel without paying his bill.(계산을 하지 않고 고객이 호텔을 떠날 때)

117) **Pick Up**(당일 예약)

2. 하우스키핑(Housekeeping)

1) **Adjoining Rooms**: Two or more rooms side by side without a connecting door between them. In other words, rooms can be adjoining without being connecting.(인접한 객실)

2) **A. H.**: Airline hold over.(항공사에서 투숙할 예정인 객실의 표시)

3) **Amenity**: A gift for a guest, compliments of the hotel, e.g.; fruit basket, wine, etc.(고객을 위한 선물; 과일바구니, 와인 등, 또는 객실 내에서 제공되는 모든 물품)

4) **Arrival**: Time of day of Guest check-in.
   - **Early**: arrival early in day
   - **Late**: arrival late in day

5) **Block**: A room that is being held for a certain guest/group on a certain day.(특정일에 어떤 개인이나 단체에게 할당된 객실)

6) **Check In**: New arrival in room.

7) **C/O**: Check out. Time designated by hotel for guest to vacate room at the end of stay.

8) **Check Out**: To vacate a hotel room.

9) **Closet Count**: Amount of linen in maid's closet.(객실청소원의 창고에 있는 리넨의 양)

10) **Connecting Rooms**: Adjacent rooms with a connecting door in between.(연결통로가 있는 인접한 객실)

11) **Convention**: An assembly of association attendees or employees of companies gathering for a common purpose, usually including meetings, banquets and room accommodations.(컨벤션 고객들을 지칭함)

12) **Day Rate; D. R.**: Room rate occupied for day only.(낮 동안 점유된 객실의 요금)

13) **Discards**: Linen or other articles too badly worn, torn, stained or burned to be used for guests.(고객용으로 사용하기에 너무 낡고, 찢어지고, 얼룩지고, 탄 리넨이나 기타 용품들)

14) **DND(Do Not Disturb)**: Abbreviation indicating that the guest does not want his /her room to be entered nor does he/she want to be disturbed.(고객의 객실로 들어가는 것이나 방해받는 것을 원치 않는다는 것을 가리키는 약어)

15) **Double**: Room with one double or queen-sized bed.

16) **Double Double Room**: Room with two double or queen-sized beds.

17) **Double-locked**: Guest room door is bolted from the inside and cannot be opened

with a key. Before knocking on any guest room door, housekeeping staff must first test the door lock button which indicated if the door is double-locked. Do not knock on double-locked doors unless giving evening room attendant service.(객실 내부에서 고객이 객실을 잠가 키로도 열리지 않는 경우)

18) **Drop Cloth**: Heavy cloth used by workmen to protect furniture and carpets.(가구나 카펫을 보호하기 위해 작업자들이 사용하는 무거운 직물)

19) **Due Out**: ① The day when a room is expected to be vacated.(객실이 비워질 것으로 예상되는 날) ② A room that is expected to be vacated on that day.(당일 비워질 것으로 예상되는 객실)

20) **Efficiency**: An accommodation containing some type of kitchen facility.(부엌 기능을 갖춘 객실)

21) **Forecast**: Daily, weekly, monthly forecast of number of rooms to be occupied. Daily forecast from the Front Desk received by Housekeeping at approximately 2:00 p.m.(당일, 주, 월별로 객실의 점유된 상태를 나타냄)

22) **Front Desk**: Area where guests check into hotel, keys are kept, mail is distributed and information is dispensed.

23) **Front of the House**: Entire public area.

24) **General Clean**: Indicates thorough cleaning of guest room and bath, done on a periodic basis.(주기적으로 대대적인 객실청소를 하는 것)

25) **Heavy Vacuuming**: Vacuuming an area thoroughly, which includes moving furniture and vacuuming behind it.(가구를 옮기고 옮긴 자리를 포함하여 모든 구역을 청소함)

26) **Housekeepers Report**: Report completed to indicate the status of each room-vacant, occupied, etc.(모든 객실의 상태를 나타내는 리포트)

27) **HSK**: Abbreviation for Housekeeping Department.

28) **Inspected**: Room has been thoroughly checked by an inspectress, supervisor or housekeeper.(슈퍼바이저나 하우스키퍼에 의해 완벽하게 체크된 객실)

29) **Key Control:** A security system requiring each employee to account for all keys used during working hours.(근무시간 동안 사용되는 모든 키에 대해 각 종사원들에게 요구되는 안전 시스템)

30) **Key Drawer/Key Cabinet:** Area where keys are stored. Drawer or cabinet should be locked when not in use.(키를 보관하는 장소; 사용하지 않을 경우 항상 잠겨 있어야 한다)

31) **King:** A room with a king sized bed.(보통 2m×2m 크기의 침대를 갖춘 객실)

32) **Late Service:** Room which requires service after the end of the day shift.
(보통 오후 6시 이후 하우스키핑 직원들이 모두 퇴근한 이후 서비스가 요구되는 객실)

33) **Linen Closet:** Located on each guest floor and contains linen necessary to service the guest rooms.(각 층별로 보관된 린넨 보관소)

34) **Linen Room:** Central area of the housekeeping department from which all keys, uniforms, supplies and linen are issued. The linen room is also the communication center for the housekeeping department.(하우스키핑 부서의 중앙부서로서 모든 키, 유니폼, 공급품, 린넨류 등이 있는 곳; 하우스키핑의 커뮤니케이션 역할을 하는 곳)

35) **L.O. Lock-Out:** The guest cannot get into the room until he or she speaks with the manager.(지배인의 허락 없이는 객실 내로 들어갈 수 없는 상태)

36) **Log Book(s):** A record in the linen Room in which all calls, requests and other important information are recorded by the linen room supervisor or attendant.
(하우스키핑 부서의 모든 전달사항을 적어 놓아 교대근무자들에게 인수인계하기 위한 장부)

37) **Make-up:** Change linen on beds, clean room and bathrooms while guest is registered in room.(고객이 등록되어 있는 동안 침대의 린넨을 교환하고, 객실 및 화장실을 청소하는 것)

38) **M.O.D. Manager on Duty:** Assumes full responsibility for the hotel in the absence of the general manager.(총지배인 부재 시 책임지는 지배인)

39) **No Baggage:** Possibly a day occupancy or a prepaid account.(객실에 짐이 없는 경우로 낮 동안 사용하거나 이미 지불된 객실을 의미하는 하우스키핑 용어)

40) **No Show, Employee:** An employee who does not come to work when scheduled and who does not call in to report absenteeism or tardiness.(스케줄이 있는데도 나타나지 않으며, 결근이나 나태에 대해 직장으로 전화해서 알리지 않는 종사원)

41) **No Show, Guest**: A guest who did not arrive when accommodation was reserved. (예약은 있으나 도착하지 않은 고객)

42) **O/C**: Occupied with baggage.(짐이 있는 점유된 객실)

43) **Occupancy**: Number of rooms actually in use.(점유율)

44) **On Change**: Room vacant but not yet reported by housekeeper as clean.(객실은 비어 있으나 깨끗한 객실로 보고되지 않은 객실; 정비 중이라는 의미)

45) **Out of Order**: Status of a guest room, not rentable because it is being repaired or redecorated.(고장으로 인해 판매할 수 없는 객실)

46) **Par**: Number of sets of linen needed per bed or sets of towels per guest.(침대당 필요한 리넨의 수 또는 고객당 필요한 수건)

47) **Property**: A hotel's building, land and all facilities connected with it.(호텔의 건물, 토지, 기타 관련된 시설물을 총칭함)

48) **Property Maintenance**: Department in hotel. Often a division of housekeeping that does heavy cleaning in front and back of house, usually includes night cleaning crew, may be in charge of keeping up exteriors and grounds.(호텔의 건물, 토지 관련된 시설물들을 관리하는 것)

49) **Queen**: A room with a queen sized bed.

50) **Roll Away**: Portable bed, usually twin or double size.

51) **Room Attendant Cart**: A vehicle that carries linen, supplies and equipment required by the Room Attendant to service tour guest rooms at a time. One cart is assigned to each section.(룸메이드나 하우스맨들이 리넨류, 공급품, 장비 등을 싣고 다니는 카트를 의미함)

52) **Room Status Terminology**:

- **OCC.(Occupied)**: A guest room in which a guest or the guest's belongings are present.
- **VAC.(Vacant)**: A guest room that is ready to be sold to a new guest.
- **M.U.(Make-Up)**: A guest room which needs to be cleaned including beds to

be made.

- **OCC. M.U.(Occupied Make-Up)**: A guest room that is occupied and is a make-up.

- **C/O(Check-Out)**: A guest room where guest has departed and room is a make-up.

- **P.U.(Pick Up)**: A vacant guest room that requires minor attention before it is ready for a new guest.(고객을 위해 약간의 점검이 필요한 비어있는 객실)

- **S.O.(Sleep Out)**: Refers to a guest room that is occupied but not slept in.(점유되었으나 고객이 객실에서 취침하지 않은 객실)

- **Reocc.(Reoccupied)**: Refers to a room that was a check-out earlier in the day and is now occupied by a new guest.(고객이 일찍 퇴실하고 다시 새로운 고객이 점유한 객실을 의미)

- **OOO(Out of Order)**: Guest room is not sellable.

53) **Section**: A group of rooms on one floor which equals one room attendant's room quota.(객실정비원이 담당하는 한 개 층의 객실들)

54) **Security**: The department which is in charge of protecting both employees and guests from thefts and vandalism.(보안부서를 의미)

55) **Single**: Room with one bed, one person.

56) **Skips**: People who leave hotel without paying bill.(객실료를 지불하지 않고 떠나는 고객)

57) **Sleepers**: Rooms not physically occupied (possibly skips) and not discovered by desk during the course of the day. Therefore, room not rented due to account still being active. (객실이 점유되지 않았고, 근무자에 의해 발견되지 못함에 따라 매출은 잡혔으나 팔지 못한 객실)

58) **Sleep-out**: Guest who rented room but did not sleep there.(객실을 임대하였으나 취침하지 않은 고객)

59) **Sofa Bed**: Sofa that opens into a bed.(평상시 소파로 사용하지만 나중에 베드로 변경하여 사용하는 베드)

60) **Spotting**: Used to describe removal of stains on a limited surface.(오염물질의 제거)

61) **Stay-over**: An occupied room that will not be checking out that day.(당일 체크아웃하

지 않는 점유된 객실. 연박을 의미함)

62) **Toilet Tissue:** Toilet paper — not to be confused with facial tissue — placed for convenience of guest in bathrooms or public lavatories.(화장실 티슈)

63) **Turn Down:** Evening Service — removing bedspread and turning down bed, straightening room and replenishing used supplies and linen.(저녁 서비스–베드 스프레드를 제거하고 침대의 스프레드를 접고, 객실을 정돈하고 사용한 리넨류를 교환하는 서비스)

64) **Twin:** A room with twin beds.

65) **Vacant and Ready:** A room that is unoccupied, cleaned and ready for renting.

66) **V.I.P.:** Very important person.

67) **Walk-Out:** When a guest leaves hotel without paying his bill.(계산하지 않고 호텔을 떠나는 경우)

3. 식음료(Food & Beverage)

1) **Back:** A glass of mix, usually water or soda, containing no liquor. It is usually used to chase a shot of liquor.(물이나 소다수로 술이 포함되어 있지 않은 음료; 보통 한 잔의 술 다음에 따라 나온다)

2) **Back of the House:** Service areas not exposed to public.(공중에 표출되지 않은 서비스 지역)

3) **Bar Abbreviations & General Information:**
   - W/back = Water back
   - W = Water
   - S = Soda
   - 7 = Seven Up
   - G = Ginger Ale
   - Coke = Coca Cola
   - Tonic = Tonic(ask if lime squeeze is desired)

4) **Bar Boy:** Employee who supplies bartender fruit, juices, liquor, ice, and similar

items needed at the bar.(bartender에게 과일, 주스, 술, 얼음 등 필요한 물품을 제공하는 종사원)

5) **Bus Boy or Bus Person:** Person who clears the table in a restaurant after each course.(레스토랑에서 각 코스 후에 테이블을 치우는 종사원)

6) **Call Liquor:** A particular specified brand of any liquor requested by the customer. (고객에 의해 요청된 특정 브랜드의 독한 술; 보통 증류주)

7) **Captain:** Takes food order and is in charge of serving a section along with the waiters.(슈퍼바이저급을 의미함)

8) **Cash Bar:** Private room bar set-up where guests pay for drinks.(고객들이 음료비용을 지불하는 개별적으로 설치된 바)

9) **Continental Breakfast:** Consists of juice, toast, roll or sweet roll; coffee. (tea or milk) (In some countries: coffee and roll only)(보통 대륙식 조식으로 주스, 토스트, 롤, 커피 또는 차/우유로 구성됨)

10) **Covers:** Number of persons served at a food order. (Beverage only not a cover, beverage with a food item is a cover)(음식 주문에서 서브되는 고객의 수; 음료만 주문할 경우 cover가 아님)

11) **Double:** A drink containing twice the quantity of liquor of a single. (일반적으로 두 배의 양을 포함하는 음료)

12) **Draught:** A beer.(맥주)

13) **Eighty-Six:** Tells waiters and waitresses they can no longer get drinks from the bar or kitchen.(out of item)(주문한 내용을 더 이상 받을 수 없을 경우; 물건이 다 떨어졌다는 의미)

14) **EP(European Plan):** No meals included in room rate.(식사가 포함되지 않은 객실요금)

15) **Executive Chef:** Has a culinary background of all phases of kitchen production and management.(총주방장을 의미함)

16) **Felts:** Table pads; mattress covers.(테이블을 보호하기 위해 덮는 천이나 플라스틱류의 덮개류)

17) **Food and Beverage Cashier:** Person usually stationed in kitchen near door to dining area, who adds up restaurant checks, accepts money and makes change

for waiters and waitresses.

18) **French Service:** Each food item individually served on a plate at table by waiter, from serving platter as opposed to serving a plate that has been completely set up in the kitchen.(서빙 플래터로부터 바로 웨이터에 의해 개별적으로 서브되는 고급서비스를 의미함)

19) **Full Bar Set-Up:** Completely stocked bar with liquor, various mixers and garnished for drinks.(완벽하게 갖추어진 바)

20) **Full Comp:** No charges made for room, meals taken in hotel, telephone, valet or any items.(모든 사용요금을 받지 않음)

21) **Garnish:** A decorative fruit added to a drink.(음료에 장식으로 더해지는 과일)

22) **Highball:** A well liquor mixed with water or carbonated beverage.(물이나 탄산음료와 섞은 증류주)

23) **Host Bar:** Private room bar set-up where drinks are prepaid by sponsor. (Known also as a sponsored, or open bar) ≠ cash bar.(무료로 제공되는 바)

24) **Last Call:** An indication that the bar is about to close. An alert to waiters and waitresses that they need to check every table to see if their customers want to order another drink.(바에서 마지막 주문을 하라는 신호)

25) **Litre & 1/2 Litre:** Containers used in serving wines.(와인을 서브하는 용기)

26) **Mix:** Non-alcoholic beverage.(알코올이 없는 음료)

27) **Paid Bar:** Private room bar set-up where all drinks are prepaid. Tickets for drinks are sometimes used.(지불이 완료된 바; 때때로 티켓이 사용됨)

28) **Premium Liquor:** A liquor of the finest quality.(품질 좋은 알코올 음료)

29) **Rocks:** Over ice.(얼음을 넣은 것)

30) **Runner:** Person who supplies restaurants with food from storage areas. (창고로부터 식재료를 레스토랑에 공급하는 사람)

31) **Service Bar:** The bar where waiters and waitresses get their drinks. (종사원들이 음료를 마시는 바)

32) **Sommelier:** Wine waiter.

33) **Sous-Chef:** Cook who is second in command of kitchen; in large hotels there may be several-each in charge of specific restaurants.(부주방장)

34) **Splash:** A very small amount of mix added to a drink.(매우 적은 양의 혼합물을 음료에 섞는 것)

35) **Stewards:** Kitchen manager of all non-food preparation activities. Supervises cleaning and utility personnel. Responsible for sanitation.(기물담당)

36) **Straight Up:** No ice.

37) **Tall:** Any drink served in a taller glass than normally used.(키가 큰 글래스에 서브되는 음료)

38) **Well Liquor:** The house liquor poured by the bar when the brand is not specified. (특정 브랜드가 아닌 바에서 사용되는 주류)

제 **2** 부

영업부문

호텔마케팅

제1절) 호텔마케팅부서의 업무와 역할

1. 호텔마케팅의 의의

마케팅개념(marketing concept)은 1950년대 이후에 발생한 개념으로 고객지향성(customer orientation), 목표지향성(goal orientation), 전사적 노력(total efforts)으로 대변된다. 즉 판매개념이나 제품개념에서는 고객지향적 제품의 필요성이 없었으나 수요에 비해 공급이 늘어나고 경쟁이 치열해지면서 고객만족을 통한 장기적 이윤추구의 목표하에서 고객지향적 노력이 없다면 향후 조직의 생명력을 잃을 수 있다는 개념이 생성되었다. 고객지향성과 목표지향성의 실천을 위해 전사적 노력이 필요하며 전 사원들에게 마케팅개념을 주입하는 것은 최고경영자의 책임으로 매출 및 이익(profit)을 책임져야 하며 또한 교육적 책임이 있다는 것이다.

마케팅개념의 탄생 이전에는 산업혁명 이후 발생한 생산개념(production concept; 오직 생산만이 기업의 활로를 개척할 수 있고 기업을 존속시킬 수 있다는 개념), 1850년대 이후 발생한 제품개념(product concept; 보다 더 좋은 제품을 생산해야만 살아남을 수 있다는 개념), 1900년대 이후 발생한 판매개념(sales concept; 치열한 경쟁하에서 살아남기 위해서는 오직 판매만이 유일한 선택이므로 기업의 노력을 집중해야 한다는 개념) 등의 이해가 필요하다.

경영학에서의 마케팅개념의 탄생과 같이 호텔경영학적인 측면에서도 같은 맥락으로 마케팅개념의 탄생을 인식하기로 한다. 또한 마케팅개념 이후 1980년대에 탄생한 사회적 마케팅개념(societal marketing concept)은 인간의 개인적 복지까지도 기업이 책임져야 한다는 논리로 향후 그린마케팅(green marketing), 환경친화적 마케팅(eco-friendly marketing)의 탄생을 유도하였다.

2. 호텔마케팅부서의 업무내용과 조직

일반적으로 마케팅부서는 하반기에 접어들면서 다음 해의 전략적 마케팅계획서를 작성하게 된다. 업무의 주된 내용은 다음과 같다.

1) 호텔마케팅의 업무내용

- 전략적 호텔마케팅 계획서 작성
- 월별 영업결과 분석보고서 작성
- 관광시장동향 조사
- 가격전략 수립
- 마케팅 비용관리
- 판매촉진전략 수립 및 집행
- 광고전략 수립 및 집행
- 홍보전략 수립 및 집행

2) 마케팅부서의 조직

호텔의 마케팅부서는 마케팅 프로그램이 계획되기 전부터 적절한 경영관리자와 사무절차, 구성원의 편제, 판매활동방법 등이 규명되는 것이 필요하다. 앞서 밝힌 바와 같이 호텔의 경영관리조직은 그 호텔이 처한 여러 가지 요인에 의해 조직되며, 이러한 요인으로는 호텔의 소유형태, 경영형태, 규모, 입지, 경쟁적 상황, 호텔의 목표와 목적, 객실점유율과 객실형태, 시장의 규모와 범위, 회의와 행사, 판촉활동, 그리고 가능한 예산 등에 의해 결정된다. 대부분의 내규모 호텔은 마케팅담당 임원, 마케팅기획부서, 판촉부서, 홍보 및 광고부서로 구성되어 있으며, 간혹 객실예약부서와 케이터링예약부서가 마케팅부서에 소속되는 경우가 있다. 최근에는 각 체인호텔들이 효율적인 객실요금정책을 추진하기 위해 객실수익률관리(yield management)를 제도화하고, 매출관리지배인(revenue manager)을 마케팅부서에 소속시키기도 한다.

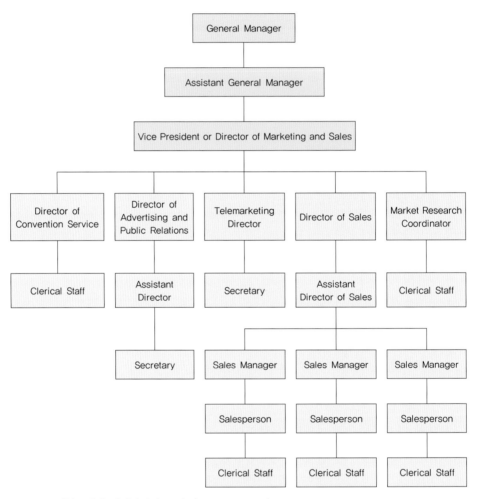

┃그림 5-1 대형호텔의 마케팅부서 조직도(AH&LA, 2002).

① 세일즈와 마케팅담당 임원(Director of Marketing and Sales): 마케팅이사에 해당하며 마케팅업무를 총괄한다. 일반적으로 호텔의 매출을 책임진다.

② 판촉부서장(Director of Sales): 판촉부서의 업무를 관장하며, 호텔의 규모에 따라 담당하는 회사 및 여행사 등에 따라 책임범위가 정해진다.

③ 판촉과장 또는 판촉지배인(Sales Manager): 거래처별로 할당된 업무를 이행하며, 연회판촉의 경우 주로 기업체(corporate or volume corporate)와 기타 단체(association)로 대분된다. 객실의 경우 business FIT(free independent traveller; frequent individual traveller), business Group, pleasure FIT, pleasure Group 등으로 구분하여 관리하게 된다.

④ 광고홍보부서장(Director of Advertising and Public Relations): 광고 및 홍보부서의 업무를 총괄하며, 호텔의 규모에 따라 담당하는 역할의 범위가 다를 수 있지만 홍보와 광고에 전문성을 갖춘 중요한 보직이다.

⑤ 텔레마케팅 지배인(Telemarketing Director): 객실, 식음료, 부대시설의 회원 확보나 각종 프로모션을 홍보하기 위해 텔레마케팅팀을 운영하기도 한다. 이러한 업무를 관장하는 지배인을 두게 되는데, 최근에는 외부용역계약에 의한 팀이 구성되고 감독은 호텔의 마케팅부서 지배인이 담당하기도 한다.

⑥ 컨벤션 서비스 부서장(Director of Convention Service): 연회장 행사와 관련하여 세일즈부서, 객실, 식당, 기타 부서와의 협력을 통해 연회매출을 향상시키기 위해 노력하며, 고객과도 만나서 연회장의 문제점을 해결하는 역할을 한다.

⑦ 시장분석담당(Market Research Coordinator): 마케팅 전문가로서 시장조사와 관련하여 과거자료의 분석, 앞으로의 시장분석예측, 현재의 상황분석, 경쟁사 분석 등을 한다.

제2절 전략적 호텔마케팅 계획

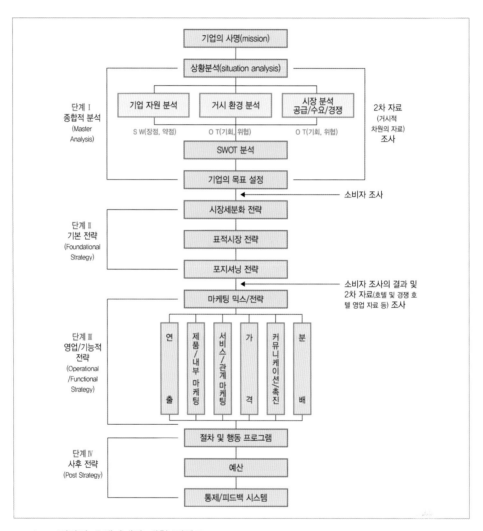

▌그림 5-2 **전략적 호텔마케팅 계획 절차도**
출처 정규엽(2017), 호텔외식관광마케팅, 서울: CENGAGE Learning.

1. 기업의 사명

1) 호텔사명문 작성사례

〈표 5-1〉 호텔의 사명: 호텔현대(경주)의 예

호텔현대(경주)는 국내의 대표적 기업인 현대 그룹의 계열 회사로서 경주 보문단지 내에 입지하여 1992년 하반기에 개관한 경주 최고의 특1급 호텔이다. 국내외 관광객의 지속적인 증가 및 국내 관광산업의 발전에 부응하고자 호텔현대(경주)는 다음과 같은 사명을 수행하고자 한다(사업의 정의).

첫째, 표적시장인 순수 관광 목적 내국인을 중심으로 국내외 회의와 컨벤션 고객, 기타 국내외 순수 관광 목적 및 사업 목적 고객을 대상으로 세련되고 청결한 객실, 대형 회의 시설, 다양한 식음료 업장, 현대적 레저 스포츠 시설을 합리적인 가격에 제공한다(사업의 특성).

둘째, 외국 체인 호텔이 주가 되고 있는 특1급 호텔 시장에서 동양적이고 한국적인 이미지와 특성을 지닌 호텔로서 국내 최고의 명성과 가치를 추구하며, 이를 선호하는 내외국 관광객의 욕구와 필요를 충족시킨다(경쟁개념; 목표시장).

셋째, 호텔현대(경주)와 관련된 모든 구성원의 욕구를 충족시키기 위하여 다음과 같은 경영 철학을 수행한다.

- 고객: 고객 만족의 차원을 고객 감동의 차원으로 승화시켜 모든 경영 전략과 정책·전술을 고객 최우선주의에 입각하여 수행한다.
- 종사원: 내부 고객인 종사원의 다양한 욕구와 필요를 충족시키면서 체계적이고 질 높은 교육을 제공함으로써, 고객의 만족과 감동을 달성시킬 수 있는 제도를 수립한다.
- 지역 공동체: 지역 공동체 내에서 사업체의 역할뿐만 아니라 모든 지역주민의 경제적, 정치적, 사회적 유기체의 역할을 할 수 있는 기관이 될 것이며, 이 목적을 달성하기 위하여 경주와 인근 지역의 주요한 행사 유치, 지역 내에 대한 봉사, 지역의 홍보와 이미지 제고 등 훌륭한 경주 시민의 하나가 되기 위한 모든 노력을 기울인다.

위와 같은 사명과 목적을 달성하여 향후 호텔현대(경주)는 경주 지역뿐만 아니라 한국 최고의 독립 호텔로 성장할 것이며, '호텔현대(경주)'는 외국 체인 호텔이 지배하고 있는 국내 호텔 시장에서 한국의 자존심을 대표할 수 있는 상호가 될 것이다(미래에 대한 약속; Vision).

기업의 사명(mission)은 곧 목적(purpose) 혹은 사업의 정의(definition of business)와 같은 의미로 해석될 수 있다. 여기에는 사업의 정의와 방향, 소비자와 가치, 경쟁, 시장, 직원, 지역공동체, 포지셔닝, 재무적 목표, 전반적 영업에 대한 가정, 위의 사항에 대한 사명 달성을 위한 수단 등의 내용이 정의되어야 한다. 결론적으로 "우리 기업은 어떠한 고객을 위하여 어떠한 목표와 장점을 갖고 향후 어떠한 방향으로 나아갈 것이다."라는 정의가 필요하다.

이와 더불어 관련된 구성요소들에 대한 영향과 봉사가 그 핵심적 내용이라고 할 수 있다. Starbucks의 사명은 "인간의 정신에 영감을 불어넣고 더욱 풍요롭게 한다. 이를 위해 우리는 고객 한 분, 음료 한 잔, 이웃한 사람에게 온 정성을 다한다."이다. 〈표 5-1〉은 호텔현대(경주)의 사명문을 작성한 사례이다.

이와 같이 전략적 호텔마케팅 계획은 기업 사명문의 작성에서부터 시작된다.

2. 종합적 분석(master analysis): 제1단계

종합적 분석은 "To where are we going from here?"에 있다. 즉 현재의 위치(here)를 파악하고(상황분석), 기업이 가야 할 최종 목적지(to where)를 정하는(목표 설정) 단계라고 할 수 있다.

1) 상황 분석

(1) 기업 자원 분석

기업의 자원에 대한 분석의 목적은 기업의 장단점(strength and weakness) 파악에 있다. 여기서는 조직적 가치, 인적·물적·재무적 자원, 정책, 조직, 경영의 융통성과 기업가적 정신, 규모 및 확장계획, 전반적 가격 정책의 방향, 서비스의 전반적 평가, 판매 믹스, 고객 믹스, 정책의 융통성, 신제품 계획 등 마케팅 주요 구성요소, 성장률, 전반적 경영능력, 전략 계획 시스템, 각 부문별 리엔지니어링 등이 핵심적 분석 대상이다.

예를 들어 국내 환대산업의 호텔에 있어서는 ① 객실, 식음료, 연회, 피트니스 등의 영업부문, ② 경영 스타일 및 형태, ③ 조직의 특성 및 조직 문화, ④ 관리부문과 영업부문의 업무 협조 정도 및 연계성, ⑤ 주요 마케팅 전략의 근본적 방향, ⑥ 미래 지향적 전략의 변경 여부 및 리엔지니어링 등이 경쟁과 비교하여 어떠한 장단점이 있는가를 파악하는 것이 주요 분석 대상이 된다.

(2) 거시 환경 분석

거시 환경 분석의 주요 내용은 기술적, 경제적, 정치·법적, 사회·문화적, 인구통계적, 생태적 글로벌 환경이 되며, 그 목적은 시장의 기회와 위협을 파악하는

데 있다. 거시 환경 분석의 가장 중요한 관점은 무수한 환경 변화 중 환대산업 및 특정 기업과 직접적으로 관련되거나 영향을 미치는 환경 변화가 무엇이며(environmental scanning), 그러한 환경 변화를 미리 예측하고 앞서 나아가는(proact not react) 전략 의 초석을 마련해야 한다는 것이다.

(3) 시장 분석

시장 분석은 상황 분석 중에서 가장 중요한 부분으로 크게 공급, 수요, 경쟁 분석으로 대분된다. 공급 분석에서는 기존 시장의 산업, 등급, 제품 형태별 공급 상황을 파악함으로써, 1차적으로 시장에 대한 전체적 시야를 확보하는 것이 가장 중요한 목적이라 할 수 있다. 여기서 반드시 조사되어야 하는 것은 향후 시장 규모에 관한 예측이다. 호텔의 경우 객실 수를 중심으로 ① 협의 중에 있는 호텔, ② 건설이 공표된 호텔, ③ 이미 건설이 시작된 호텔에 관한 자료를 수집하여 실제로 시장에 진입할 가능성을 타진함으로써, 향후 5년 내지 10년간의 공급 규모를 파악해야 한다. 가능성 타진과 관련된 주요 정보 요인으로는 자본 규모, 경영형태 및 전반적 경제 환경 등이 있다.

공급 분석에서 조사되어야 하는 또 하나의 영역은 집중도(concentration ratio)다. Bain에 의해 개발된 집중도 분석은 경쟁 대상으로 예측되고 있는 기업 중 최근 수년간 선두 4개 기업의 연별 총판매수익이 전체 경쟁 대상 호텔 총판매수익의 몇 %가 되는가를 파악하는 것인데, 그 목적은 경쟁의 심화 추세를 파악하는 것이다.

수요 분석은 수요의 동향(trend), 수요 예측(forecasting), 수요 주기(cycle), 수요의 형태 및 특성으로 대분된다. 수요 동향을 파악하기 위해서는 과거 5~10년 정도의 자료가 필요하다. 국내 호텔의 경우 호텔 객실 및 부대시설 이용객 수, 연도별·지역별 내·외국인 객실 및 부대시설 이용 현황, 국적별·목적별 외래객 입국현황 등이 가장 기초적인 자료가 된다. 수요 동향에 근거한 수요 예측을 위해서는 여러 가지 기법이 필요하다. 그러나 본 교재의 영역에서 벗어나므로 생략한다.

수요 주기는 성·비수기를 파악하기 위한 것으로, 호텔의 경우 판매 객실 수와 이용객 수 중 하나를 선택하여 수요의 변동을 분석하는 것이다. 환대산업 특성 중의 하나가 수요의 변동이 크다는 데 있기 때문에 수요 주기의 분석은 매우 중요하다. 수요의 형태와 특성은 다음 단계인 시장세분화 및 표적시장 전략과 같은 개념으로서, 소비자를 특성별로 세분화하여 각 세분시장별 특성을 파악하는 것이다.

시장 분석의 다음 단계는 경쟁 분석인데, 경쟁 분석이 효과적으로 수행되기 위해서는 미시적 경쟁 개념에 의거한 분석이 뒤따라야 한다.

2) SWOT(strength, weakness, opportunity, threat) 분석

SWOT 분석은 호텔 자원 분석에서 도출된 호텔의 장단점과 거시 환경 및 시장 분석에서 도출된 시장의 기회(opportunity)와 위협(threat)을 연결하는 단계다. 여기서 가장 중요한 논점은 호텔의 장점과 시장의 기회를 어떻게 조화시키는가에 있다. SWOT 분석의 가장 중요한 목적은 거시환경 분석 및 시장 분석 결과에서 도출된 시장의 기회와 위협을 호텔 자원 분석의 결과에서 도출된 호텔의 장단점과 비교·조화시켜 다음 단계인 호텔의 목표 설정 및 전략 수행과의 연결 고리 역할을 하는 데 있다.

3) 목표 설정

상황 분석의 결과로 SWOT 분석이 완료되고, 전략 수행의 초석이 마련되면, 다음 단계로 호텔의 목표를 설정해야 한다. 목표는 향후 5년 이상의 장기, 3~5년 정도의 중기, 1~2년 내의 단기 등으로 대분된다. 마케팅전략 계획에서 전략 마케팅은 장기적인 의미를, 마케팅 계획은 1년간의 단기적인 의미가 있다. 따라서 중·장기 목표는 개념적으로 '전략 마케팅' 차원에서의 의미이며, 단기 목표는 '마케팅 계획' 차원에서의 의미를 갖고 있다.

특히 1~2년 내의 단기적 목표에서는 입증할 수 있는(verifiable) 목표가 설정되어야 한다. 그 의미는 판매수익, 시장점유율, 객실점유율, 비용 등 주요 변수에 대한 구체적 수치 및 성장·절감률에 대한 %, 달성 소요 시간 및 시작·완료의 시점 등 그 결과를 측정할 수 있는 것이어야 한다.

3. 기본 전략(foundational strategy): 제2단계

제1단계인 종합적 분석 단계는 전략의 초석을 마련하는 단계이며, 제2단계인 기본 전략 단계는 마케팅 전략이 시작되는 단계다. 전략이란 상황 분석으로 파악한 현재의 위치에서 목표까지 "how to go?"를 의미한다. Harvard대학의 Porter는 "전략의 핵심은 무엇을 할까를 결정하는 것이 아니라 무엇을 하지 않을까를 결정하는 것이다"라는 역설(paradox)을 사용한 적이 있다. Columbia대학의 Schmitt는 "전략 수행 시 대담한 아이디어를 실현하고, 작은 아이디어는 떨쳐버려야 한다"며, 'big think strategy'라는 용어를 사용했다.

기본 전략이란 가격 전략이건 촉진 전략이건 제품 전략이건, 환대산업에서 어떠한 전략을 수행하더라도 필히 선행되어야 하는 필수 전략을 말한다. 대학을 졸업하기 위해서 필수 과목을 반드시 이수해야 하듯이, 마케팅 전략을 수행하기 위해서 반드시 선행되어야 하는 것이 기본 전략이다. 기본 전략은 STP(segmentation, target marketing, positioning)로 불린다.

1) 시장세분화(market segmentation) 전략

시장세분화란 먼저 ①시장에서의 수요를 확인하는 것이다. ②수요가 있다면 그 수요자들은 지불능력과 지불의사를 갖추고 있어야 한다. 즉 실체적인 수요를 의미한다. 그러한 조건을 충족한다면 다음은 ③기업의 실행가능성이다. 실제적인 실행능력과 법적 조항까지도 포함하는 능력을 의미한다. ④다음으로 내부적으로 동질적이고 외부적으로 이질적인 집단으로 세분화하는 작업이다. 다음은 ⑤표적 집단을 선정하여 포지셔닝하는 것이다.

즉 시장세분화 전략은 기존 및 잠재 소비자를 외부적(한 집단과 타 집단 간)으로 상이하고, 내부적(한 집단 내)으로 유사한 소비자들의 하위 집단(subgroup)으로 나누는 전략을 의미하며, 이러한 소비자들의 하위 집단을 마케팅 용어로 세분 시장(market segment) 또는 하위 시장(submarket)이라고 한다. 시장세분화 전략에서 핵심 내용 중의 하나는 시장세분화의 변수다. 즉 어떠한 변수로 소비자 집단을 분류하는 것이 의미가 있으며, 계속 진행될 마케팅 전략에 유용한 근거가 되는가가 그것이다. 결과적으로 시장세분화 전략의 초점은 의미있는 세분화 변수의 선정과 세분화 기법에 있다. 호텔에 있어서 시장세분화는 FIT / Group, Pleasure / Business 등의 기준에 의거하여 Business / Pleasure FIT, Business / Pleasure Group 등 4개의 시장으로 세분화하는 것이 일반적이다. 그러나 고객이 받을 혜택(관련 속성; attributes)에 근거한 시장세분화가 진정한 시장세분화이다.

2) 표적시장 전략(target marketing/market targeting strategy)

환대산업뿐 아니라 어떠한 산업에도 변수에 따라 무수한 세분시장이 존재하게 된다. 분류된 세분시장 중 기업은 자사의 제품 및 서비스와 가장 잘 조화되고 동시에 가장 잘 봉사할 수 있는 하나 이상의 소비자 집단을 선별해야 한다. 그렇게 선별된 소비자 집단을 표적시장이라고 한다. 표적시장 전략의 핵심은 두 가지로 대분될 수 있는데, 하나는 어떠한 기준과 근거에 의해서 표적시장을 선별하느냐이고, 또 하나는(가장 중요함) 선택된 표적시장의 욕구와 필요를 정확히 파악하여 그 표적시장의 문제를 해결할 수 있는 제품과 서비스를 제공하느냐이다. 따라서 표적시장이 하나일 필요는 없으며, 호텔기업의 상황에 따라 변경될 수 있는 부분이다.

3) 포지셔닝 전략(positioning strategy)

포지셔닝이란 용어는 문자 그대로 '위치시키는 것', '자리 잡는 것'이다. 바로 그러한 의미가 포지셔닝의 개념이다. 그러나 마케팅에서의 포지셔닝은 이와 같은 유형적 의미가 아니다. 마케팅에서의 포지셔닝은 항상 본질적으로 마케터들이 파악하기 어려운 소비자의 마음속(consumer's black box)에서만 존재하여 무형적 의미가 있다. 제품이 일단 소비자들에게 알려지면, 소비자 마음속 한 구석에 자리 잡게 된다. 즉 저절로 포지셔닝이 되는 것이다. 포지셔닝 전략은 기업의 제품과 서비스에 대한 이미지가 아무렇게나 자리 잡게 방치하지 않고, 기업이 원하는 곳에 위치시키기 위해서 필요하다.

소비자의 마음은 알 수 없고, 환대산업의 제품은 무형적이라서 마케터조차도 제품에 대한 개념적 파악이 어렵다. 더욱이 소비자가 느끼는 위험이 가중될 수밖에 없으므로 이 포지셔닝 전략의 비중은 타 산업과 비교되지 않을 정도로 막중하다. 이후에 언급될 마케팅 믹스에 포함되는 모든 전략의 근간은 바로 포지셔닝

전략에 있다. 따라서 호텔산업에 있어서 포지셔닝은 ① 표적시장의 선정, ② 경쟁대상의 선정, ③ 고객이 받을 주요 혜택에 대한 약속을 통한 경쟁사와의 차별화시행 ④ 유형적 단서로 조작 ⑤ 획일성 유지 등의 전략이 실행되어야 한다.

4. 영업적 · 기능적 전략(operational, functional strategy): 제3단계

마케팅에서 영업적 · 기능적 전략이란 마케팅 믹스(marketing mix)를 의미한다. 마케팅 믹스란 용어는 여러 마케팅 전략이 상호작용을 해야만 큰 효과를 기대할 수 있다는 함축적 의미를 갖고 있다. 일반적으로 마케팅 믹스는 4P로 통용되고 있다. 제품 및 서비스(product and service), 가격(pricing), 촉진(promotion), 분배 (physical distribution, place) 전략이 그것이다. 마케팅 믹스의 개념이 처음 등장한 것은 1964년 Borden의 논문 "The concept of the marketing mix"다. 그는 product planning, pricing, distribution, promotion, servicing, marketing research를 마케팅 믹스로 제시했다. 그 후 1975년 McCarthy에 의해서 4P(product, price, place, promotion)가 제시됐다(Basic Marketing). 또한 Booms와 Bitner는 서비스의 특성을 고려하여 과정(process), 물질적 속성 혹은 증거(physical attributes, physical evidence), 인적 요소(people)가 포함된 7P를 제시한 바 있다.

그러나 최근 정규엽(2017)은 연출(presentation), 제품/내부 마케팅(product/internal marketing), 서비스/관계 마케팅(service/relationship marketing), 가격(pricing), 커뮤니케이션 혹은 촉진(communication or promotion), 분배(distribution) 전략으로 영업적 · 기능적 전략을 대분했다.

5. 사후 전략(post strategy): 제4단계

사후 전략은 마케팅 전략 계획 모델의 마지막 단계로서, 앞에서 설명했던 모든 단계의 분석과 전략에 대한 절차(procedure) 및 행동 프로그램(action program, implementation), 예산 설정(budgeting), 통제/피드백 시스템(monitor/control/feedback system)이 포함된다.

제3절 호텔마케팅믹스 전략

1. 호텔연출전략

호텔연출전략에는 물리적 설비(physical plant), 분위기(atmospherics), 위치(location), 종사원(employees), 고객(customers), 가격(price) 등이 포함된다. 마케터가 이러한 부분들을 조정하는 것은 무형적인 서비스를 가시화해야 하는 산업의 특성상 매우 중요한 부분이다. 즉 시계를 만드는 공장에는 고객들이 찾아가지 않지만, 스테이크를 생산하는 공장인 호텔의 식음료매장(outlet)에는 고객들이 찾아가야만 한다. 따라서 그러한 고객의 동선을 고려한 모든 물리적 설비들이 연출(presentation)되어야만 한다. 또한 공간감을 포함하는 분위기도 중요한 연출전략이 될 수 있다. 분위기는 환경적 공간이라는 의미로 모든 혜택의 집합적 성격을 갖고 있다. 위치는 연출될 수 있는데, 첫째, 편리성의 혜택으로 연출되며 둘째, 격리로 연출될 수 있다. 종사원들은 항상 고객들에게 노출되므로 유니폼, 용모, 화장 등을 통해 연출되어야 하며, 고객들도 노출되므로 연출되어야만 한다. 예를 들어 Grand Hyatt Seoul에서는 FIT고객들이 많으므로 단체관광객은 로비를 통과할 수 없다. 마지막으로 가격은 메뉴판, 공표가격표(tariff)에 나타나므로 고객들에게 적정한 가격이며, 좀 더 싸게 느껴지도록 홀수가격전략을 사용하는 것이 유효하다.

2. 호텔제품전략

호텔제품전략은 일반적인 제품전략과 같이 제품계열에 대한 이해가 필요하다. 제품계열은 '유사한 기능, 동일한 고객, 동일한 유통경로, 일정한 가격 등의 유사성을 근거로 하여 관련 제품들을 집합적으로 나타내는 것'으로 정의된다. 따라서 최적의 제품믹스를 위해서는 제품계열에 대한 추가, 개선, 폐기를 통해 제품관리의 목표를 달성해야 한다. 제품계열의 추가는 제품계열에 대한 다양화(diversification), 연장(line stretching), 보충(linc-filling)을 의미하며, 기존 제품계열의 개선은 품질, 기능, 스타일 등의 수정을 통해 이루어진다. 제품수명주기에 있어 일반적 제품의 특징은 도입기(판매량이 적고, 비용은 높은 특징), 성장기(판매량의 증가, 비용의 절감), 성숙기(판매량 최대, 비용 최소화), 쇠퇴기(판매량의 급감, 이익은 낮아짐) 등을 통해 나타난다. 환대산업의 제품수명주기는 도입기에 최대의 매출을 기록할 수도 있으며, 성장기에 성공한 기업은 최대의 성숙기를 구가할 수 있지만, 그렇지 못한 기업들은 바로 도태되는 특징이 있다. 또한 쇠퇴기에는 시장에서 바로 퇴출되지 못하고 리포지셔닝(리노베이션)을 통해 다시 시장에 나가야 하는 특징을 갖고 있다.

한편 호텔제품전략에서 이해해야 할 부분은 신제품의 탄생경로이다. 즉 아이디어의 창출, 아이디어 채택, 사업분석, 제품개념개발(product concept development), 제품개념 테스트, 제품테스트(제품개념/아이디어를 유용한 제품으로 전환시키는 단계), 마케팅믹스계획, 시험마케팅, 상업화 등의 단계를 거치게 된다.

3. 호텔가격전략

호텔가격전략에서 핵심적으로 다루어야 할 부분은 손익분기점 분석이다. 손익분기점이란 총매출과 총비용이 같아지는 점으로 공식은 다음과 같다. Total Revenue (TR) = Total Cost(TC), PQ = F + VQ, Q(P − V) = F, Q = F/P − V이다. 여기서 VQ는 단위당 변동비를 의미한다.

이러한 손익분석점 분석을 통해 살펴본 결과 호텔에서의 객실부문은 고정비가 높고 변동비가 낮아 손익분기점을 지나면 급격하게 매출이 오르는 면을 볼 수 있다. 반면 식음료부문은 고정비가 낮고 변동비가 높아 손익분기점 이후에도 매출이 큰 폭으로 오르지는 않는다. 전체적으로 보았을 때 호텔의 경우 매출을 유도하므로 시장지향적 가격전략이 유효하다고 할 수 있다. 그러나 외식기업의 경우는 변동비의 통제를 위해 단위당 비용통제가 가격전략의 핵심이다. 따라서 호텔에서의 가격전략은 양적목표에 의한 가격전략이 주효할 수 있다. 즉 촉진가격, 종속제품가격, 제품다발가격, 재고정리가격 등이 중요한 가격전략이 될 수 있다.

호텔에서 일드관리(yield management)는 항공사의 일드관리와는 다르게 관리되어야 한다. 즉 항공사의 좌석과 같이 한정된 서비스의 경우는 컴퓨터를 이용하

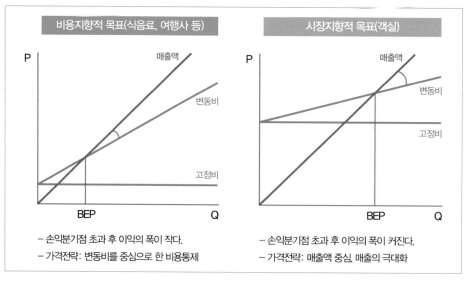

┃그림 5-3 비용지향적 목표와 시장지향적 목표

여 기계적으로 관리할 수 있지만 호텔의 객실과 같이 다양한 서비스가 내포된 경우에는 일률적으로 적용하는 일드관리는 지양되어야 한다. 즉 요금의 책정범위가 매우 크며, 서비스의 종류도 다양하고, 요금책정이 보다 복잡할 수 있다. 또한 호텔의 경우 항공사보다는 경쟁사의 수가 많으므로 경쟁을 고려한 요금책정이 필요하다. 이러한 문제점들을 해결하기 위해서 첫째, 호텔에서는 세분시장별, 수요주기별로 효과적인 가격구조를 갖추고 있어야 한다. 효과적 가격구조는 시장에서의 경험에 의해 결정되어야 하며, '효과적'의 의미에는 '단순함'의 의미가 포함된다. 둘째, 정확한 수요예측을 위해서는 정확한 과거의 영업자료가 갖추어져 있어야 한다. 셋째, 기계적 판단이 아닌 인간의 의사결정 여지를 항상 남겨두어야 한다. 넷째, 예약접수자들은 단지 예약을 받는 기능에서 벗어나 판매원의 역할을 해야 한다. 또한 고객에게 객실요금의 책정이유를 제공하여 불평의 소지를 없애야 한다. 다섯째, 경쟁사에 대해 고려하며, CRS(central reservation system), 예약접수자, 여행사 등에 획일성 있는 요금을 제시하여 혼선을 없애야 한다. 결론적으로 호텔 일드관리의 핵심은 항공사와 비교하여, 복잡한 변수들(객실형태, 세분시장, 할인율, 수요주기, 혜택의 형태 등)을 최소화시켜 단순한 공식을 일드관리시스템에 적용시켜야 한나.

마지막으로 특급호텔은 경쟁상황에서 보면 과점의 성격이 있으나 객실가격을 낮추고 할인에 의존하는 호텔들은 경쟁상황에서 도태된다는 특성이 있다. 또한 호텔에서 수요에 대한 가격탄력성은 매우 낮은 결과를 나타내고 있어, 수요유인을 위한 할인율의 제공에도 많은 수요를 창출하지 못한다.

4. 호텔촉진전략

호텔에서의 촉진전략은 광고, 홍보, 직접마케팅, 판매촉진, 인적판매 등으로 구분할 수 있다. 특히 무형적 제품의 특성으로 구전에 의한 홍보가 매우 중요하며, story telling을 통한 성공전략도 매우 중요하다. 호텔은 광고보다는 홍보에 초점을 맞추어 촉진전략을 구사한다. 왜냐하면 서비스의 무형성이 많아 광고보다는 PR이 더욱 효과적이기 때문이다. Fast food와 같이 호텔에 비해 제품의 특성이 단순할수록 광고를 많이 하며, 호텔이나 고급 레스토랑과 같이 무형성이 많은 제품일수록 홍보에 치우치는 경향이 많다. 또한 Database Marketing을 통해 우수고객 및 단골고객들을 관리하며, DM(direct mail)의 정기적 발송, telemarketing 등이 직접마케팅의 사례이다. 판매촉진전략에서는 인하우스 마케팅에 해당되는 상품화 계획(merchandising)을 통한 촉진전략이 있으며, 할인, 견본, 쿠폰, 프리미엄, 환불/상환, 보상판매, 보상후원, 경연/게임/경품, POP(point-of-purchase), 이벤트 등을 통한 촉진전략을 시행하고 있다. 한편 인적판매(personal selling)는 대형호텔에서 관리운영되고 있다. 즉 객실 및 연회관련 판촉지배인을 두고 인적판매를 시행하고 있다. 사실 호텔에서 인적판매원(sales person)을 두는 근본적 이유는 매출의 향상도 중요하지만 무형성이 강한 호텔의 상품을 접하게 되는 고객과 호텔제품 간의 원활한 소통을 위해서이다. 따라서 양적인 관리에 치우치기보다는 질적 관리를 통해 호텔의 제품을 보다 원활하게 제공판매할 수 있어야 한다. 호텔인적판매의 단계는 잠재고객 딤색 및 선정, 사전접근과 방문판매, 협상, 협상완료, 피드백 등의 순으로 진행된다. 특히 사전접근에서 약속 없이 접근하는 cold call은 지양되어야 하며, 방문판매에서 Sales Blitz(대공습)를 통해 많은 고객을 확보하는 전략을 취하고 있다.

5. 호텔유통전략

호텔의 유통전략은 시설의 소유, 소유직영 외에 체인개념을 이해해야 한다. 시설의 소유는 재산을 소유하고 타인에게 관리를 맡기는 경우이며, 소유직영방식은 체인에 속하지 않은 독립적 경영방식을 의미한다. 즉 타 브랜드의 사용, franchise, licensing 등의 특허, 위탁경영에 해당되지 않는 경영형태이다. 체인이란 Franchise, 위탁경영, consortium 등의 경영방식을 통하여 동일 상호를 사용하는 두 개 이상의 기업을 의미한다. 즉 환대산업 분배전략에 있어서 가장 보편적이고 대표적인 유형이 체인이다. 또한 체인이란 '가장 강력한 경영형태'라는 의미도 있다.

제4절 | 호텔마케팅부서의 평가

호텔의 경영관리를 책임지고 있는 총지배인과 마케팅부문의 마케팅담당 임원은 마케팅 부서원들의 활동에 대한 결과를 분석하고 평가해야 한다. 마케팅기획 담당부서에서 세일즈와 마케팅에 대한 활동을 면밀히 분석하지만 경영관리자의 안목에서 전반적인 활동을 평가하고 그 결과를 호텔의 경영관리전략과 마케팅전략에 반영하는 것이 무엇보다 중요하다.

1. 경쟁사 영업활동 결과보고서

이 보고서는 특정기간, 동일시장 내에 있는 경쟁호텔들을 대상으로 영업결과를 비교분석하는 것이다. 보고서는 월별 객실점유율(MTD OCC.%: month to date occupancy percentage), 월별 객실평균요금(MTD ADR: month to date average daily rate), 보유 객실당 평균요금(RevPar: revenue per available rooms), 실제시장점유율(AMS: actual market share), 시장 내 해당호텔의 몫(FMS: fair market share), 매출액 달성률(RGI: revenue generation index), 일일판매 가능 객실 수(RPD: rooms per day) 등을 비교하며, 호텔의 규모에 관계없이 시장 내에서 할당된 몫을 얼마나 충실히 달성했느

가 하는 것으로 평가하고 있다.

2. 담당 회사별 판매실적보고서

　　판촉지배인의 개인적 영업활동에 대한 결과를 평가할 수 있는 방법으로 널리
이용되는 보고서는 담당 회사별 판매실적보고서(pace report by account)이다. 이
보고서는 판촉지배인이 담당한 회사 및 여행사별 객실 이용결과가 이용객실수,
평균요금, 전체 매출액 등으로 출력되며, 일일보고서 및 월말보고서에 명시되어
관련자는 누구나 쉽게 알 수 있다.

〈표 5-2〉 판매실적보고서

The Best Hotel, Group Rooms Volume Report by Account January 2021(revenue in thousand won)						
Month	Sold this month	Average rate	Total revenue	Sold Same month Last year	Average rate Last year	Total revenue Last year
January	285	123,408	35,171	350	117,305	41,056
February	1,125	132,205	148,731	906	125,224	113,452
March	2,547	132,950	338,624	2,044	126,890	259,363
April	3,178	134,259	426,675	2,695	133,502	359,787
May	4,134	132,110	546,143	3,525	126,221	444,929
June	3,241	133,770	433,549	3,116	127,428	397,065
July	2,260	131,248	296,620	2,879	125,889	362,434
August	540	172,260	93,020	770	165,550	127,473
September	3,489	133,421	465,506	3,378	126,296	426,627
October	4,056	135,286	548,720	3,912	127,345	498,173
November	3,671	124,550	457,223	3,437	120,227	413,220
December	2,250	117,215	263,733	2,746	110,654	303,855
Total	30,776	131,717	4,053,715	29,758	125,931	3,747,454

　　담당회사별 판매실적보고서에 나타난 결과에 대해 지난해 실적과 올해의 실적을 비교함으로써 정량적인 평가를 할 수 있게 된다. 이 실적은 호텔 전체의 매출실적과 일정한 비율을 정해 평가항목으로 활용하게 되고 비교방법은 다음과 같다.

① 객실판매 수 증감비율

　(올해 10월 객실판매 수 − 지난해 10월의 객실판매 수) / 지난해 10월의 객실판매 수 × 100 = (+/-)%

② 세분시장별 객실판매 수 증감비율

　(올해 세분시장별 객실판매 수 − 지난해 세분시장별 객실판매 수) / 지난해 세분시장별 객실판매 수 = (+/-)%

③ 세분시장별 매출액 증감비율

　(올해 세분시장별 매출액 − 지난해 세분시장별 매출액) / 지난해 세분시장별 매출액 = (+/-)%

제6장 객실영업 및 관리[1)]

제1절 객실영업의 개요

1. 객실영업의 의의와 중요성

객실상품은 호텔에서 판매하는 대표 상품으로 객실판매는 호텔의 전반적인 영업에 영향을 미치고 식음료 영업장과 부대시설 수익의 원천을 제공하는 호텔경영의 핵심 서비스상품이다.

프런트오피스는 고객서비스의 중심부분으로 고객의 호감을 창조하는 전략적 장소일 뿐만 아니라 재방문고객 창출의 선도적 역할을 담당하는 곳이기도 하다. 프런트오피스의 주요 업무는 객실예약, 고객등록 및 객실배정, 투숙객의 편의서비스, 각종 안내 및 정보제공업무, 메시지관리업무, 고객영접서비스, 고객환송서비스, 비즈니스센터업무, 귀빈층에 관련된 제반업무 등이 있다. 또한 최근 들어 호텔경영의 고비용·저효율 모순을 타개하고자 고객서비스 혁신을 위해 기존의 교환업무, 룸서비스 및 현관 안내업무를 통합한 새로운 고객서비스 조직(서비스익스프레스)을 시도하고 있다.

---

1) 박대환·박봉규·이준혁·오흥철·박진우(2014), 호텔경영론, 서울：백산출판사.

▌그림 6-1 프런트데스크 근무자들

2. 객실영업부서의 조직과 역할

1) 객실영업부서의 조직

객실영업지배인은 총지배인과 부총지배인의 적극적인 지원하에 고객에게는 감동적인 서비스를 제공하여 고객만족의 목적을 달성하고, 부서원들에게는 고객만족이 가능하도록 권한을 보장하여야 한다. 한편 호텔기업에게는 매출증진으로 우량기업이 되도록 헌신적인 노력과 역량을 발휘해야 한다. 객실영업부문의 주요 직책으로는 객실영업부서장(Front office manager), 객실예약과장(Reservation manager), 객실영업과장(Front desk manager), 고객서비스과장(Guest service manager), 당직지배인(Duty assistant manager), 비즈니스센터장(Business center manager), 서비스익스프레스센터장(Service express center manager), 고객관리담당(Guest relation officer), 컨시어지(concierge), 벨캡틴(Bell captain), 프런트데스크 에이전트(Front desk agent)와 나이트오디터(Night Auditor), 벨어텐던트(Bell attendant), 도어어텐던트(Door attendant), 귀빈층 서비스원(Executive floor concierge), 서비스이스프레스 에이전트(Service express agent) 등이 있다.

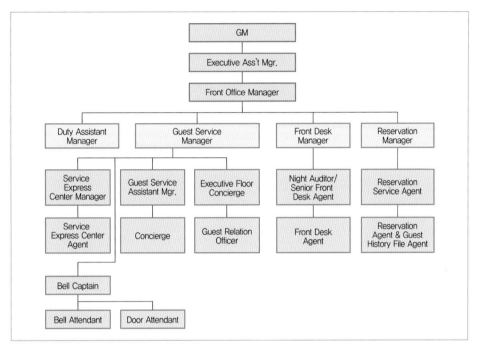

█그림 6-2 객실영업부서의 조직도

2) 객실영업부서의 역할

호텔의 조직은 크게 마케팅, 객실, 식음료, 관리 등으로 구분할 수 있고 객실부서는 객실영업, 객실관리 등으로 구분하여 조직관리를 하게 된다. 호텔의 객실영업부서는 대외적으로는 호텔을 이용하는 모든 고객을 최초로 영접하며 최후에 환송하는 핵심 고객접점부서로서 조직구성원의 행동에 따라 호텔의 이미지가 좌우될 수 있다.

(1) 객실영업부서장의 역할

객실영업부서장은 총지배인, 부총지배인 또는 객실담당 임원의 지원을 받으며 객실영업업무를 총괄하고 인원배치, 예산수립, 정보교환, 각종 서비스 프로그램 등을 개발하여 고객만족과 호텔 발전에 일익을 담당한다.

(2) 객실영업과장의 역할

호텔마다 규모와 담당역할의 차이는 있지만 객실영업과장은 프런트데스크에서 객실영업을 지휘하며, 당일 도착 및 출발고객의 편의를 도모하고, 매출신장을 위해 노력한다.

(3) 당직지배인의 역할

객실영업과장이 보직되어 있지 않은 몇몇 체인호텔에는 당직지배인이 객실부지배인(Assistant manager or Duty assistant manager)의 역할을 수행한다. 이때 당직지배인은 객실영업부서원의 대고객 서비스 업무를 지원할 뿐만 아니라 고객과 직원의 안전 및 회사의 재산을 보호하기 위해 교대근무(보통 3교대 또는 2교대)로 업무에 임한다.

3. 매출액 극대화를 위한 객실영업

객실영업부서장의 가장 중요한 업무 중 하나는 판매가능 객실당 매출액(RevPar: revenue per available room)을 극대화하는 것이다. 판매가능 객실당 매출액을 높이는 방법은 객실점유율을 높이거나 일일평균요금을 높이거나 또는 두 요인 모두를 높이는 방법이 있는데, 이를 시스템으로 개발한 것이 객실수익률관리시스템(RYMS: rooms yield management system)이다. 객실영업부서장은 이를 달성하기 위하여 다양한 방안을 고안하고 이를 제도적으로 관리한다.

1) 객실수요에 대한 예측

객실수요에 대한 예측은 예약부서에서 매일 수행하는 예약업무의 결과로 10 days forecast, monthly forecast, yearly forecast 등의 report들이 산출된다. 객실수요에 대한 예측은 서비스의 소멸성(perishability)으로 매우 중요한 부분이다. 오늘 팔지 못한 객실은 내일 팔 수 없기 때문이다. 즉 예측을 통해 언제가 성수기이고 비수기인지를 확인하여 활용 가능한 자원들을 효율적으로 분배하고 이에 따라 경영의 효율을 높일 수 있다.

첫째, 예측을 한다는 것은 현재의 상황이 아니므로 언제나 변화될 가능성이 존재한다. 따라서 예약을 확실하게 관리하기 위해서 성수기에는 advance deposit을 요구하기도 한다. 또한 정확한 confirmation이 필요하다. 둘째, 정확한 수요예측을 위해서는 과거의 자료를 참고하여야 한다. 즉 과거의 cancellation ratio, no show ratio, pick up ratio(당일 예약) 등을 참고하여 초과예약(over booking)을 할 수 있다. 예를 들면 100개의 객실을 소유한 호텔의 경우 예측하는 날짜의 과거 cancellation ratio가 5%, no show ratio 10%, pick up ratio가 5%라면 10%의 초과예약이 가능한 것이다. 셋째, 수요예측을 할 경우 항상 단골고객의 비율을 고려해야 한다. 단골고객들에게 객실을 제공할 수 없어 단골고객들이 타 호텔을 이용하는 실수를 범해서는 안 될 것이다.

2) 객실수익률관리[2]

객실수익률관리(rooms yield management)는 항공사의 수익률관리시스템을 도입한 것이다. 항공사의 경우 제공되는 좌석의 종류가 매우 제한되어 있으므로 컴퓨터에 의한 기계적인 관리가 가능하다. 하지만 호텔의 경우 고객들이 원하는 바가 매우 다양하고 제공되는 객실의 종류 및 가격, 조건 등도 매우 다양하여 일률적인 수익률관리에는 한계가 있다. 따라서 객실수익률관리는 고객들의 요구조건을 최소화하여 분류하는 작업이 선행되어야 한다.

첫째, 세분시장별, 수요주기별로 효과적인 가격구조를 갖추고 있어야 한다. 효과적 가격구조는 시장에서의 경험에 의해 결정되어야 하며, '효과적'의 의미에는 '단순함'의 의미가 포함된다. 객실형태, 세분시장, 할인율, 성·비수기, 주말, 주중 등 수많은 변수들을 가능한 한 단순화시켜야 한다는 의미이다. 이 가격구조가 객실수익률관리의 핵심이다.

둘째, 정확한 수요예측을 위해서는 정확한 과거의 영업자료(historical data)가 갖추어져 있어야 한다. 이것은 매일의 정확한 영업자료와 정보가 갖춰져야 함을 의미한다.

셋째, 일드관리시스템은 과거자료에 의한 예측기능이라는 기계적 판단밖에는 하지 못한다. 비즈니스 세계에서는 특수상황이 항상 존재하며, 예견하지 못한 수요의 급등, 혹은 급락이 종종 발생한다. 일드관리에서 최종결정은 항상 사람이 해야 하므로 예약을 통제하여 기계적 판단이 아닌 인간의 의사결정 여지를 항상 남

---

2) 정규엽(2017), 호텔외식관광마케팅, 서울: CENGAGE Learning.

겨두어야 한다. 특히 성수기에는 예약을 제한하여 평균 객실요금을 상승시킴으로써 일드를 최대화해야 하며, 단체의 경우에는 컴퓨터에 맡기지 말고 협상을 통하여 할인율을 조정해야 한다.

넷째, 예약접수자들은 단지 예약받는 기능에서 벗어나 판매원의 역할을 해야한다. 또한 고객에게 객실요금의 책정이유를 제공하여 lead time 등이 달라 같은 날, 같은 형태의 객실을 이용하면서도 요금 차이가 발생될 수 있는 불평의 여지를 최대한 줄여야 한다.

다섯째, 경쟁사에 대한 고려가 필요하다. 여기에는 일반적 일드관리의 지표인 RevPar를 경쟁사의 RevPar로 나눈 지표를 사용할 수 있는데, 이것을 RGI(revenue generation index)라고 한다.

여섯째, CRS(central reservation system), 예약접수자, 여행사 등에 획일성 있는 요금을 제시하여 혼선이 없어야 한다. 특수상황에 따라 요금이 차등화될 소지가 있을 경우에는 객실영업지배인(front office manager)을 중심으로 충분한 커뮤니케이션을 통하여 일률적인 기준에 의한 요금이 제시되어야 한다.

마지막으로 다시 한번 강조하지만, 호텔수익률관리 전략의 핵심은 항공사와 비교하여 복잡한 변수들(객실형태, 세분시장, 할인율, 수요주기, 혜택형태 등)을 최소화시켜 단순한 공식을 일드관리시스템에 적용해야 한다는 것이다. 이것이 대다수 호텔들이 일드관리를 도입하지 못하거나 실패하고 있는 가장 고질적인 장애물이다.

제2절 객실예약

1. 예약부서의 주요 업무

호텔예약은 대부분 전화로 이루어진다. 따라서 고객과 얼굴을 마주하지 않고 거래가 이루어지므로 목소리의 높낮이, 정확도 등에 의해 고객을 대화로 잘 이끌어 목적한 예약을 이루어내는 것이 관건이다. 예약직원의 능력에 따라 호텔의 서비스품질과 이미지를 고객에게 잘 알릴 수 있는 기회를 갖게 되며, 객실, 식음료,

부대시설 등의 매출이 크게 신장될 수 있다. 따라서 예약직원은 선발에서부터 인성, 적성, 서비스태도, 고객지향성, 업무추진능력, 장래 가능성 등을 충분히 감안해야 하며, 서비스 기본교육을 통해 예약의 중요성을 인식시켜야 한다.

2. 예약접수경로

휴양지 호텔(resort hotel)은 호텔을 이용하고자 하는 고객이 직접 예약하는 경우가 많지만 대부분의 상용호텔(business hotel)들은 기업체의 비서나 실무부서, 예약센터, 여행사, 호텔체인본부를 통해 예약이 접수되는 경우가 많다. 예약을 위해 이용되는 수단은 전화, 팩시밀리, 편지, 인터넷, 직접방문, 대행사 등이 있으며, 개인컴퓨터를 이용한 통신접수나 체인호텔본부의 중앙예약사무실(CRO: central reservation office)과 전문예약망(GDS: global distribution system)인 UTELL, LHW, TRAVEL WEB 등을 통해 접수된다. 특히 체인호텔의 예약망은 전 세계 자매회사나 예약망 가맹회사의 객실상황을 한눈에 볼 수 있도록 전산화되어 있고, 다양한 고객관리 프로그램을 동시에 운영하고 있어 단골고객(repeat guest, client) 창출의 수단으로 널리 활용되고 있다.

3. 예약접수절차

예약경로를 통해 접수되는 예약은 먼저 고객이 요청하는 객실형태별, 위치별 판매가 가능한 객실이 있는지 여부를 파악하고 고객의 요청에 꼭 맞는 객실이 없다면 가능한 객실을 추천하여 고객의 의사결정에 도움을 주어 판매로 연결한다.

예약을 접수할 때 정확한 대금회수, 높은 객실점유율과 확실한 단골고객관리를 위해 계약회사 후불(volume corporate credit)과 여행사 후불(travel agent credit)을 제외한 일반고객(FIT: free independent traveler)의 대금은 선급이니 신용카드 결제 등 보장형 예약(guaranteed reservation)으로 유도해야 한다. 만약 비보장형 예약(non-guaranteed reservation)으로 예약이 완료되면, 도착시간을 명확히 약속함으로써 no show를 최소화해야 한다. 호텔예약 시스템은 1960년대, 1970년대 수작업으로 이뤄진 예약표찰(reservation rack), 1980년대 HIS(hotel information system)시리즈, 1990년대 초반의 AS400을 거쳐 1990년대 말에는 Fidelio6 시리즈를 이용하였다. 현재는 체인호텔의 예약망과 연계된 객실수익률관리와 고객이력관리(guest history file management)를 체인호텔 전체가 함께 공유할 수 있는 예약시스템이 구축되어 효율성을 높여주고 있다.

고객으로부터 예약요구가 있으면 가장 먼저 확인해야 할 사항은 객실현황이다. 컴퓨터 모니터를 보면서 새로운 예약스크린에 직접 예약을 넣을 수도 있지만 정확성을 기하기 위해 예약슬립(reservation slip)에 입력하고 slip은 도착일별, 가나다 순으로 보관 관리한다. 일반적으로 예약업무에는 새로운 예약, 재방문객 예약, 단체 및 여행사 예약, 선불예약, 예약변경, 예약취소 등이 있다.

개별고객이나 단체고객 등에게 적용 가능한 예약내용은 두 가지로 요약할 수 있다.

첫째, 필수 입력사항(essential reservation data)은 도착/출발일(arrival and departure dates), 숙박일수(number of nights), 인원(number of persons), 요청된 객실 수 (number of rooms required), 요청된 객실형태(type of rooms required), 기업연계사항(corporate affiliation; 기업에서 예약할 경우 그 내용을 상세하게 기록하여 향후 판촉의 원천으로 활용), 가격(price), 성명(name), 예약내용(quality of the reservation; non-guaranteed, guaranteed, or advance deposit) 등이다.

둘째, 보충 입력사항(nonessential reservation data)은 도착예정시간(estimated time of arrival), 특별 요구사항(special requests; 꽃, 과일 서비스 등), 할인내용(discount or affiliations; 계약된 기업체, 노인 할인, 단체 할인 등을 기재), 흡연여부(smoking preference), 주소(address) 등이다.

4. 예약에서 생산하는 각종 자료

1) 예측보고서(forecast)

호텔은 매출을 극대화하기 위해서 각 부문이 일별, 주별, 월별, 연별 매출계획을 세우게 되는데, 모든 계획의 기본은 매출과 객실예측보고서(forecast)에서 시작된다. 가장 기본적인 자료는 일별, 주별, 월별 예측으로 예약과장과 객실영업부서장이 객실예측보고서와 매출에 대한 예측보고서를 작성하여 부서장회의(department head meeting)나 일일 영업회의(morning briefing)에 보고한다. 이는 다른 영업부서의 영업준비(식음조리부서, 연회장, 피트니스 등) 및 인력수급과 업무지원부서의 구매활동, 자금조달, 전체 호텔행사 일정관리의 기초자료가 된다.

2) 판촉활동자료 제공

예약직원은 예약접수와 동시에 그 회사나 개인의 성향을 분석하여 판촉정보를 작성하고 이를 판촉부서에 제공함으로써 객실, 식음료, 연회, 부대시설부문의 판매촉진활동을 돕는다. 따라서 대형호텔들은 간혹 예약부서를 마케팅부문에 소속하게 하지만, 호텔의 전반적인 업무연계와 고객편의, 매출증진을 위해서는 객실영업부문에 속해 있으면서 프런트데스크와 함께 업무를 추진하는 것이 바람직하다.

3) 고객이력관리

호텔 간의 경쟁이 심화되면서 대부분의 호텔들이 단골고객(client, repeat guest) 확보에 심혈을 기울이게 되고, 상용고객 우대프로그램 운영, VIP카드 발급, 비서클럽 관리, 멤버십제도 운영 등으로 관계마케팅을 실시하여 고객창출 및 유지에 많은 시간, 자원, 인력을 투입하고 있다. 고객이력관리는 단골고객관리의 기본적인 자료의 축적으로 고객의 종전 투숙에 대한 정보, 관계회사에 대한 정보, 기호 및 취향에 대한 정보를 세세히 관찰하여 기록해 두는 기본 컴퓨터 프로그램으로 관리한다. 많은 체인호텔에서는 고객접점직원들이 고객을 인지하고 고객의 성함을 부르거나 따뜻이 맞이하게 하기 위해 고객이력을 검색할 수 있도록 하고 있다. 또한 이 프로그램은 투숙기간 중 지불한 금액과 투숙일수에 따른 실적을 관리하여 고객이나 예약자에게 혜택을 부여함으로써 호텔에 대한 충성도를 높일 수 있다(FTP: frequent traveler program). 규모가 큰 호텔은 고객이력관리를 전담하는 부서가 독립되어 있지만 대부분의 호텔에서는 예약부서에서 이 업무를 관장하고 있다.

제3절 프런트데스크

1. 프런트데스크의 업무 개요

프런트데스크는 고객의 입숙절차, 메시지 확인, 각종 안내, 환전, 귀중품 보관, 불평처리, 퇴숙절차 등을 위해 내·외부 고객들이 빈번히 출입하는 곳으로 흔히 호텔영업의 심장부라고 말한다. 프런트데스크 업무의 주요 특성은 첫째, 고객과 호텔의 첫 만남으로 이때 받은 서비스는 체재기간 동안의 이미지에 많은 영향을 미친다. 둘째, 프런트데스크의 업무내용은 객실뿐만 아니라 타 부서(식음료, 부대시설, 기타 매출부서)의 매출에도 큰 영향을 미친다. 셋째, 고객의 불평불만을 접수하고 처리하며, 좋은 인상을 주어 고객의 재방문을 창출하는 역할을 한다.

프런트데스크의 기본업무로 객실판매, 객실배정, 각종 안내업무, 메시지 전달, 환전 및 귀중품 보관, 퇴숙절차 이행, 야간회계감사, 객실관련 보고서 작성, 고객 이력관리 등 복잡하고 다양한 업무를 24시간 3교대로 진행한다.

2. 프런트데스크의 업무 내용

1) 고객등록업무

야간근무자들에게 넘겨진 익일 예약카드 및 등록카드는 야간근무자들이 퇴근 전에 VIP를 위한 객실이나 단체객실 등을 사전에 allocation한다(room blocking). 호텔에 도착한 고객들을 따뜻이 맞이하고, 고객들과의 대화를 통해 고객에게 필요한 호텔의 모든 서비스를 적극적으로 판매하는 것은 호텔 매출증대와 좋은 이미지 구축을 위해 중요한 일이다. 고객등록업무는 고객등록카드 작성 및 객실배정, 객실판매기법(up-selling), 객실열쇠 발급, 특급입숙절차, 단체투숙 등으로 구분하여 설명한다.

(1) 고객등록카드 작성 및 객실배정

사전에 예약되어 있는 고객은 도착 시 객실배정이 완료된 경우가 많다. 그러나 고객에 따라 예약할 때 필요했던 객실의 내용과 도착해서 필요로 하는 객실은 차이가 있을 수 있으므로 예약내용을 다시 한번 확인시키고 필요시 변경할 수 있도록 돕는다.

등록업무는 예약할 때 기록된 것을 보완하거나 선급금(advance payment) 등을 확인하여 서명 후 객실로 안내하면 되지만, 예약 없이 도착한 고객(walk in guest)에 대해서는 등록카드에 성명, 주소, 직업, 직장명, 국적, 여권번호, 전화번호, 출발일, 여행목적, 서명 등을 기록하게 한 후 신용카드를 오픈하거나 예치금을 받은 후 Check in하도록 한다.

(2) 객실판매기법

프런트데스크의 직원들은 당일의 객실상황과 판매가능 객실을 잘 파악하고 객실수익률 관리에 바탕을 둔 판매전략을 적극적으로 구사해야 한다. 즉 제안판매(suggestive selling)를 통해 up selling을 실현해야 한다. 제안판매를 통한 up selling 기법에는 top down(높은 요금 제시 후 낮은 요금으로; walk in guest에게), bottom up(낮은 요금에서 높은 요금으로; 예약 후 check in하는 고객; '추가요금을 내시면 발코니가 있는 객실 배정이 가능합니다'), alternatives(여러 가지 대안에서 고객이 판단하도록 하는 기법) 등이 있다.

(3) 객실열쇠 발급

투숙객이 등록을 완료하면 객실열쇠를 고객에게 건네준다. 1990년대 호텔 안전 시스템 중에서 가장 크게 발전한 것이 객실 시건장치 시스템(door lock system)이다. 최근에는 주물열쇠를 사용하는 호텔은 거의 찾아볼 수 없고 대신 빙카드(Ving card system) 또는 카드키로 변모되었다.

▌그림 6-3 객실 카드키의 모습

(4) 특급입숙절차

호텔에서 단골고객 확보와 VIP고객 관리를 위해 활용하고 있는 특급 서비스의 일환으로 예약 시 모든 영접계획을 충실히 결정해 둠으로써 고객의 도착시간에 맞춰 총지배인, 부총지배인, 객실담당 임원, 객실영업부서장, 당직지배인, 고객관리담당(GRO: guest relations officer) 등이 체크인에 필요한 환영편지, 객실열쇠, 쿠폰, 안내문 등이 들어 있는 봉투를 들고 현관에서 안내하여 객실이나 클럽라운지로 안내하는 방법이다.

(5) 단체투숙과정

일부 대규모 호텔에서는 단체 담당 프런트데스크가 별도로 설치되어 체크인과 체크아웃을 전담하고 있다. 그러나 일반적으로 프런트데스크의 혼잡을 피하기 위해 단체담당자(group coordinator)나 당직지배인의 데스크에서 여행사나 행사 주최 측으로부터 미리 받은 고객명단을 자료로 하여 사전에 객실을 배정하고, 단체고객이 도착할 때에는 간단한 호텔안내 후 열쇠봉투를 전달한 다음 객실로 안내한다.

2) 귀중품 보관

호텔에 체재하는 고객들은 여권, 비자, 수표, 현금, 시계, 목걸이, 반지, 팔찌 등 필수 소지품과 귀중품을 소지하고 있어 분실의 위험에 항상 노출되어 있다. 따라서 객실 내에 비치된 개인용 안전금고를 이용하도록 권장하고 고객이 원하면 프런트데스크 내부에 있는 안전금고(safety box)를 이용할 수 있도록 안전서비스를 제공한다.

▌그림 6-4 객실 내에 있는 개인용 안전금고

▌그림 6-5 프런트데스크 내에 있는 안전금고

3) 각종 안내 및 메시지 전달업무

(1) 안내업무

호텔영업의 중심부에서 많은 고객들을 접하게 되는 프런트데스크에는 항상 고객의 전화가 쇄도한다. 호텔안내의 주무부서로는 고객서비스의 컨시어지나 로비 안내데스크(bell captain)가 있지만 프런트데스크를 찾은 고객에게는 즉시 안내되도록 준비해야 한다. 프런트데스크를 통해 안내를 받고자 하는 고객은 내부투숙객과 외부고객들인데, 그들이 원하는 바는 주로 호텔의 부대시설, 시내관광, 지역관광, 엔터테인먼트, 쇼핑 및 토산품점, 특별이벤트, 각종 전시회, 세계 각국의 시차표, 항공사, 여행사, 대사관, 학교 등에 관련된 정보이다. 이러한 정보들은 database화하여 컴퓨터에 저장해 두고, 또한 자주 이용하는 정보들은 information book을 작성하여 정보를 제공한다.

(2) 메시지 전달업무

투숙객 개개인에게 오는 팩스나 전보, 우편물, 메시지 등은 도착 즉시 전달되어야 하며, 고객이 투숙하기 전에 도착한 메시지는 해당 고객이 도착한 즉시 전달해야 한다. 또한 고객이 외출 후 다시 호텔에 들어올 경우 그동안 도착한 메시지가 전달되도록 하고, 당일에 있었던 메시지는 고객이 취침하기 전에 모두 전달되어야 하므로 각 조별 교대가 이루어질 때에는 고객의 우편물과 메시지도 함께 인계하여야 한다.

4) 고객원장 관리

고객원장(guest folio)은 예약 또는 숙박 등록시점에 만들어지는데, 이는 고객과의 거래가 이루어지는 시점부터 거래가 끝나는 시점까지 연속성을 갖고 발생한 금액을 posting하여 고객이 check out할 때 모든 계정의 합으로 계산을 마감하게 된다. 고객계정과목으로는 다음과 같은 것들이 있다.

- 객실요금, 식음료 업장 이용금액, 연회장 이용금액, 객실 내 미니바, 유료영화 시청료, 인터넷 접속료, 룸서비스 식음료대금, 객실 내에서 사용한 외부 전화요금, 면세점·명품점·기념품점 등에서 구입한 물품, 세탁요금, valet parking 비용, 회의실 사용료, 소액 차용금 등

5) 환전업무

호텔은 외국인을 유치하여 외화를 획득하는 업체이므로 「외국환관리법」에 의해 외환을 취급하게 된다. 호텔의 프런트데스크에 근무하는 직원들은 외환을 취급하게 되며, 법에 따라 환전절차를 이행하여야 한다. 외국인이 많이 투숙하는 비즈니스호텔이나 리조트호텔에서 투숙객의 국적과 인수에 따라 예상 환전자금, 환전업무 수행인원 및 시간, 적용될 환율 산출 등의 준비는 물론 은행에 매각함으로써 발생하는 환차익과 환차손에 대한 계획도 철저히 세워 영업외 수입도 올리도록 해야 한다. 환율은 매일 오전 거래은행으로부터 당일 고시된 통화환율조회표를 통보받아 매입금액을 산출하고, 이를 게시하여 고객으로부터 외화를 매입한다. 우리나라에서 사용되는 외화환전은 약 30여 종이며, 현금과 여행자수표로 구

분하여 매입하고 여행자수표가 현금보다 높은 값에 거래되고 있다. 환전은 호텔마다 국적별 투숙객에 따라 주요 외환매입환율을 게시하고, 그 산출방법은 거래은행의 현찰매입률에서 한국은행의 전신환매입률과 특정호텔이 정한 수수료(commission)를 곱한 금액을 뺀 액수로 정한다.

6) 퇴숙업무

Check out은 고객이 체재를 끝내고 떠나갈 때이다. 따라서 고객원장을 마감하고 계산서를 출력하여 고객의 최종확인을 받고 영수증을 고객에게 제시하면 퇴숙업무는 끝이 난다. 이때 고객들은 check in 이후 받았던 환대와 자기가 계산한 영수증의 가치를 비교하게 된다. 그러므로 프런트데스크 캐셔나 직원들은 고객에게 최대한의 환대 및 안부를 통해 고객들에게 호텔의 문제점을 확인하고 문제점이 없다면 다시 찾아주실 것을 당부드리며 마지막 인사를 하는 부분이다.

7) 조별 업무마감

프런트오피스 에이전트(front office agent)는 일일 3교대 근무를 하게 되며, 각 조별 근무가 끝나기 전에 전달사항을 log book에 기록하여 다음 조가 원활하게 근무할 수 있도록 도움을 주어야 한다. 주로 업무마감은 회계원업무를 말하므로 마감 전에 현금시재를 파악하고 현금시재보고서를 작성하여 다음 조에게 인계하고 본인이 취급했던 모든 계정을 컴퓨터상에서 마감하여 현금입금과 전표 및 각종 보고서를 인계한 후 일과를 끝낸다.

8) 야간회계감사 업무

야간회계감사원(night auditor)은 당일 영업을 체계적이고 정확하게 마감하여 경리부서나 타 영업부서에서 필요로 하는 정보자료를 생산하여 제공한다. 그는 타 부서가 이를 바탕으로 호텔의 각종 보고서 작성을 원활히 할 수 있도록 준비작업을 하는 초급간부이다. 최근에는 호텔영업을 위한 컴퓨터 시스템과 소프트웨어가 잘 개발되어 있어서 그 업무가 단순, 신속, 정확해져 가고 있으며, 이에 따라 관리부문의 업무량이 많이 줄고 있다.

제4절 고객서비스 업무

1. 고객서비스 업무 개요와 조직구성

호텔은 각계 각층의 고객이 현관을 통해 출입하므로 근무하는 직원의 태도, 실내분위기 및 청결 등이 고객이 느끼는 호텔의 이미지에 영향을 미친다. 고객의 편의와 고품위 서비스 제공을 위해 현관지역(lobby area)에서 고객접점직원들의 업무를 관장하고, 고객의 필요와 욕구에 적극적으로 대응하는 사람을 고객서비스 지배인(guest service manager), 현관지배인(front uniformed service manager), 컨시어지 지배인(concierge manager) 등으로 부르며, 규모가 작은 호텔에서는 현관안내 계장/주임(bell captain)이 이 업무를 수행하기도 한다. 고객서비스부서의 조직은 지배인 밑으로 도어맨(doorman), 벨맨(bellman), 현관주차요원(valet parking man), 호텔기사(hotel driver) 등이 있지만 일부 호텔들은 비즈니스센터, 교환실, 룸서비스와 미니바, 귀빈층 클럽, 고객관리담당 등을 포함하는 곳도 있다.

2. 비즈니스센터 운영

도심의 대규모 호텔을 중심으로 상용고객을 위해서 비즈니스센터를 운영하고 있다. 이 공간은 호텔의 일정한 장소에 각종 사무기기를 갖추어 고객들이 사무실에서 못다 한 업무를 편리하게 처리할 수 있다. 주로 설치되는 사무기기는 컴퓨터와 모니터, 프린터기, 팩스머신, 복사기 등이다.

▌그림 6-6 도어맨과 벨맨의 근무 모습

▌그림 6-7 비즈니스센터와 컨시어지의 근무 모습

3. 귀빈층 운영

귀빈층(executive floor)은 사업여행객(frequent business traveler)을 표적시장으로 안락감을 느낄 수 있도록 호텔 내의 작은 호텔의 개념으로 2~3개 층을 지정하여 일반 객실보다 고급스러운 객실로 시설하여 운영하고 있다. 이는 항공사의 비즈니스 클래스와 비슷한 등급의 객실로 귀빈층에 출입하기 위해서는 허용된 열쇠를 소지해야 한다. 우리나라는 대부분의 5성급 호텔과 일부 4성급 호텔들이 이를 운영하고 있는데, 호텔의 매출증진과 이미지 제고에 도움이 되고 있다.

주된 서비스는 클럽라운지의 운영이며 아침에는 breakfast buffet 등으로 운영되고, 오후(3~5시)에는 happy hour로 간단한 칵테일, 커피, 차, 주스, 과일, 쿠키 등을 제공한다. 미팅룸은 무료로 사용할 수 있고 express check in & out이 가능하며, 항공예약 및 확인서비스도 클럽의 컨시어지(executive floor concierge or butler)가 서비스한다.

┃그림 6-8 **귀빈층 라운지**(executive lounge)

4. 서비스익스프레스 부서 운영

최근 호텔기업들 간의 경쟁은 날로 심화되어 보다 앞선 서비스를 개발하고자 노력하고 있다. 컴퓨터와 통신의 발달로 호텔의 교환원 업무가 크게 줄어들면서 이를 개편하여 종합안내센터 또는 예약센터의 역할을 하는 호텔들이 늘어나는 추세이다. 서비스익스프레스 제도(service express system)는 효율적인 고객서비스와 조직의 슬림화를 위한 비용절감을 목적으로, 투숙객을 중심으로 이루어질 수 있는 기존의 교환실, 벨맨, 룸서비스, 예약, 비즈니스센터, 하우스키핑, 고객세탁업무 등의 모든 업무를 통합·운영함으로써 업무 상승효과를 얻고자 발족한 새로운 형태의 고객서비스조직이다.

제5절 객실정비 및 공공지역 관리

1. 객실관리의 중요성과 기본업무

관광객들이 여행 중 가장 중요하게 생각하는 것은 가정과 같은 안락함과 청결한 휴식공간이다. 현대적 객실관리의 중요성은 호텔건물의 주된 시설인 객실정비는 물론이고 식음료영업장, 연회장, 대소회의실, 유흥장, 사우나 및 헬스, 공공장소, 서비스지원공간, 정원, 주변 진입로, 건물의 외벽 등 호텔 내·외부의 모든 시설과 설치물, 조경을 최상의 상태로 유지·관리하여 고객만족을 이루며, 고급스러운 호텔서비스 상품의 이미지를 제고하는 역할이 가장 중요하다. 객실관리부서는 이러한 정비업무를 담당하여 호텔의 서비스상품을 최상의 상태로 유지하는 임무를 띠고 있다. 또한 많은 인원과 장비를 운영하므로 비용관리에도 세심한 계획이 필요하며, 모든 고객을 중심으로 타 부서와 업무상 밀접한 연계를 맺고 있어 내부 커뮤니케이션을 활성화하여 업무효율성을 높이는 것도 중요하다.

객실관리부서의 기본업무는 첫째, 객실정비이다. 즉 객실 내부의 설비, 욕실, 가구, 비품, 장식 등의 정비 및 관리이다. 둘째, 호텔 전체의 리넨을 관리한다. 즉 객실용 리넨, 식음료 및 부대시설에 사용되는 리넨류를 관리하며, 객실에 필요한 소모품류의 구입과 배치를 책임진다. 셋째, 공공장소의 정비이다. 공공장소란 로비지역, 출입구 지역, 차량의 진출입로, 건물외관, 공공화장실, 정원 등을 말한다. 넷째, 대고객서비스업무이다. 고객의 분실물(lost & found service) 관리, 어린이 돌봄서비스(baby sitting service) 등을 제공한다.

2. 객실관리부서의 경영관리 방향

객실관리부서는 시설관리부서와 함께 호텔의 영업이 원활히 진행되도록 건물 및 시설물을 쾌적하고 안전하게, 유지관리하는 데 만전을 기한다. 업무 성격상 많은 인력과 장비를 동원하므로 이에 따르는 예산의 규모도 크다. 객실관리부서는 호텔의 이익관리에도 중요한 역할을 담당하므로 목표관리가 명확해야 한다. 이와 같은 목표관리를 위해서는 인력, 시간, 자재 등을 효율적으로 관리하고, 각종 설비를 기능적이고 위생적으로 최상의 상태를 유지하며, 건축, 위생, 방재 등에 세심한 배려와 안전에 유의하여 방문하는 고객에게 '가정을 떠난 가정(a home away from home)'의 편안함을 실제로 제공할 수 있는 역할을 충분히 발휘할 수 있도록 경영관리에 만전을 기해야 한다. 객실관리부서장은 객실청결상태 유지, 욕실청소, 침대 꾸미기(bed making) 등의 기본업무도 중요하지만 더욱 중요한 것은 고객들이 많은 경쟁호텔 중에 우리 호텔을 선택한 것에 대한 감사의 표시로 고객에게 정성스러운 서비스를 제공하여 오래도록 기억에 남을 호텔로 만들어가는 것이다. 그러나 현실적으로 객실관리부문에 종사하는 사람들은 고등교육의 혜택, 고도의 기술, 자아실현의 의지 등이 강할 수 없는 약자의 위치에 있음을 부인할 수 없다. 따라서 회사의 목표를 달성하기 위해서는 이들의 생활문화, 기본욕구, 경제상태, 대인관계 등을 이해하고, 복리후생을 개선함으로써 투철한 서비스 정신이 행동으로 나타날 수 있도록 근무분위기를 조성하여야 할 것이다. 동기부여된 직원이 생산성을 높인다는 이론은 많은 경영학자들의 연구에 의해 검증된 바 있으며, 호텔 현업에서 경영관리활동을 경험한 사람이라면 누구나 공감하는 원칙적인 일일 것이다. 동기부여된 장기근속자가 많고, 직원의 사기가 충천한 직장 또는 조직에는 긍정적인 사고를 가진 사람이 많게 마련이다. 이를 위해서 회사는 객실관리부서원의 선발과정에서부터 능력위주의 객관성 있는 인사를 이행하고, 양질의 교육과정을 이수하게 하며, 많은 부분의 권한위양이 이루어져야 한다. 이러한 것들이 객실관리부서 경영관리의 기저를 이루어야 품격 있는 호텔서비스 상품이 생산될 것이다.

3. 객실관리부서의 조직과 역할

1) 객실관리부서의 조직

객실관리부문은 호텔의 주 상품인 객실상품의 생산, 건물관리, 부대업장의 유지와 관리를 업무로 하기 때문에 조직은 실무형 또는 기능형으로 구성하고 있다. 객실관리부서의 책임자는 호텔의 규모나 그 호텔기업이 추구하는 서비스 방향에 따라서 객실관리부장 또는 차장(director of housekeeping, housekeeping manager, executive house-keeper)으로 보직하며, 업무지시와 보고는 부총지배인(executive assistant manager)에게 하게 된다. 객실관리부서장은 객실부서의 예산편성, 비용관리, 인력관리, 건물관리, 정원관리, 아웃소싱 협력업체관리 등 다양한 업무의 책임자이다. [그림 6-9]의 객실관리부서 조직도는 우리나라 500실 규모의 체인호텔이 택하고 있는 실례를 바탕으로 설계된 것이다. 객실관리부서장이 관장하는 조직 내부에는 객실정비, 공공장소와 영업장 정비, 세탁업무, 외주업체관리, 바느질, 꽃꽂이, 정원사, 목공, 카펫수선공 등 수많은 기능직이 집결되어 있으며, 업무지원 및 리넨을 담당하는 행정직도 보직되어 있다.

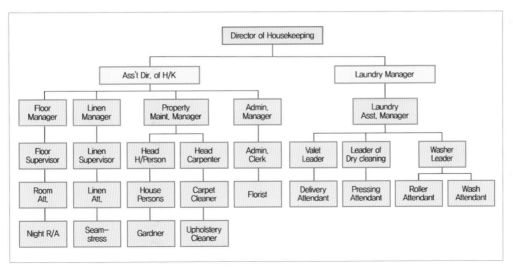

▌그림 6-9 대규모 호텔 객실관리부서의 조직도

2) 객실관리부서의 역할

(1) 객실관리부서장의 역할

객실관리부서장은 호텔이 수립한 정책, 기준, 지침에 따라 객실관리부서를 유지·발전시키며, 호텔 전체에 걸쳐 청소와 청결 유지를 위한 계획, 조직, 감독에 주력한다. 청결을 유지해야 하는 구역의 구체적인 책임은 객실, 공공장소, 식음료 영업장, 부대시설, 사무실 및 서비스 지역 등과 세탁, 리넨, 유니폼 및 분실물 취급업무 등이다. 객실관리부서는 많은 인원으로 구성되므로 부서원 한 명 한 명이 호텔기업의 철학과 정책 및 방침을 알 수 있도록 교육하고, 주기적으로 간부회의, 전체 직원회의 등을 소집하여 부서원이 질 높은 서비스를 제공할 수 있도록 동기부여하고 독려한다. 그러나 최근에는 대부분의 호텔에서 용역에 의한 서비스를 제공하므로 직원들에게 제공되는 서비스교육이 어느 때보다 중요하게 되었다.

(2) 객실관리부서장의 감독업무

① 예산관리

- 예산목적 : 동 회기 내 운영비 예상, 실제 결과 측정
- 예산편성 : 각 계정(single line account)을 바탕으로 편성, 자본적 투자예산 (capital investment budget)은 단·중·장기별 계획 수립
- 예산집행 : 비용증감을 정확히 분석, 통제
- 기록 : 비용, 생산, 품질을 함께 기록(작업시간, 초과시간, 구매품, 공급품 등)

② 생산관리

- 생산량 확인을 위한 일일 객실정비업무 보고
- 카펫, 샴푸 작업량
- 마블관리 내용
- 페인트 및 도장작업
- 전등, 햇볕 가리개(blinder), 커튼 정비 및 세척
- 일일 장비 사용내용
- 세탁실 생산내역 및 매출액
- 고장난 방(out of order room) 확인 및 작업지시

③ 품질관리

- 표준화 작업, 체크 리스트에 의한 작업내용 확인
- 작업방법 및 관리방법 연구
- 현장 확인 점검
- 검사원의 업무교육 및 인성교육

3) 객실관리부서의 주요 간부직원의 역할

(1) 객실관리과장의 역할

객실관리과장은 객실관리부서장의 업무를 보좌하며, 주로 객실과 공공장소의 청결유지 및 정비업무를 관장하고, 현장에서 감독업무를 수행한다. 대규모 이하의 호텔은 객실관리과장이 행정지배인의 업무를 담당하기도 한다.

(2) 객실정비지배인의 역할

객실정비지배인(Floor Manager)은 객실현장에서 객실정비주임(Floor Supervisor)과 객실정비원(Room Attendant)이 생산 및 점검한 객실서비스상품이 고객에게 최상의 상태에서 제공될 수 있도록 관리하는 역할을 한다.

(3) 공공장소관리 지배인의 역할

공공장소는 호텔에서 가장 번잡한 공간으로 모든 방문객이 왕래하므로 수시로 쓸고, 닦고, 광택을 내어 호텔을 찾는 고객에게 좋은 이미지와 청결감을 주어야 한다. 공공장소 정비담당자는 타일, 카펫, 대리석, 아스팔트 등을 전문적으로 관리하며, 각 영업장, 연회장, 서비스공간 등 넓은 부분의 청소를 담당한다. 또한 객실정비원이 요청하는 목공, 가벼운 페인트칠, 카펫, 침대이동 등 힘겨운 일들을 지원하는 업무도 수행한다. 이 부문의 책임자는 대규모 호텔에서는 대리급, 계장급을 두고, 대부분 경력이 많은 기능 보유자가 보직한다.

(4) 행정지배인의 역할

객실관리부서의 행정업무는 객실관리부서장의 행정보조업무, 고객서비스업무, 부서원의 행정서비스업무로 이뤄진다. 객실관리부서의 행정지배인(Administration Manager)은 객실관리부서장과 객실관리과장의 업무지시를 받으며, 객실관리부서의 행정업무를 관장한다. 행정지배인은 부서 커뮤니케이션의 통로에 있으므로 부서 내의 모든 상황을 잘 파악하고 있는 사람이어야 한다.

(5) 리넨지배인의 역할

초대규모 이상 호텔에서는 리넨관리업무를 행정업무에서 분리하여 수행한다. 규모가 500실 이하인 대규모 호텔에서는 객실관리부서 내의 행정업무와 리넨업무를 통합관리하기도 하지만 국제적인 체인호텔에서는 리넨업무의 중요성으로 인해 이를 분리하는 경우가 흔히 있다. 리넨관리업무는 객실부서는 물론 식음료부서, 부대시설부서의 리넨도 함께 관리한다.

(6) 세탁지배인의 역할

세탁지배인(Laundry Manager)은 세탁실을 대표하고, 호텔의 경영관리방침과 시책에 적극 동참하여 세탁실의 청결 유지, 안전관리, 정비감독, 매출달성, 직원 교육 등에 최선을 다한다. 세탁부문은 고객의 세탁물을 드라이클리닝, 물세탁, 다림질하는 등의 업무가 기본이며, 호텔의 리넨 및 유니폼을 세탁하여 제때에 각 부서에 공급해 주는 업무를 수행하므로 수익부문과 비용부문을 함께 운영하게 된다. 이에 따른 세탁지배인은 적절한 인력과 세제의 배분·투입으로 효율을 극대화하는 데 노력한다. 그러나 세탁업무 또한 최근 용역에 의존하는 사례가 늘고있어 호텔 자체 인력은 거의 사라지는 추세이다.

4. 객실정비업무

1) 객실정비원의 업무 개요

객실관리부서의 중요한 업무 중 하나가 깨끗하고 안락한 객실상품의 생산이다. 객실상품은 아래의 절차에 의해 이뤄지며 객실정비원은 고객접점에 있는 종업원이므로 호텔의 예절과 숙련된 실무를 몸에 익혀 항상 명랑하고 즐거운 마음으로 업무에 임하도록 교육이 잘되어 있어야 한다. 객실청소는 객실정비원에 의해 이루어지는데, 주간에 근무하는 객실정비원을 룸 어텐던트(room attendant) 또는 룸 메이드(room maid)라고 하며, 오후에 출근하여 야간 객실정비 및 잠자리 준비업무를 수행하는 객실정비원을 야간 담당(night duty), 또는 턴다운 어텐던트(turn down attendant)라고 한다. 객실정비업무는 간단치가 않아서 객실에 들어가는 편의품(amenities)의 종류와 명칭, 침대 꾸미기(bed making), 타월 비치(towel set-up), 세제 사용법 등 많은 부분을 이해하고 익혀야 한다. 객실정비 시 객실정비원과 객실점검원(room inspector)은 먼저 객실상태를 점검하여 퇴실과 재실로 구분하고, 그중에서도 미리 청소해야 하는 방의 순시에 따라 정비를 한다. 객실 청소의 우선순위는 호텔마다 조금씩 다를 수도 있지만, 대부분의 호텔은 ① 고객이 요구하는 객실, ② VIP 객실, ③ 퇴숙한 객실, ④ 고객이 사용 중인 객실, ⑤ 퇴숙이 예상되는 객실, ⑥ 그 외 고객이나 객실영업부서 또는 객실관리부서에서 필요로 할 때 청소를 한다. 또한 그들은 정비업무가 끝나면 일일 점검표로 청소상태를 확인한 후 객실상품의 품위를 유지하는 데 최선의 노력을 다한다. 우리나라 호텔들은 객실정비원에게 하루 작업량을 15실(1실=30m² =약 10평) 정도로 배정하며, 객실 평수가 넓거나 특실 또는 온돌방 등은 작업량을 조금씩 감해주고 있다.

▐그림 6-10 객실정비원(room maid)과 정비카트

2) 객실정비원의 일일업무 준비사항

객실정비원은 객실정비를 하기 위해 출근과 동시에 객실관리지배인(floor manager) 또는 객실정비주임(floor supervisor or room inspector supervisor)으로부터 전일, 당일 객실상황과 특이사항 및 전달사항을 듣고 업무에 임하게 된다. 이때 객실담당구역의 마스터키(master key)를 수령하고 관리대장에 서명한다. 객실 마스터키는 고객의 생명과 재산을 보호하기 위해 매우 소중히 관리해야 하며, 이로 인한 사고는 즉시 보고하여야 더 큰 사고를 방지할 수 있다. 마스터키를 인수하고 객실정비원 청소차(room attendant's cart)에 객실소모품과 침대보(bed sheets), 편

의품, 청소용구 및 세제를 싣고 담당구역으로 이동한다. 일부 체인호텔에서는 프로호스타시스템(ProHost System)을 이용하여 리넨을 중앙공급식으로 보급하는 호텔도 있다.

3) 객실출입

객실을 출입할 때는 꼭 노크를 하고, 인기척을 기다렸다가 문을 열고 들어간다. 노크 시에는 항상 손가락 뒷면의 뼈 부분을 사용하여 노크한다. 이때 '하우스키핑'이라고 말한다. 그러나 현대식 시설을 갖춘 호텔은 벨을 사용하여 고객과 의사소통을 하며 '방해하지 마시오(DND : do not disturb)' 표시가 있으면, 이 사인이 해제될 때까지 고객을 방해하지 않는다.

4) 객실청소 준비작업 및 청소

객실 출입절차에 따라 빈 객실에 들어가면 고객의 귀중품이 떨어져 있는지를 먼저 확인하고, 주어진 절차에 따라 청소에 들어간다. 이때 새로운 고객을 위해 청결하고 안락한 공간을 창조한다는 마음으로 정성들여 객실을 정비해야 한다.

5) 턴다운 서비스

턴다운 서비스(turn down service)는 호텔이 가정과 같은 친근감을 고객에게 제공하기 위해 특급호텔을 위주로 개발한 서비스의 일종이다. 고객의 잠자리를 돌봐주는 방법으로 침대 깃을 벗기고, 고객이 침대에 쉽게 들어갈 수 있도록 할 뿐만 아니라 조식 주문, 그린카드 활용, 호텔이나 호텔 주변의 각종 행사 등에 대한 정보를 제공한다. 세계 제일의 호텔서비스를 자랑하는 방콕 오리엔탈 호텔에서는 턴다운 서비스와 함께 매일 색다른 과일과 총지배인의 감사편지를 제공하고 있어 매우 인상적이다. 또한 발 깔개를 침대 옆에 펴놓음으로써 최상의 공손함을 표현하고 카펫 정전기를 방지한다.

▌그림 6-11 턴다운 서비스(turn down service)

5. 공공장소 및 영업장 관리

1) 공공장소 및 영업장 정비

공공지역은 크게 고객지역과 종업원지역으로 구분된다. 고객지역은 객실, 식음료 영업장, 대·소 연회장, 로비지역, 복도, 계단, 부대영업시설, 승강기 등 고객이 주로 이용하는 지역을 말하며, 호텔의 주요 상품으로 중요한 지역이다. 여기 못지않게 고객을 위해 서비스하는 종업원이 이용하는 시설로 기능이 중요시되는 종업원지역이 있는데, 사무실, 로커룸(locker room), 각층 서비스 지역, 비상계단, 직원숙소, 휴게실 등이 있다. 호텔은 복합건물이므로 관리하기에 어려운 점이 많다. 특히 건물의 외벽, 내벽, 천장 등은 그 높이가 높아서 관리하는 데 전문적인 기술이 필요하다. 따라서 이런 위험지역의 관리는 호텔의 전문 용역회사에 맡기게 되며 공공지역의 청소와 유지보수는 공공장소 정비원(house person)이 맡아서 하게 된다.

공공지역의 관리는 로비와 복도를 24시간 지속적으로 관리하고, 계단과 엘리베이터는 필요한 부분은 광택을 내고, 장식·거울·벽면은 먼지와 손자국을 없앤다.

공공지역에는 많은 화분과 꽃꽂이 장식을 비치하게 되는데 언제나 생동감 있도록 유지·관리한다. 그 외에 공중화장실, 직원구역을 깨끗이 청소하고, 고객이 없는 시간을 이용하여 식음료 영업장, 연회장 등의 바닥·벽·천장·유리 등을 청소한다.

2) 고급 설치물 관리

(1) 샹들리에와 벽등

호텔서비스의 기본은 청결이다. 평상시에 눈에 잘 띄지 않는 곳도 고객의 눈에는 잘 보인다. 특히 로비의 분위기를 돋보이게 하는 장식용품인 샹들리에와 벽등은 보이지 않는 부분까지 청소가 철저히 되어 있어야 한다. 이들의 관리는 주기적으로 스케줄에 따라 필요한 인력, 장비, 약품, 세제를 이용할 수 있는 전문가에 의해 이루어진다.

┃그림 6-12 **샹들리에와 벽등**

(2) 마블관리

마블(marble)은 대리석, 화강암이라고 하여 고급 호텔의 천장, 로비, 벽면의 마감재로 사용한다. 마블은 고액의 설치비를 요구할 뿐만 아니라 타 건축재료에 비해 강도도 약하므로 특별히 관리하지 않으면 금이 가거나 깨져서 품위를 유지하기가 매우 어렵다. 마블은 세제나 약품에 민감하게 반응하며, 대리석은 약품에 약하다. 화강암은 오물에 약하여 연마제를 사용하지 않으면 오점의 제거가 어렵다.

따라서 이들을 잘 관리하기 위해서는 청소장비가 동원되고, 이 분야의 기능에 뛰
어난 숙련공을 보유하거나 아웃소싱에 의존하여 관리하지 않으면 안 된다.

▮그림 6-13 대리석으로 시공된 실내

〈표 6-1〉 마블의 강도 비교(국제분류기준)

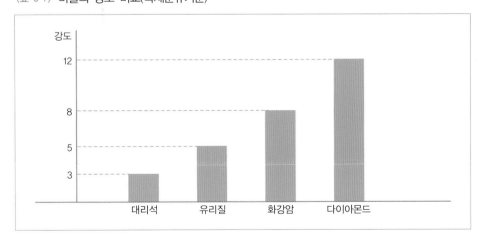

(3) 카펫의 관리

카펫에는 양모, 화학섬유, 혼방으로 직조된 것이 있으며, 이들을 관리하는 방법도 각각 다르다. 카펫은 진공청소(vacuum cleaning)와 샴푸청소(shampoo cleaning)가 있는데, 고급스러운 카펫일수록 취급에 신중을 기하여야 한다. 호텔에는 많은 카펫이 설치되어 있고, 샴푸작업 그 자체가 기술이며, 기계를 사용해야 하므로 카펫 샴푸담당자(carpet shampoo attendant)는 기술직으로 분류된다. 카펫의 수명은 제품 자체가 중요하지만, 관리를 어떻게 하느냐 하는 것도 수명을 연장하는 데 큰 영향을 미친다.

카펫은 장소에 따라 색상, 재질, 모양(pattern)이 각각 다르게 선택되며, 관리방법에 대한 것도 사전에 검토되어야 한다. 마블과 같이 전문가에 의해 디자인되고 설치되어야 하는데, 주로 시멘트 바닥에 나무로 된 졸대를 일정한 간격으로 바닥에 고정시켜 설치하고, 펠트(felt)를 깐 후 카펫을 깔아 가장자리를 고정시킨다. 카펫은 신축성이 강해서 내·외부 온도와 습도에 민감하게 반응하므로 재질에 세심한 신경을 써서 선택해야 한다.

▌그림 6 14 장소에 따른 카펫의 선택

(4) 매트(mats)와 러너(runner) 관리

호텔의 현관, 로비, 영업장에 모래, 흙, 불순물이나 먼지, 물기가 유입되는 것을 방지하는 방법은 매트나 러너를 깔아두는 것이다. 매트나 러너는 사용목적과 주위의 분위기에 맞는 고급스러운 것을 선택하여 호텔의 이미지 관리에 세심한 배려를 해야 한다.

매트와 러너의 필요성

● 미끄러움을 방지하여 안전에 대비한다.
● 모래나 흙, 신발의 먼지로부터 카펫이나 마블을 보호한다.
● 호텔 입구의 분위기를 살려준다.

▮그림 6-15 **입구의 매트**   ▮그림 6-16 red carpet runner

제6절 ❭ 객실관리 오피스 및 세탁 관리

1. 고객요청사항 접수

서비스익스프레스를 추진하는 호텔은 커맨드센터(command center)에서 객실고객의 요청사항을 접수하여 무선 또는 유선으로 객실관리부서에 통보하지만, 일반적인 호텔은 고객이 직접 객실관리부서에 필요한 물품을 요청해야 한다. 칫솔, 치약, 면도기, 면봉, 타월, 어린이용 침대, 보조침대, 다리미세트, 커피메이커, 청소요청, 어린아이 돌보기 등 수많은 요구사항이 있을 수 있다. 그뿐만 아니라 객실영업부서, 식음료영업부서, 시설관리부서, 인사부서 등 호텔 내부에서도 청소요청, 긴급상황 발생 등의 업무가 접수된다. 업무가 접수될 때마다 기록장(log book)에 빠짐없이 기록하여 담당자에게 서면·구두로 업무요청을 하고 그 결과에 대해 고객 및 요청부서에 연락하여 매 건마다 문제를 해결한다. 일반 행정업무에 바빠서 고객 요청사항을 뒤로 미루게 되면 내·외부 고객의 불만을 살 수 있으므로 업무 중 가장 먼저 해결해야 하는 사항은 바로 고객 요청사항임을 명심해야 한다. 호텔은 어느 부서를 막론하고 서비스 기본예절을 익히고 실천하게 되어 있으므로 객실관리부서에 걸려오는 전화는 행정요원이든 리넨 담당이든 전화로 업무를 접수하거나 회신을 해줄 때에는 꼭 이런 원칙에 따라 업무가 진행되도록 해야 한다.

〈표 6-2〉 업무기록장(log book)

GUEST REQUEST ITEM LOG BOOK					
Room	Item	Date / Time out of Linen Room	Initial	Date / Time into Linen Room	Initial

2. 소모품 관리

객실관리부서는 리넨 관리와 함께 객실소모품과 고객편의품도 취급한다. 객실에 비치하거나 공공장소에 비치하는 품목의 수는 매우 많아 정확한 재고 파악이 어렵지만, 만약 재고가 부족하다면 필요시에 낭패를 당하므로 신중하게 취급해야 한다. 간혹 고객편의품을 직원들이 사용하는 경우도 있고 목적 외에 낭비되는 경우도 있으므로 교육하고 주의를 주어 재고파악이 잘되도록 해야 한다. 고객편의품과 객실소모품(guest room supplies and guest room amenities)은 계속 쓰는 것들이어서 객실관리부서의 예산으로 정기적인 납품을 받게 되는데, 이들은 매월 재고조사를 통해 월말에 소비된 양을 당월의 비용으로 장부를 정리한다. 이러한 고객편의품과 객실소모품은 리넨 어텐던트(linen attendant)에 의해 객실정비원(room attendant)과 공공장소 정비원(public area attendant)에게 불출되며, 프로호스타 시스템을 운영하는 호텔에서는 리넨 어텐던트가 토트(tote)에 담아 객실정비원의 모빌에 적재해 둔다. 한편, 호텔마다 고객이 쓰다 남긴 비누나 샴푸 등은 고아원이나 양로원에 공급하여 어려운 사람들을 돕는 데 요긴하게 사용된다. 객실소모품 외에 객실관리부서에서는 고객이 필요로 하는 컴퓨터 잭, 어댑터, 소형 변압기, 다림질세트, 커피메이커, 가습기 등도 준비해 두고 고객의 요청에 응하고 있다.

3. 리넨 관리

객실관리부서는 사무행정과 함께 호텔 전체의 리넨을 관리해야 한다. 객실에서 사용되는 리넨은 침대시트(bed sheet), 이불(duvet or bed quilt), 베개와 베갯잇(pillow & pillowcase), 대·중·소 타월류(towels), 잠옷(bath robe), 방석(cushion), 커튼(curtain) 등이 있고, 식음료부서에서는 식음료 영업장에서 사용되는 테이블보(table cloth), 테이블보 깔개(under cloth), 냅킨(napkin), 의자 덮개(chair top), 연회 테이블용 드레이퍼리(drapery) 등이 있다. 또한 헬스와 사우나에서 사용되는 헬스 가운(health gown), 체육복(training shirts & pants), 운동용 신발(sports shoes), 대·중·소 타월류(towels) 등이 있다. 이런 것들은 구입해서 마모로 못 쓰게 되어 폐기처분할 때까지 모든 과정이 객실관리부서를 통하여 이루어지게 되어 있으므로 이에 따른 보고서 관리가 필요하다. 체인호텔은 대부분 리넨류를 5벌(5par) 보유하며 세탁실의 업무와 객실점유율을 감안하여 4벌(4par) 정도로 운영하는 호텔도 있다. 이를 세분화하면 현장에 1 내지 1.5벌, 세탁실에 2벌, 리넨룸 1 내지 1.5벌로 배치하고 적은 양으로 운영할 때에는 현장과 리넨룸에 있는 것을 각각 1벌씩 투입한다.

4. 유니폼 관리

호텔의 유니폼은 일반적인 복장과는 다르게 무형적인 서비스를 유형화하며, 서비스의 이질성을 감소시키는 역할을 하므로 신중하게 선택해야 한다. 또한 호텔의 유니폼은 각 호텔그룹의 표상을 나타내며, 단독호텔의 상징성을 나타내는가 하면 업장별로 전달하고자 하는 이미지를 담고 있어야 한다. 그러면서도 전체가 조화롭고 통일된 형상을 표출하며, 직위 구별을 할 수 있어야 하고, 소속원의 책임감과 자신의 위치에 대한 올바른 인식을 갖게 해야 한다. 호텔서비스에 있어서 유니폼은 또 하나의 호텔 이미지이다. 따라서 유니폼은 기능성, 상징성, 심미성이 두드러져야 한다. 유니폼을 외부에서 맞출 때에는 디자인, 색상, 패턴이 그 영업장과 잘 맞아야 하므로 객실관리부서장이 지닌 체인의 표준을 근거로 최적의 제품을 납품받도록 한다. 가능하면 많은 시간을 두고 샘플을 만들어 사전에 세탁도 해본다. 샘플은 담당 부서장과 경영진, 종업원이 참석하여 함께 품평을 하며, 그 옷을 입고 서브(serve)하는 사람과 고객의 입장, 경영진의 입장에서 꼼꼼히 따져서 결정해야 한다. 이렇게 구입한 유니폼은 객실관리부서에서 관리한다. 유니폼은 각 부서의 인원이 갈아입어야 하는 주기 등을 고려하여 제공하지만, 보통 영업장의 유니폼은 2벌, 이에 따른 드레스셔츠는 4벌, 스카프와 보타이는 3벌, 조리부서의 유니폼은 4벌씩 준비한다.

〈표 6-3〉 유니폼 청구전표(Uniform Request Slip)

The World Best Smile Hotel, Busan	
	Uniform Request Slip
	No.
Date	
Item	Q'ty
Features	
Required by :	
Received by :	

5. 습득물 처리

객실정비를 맡고 있는 룸 어텐던트(room attendant)와 공공지역 청소를 맡고 있는 공공지역정비원(public area attendant)은 업무 중 발견한 고객의 소지품을 즉시 객실관리부 행정담당에게 신고하고, 습득한 물건(lost and found)은 빠른 방법으로 객실관리 사무실로 보낸다. 접수받은 행정담당은 물품을 고객에게 돌려줄 수 있는 방법을 모색한다. 고객이 밝혀진 물품은 모니터에 고객의 위치를 조회하거나 객실영업부서에 연락하여 고객이 호텔 내에 있다면 찾아서 이를 전달하도록 한다. 만약 고객이 호텔을 떠난 후라면 절차에 따라 보관하고 고객과 연락이 닿도록 노력한다.

6. 미니바 업무

보통 특급호텔의 객실에는 미니바(mini bar)를 설치하는 것이 보편적이다. 이는 객실 내에 작은 용량의 양주류와 냉장고에는 맥주, 물, 음료 및 안주류를 진열 전시하여 고객으로 하여금 선택할 수 있게 하는 객실 내의 작은 바를 의미한다. 미니바는 매출액을 향상시키는 원동력으로 작용하므로 하우스키핑에서는 미니바의 상품이 도난 및 유출되지 않도록 세심한 주의를 기울여야 한다.

▌그림 6-17 객실 내부의 미니바

7. 세탁실 관리

1) 세탁실의 조직

호텔의 세탁실은 객실관리부(housekeeping)에 소속되어 객실관리부서장(director of housekeeping)의 지휘와 지원을 받게 된다. 그 조직은 세탁부문을 총괄 지휘하는 세탁지배인(laundry manager), 세탁부지배인(assistant laundry manager), 고객세탁물의 출입(pick-up and delivery)을 담당하는 발레주임(valet leader), 기름세탁을 관장하는 드라이클리닝주임(leader of dry cleaning), 물세탁을 담당하는 세탁주임(leader of laundry) 등으로 구성된다. 각 파트의 주임은 전문요원으로 보직되고, 실무자는 주로 기술을 가진 숙련공과 단순노동을 제공하는 일반직으로 나뉜다.

2) 세탁장비와 세제류

(1) 세탁실의 레이아웃

호텔의 세탁실은 계속되는 인건비 부담, 장비에 대한 투자, 공간 확보, 유지관리비를 필요로 하므로 호텔의 규모에 알맞은 세탁실을 만드는 것이 관건이다. 물론 세탁실을 건설하기 위해서는 총생산량을 모두 커버할 것인지, 고객세탁만 할 것인지, 외부고객 세탁도 감안하여 하나의 매출공간(revenue center)으로 활용할 것인지도 고려해야 한다.

세탁실을 설계하고자 할 때는 첫째, 호텔세탁과 고객세탁이 필요한 범위를 결정, 둘째, 설치될 장비에 필요한 공간과 도입될 시스템의 구성에 대해 검토, 셋째, 인건비를 최소화할 수 있는 동선의 구성, 넷째, 최적의 장비 선택, 다섯째, 도면의 작성 등을 고려해야 한다. 장비로는 물세탁기, 기름세탁기, 비누믹서기, 시트다리미, 셔츠다리미, 양복 상의 다리미, 바지 다리미, 시트홀더(sheet holder), 시트 홀딩 테이블(sheet holding table), 타월 홀딩 테이블(towel holding table), 이동 카트(mobile cart or hampers) 등을 고려해야 한다.

(2) 세탁장비

호텔은 영업의 규모에 따라 매일 생산해야 하는 세탁작업량이 있으므로 세탁장비도 이런 영업의 규모에 따라 설비해야 한다. 일반적으로 객실점유율 80% 정도의 생산 가능한 설비를 갖추고, 계속해서 객실점유율이 높거나 식음료, 부대시설의 영업이 호조를 띤다면 2개조로 편성하여 생산을 늘려 나간다. 세탁장비로는 물세탁, 기름세탁, 건조, 다림질, 시트용 롤러 등을 호텔의 규모에 맞게 설치한다.

(3) 세탁 세제류

호텔마다 사용하는 세제가 조금씩 다를 수 있지만, 이는 거래하는 생산자의 상표의 차이로 보면 대부분 비슷한 것을 알 수 있을 것이다. 세탁물의 재질과 세탁 방법에 따라 세제를 선정하게 된다.

〈표 6-4〉 호텔 세탁부서에서 사용하는 세제류

순위	품 명	단위	용 도	생산국 / 생산처	비 고
1	Build-S	Pail	의류 세탁용 주세제	한국 / 이콜랩(주)	
2	Detergent plus	Pail	의류 세탁용 주세제	〃	
3	Soft	Pail	섬유 유연제(탈취제)	〃	
4	Oxy-Brite	Pail	산소계 표백제	〃	
5	StainBlaster A,B,C	Box	찌든 때 전처리	〃	
6	Clean Hof Super	Pkg	일반세탁용	한국 / 존슨	
7	Clean Hof Strong 1000	Pkg	염소계 표백제	한국 / 존슨	
8	Clean Hof White	Pkg	산소계 표백제	한국 / 존슨	
9	Bounce	Box	정전기 방지	미국	
10	Polysol / SL	Pail	찌든 때 전처리	미국	
11	Perchloethylene	Drm	드라이클리닝 기름	미국 / 일본	
12	과망간산가리	Kg	곰팡이 제거	한국	
13	V-1(Spot detergent)	Pail	페인트, 잉크, 왁스 등	미국	
14	V-2	〃	음식물, 우유 등	미국	
15	V-3	〃	와인, 콜라, 주스 등	미국	
16	Rustgo	〃	녹물 제거용	미국	

3) 세탁실과 관련 부서의 협력체계

세탁실은 객실관리부서장의 지원을 받아 업무를 추진하며, 최고경영층의 관심 아래 중·장기계획을 세워 승인을 받아서 업무를 추진한다. 또한 기계의 원활한 운전을 위해 시설관리부서의 지원을 받으며, 각종 재료의 구입을 위해 구매부서의 도움을 받는다. 고객의 세탁물을 수령하고 배달(pick-up and delivery)하기 위해 객실영업부서와 당직지배인의 도움을 받기도 한다. 따라서 세탁부서는 독자적인 운영을 하면서도 여러 부서의 도움을 받아 운영하므로 쌍방향 커뮤니케이션을 원활히 하여 생동감 넘치는 직장이 되도록 구성원 모두가 노력해야 한다.

4) 세탁물의 변상과 변제

세탁물의 분실 또는 파손, 기타 발생되는 사고에 대하여는 고객의 편의를 최우선으로 하여 고객이 원하는 바에 따라 적절한 선에서 우선 변제 또는 변상한다. 비용조달은 우선 회계담당(general cashier)으로부터 차용하는 형식으로 하고 변상 및 변제 처리한 내용과 영수증 또는 고객이 변상 또는 변제받았다는 고객의 서명 날인이 된 확인서 등을 첨부하여 경영진에 보고하여 처리비용을 지급받는다. 신속한 업무처리의 효율을 기하기 위하여 보고체계와 양식은 간편한 것이 바람직하며 사고처리 보고 및 비용결제도 객실관리부장 결재로 끝나는 것이 바람직하나, 금액의 정도에 따라 총지배인 또는 사장의 결재를 득해야 할 때도 있다. 세탁물 변상에 이용되는 기준연수는 모, 혼방, 추동복 상하는 4년, 폴리에스테르 및 기타는 3년을 기준으로 양복상의는 한 벌 가격의 65%, 양복하의는 한 벌 가격의 35%를 변상한다.

〈표 6-5〉 한국소비자보호원 총연맹 보상기준

구입기간	배상률(%)	구입기간	배상률(%)
0~1.5개월 미만	85%	1.5~3개월	70%
3~4.5개월	60%	4.5~6개월	50%
6~7.5개월	45%	7.5~9개월	40%
9~10.5개월	35%	10.5~12개월	30%
12개월 이상	20%		

식음료영업

제1절 호텔식음료영업의 의의

1. 식음료부서의 중요성

인간생활의 3대 요소인 의·식·주는 소득 및 의식수준의 향상과 함께 단순한 생존을 위한 요소라는 개념에서 새로운 가치를 부여한 의·식·주 문화의 창조단계로 발전하고 있다. 특히 식문화의 창조에 일익을 담당하고 있는 호텔의 식음료부문은 객실과 더불어 호텔의 주종 상품을 이루면서 가장 탄력성이 강한 상품으로 호텔 수익증대에 큰 기여를 하고 있다. 따라서 호텔기업은 이윤의 극대화를 유지하고 새로운 식문화 창조라는 사회적 요구에 부응하기 위해 식음료부문의 효율적인 운영에 끊임없는 노력을 기울이고 있다.

특히 다양한 고객의 욕구를 충족시켜 줌으로써 수익증대의 목적을 달성할 수 있는 식음료 접객원에 의한 인적판매는 정보를 제공하고 고객을 설득하여 수요를 확산시키고 구매행동으로 유도하는 중요한 역할을 수행한다. 따라서 식음료부의 모든 구성원들은 고객의 물질적 기대와 심리적 기대를 동시에 충족시킬 수 있는 소비자 지향적인 차원 높은 서비스 기법을 갖추고 고객의 욕구변화에 대처하기 위한 정확한 시장조사와 함께 목표시장을 선정하여 서비스품목의 개발과 판매촉진을 위한 효율적인 마케팅 활동을 수행해야 한다.

▌그림 7-1 Grand Hyatt Hotel Paris Grill 전경

▌그림 7-2 호텔의 buffet 식당과 일식당

▌그림 7-3 호텔의 한식당(제주 신라호텔)

2. 식음영업부서의 조직

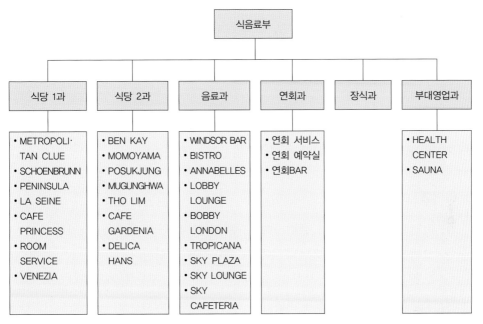

▌그림 7-4 ㄴ호텔의 식음료부서 조직도

1) 식음료부장

식음료부의 최고 책임자로서 영업에 관한 정책수립 및 계획, 영업장 관리, 전 종사원의 인사관리 등 식음료부의 전반적인 운영상태에 대한 책임을 진다.

2) 식당과장

각 식당의 운영상태 및 문제점을 파악하고 운영에 관한 책임을 지며, 종사원의 인사관리, 서비스 강화교육을 담당한다.

3) 영업장 지배인(outlet manager)

식당의 책임자로서 영업장의 운영 및 고객관리, 인사관리, 교육훈련과 부서장 간의 직·간접적인 중계역할을 한다.

① 업장관리: 매출관리, 재고관리, 업장 환경정돈, 원가관리, 특별행사 기획
② 고객관리: 고객대장관리, 고객불평 처리 및 예방, 예약관리
③ 인력관리: 근태관리, OJT(on the job training), 인사고과, 교육훈련
④ 재산관리: 집기 및 비품관리
⑤ 문서관리: 문서의 기록 및 보관

4) 영업장 부지배인(outlet assistant manager)

지배인을 보좌하며, 지배인 부재 시 업무를 대행한다.

5) 캡틴(captain)

① 접객책임자로서 영업 준비상태와 종사원의 복장 및 용모를 점검한다.
② 고객을 영접하고 식음료의 주문과 서비스를 담당한다.
③ 호텔 내의 전반적인 사항을 숙지하여 고객에게 정보를 제공한다.
④ 주문전표와 계산서를 관리한다.

6) Waiter A, Waitress A

① 캡틴을 보좌하며, 주문된 식음료를 직접 고객에게 제공한다.
② 책임구역의 영업준비와 청소를 담당한다.

7) Waiter B, Waitress B

① Captain과 Waiter A, Waitress A를 보좌하며 서비스를 보조한다.
② 테이블 세팅과 청소를 담당한다.
③ 식당에서 필요한 은기물류, 글라스, 리넨류 등을 보급한다.
④ 음식을 운반하며 사용한 접시를 세척장으로 옮긴다.

8) Greetress

① 지배인, 부지배인의 업무를 보좌하며, 고객을 영접하고 안내한다.
② 예약업무를 담당한다.

9) Wine Steward; Sommelier

① 식전주(Aperitif)와 와인을 권유하고 제공한다.
② 와인의 진열과 재고를 점검하고 관리한다.

10) Order Taker

① 객실로부터의 전화에 식음료 주문을 받는다.
② 주문전표를 작성한다.

11) Senior Bartender

① Bar의 접객책임자로서 영업 준비상태와 종사원의 복장 및 용모를 점검한다.
② 음료의 적정재고를 파악하고 보급 및 관리를 한다.
③ 영업종료 후 재고조사를 실시하여 Inventory Sheet를 작성하여 보고한다.

12) Bartender

① Senior Bartender를 보좌하며 칵테일을 주조한다.
② 음료 및 부재료를 수령하며 바 카운터를 청소한다.
③ 모든 집기류의 정리정돈 및 청결을 유지한다.

제2절 레스토랑의 분류

1. 식당의 명칭에 따른 분류

1) 레스토랑(Restaurant)

일반적으로 식당의 의미로 쓰이고 있는 명칭이다. 레스토랑은 고급식당으로서 식탁과 의자를 마련하여 놓고 고객의 주문에 의하여 웨이터나 웨이트리스가 음식을 제공해 주는 테이블서비스가 제공되며, 고급음식과 정중한 서비스, 훌륭한 시설이 갖추어진 최상급의 식당이다.

2) 커피숍(Coffee shop)

고객이 많이 왕래하는 장소에서 커피와 음료수 또는 간단한 식사를 판매하는 식당이다.

3) 카페테리아(Cafeteria)

음식물이 진열되어 있는 카운터 테이블(counter table)에서 음식을 고른 다음, 요금을 지불하고 고객 자신이 직접 서브해서 먹는 셀프서비스 식의 식당이다.

4) 다이닝 룸(Dining room)

주로 정식(Table d'hôte)을 제공하는 호텔의 주식당으로 이용시간을 정하여 조식을 제외한 점심과 저녁식사를 제공한다. 그러나 최근에는 이 명칭은 사용되지 않고 고유의 명칭을 붙인 전문요리 레스토랑과 그릴로 형태가 바뀌었으며, 정식뿐만 아니라 일품요리(á la Carte)도 제공하고 있다.

5) 그릴(Grill)

일품요리(á la carte)를 주로 제공하며, 수익을 증진시키고 고객의 기호와 편의를 도모하기 위해 그날의 특별요리(daily special menu)를 제공하기도 한다.

6) 뷔페식당(Buffet restaurant)

준비해 놓은 요리를 일정한 요금을 지급하고 자기 양껏 뜻대로 선택해서 먹을 수 있는 셀프서비스 식당이다.

7) 런치 카운터

식탁 대신 조리과정을 볼 수 있는 카운터 테이블에 앉아서 조리사에게 직접 주문하여 식사를 제공받는 식당이다. 고객은 조리과정을 직접 볼 수 있기 때문에 기다리는 지루함을 덜 수 있고 식욕을 촉진할 수 있다.

8) 드라이브 인(Drive in)

도로변에 위치하여 자동차를 이용하는 여행객을 상대로 음식을 판매하는 식당이다. 이 식당은 넓은 주차장을 갖춰야만 한다.

9) 다이닝 카(Dining car)

기차를 이용하는 여행객들을 위하여 식당차를 여객차와 연결하여 그곳에서 음식을 판매하는 식당이다.

10) 스낵 바(Snack bar)

가벼운 식사를 제공하는 간이식당이다.

11) 백화점 식당(Department store restaurant)

백화점을 이용하는 고객들이 쇼핑 도중 간이식사를 할 수 있도록 백화점 구내에 위치한 식당이다. 이곳에서는 대개 셀프서비스 형식을 취하며, 회전이 빠른 식사가 제공된다.

12) 인더스트리얼 레스토랑(Industrial restaurant)

회사나 공장 등의 구내식당으로 비영리 목적의 식당이다. 학교, 병원, 군대의 급식식당 등이 이에 속한다.

2. 서비스 형식에 따른 분류

1) 테이블 서비스 레스토랑(Table service restaurant)

테이블 서비스 레스토랑은 전채요리, 주요리, 디저트 등의 순서로 고객이 메뉴를 보고 요청한 주문에 따라 종업원이 요리를 제공하는 방법으로, 호화로운 분위기와 높은 객단가 그리고 최상의 서비스를 제공함으로써 만족도를 높이는 레스토랑을 말한다. 또 서비스 방법에 따라 아메리칸 서비스, 프렌치 서비스, 러시안 서비스 등으로 구분된다.

2) 카운터서비스 레스토랑(Counter service restaurant)

조리부서를 고객이 직접 볼 수 있게 공개형(open kitchen)으로 디자인하고, 그 앞에 카운터를 식탁으로 하여 음식을 제공하는 레스토랑을 말한다. 이러한 카운터서비스 레스토랑의 장점은 서빙하는 종업원 없이 직접 조리사에게 주문하기 때문에 경제적이고, 조리과정을 고객이 직접 볼 수 있기 때문에 위생적이며, 주문한 요리가 완성될 때까지 지켜볼 수 있어 기다리는 지루함을 덜어줄 수 있다는 것이다.

3) 셀프서비스 레스토랑(Self-service restaurant)

이것은 고객이 자신의 기호에 맞는 음식을 직접 운반하여 식사하는 형식의 식당이다. 따라서 기호에 맞는 음식을 선택하여 자기 양껏 먹을 수 있으며, 위생적인 식사, 신속한 식사, 봉사료가 없는 것 등이 특징이다. 이와 같은 셀프서비스 레스토랑은 카페테리아 서비스, 뷔페서비스로 나눌 수 있다.

4) 급식식당(Feeding)

특정단체에 급식을 제공하는 레스토랑을 말한다. 일시에 많은 인원을 수용하여 식사를 제공할 수는 있으나, 미리 정해진 식단에 따라 음식이 제공되기 때문에 고객의 기호에 맞는 음식을 선택할 수 없다는 단점이 있다. 이러한 급식식당에는 회사급식(industrial feeding), 학교급식(school feeding), 병원급식(hospital feeding), 군대, 형무소에서의 급식 등이 있다.

5) 자동판매식당(Vending machine service restaurant)

자동판매기 식당은 일정한 공간에 자동판매기를 설치하여 자동판매기 안에 비치된 음식들을 동전을 투입하여 제공받는 레스토랑을 말한다.

6) 자동차 식당(Auto restaurant)

버스형 자동차나 트레일러(trailer)에 간단한 음식을 싣고 다니면서 판매하는 이

동식 식당이다.

3. 음식 종류에 따른 레스토랑

음식 종류에 의한 분류는 크게 서양식 레스토랑과 동양식 레스토랑으로 나눌
수 있으며 그 특징을 살펴보면 다음과 같다.

1) 서양식 레스토랑

(1) 프랑스식 레스토랑

프랑스 요리는 가장 품위 있고 세계적으로 명성 있는 요리로 다양한 조리법들
이 발달하였다. 프랑스 요리의 특징은 지중해와 대서양에 면하고 있어 기후가 온
화하고 농산물, 수산물이 모두 풍부하여 요리의 재료가 다양한 편이어서 조리 시
이러한 재료를 충분히 살리는 한편, 합리적인 고도의 기술을 구사하여 섬세한 맛
의 요리를 만들어내는 것이다.

또한 격조 높은 요리의 내용만큼 그릇의 선택이나 식탁의 조화를 찾는 테이블
문화가 큰 비중을 지닌 것도 특징이다. 프랑스 테이블 문화의 전통은 금은세공,
도자기, 섬유예술을 크게 발전시킨 요체이기도 하다. 프랑스 요리가 유명하다는
이유에는 좋은 요리의 맛도 있지만, 순서를 갖춘 격식 있는 식사 매너도 한몫을
차지한다. 저녁식사에 나오는 메뉴는 8~10코스가 되고, 시간은 보통 3~4시간이
소요된다.

(2) 이탈리아식 레스토랑

이탈리아는 비옥한 토양에서 과일, 채소, 향료 식물과 양념이 풍부하게 생산되
고, 바다에서는 질 좋은 어류들이 공급되어 자연의 풍요로움이 이탈리아의 요리
를 유명하게 만들었다.

프랑스 요리의 맛이 소스에 있다면, 이탈리아 요리의 맛은 신선한 육류와 해물
그 자체에 담겨 있다. 또 하나의 특징은 샐러드유를 쓴다는 것이다. 대표적인 것
은 면류(pasta)이며, 그 밖의 요리들은 프랑스 요리와 별로 다를 바 없다.

이탈리아에서 면류는 수프 대신에 먹는 것이 특징이며, 스파게티 나폴리탄을

가장 많이 먹는다. 지역별로 향토음식이 잘 발달되어 있으며 스파게티, 라비올리, 리조토, 치즈 등의 요리가 유명하다.

(3) 미국식 레스토랑

미국인들의 식생활에는 빵과 곡물, 육류와 달걀, 낙농식품, 과일 및 채소 등이 이용되고 식사는 간소한 메뉴와 경제적인 재료 및 영양본위의 실질적인 식생활이 특징이다. 비프스테이크, 햄버거, 바비큐 등이 대표적이다.

(4) 스페인식 레스토랑

주위가 바다로 둘러싸인 스페인은 해산물이 풍부하여 생선요리가 유명하다. 스페인 요리는 올리브유, 포도주, 마늘, 파프리카, 사프란 등의 향신료를 많이 쓰는 것이 특색이다.

2) 동양식 레스토랑

(1) 한국식 레스토랑

한국식 레스토랑은 우리나라 고유의 음식을 제공하는 레스토랑으로 외국인들이 한국의 음식을 맛볼 수 있는 좋은 기회를 제공한다. 한국음식은 주식과 부식이 분리되어 있고 음식의 간을 중시하는 특색이 있다. 이와 같은 한식의 메뉴는 밥, 죽, 면 등의 주식류와 국, 찌개, 구이, 찜, 조림, 산적, 나물, 전, 김치 등의 부식류로 구성되어 있다.

(2) 중국식 레스토랑

중국요리는 중국대륙에서 발달한 요리의 총칭으로 청요리(淸料理)라고도 불린다. 중국은 광대한 영토와 영해에서 풍부한 해산물을 통해 폭넓은 재료의 이용, 다양한 맛, 풍부한 영양, 합리적인 조리법 등으로 오늘날 세계적인 요리로 발전하게 되었다. 음식색채의 배합이 일본요리나 서양요리에 비해 화려하지는 않지만 미각을 중시한다. 이와 같이 독특한 개성을 지니고 발전해 온 각 지방의 요리는 북경요리, 난징요리, 광둥요리, 사천요리 등으로 구분할 수 있다.

(3) 일본식 레스토랑

일본요리는 지리적 특성에 따라 관서요리와 관동요리로 뚜렷하게 대별된다. 관서요리는 식재료의 색, 형태 그리고 연한 맛이 특징이며, 관동요리는 관서요리에 비해 맛이 농후하며, 국물이 적다. 일본요리는 맛과 함께 모양과 색깔, 그릇과 장식에 이르기까지 전체적인 조화에 신경을 쓰는 특징이 있다.

(4) 태국식 레스토랑

태국요리는 일반적으로 밥과 세 가지의 반찬으로 구성되며, 각각의 요리가 순서대로 나오지 않고 한 식탁에 동시에 제공된다. 태국음식은 조미료, 향신료로 독특한 맛을 내는 특징이 있다. 카레, 장류에 찍어 먹는 음식이 주요리이고, 국과 샐러드 종류가 곁들여진다.

4. 식사의 종류

1) 식사 시간에 의한 분류

(1) 조식(Breakfast)

- 미국식 조식(American breakfast): 달걀요리와 주스(Juice), 토스트(Toast), 커피, 핫케이크(Hot cake), 햄(Ham), 베이컨(Bacon), 소시지(Sausage), 감자튀김(Fried Potato), 콘플레이크(Cornflake), 우유 등을 선택해서 먹는 식사이다.
- 유럽식 조식(Continental breakfast): 달걀요리와 곡류(Cereal)가 포함되지 않고 빵과 커피, 우유 정도로 간단히 하는 식사이다. 유럽에서 성행하고 있는 식사로서 객실요금에 아침식사 요금이 포함되어 있다.

(2) 브런치(Brunch)

아침과 점심식사의 중간쯤에 먹는 식사이다. 현대의 도시생활인에 적용되는 식사 형태로서 이 명칭은 최근 미국의 식당에서 많이 이용되고 있다.

(3) 점심(Lunch; Luncheon)

아침과 저녁 사이에 먹는 식사로 보통 정오에 하는 식사이다. 대개 점심은 저녁보다 가볍게 먹는다.

(4) 애프터눈 티(Afternoon tea)

영국인의 전통적인 식사습관으로서 밀크 티(Milk tea)와 시나몬 토스트(Cinnamon toast) 또는 멜바토스트(Melba toast)를 점심과 저녁 사이에 간식으로 먹는 것을 말한다. 그러나 지금은 영국뿐만 아니라 세계 각국에서 정오에 티 타임(Tea-time)이 보편화되어 있다.

(5) 저녁(Dinner)

저녁은 질이 좋은 음식을 충분한 시간적인 여유를 가지고 즐길 수 있는 식사이다. 보통 저녁식사 메뉴는 정식(Full course)으로 짜여지고, 음료 및 주류도 함께 마신다.

(6) 만찬(Supper)

원래 격식 높은 정식 만찬이었으나 이것이 변화되어 최근에는 늦은 저녁에 먹는 간단한 밤참의 의미로 사용되고 있다.

2) 식사 내용에 의한 분류

(1) 정식(Table d'hôte: Full course)

정식은 정해진 메뉴(Set menu)가 제공되는 것으로서 전채, 수프, 생선요리, 육요리, 채소요리, 후식 등의 순서로 되어 있다. 정식메뉴 판매에는 일품요리보다 다음과 같은 점이 유리하다.

가. 가격이 저렴하다.
나. 고객의 선택이 용이하다.
다. 원가가 낮아진다.
라. 매출액이 높다.
마. 가격이 고정되어 회계가 쉽다.

바. 신속하고 능률적인 서브를 할 수 있다.

사. 조리과정이 일정하여 인력이 절감된다.

(2) 일품요리(á la carte)

조리사가 고객의 주문에 따라 독특한 기술로 만든 요리로서 품목별로 가격이 정해져 제공된다. 일품요리는 그릴이나 전문식당에서 제공되나 요즈음에는 정식 식당을 비롯한 일반식당에서도 정식과 함께 제공되고 있다. 일품요리는 고객의 기호를 잘 충족시킬 수 있으나 대체로 가격이 비싸다.

(3) 뷔페(Buffet)

찬요리와 더운요리 등으로 분류하여 진열해 놓은 음식을 고객이 일정한 가격을 지불하고 직접 자기의 기호에 맞는 음식을 운반하여 양껏 먹는 식사이다.

5. 서비스의 형태와 방법

레스토랑에서의 서비스 형태는 레스토랑의 콘셉트에 따라 다양하므로 레스토랑은 고객들의 욕구와 필요를 가장 잘 채워줄 수 있는 형태를 선택해서 사용해야 한다. 서비스의 형태는 크게 테이블 서비스, 셀프 서비스, 카운터 서비스로 나눌 수 있으며 이는 다음과 같다.

1) 테이블 서비스

테이블 서비스(Table service)는 가장 전형적인 서비스 방법으로 고객이 앉은 테이블에서 직접 주문을 받고 테이블로 주문한 음식을 가져다주는 방식이다. 테이블 서비스를 맡은 직원은 테이블에서 고객을 서비스하는 업무뿐만 아니라 테이블의 클리닝과 세팅까지의 업무를 담당하게 된다. 테이블 서비스의 방식으로는 대개 프렌치 서비스, 러시안 서비스, 아메리칸 서비스의 3가지 방식이 사용된다.

(1) 프렌치 서비스(French service)

프렌치 서비스는 비교적 서비스 시간이 길고 우아한 서비스를 제공하는 레스토랑에 적합한 서비스 방식이다. 고객이 보는 앞에서 전 조리과정이 진행되며, 고객의 식탁 앞에서 게리동(gueridon)을 이용하여 셰프 드 랑(chef de rang)이 조장이 되고 코미 드 랑(commis de rang) 등이 한 조가 되어 요리가 완성되고 제공된다.

고급 서비스를 제공할 수 있는 장점이 있는 반면 여러 명이 한 조가 되어 한 테이블을 서비스해야 하기 때문에 인건비의 부담이 크다고 할 수 있다. 특징을 살펴보면 다음과 같다.

① 게리동을 이용하기 때문에 테이블 사이의 간격 등 넓은 공간이 필요하다.
② 팀을 이루어 서비스를 제공해야 하기 때문에 인건비의 비율이 높다.
③ 서비스 시간이 비교적 많이 걸리는 편이다.
④ 고급식당에 적합한 서비스 방식이다.
⑤ 고객은 자기 양껏 먹을 수 있으며 남은 음식은 따뜻하게 보관되어 추가로 서비스할 수 있다.

(2) 러시안 서비스(Russian service)

러시안 서비스는 주로 은기류를 사용하므로 실버 서비스(Silver service) 혹은 플래터 서비스(Platter service)라고도 한다. 러시안 서비스는 생선이나 가금류를 통째로 요리하여 아름답게 장식한 후 고객에게 서브되기 전에 고객들이 잘 볼 수 있도록 사이드 테이블에 전시함으로써 식욕을 돋게 한다.

러시안 서비스 방식은 프렌치 서비스와 마찬가지로 우아하며, 프랑스식보다 더 신속하고 더 실용적인 서비스이므로 연회장에서 주로 이 서비스 방식을 사용한다.

① 전형적인 연회 서비스이다.
② 혼자서 우아하고 멋있는 서비스를 할 수 있고 프렌치 서비스에 비해 특별한 준비기물이 필요없다.
③ 요리는 고객의 왼쪽에서 오른손으로 서브한다.
④ 프렌치 서비스에 비해 시간이 절약된다.
⑤ 음식이 비교적 따뜻하게 서브된다.

⑥ 마지막 고객은 식욕을 잃기 쉬우며 나머지만으로 서브받기 때문에 선택권이 없다.

(3) 아메리칸 서비스(American service)

아메리칸 서비스는 주방에서 보기 좋게 담긴 음식을 직접 손으로 들고 나와 고객에게 서브하는 플레이트 서비스(Plate service)와 고객의 수가 많을 때 접시를 트레이(Tray)를 사용하여 보조테이블(Side-table)까지 운반한 후 고객에게 서브하는 트레이 서비스(Tray service)로 나눌 수 있다. 이 서비스는 식당에서 일반적으로 이루어지는 서비스 형식으로서 가장 신속하고 능률적이므로 고객회전이 빠른 식당에 적합한 방식이다.

① 모든 음식은 조리부서에서 접시에 담아 제공한다.
② 접시에 담아 제공되므로 신속한 서비스가 가능하다.
③ 적은 인원으로 많은 고객을 서브할 수 있으므로 효율적이다.
④ 음식이 비교적 빨리 식기 때문에 고객의 미각을 사로잡기 힘들다.
⑤ 고급식당보다 중급 정도의 식당에 가장 적합한 서비스 방식이다.

2) 셀프 서비스(Self-service)

이 서비스는 고객 스스로 음식을 운반하여 먹는 형태로서 카페테리아나 뷔페 서비스가 바로 그것이다. 경우에 따라 카빙(Carving)이 필요한 요리는 조리사가 서비스하며 수프와 음료를 웨이터가 제공해 주기도 한다. 셀프서비스의 특징은 다음과 같다.

① 기호에 맞는 음식을 다양하게 자기 양껏 먹을 수 있다.
② 식사를 기다리는 시간이 없으므로 빠른 식사를 할 수 있다.
③ 인건비가 절약된다.
④ 가격이 저렴하다.

3) 카운터 서비스(Counter service)

카운터 서비스(Counter service)는 조리부서와 붙은 카운터를 식탁으로 해서 고객이 직접 조리과정을 보며 식사할 수 있는 형태이다. 주로 바, 라운지, 스낵숍, 일식당 등에서 볼 수 있다. 이 서비스는 식사를 빠르게 제공할 수 있으며, 많은 서비스 인원이 필요하지 않아 인건비가 적게 드는 장점이 있다.

제3절 기물관리와 테이블 세팅

레스토랑에 있어서 서비스 기물들은 레스토랑의 자산이며 고객들이 사용하는 물품이므로 세심한 관리가 필요하다. 레스토랑에서 사용하는 기물들은 레스토랑의 격과 이미지를 나타내는 것으로 레스토랑의 수준에 맞는 것을 선택하여 사용할 필요가 있다. 비품은 크게 기물류, 장비류, 리넨류 등으로 나눌 수 있으며 본 절에서는 주로 기물류와 리넨류를 다루고자 한다.

1. 기물관리

1) 은기물류

은기물류(Silver ware)는 순은제와 은도금이 있다. 순은제의 경우는 고가여서 잘 사용하지 않고 있으며 일반적으로 은도금제나 스테인리스 제품 등을 많이 사용하는 편이다. 은기물류 제품으로 나이프와 포크, 서비스 플래터, 트레이 등이 있다.

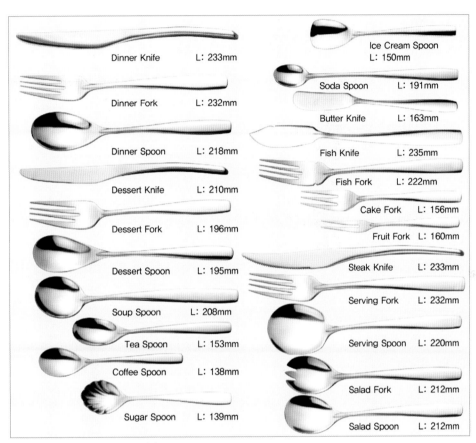

그림 7-5 silver ware의 종류(1)

(1) 포크

포크(Fork)는 용도에 따라 다음과 같이 나눌 수 있다.

① 에스카르고 포크(Escargot fork, Snail fork)

② 칵테일 포크(Cocktail fork)　　　③ 샐러드 포크(Salad fork)

④ 피시 포크(Fish fork)　　　　　　⑤ 미트 포크(Meat fork)

⑥ 디저트 포크(Dessert fork)　　　⑦ 과일 포크(Fruit fork)

⑧ 카빙 포크(Carving fork)　　　　⑨ 서빙 포크(Serving fork)

⑩ 애피타이저 포크(Appetizer fork)

(2) 나이프

나이프(Knife)는 그 용도에 따라 다음과 같이 나눌 수 있다.

① 애피타이저 나이프(Appetizer knife)

② 샐러드 나이프(Salad knife)　　③ 피시 나이프(Fish knife)

④ 미트 나이프(Meat knife) 혹은 앙트레 나이프(Entree knife)

⑤ 디저트 나이프(Dessert knife)　　⑥ 과일 나이프(Fruit knife)

⑦ 카빙 나이프(Carving knife)　　⑧ 버터 나이프(Butter knife)

⑨ 테이블 나이프(Table knife)

(3) 스푼

스푼(Spoon)은 용도에 따라 다음과 같이 나눌 수 있다.

① 부용 스푼(Bouillon spoon)　　② 수프 스푼(Soup spoon)

③ 디저트 스푼(Dessert spoon)　　④ 티 스푼(Tea spoon)

⑤ 멜론 스푼(Melon spoon)　　⑥ 아이스크림 스푼(Ice cream spoon)

⑦ 서빙 스푼(Serving spoon)　　⑧ 소스 래들(Sauce ladle)

⑨ 슈거 래들(Sugar ladle)

이 밖에 은기물의 종류로는 수프 튜린(Soup tureen), 냅킨 홀더(Napkin holder), 소스 보트(Sauce boat), 워터 피처(Water pitcher), 와인 쿨러(Wine cooler), 커피 포트(Coffee pot), 아이스 패일(Ice pail) 등이 있다.

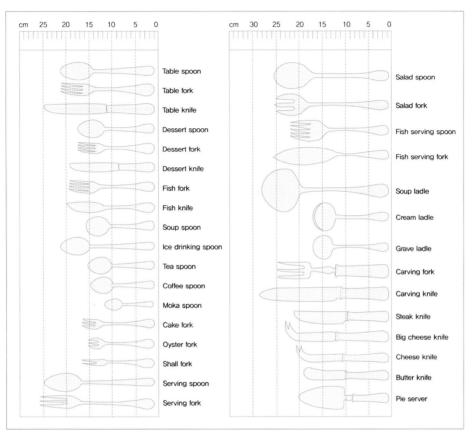

그림 7-6 silver ware의 종류(2)

2) 도자기류

도자기류(China ware)는 레스토랑에서 음식을 담아서 제공하는 용도로 사용되기 때문에 음식과의 조화에 많은 신경을 써야 한다. 이는 대부분의 레스토랑에서 파손되는 경우가 많으므로 주의 깊게 다루어야 한다. 기물파손은 결국 식당의 수익과 연관되므로 운반 시나 취급 시 주의를 요한다.

(1) 플레이트

플레이트(Plate)는 크기나 사용 용도에 따라 종류는 다음과 같다.

① 서비스 플레이트(Service plate)
② 비앤비 플레이트(Bread & Butter plate)
③ 애피타이저 플레이트(Appertizer plate)
④ 샐러드 플레이트(Salad plate)
⑤ 앙트레 플레이트(Entree plate)
⑥ 디저트 플레이트(Dessert plate)
⑦ 쇼 플레이트(Show plate)

(2) 볼

접시 형식과 컵의 형식으로 가미된 것을 볼(bowl)이라고 한다.

① 샐러드 볼(Salad bowl)
② 수프 볼(Soup bowl)
③ 시리얼 볼(Cereal bowl)
④ 슈거 볼(Sugar bowl)

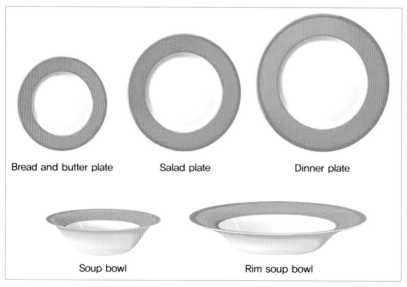

Bread and butter plate   Salad plate   Dinner plate

Soup bowl   Rim soup bowl

▌그림 7-7 china ware의 종류(1)

(3) 컵과 밑받침

컵을 제공할 때에는 반드시 밑받침(saucer)을 받쳐서 제공해야 한다. 그 종류로는 커피컵과 밑받침, 수프와 밑받침, 크림피처와 밑받침, 버터와 밑받침 등이 있다.

▌그림 7-8 china ware의 종류(2)

3) 글라스류

레스토랑에서 사용하는 글라스(Glass)는 디자인과 모양, 용량에 따라 다르게 구분된다. 유리컵은 크게 두 가지의 종류로 구분되며, 원형으로 된 원통 글라스(Cylindrical glass)와 목이 있는 목 긴 글라스(Stemmed glass)가 있다.

유리컵 역시 깨지기 쉬우므로 주의 깊게 다루어야 한다. 글라스의 종류를 살펴보면 다음과 같다.

(1) 글라스의 종류

① 워터 글라스(Water glass)

일반적으로 폭이 넓고 깊으며, 위가 밑보다 약간 넓다. 물은 글라스의 80% 정도 채운다. 용량은 10온스 정도가 일반적이다.

② 샴페인 글라스(Champagne glass)

원래 소서(saucer)형이었으나, 거품이 흘러내리지 않도록 튤립형(tulip-shaped)을 많이 사용한다. 용량은 5온스가 일반적이다.

③ 와인 글라스(Wine glass)

폭보다 길이가 길고 위와 아래의 넓이가 비슷하다. 일반적으로 적포도주 잔(red wine glass)이 백포도주 잔(white wine glass)보다 크다.

④ 칵테일 글라스(Cocktail glass)

대개 삼각형(V-shaped)으로 되어 있으나, 크기나 모양은 여러 가지로 변하고 있다. 일반적인 용량은 3~4온스이다.

⑤ 위스키 사워 글라스(Whisky sour glass)

목(stem)이 길고, 위는 좁고 깊다. 일반적인 용량은 3~5온스이다.

⑥ 셰리 글라스(Sherry glass)

위가 넓고 밑으로 갈수록 폭이 좁아지면서 깊다. 일반적인 용량은 2~3온스 정도이다.

⑦ **브랜디 스니프터(Brandy snifter)**

브랜디 글라스 혹은 브랜디 인헤일러(brandy inhaler)라고도 부르며, 튤립이나 전구와 같은 모양을 하고 있다. 1~2온스 정도 채우며, 용량은 6~8온스 정도이다.

⑧ **리큐르 글라스(Liqueur glass)**

여성용의 혼성주를 마실 때 사용하며, 목(stem)이 짧고, 작은 튤립형이다. 용량은 3온스나 일자로 쭉 빠진 1온스 들이가 있다.

⑨ **톰 콜린스 글라스(Tom Collins glass)**

실린드리컬 글라스형으로 워터글라스와 비슷하며, 용량은 12온스이다.

⑩ **올드 패션드 글라스(Old fashioned glass)**

높이가 낮고 목줄기가 없으며, 둘레가 약간 긴, 두꺼운 글라스로 되어 있다. 용량은 4~6온스 정도이다.

⑪ **하이볼 글라스(High ball glass)**

톰 콜린스 글라스보다 작으나 모양은 같으며, 용량은 5~10온스 정도이다.

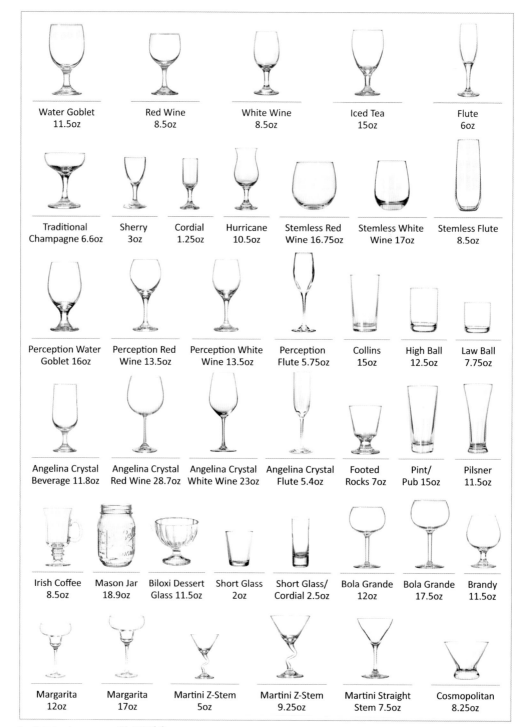

Water Goblet 11.5oz	Red Wine 8.5oz	White Wine 8.5oz	Iced Tea 15oz	Flute 6oz
Traditional Champagne 6.6oz	Sherry 3oz	Cordial 1.25oz	Hurricane 10.5oz	Stemless Red Wine 16.75oz
Stemless White Wine 17oz	Stemless Flute 8.5oz			

Perception Water Goblet 16oz / Perception Red Wine 13.5oz / Perception White Wine 13.5oz / Perception Flute 5.75oz / Collins 15oz / High Ball 12.5oz / Law Ball 7.75oz

Angelina Crystal Beverage 11.8oz / Angelina Crystal Red Wine 28.7oz / Angelina Crystal White Wine 23oz / Angelina Crystal Flute 5.4oz / Footed Rocks 7oz / Pint/ Pub 15oz / Pilsner 11.5oz

Irish Coffee 8.5oz / Mason Jar 18.9oz / Biloxi Dessert Glass 11.5oz / Short Glass 2oz / Short Glass/ Cordial 2.5oz / Bola Grande 12oz / Bola Grande 17.5oz / Brandy 11.5oz

Margarita 12oz / Margarita 17oz / Martini Z-Stem 5oz / Martini Z-Stem 9.25oz / Martini Straight Stem 7.5oz / Cosmopolitan 8.25oz

▌그림 7.0 glass ware의 종류(1)

Cocktail Glass (Martini)　Cocktail Glass (Cosmopolitan)　Hurricane Glass　Margarita Glass (Saucer)　Margarita Glass (Welled)　Poco Grande

Zombie Glass　Sherry Glass　brandy snifter　Old Fashioned Glass　Rocks Glass (Standard)　Rocks Glass (Double)

Rocks Glass (Footed)　Highball Glass (Tumbler)　Highball Glass (Footed)　Goblet Glass (Schooner/Chalice)　Wine Glass (Red)　Wine Glass (Grande)

Wine Glass (White)　Flute Glass　Pint Glass (Mixing)　Pint Glass (Pub)　Pilsner Glass (Standard)　Pilsner Glass (Footed)

Pilsner Glass (Welzen)　Seidel　Shot Glass (Standard)　Shot Glass (Marked)　Shooters Glass (Single)　Shooters Glass (Double)

Cordial Glass　Cordial Glass (Footed)　Irish Coffee Glass (Footed)　Irish Coffee Glass (Mug)　Beverage Glass (Tumbler)　Cooler Glass (Faceted)

Goblet Glass (Tumbler)　Goblet Glass (Banquet)　Goblet Glass (Teardrop)　Pitcher(Beer)

Iced Tea Glass (Tumbler)　Iced Tea Glass (Double Bulge)　Iced Tea Glass (Footed)

▌그림 7-10 glass ware의 종류(2)

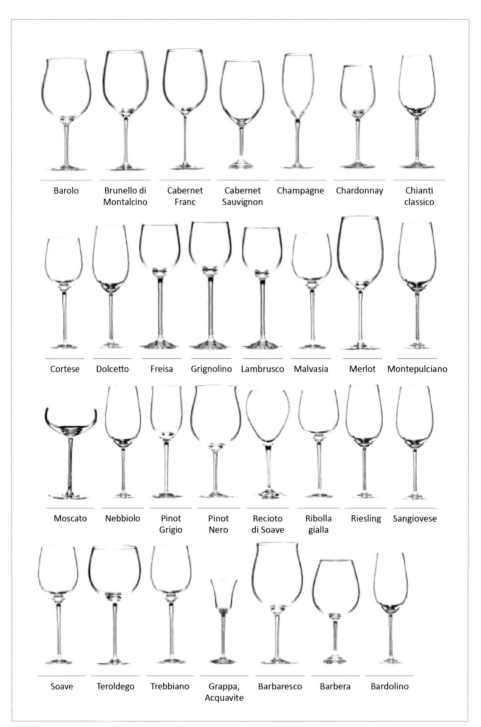

그림 7-11 glass ware의 종류(3)

4) 리넨의 종류

① 테이블 클로스(Table cloth)

레스토랑에서는 주로 청결함을 나타내기 위해 흰색 테이블 클로스를 많이 사용한다. 테이블 클로스 윗부분에 톱 클로스(top cloth)를 깔아서 고급스러움을 추구하기도 하고, 유리를 올려 편의를 추구하는 경우도 있다. 유리를 깔 경우 고급스러움이 없기 때문에 고급 레스토랑에서는 바람직한 방법이 아니다.

② 언더 클로스(Under cloth)

테이블에 식기나 기물을 놓을 때 소음을 줄이고자 테이블 밑에 깔아서 촉감을 부드럽게 하는 것으로 면 종류의 천으로 만들어지며 테이블에 움직이지 않도록 고정시켜 사용한다. 사일런스 클로스(Silence cloth)라고도 한다.

③ 냅킨(Napkin)

냅킨은 고객이 식사 도중에 입을 닦거나 음식물을 흘려 옷이 더러워지지 않도록 하기 위해서 사용하는 것으로 일반적으로 50×50cm 크기가 이상적이다. 고급스럽고 화려하게 보이기 위해 접는 방법도 다양하다.

④ 서비스 타월(Service towel)

서비스 종업원이 사용하는 타월로 암 타월(arm towel) 혹은 핸드 타월(hand towel)이라고도 한다. 서비스 종업원은 이를 항상 몸에 지니고 있어야 한다.

⑤ 워셔 타월(Washer towel)

기물이나 집기류를 닦을 때 사용하는 타월로 냅킨과 구분되게 별도의 컬러나 디자인으로 하는 것이 좋다.

2. 테이블 세팅

테이블 세팅(Table Setting)은 고객이 식탁에서 주문한 음식을 편하게 먹을 수 있도록 분위기를 연출하여 테이블을 꾸미는 것으로 식사제공에 필요한 기물들을 갖추어서 효율적인 테이블 서비스가 이루어지도록 해야 한다.

테이블 세팅은 식당의 종류와 식사에 따라서 다양한 형태가 있으나, 기본적으로 테이블 세팅 시 아래의 사항을 기준으로 한다.

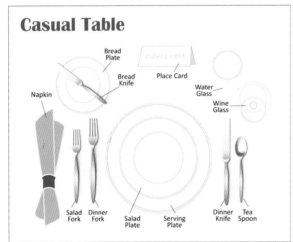

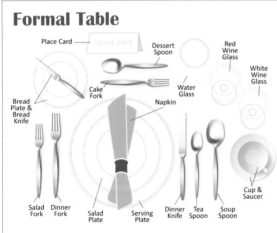

① 테이블과 의자가 흔들림이 없고, 깨끗한지를 확인한다.

② 테이블 매트를 깐다.

③ 센터피스를 세팅한다.

④ 테이블 세팅에 사용할 기물류들이 깨끗한지 확인한다.

⑤ 은기물류를 세팅할 때는 지문 등이 묻지 않도록 손잡이나 바깥쪽을 잡는다.

⑥ 포크와 나이프는 냅킨을 기준으로 양옆에 1cm 정도 간격으로 놓는다.

⑦ 브레드 플레이트는 포크 바깥쪽에 1cm 정도 띄워 놓고, 그 위에 버터 나이프를 우측으로 3분의 1 지점에 놓는다.

⑧ 물잔은 meat knife 위 1cm 정도 위에 놓는다.

⑨ 와인잔은 물잔의 좌상 방향으로 1cm 정도 띄워 놓는다.

⑩ 기물류의 배열은 전체적인 균형을 이룰 수 있도록 한다.

▌그림 7-12 table setting의 종류(1)

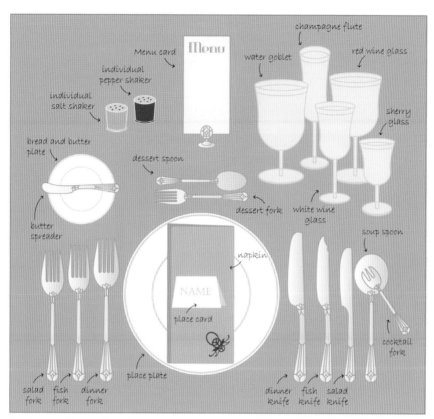

그림 7-13 table setting의 종류(2)

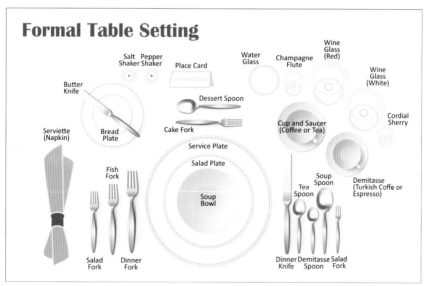

그림 7-14 table setting의 종류(3)

█그림 7-15 table setting의 종류(4)

제4절 식음료 고객서비스

1. 예약 서비스

　예약은 고객과 레스토랑 간의 약속이며 고객의 인적 사항, 예약날짜, 시간, 인원, 메뉴, 기타 필요사항들을 고객과 약속하여 제공하고 제공받는 것을 말한다. 따라서 예약담당자는 예약에 관한 고객의 모든 요구사항을 파악하여 예약을 받아야 하며, 최소 1일 전에 고객과 다시 통화 후 예약에 대한 확인절차를 거쳐야 한다. 예약의 경우 예약장부를 별도로 관리할 필요가 있으며, 예약사항에 관해서는 조리부서와 홀, 담당 매니저와 사전 업무 커뮤니케이션을 해야 한다. 식음료부서는 각 영업장별로 예약을 접수하며 다음과 같은 방법이 이용된다.

① 직접 예약(방문 예약)

② 전화 예약

③ Telex, Telgram, Fax, 편지 예약

④ Internet 예약

⑤ 대리 예약

2. 고객영접 및 안내

고객의 영접과 안내는 주로 영업장지배인과 고객영접원(greetress)이 담당한다. 담당자는 식당입구에서 단정한 자세로 대기하고, 고객이 입장할 때 미소 띤 얼굴과 예의바른 자세로 고객을 맞이하여 고객을 테이블까지 안내하도록 한다. 테이블까지 안내할 때는 손으로 방향을 가리키며 고객의 우측에서 2~3걸음 정도 앞장서면서 고객과 보조를 맞추어 이동한다.

1) 고객영접

① 미소 띤 얼굴로 정중한 인사와 아울러 레스토랑의 격과 시간대에 맞는 인사말로 고객을 맞이한다.

② 예약자 성함, 예약 시간, 특별 준비사항 등을 확인하도록 한다.

③ 예약을 하지 않았을 경우 고객이 원하는 테이블에 가능한 한 착석할 수 있도록 한다.

④ 테이블이 없을 경우 웨이팅리스트에 고객의 인적 사항을 기재한 후 기입순서에 따라 테이블을 배정한다.

⑤ 고객의 특별한 요구가 없을 경우 가능한 한 고객의 특성에 맞게 테이블을 배정한다.

■ 어린이 동반가족은 다른 고객에게 방해가 되지 않도록 가능한 한 레스토랑의 구석진 테이블에 안내하도록 한다.

■ 젊은 남녀 고객은 타인의 방해를 받지 않는 조용한 쪽으로 안내한다.

■ 노인이나 신체가 부자유스러운 고객은 입구 가까운 쪽으로 안내한다.

- 혼자 오신 고객은 벽 쪽 조용한 곳으로 안내한다.
- 정복차림의 군인이나 경찰은 다른 고객의 눈에 잘 띄지 않는 곳으로 안내한다.
- 화려하게 차려입은 고객들은 가능한 한 레스토랑의 가운데 쪽으로 안내한다.
- 서로 모르는 고객끼리의 합석은 하지 않도록 한다.
- 술에 취한 사람이나 정신이상자 등은 지배인에게 연락해서 조치를 취하도록 한다.

⑥ 안내 시 고객에게 레스토랑의 정보(행사 내용, 이용 시 유의사항, 편의시설 안내)를 상세하게 제공한다.

2) 착석

① 고객이 자리에 앉기 편하게 의자를 빼주며, 앉을 때 두 손과 무릎을 사용하여 의자를 살며시 밀어준다.
② 착석순서는 노약자, 어린이, 지체부자유자 또는 여성 순으로 앉도록 도와야 하며, host가 마지막으로 착석하도록 한다.
③ 착석이 끝나면 테이블 웨이터에게 인계하고 "식사 맛있게 하세요", "즐거운 시간 되십시오"라는 인사말을 건넨 뒤 위치로 돌아가도록 한다.

3) 물품의 보관

① 보관요청이 없을 경우, 고객의 빈 좌석에 올려놓도록 한다.
② 보관을 원하면 보관표(번호표, 열쇠 등)를 본인에게 주고 보관품을 보관장소에 보관하도록 한다.
③ 체크아웃 시 보관표를 확인한 후 다른 고객의 물품과 바뀌지 않도록 돌려준다.
④ 고객의 외투, 우산, 가방 등을 놓는 일은 도와주어도 되나, 고객의 허락 없이 핸드백을 만지지 않도록 주의한다.

3. 메뉴의 주문

1) 메뉴를 주문받는 방법

아래의 사항은 정식코스(full course)를 주문하는 방법이며, 레스토랑의 상황, 메뉴의 종류에 따라 약간 상이할 수 있다.

① 고객이 착석하고 나면 담당 웨이터는 고객에게 인사하고 메뉴판을 준 후 고객에게 메뉴를 선정할 시간적 여유를 주도록 한다.

② 항상 메뉴 주문서와 볼펜 등을 지참하여 주문 내용을 즉시 받아 적을 수 있도록 한다.

③ 주문기록은 약어(abbreviation)를 이용하여 간결하게 작성하도록 한다.

④ 메뉴 설명 시 손가락으로 가리켜서는 안 되며, 손바닥이 위로 오게 해서 메뉴를 가리키도록 한다.

⑤ 성급하게 주문을 받지 않도록 하며 고객에게 시간적 여유를 배려하고, 궁금한 사항을 물어볼 시간을 주고 질문에 대한 대답을 정확히 해주어야 한다.

⑥ 주빈 또는 주최자의 왼쪽부터 시계방향으로 여자, 남자, hostess, host 순으로 돌면서 주문받는 것이 원칙이다.

⑦ 조리부서와 항상 긴밀한 협조하에 품절품목 등을 확인하여 고객의 불편사항이 없도록 해야 한다.

⑧ 고객의 특별 주문 요청이 있을 경우 조리부서와 신속히 연락하여 가능 여부를 확인한 후 주문받도록 한다.

⑨ 시간이 많이 소요되는 메뉴는 소요시간을 반드시 알려주도록 한다.

⑩ 육류를 주문할 경우 굽기 정도, 달걀요리는 익힘의 정도, 샐러드는 드레싱의 종류 등 고객의 기호에 맞게 선택할 수 있도록 물어본 후 기재하도록 한다.

⑪ 요리 주문이 끝나면 음료나 wine list를 주도록 한다.

⑫ 음료나 wine의 경우 주문한 요리와 잘 어울릴 만한 것을 권유한다.

⑬ 주요리의 식사가 끝난 경우 후식과 디저트 음료의 주문을 받는다.

⑭ 주문이 끝나면 감사의 표시로 정중하게 인사를 한다.

2) 메뉴를 추천하는 방법

① 메뉴를 추천하기 전에 가능한 한 빨리 고객의 유형을 파악하여 고객 구매의
욕을 최대한 유발시킬 수 있도록 한다.

② 단골고객인 경우 고객의 기호를 기억해 두었다가 그에 맞는 품목의 메뉴를
추천하도록 한다.

③ 고객의 주문에 따라 당일 레스토랑의 영업성과에 영향을 주므로 행사 메뉴,
추천 메뉴 등을 집중적으로 판매할 수 있도록 한다(Up-selling, Cross-selling).

④ 고객에게 고가의 메뉴를 강매하는 인상을 주는 것은 바람직하지 않으므로
항상 고객의 입장과 레스토랑의 매출입장을 생각하여 합리적인 주문을 할
수 있도록 추천해야 한다.

⑤ 행사 메뉴, 오늘의 특별요리(Daily special menu), 신 메뉴, 수익성이 높은 메
뉴, 재고가 많은 메뉴 등을 상황에 따라 추천하여 판매하도록 한다.

⑥ 음료주문과 추가주문은 매출 증대와 이윤 증대에 많은 비중을 차지하므로
적극적으로 추천하여 판매하도록 한다.

4. 메뉴에 의한 서비스

1) 수프 서브

① 수프는 고객의 우측에서 제공하도록 한다.
② 래들을 사용할 때는 고객의 좌측에서 담도록 한다.
③ 수프가 테이블에 흐르지 않도록 한다.
④ 수프볼은 항상 뜨겁게 준비되어야 한다.

2) 샐러드 서브

① 샐러드는 고객의 우측에서 제공하도록 한다.
② 드레싱은 고객의 좌측에서 제공하며 어떤 드레싱을 선택할 것인지 물어본
후 샐러드 위에 얹도록 한다.

③ 드레싱이 테이블에 흐르지 않도록 한다.

3) 주요리의 서브

① 뜨거운 요리는 뜨거운 식기에, 차가운 요리는 차가운 식기에 제공해야 한다.
② 주요리는 고객의 우측에서 제공하도록 한다.
③ 소스는 고객의 왼편에서 제공하도록 한다.
④ 접시가 뜨거울 경우 고객에게 뜨겁다는 정보를 제공하도록 한다.
⑤ 주요리를 조금 드셨을 경우 고객의 만족도를 체크하도록 한다.
⑥ 소스나 다른 요구사항이 있을 경우 신속한 서비스를 제공하도록 한다.

4) 디저트의 서브

① 디저트 나이프와 스푼은 고객의 오른쪽, 포크는 왼쪽에 세팅하고, 포크만 세팅할 때는 고객의 오른쪽에 놓는다.
② 케이크나 파이 등을 제공할 때는 뾰족한 부분이 고객 앞으로 향하도록 한다.
③ 아이스크림은 녹지 않은 상태에서 제공하도록 한다.
④ 과일류는 신선한지를 체크한 후 제공하도록 한다.

5) 브레드와 버터의 서브

① 빵은 고객이 착석하면 빵 바구니에 담아서 테이블에 제공한다.
② 버터볼은 BB plate 위측 2cm 정도 위에 고객이 쉽게 먹을 수 있도록 놓는다.
③ 브레드 카트(bread cart)나 트레이에 담아서 제공할 때에는 고객의 좌측에서 보여주고, 원하는 빵을 BB plate 위에 올려놓는다.
④ 빵을 집을 때는 손을 사용하면 안 되며, 반드시 빵 집게나 서빙 스푼, 포크를 사용한다.

6) 음료 서브

① 음료를 제공할 경우 반드시 트레이를 사용해야 한다.
② 병뚜껑이 있는 음료는 미리 따서 테이블로 가져와 제공하도록 한다.

③ 모든 음료의 경우 고객의 오른쪽에서 오른손으로 제공한다.

④ 테이블에 글라스를 놓을 경우 소리가 나지 않도록 한다.

⑤ 음료를 제공할 경우 다른 고객의 얼굴을 막으면서 제공하면 안 된다.

⑥ 와인 시음을 제외한 모든 음료의 서비스는 여성을 우선으로 한다.

⑦ 글라스를 잡을 경우 1/3 하단 쪽을 손끝으로 가볍게 쥐도록 한다.

⑧ 맥주를 제공할 경우 잔에 닿지 않도록 1~2cm 정도 띄워서 따르고, 따른 후에 남았을 경우 잔 위쪽에 두도록 하며, 맥주의 거품이 3cm 정도 나도록 제공해야 한다.

7) 와인 서브

① 와인을 주문한 고객에게 라벨을 보여주고, 주문한 와인이 맞는지를 확인한다.

② 고객의 와인 확인 후 코르크를 싼 호일의 윗부분을 제거하고 코르크를 뺀 뒤 깨끗한 냅킨으로 병 입구를 닦아준 다음 와인을 제공한다.

③ 와인 코르크는 코르크 홀더의 안쪽이 위로 향하게 꽂은 다음 손님이 후각으로 테스트할 수 있도록 테이블에 올려놓는다.

④ 찌꺼기가 많은 좋은 와인은 병을 세워 찌꺼기가 병바닥에 완전히 가라앉게 되면 흔들리지 않게 조심해서 코르크를 제거한 후 디캔터(decanter)에 옮겨 붓는다.

⑤ 와인을 주문한 고객이 먼저 1온스 정도의 양을 시음한 후 그 결과가 만족스럽다면 다른 고객에게 와인을 제공한다.

⑥ 와인잔에 1/2 정도(화이트와인), 2/3 정도(레드와인)를 채우고 와인 서브가 끝날 때까지 같은 양을 유지하도록 한다.

⑦ 테이블 클로스에 와인 방울이 떨어지지 않도록 조심해서 서브한다.

⑧ 레드와인의 경우 고객에게 물어보고 미리 오픈해 두는 것이 좋다.

⑨ 제공하고 남은 와인은 화이트와인의 경우 와인 쿨러(wine cooler)에, 레드와인의 경우 basket에 두도록 한다.

⑩ 와인을 따를 때 잔에 와인 병이 닿지 않도록 조심해서 서브하고 잔을 잡을 때는 하단을 잡도록 한다.

8) 커피의 서브

① 커피나 차는 개인별 글라스에 제공하도록 하며, 컵은 항상 뜨겁게 준비되어야 한다.

② 슈거, 크림 등은 양이 충분한지 확인하고 손잡이는 고객 쪽으로 향하도록 한다.

③ 커피와 차의 컵은 손잡이가 오른쪽을 향하도록 하고, 티스푼은 컵의 앞부분에 손잡이와 평행하도록 놓는다.

④ 커피를 거의 마셨을 경우 다시 제공해야 하는지의 여부를 여쭤본다.

⑤ 커피의 온도는 크림과 설탕을 넣었을 때 $60℃$ 정도가 적당하다.

⑥ 차는 아주 뜨거운 상태에서 제공되도록 한다.

⑦ 밀크 또는 레몬을 넣을 것인지 문의해 보고 티와 함께 제공한다.

9) 핑거볼의 서브

① 물을 담을 때는 뜨겁거나 차갑지 않도록 미지근한 물을 제공한다. 레몬을 띄우기도 하고, 꽃잎을 띄워주기도 한다.

② 손을 사용해야 하는 뼈나 껍질이 있는 요리, 과일 등은 핑거볼을 먼저 제공한 후에 서브한다.

5. 기타 서비스

1) 알코올 및 와인 보관 서비스

① 고객이 마시다 남은 술을 보관하기 원하면 술 보관 캐비닛에 보관한다.

② 맡긴 술은 술의 양과 성함을 기록카드에 작성하여 보관하도록 한다.

③ 맡긴 술의 기록카드에 고객의 사인을 받도록 한다.

④ 전용 술 보관 꼬리표(tag)를 병에 걸어 보관하도록 한다.

2) 분실물과 습득물 처리 서비스

레스토랑에서 발생한 분실물 및 습득물에 대해서는 고객에게 찾아줄 수 있도록 최선의 방법을 강구해야 하며, 주인이 나타나지 않을 경우 사내의 내규에 따라서 정확한 서비스를 이행해야 한다.

① 고객의 분실물 발견 시 연락처가 있을 경우 연락하고, 연락처가 없을 경우 분실물 택(Lost & Found tag)을 작성하여 객실관리부서에 보관하도록 한다.

② 습득한 물건은 객실관리부서에 즉시 보고하고, 객실관리부서는 보관장부에 습득한 당사자, 물건명, 시간, 장소 등을 정확히 기입해야 한다.

③ 고가품, 부패 가능성이 있는 물품 등은 당직 지배인에게 보고하여 처리하도록 한다.

④ 습득물의 보관기간은 사내 내규를 마련하여 규정에 따르도록 한다.

⑤ 고객이 물건을 찾아갈 경우 고객의 사인을 받아서 보관하도록 한다.

⑥ 우편 이송을 원할 경우 우송청구서가 있기 전에 우송하면 안 되며, 우송할 경우 반드시 등기우편으로 보내는 것을 원칙으로 한다.

6. 환송 서비스

① 담당 웨이터는 고객이 일어나면 즉시 의자를 빼드리고 테이블에 고객의 물건이 남아 있는지의 여부를 확인한다.

② 나갈 때에는 고객에게 '레스토랑을 이용해 주셔서 감사하다'는 인사를 하도록 한다.

③ 지배인이나 리셉션을 담당하는 직원은 보관품이 있을 경우 찾아준다.

④ 불편한 점이 없었는지의 여부를 꼭 확인하도록 한다.

제5절 | 메뉴 구성

1. 전채요리(Appetizer ; Hors d'oeuvre)

1) 전채요리의 정의

전채요리는 식사순서에서 제일 먼저 제공되는 요리로서 불어로는 "Hors d'oeuvre"라고 한다. "Hors"는 앞(前)이라는 뜻을 나타내고 "Oeuvre"는 작업, 즉, 식사를 의미한다. 영어로는 "Appetizer", 북유럽에서는 "Smorgasbord", 러시아에서는 "Zakuski", 이탈리아어로는 "Antipasti"라고 불린다. 이 요리는 본 요리를 더욱 맛있게 먹을 수 있도록 식욕을 돋우기 위한 목적으로 제공되는 요리이기 때문에 모양이 좋고 맛이 있어야 하며, 특히 자극적인 짠맛이나 신맛이 있어 위액의 분비를 왕성하게 해야 하고 분량이 적어야 한다.

Hors d'oeuvre의 기원은 러시아에서 연회를 하기 전에 별실에서 기다리는 고객에게 술과 함께 자쿠스키(Zakuski)라는 간단한 요리를 제공한 데서 유래되었다고 하며, 또 다른 학설은 14세기 초 이탈리아를 통하여 프랑스로 건너가 오늘날의 Hors d'oeuvre가 되었다고도 한다.

2) 전채요리의 종류

Hors d'oeuvre는 크게 Froid(Cold appetizer)와 Chaud(Hot appetizer)로 구분할 수 있다. 또한 가공하지 않고 재료 그대로 만들어 형태와 모양과 맛이 그대로 유지되는 Plain Appetizer와 조리사에 의해 가공되어 모양이나 형태가 바뀐 Dressed appetizer로도 나눌 수 있다.

3) 조리형태에 의한 분류

(1) Cocktail

칵테일의 재료로는 매우 다양한 종류를 사용할 수 있지만 일반적으로 많이 사용하는 것은 Shrimp, Lobster, Crabmeat, Shellfish와 Fruits, Vegetable Juice 등을 들 수가 있으며, 칵테일 글라스를 사용하여 겉모습이 산뜻하고 매력있게 만든 전채요리이다.

▌그림 7-16 Shrimp cocktail

(2) Canapé

빵을 여러 가지 모양으로 얇게 잘라 튀기거나 토스트하여 버터를 바른 다음 그 위에 여러 가지 재료(생선알, 안초비, 채소, 치즈, 살라미, 소시지, 굴, 카베아, 훈제연어 등)를 얹어 작게 만든 요리이다.

▌그림 7-17 Canape

(3) Barquette

밀가루 반죽으로 작은 배 모양을 만들어 그 안에 생선알이나 고기를 갈아 채워서 만든 것이다.

▌그림 7-18 Barquette

(4) Boucheé

밀가루 반죽을 얇게 하여 치즈나 달걀을 넣어 주사위나 만두같이 만든 요리이다.

▌그림 7-19 Boucheé

(5) Beignet

밀가루를 발라 기름에 튀긴 요리이다.

▌그림 7-20 Beignet

(6) Appetizer Salads

Pickled Herring, Smoked Fish류, Stuffed Eggs 등을 적은 양의 채소와 양념을 곁들인 요리이다.

┃그림 7-21 Caprese Salad Appetizer

(7) Broche

육류, 생선, 채소 등을 꼬치에 끼워 요리한 것을 말한다.

┃그림 7-22 Broche

(8) Relish

Relish라는 말은 '맛을 즐긴다, 풍미가 있다'는 의미와 함께 Appetizer란 뜻도 포함되어 있다. 약간 깊은 유리 Bowl이나 Glass에 분쇄한 얼음을 채우고 그 사이에 무, 셀러리, 당근, 오이 등을 꽂아 내놓는 경우가 일반적이다.

┃그림 7-23 Relish

2. 수프(Soup ; Potage)

수프는 일반적으로 육류, 생선, 닭 등의 고기나 뼈를 채소와 향료를 섞어서 장시간 동안 끓여 낸 국물, 즉, 스톡(stock)에 각종 재료를 가미하여 만든다.

1) Stock(Fonds)

Stock은 쇠고기, 양고기, 송아지고기, 닭고기, 생선 등을 주재료로 하며 여러 가지 채소와 향료 등을 함께 끓여 찌꺼기를 걸러 낸 국물이다. Stock은 수프와 소스를 만드는 데 사용되며, 음식의 맛을 내는 중요한 요소이다. Stock에는 다음과 같은 종료가 있다.

(1) Beef Stock(Fond de Boeuf)

• White Stock(Fond Blanc)

소나 송아지의 기름기가 없는 무릎뼈나 정강이뼈에 채소(Mire Poix)와 향료다발(Bouquet Garni)을 넣고 소금과 통후추를 가미하여 3~4시간 서서히 끓여 찌꺼기를 걸러낸 국물이다.

• Bouquet Garni

Stock이나 Sauce에 향을 내기 위해 사용하는 것으로 Herbs(Thyme, Bay Leaves, Parsley, Rosemary)와 채소(부추, 셀러리, 파슬리, 당근, 양파 등)를 천에 싸서 실로 묶은 것이다. 요리에 따라 사용하는 향신료와 채소가 다르다.

• Mire Poix

18C Lévis-Mirepoix 공작의 요리장이 개발하였으며, Stock이나 Sauce의 맛을 내기 위해 사용한다. 여러 가지 채소(당근, 셀러리, 양파, 부추, 파슬리 등)와 각종 향신료 그리고 Jambon Cru(훈연시킨 햄조각) 등을 잘게 또는 Brunoise(채소를 주사위 모양으로 자르는 것)로 썰어서 기름과 함께 Saute한 것이다.

• Brown Stock(Fond Brun)

소뼈나 송아지뼈를 잘게 썰어 채소(Mire Poix)와 함께 기름에 볶아 색깔이 다갈색으로 되었을 때, 물을 넣어 3~4시간 정도 서서히 끓여서 통후추나 소금을 가미하여 양념한 후 찌꺼기를 걸러낸다.

(2) Fish Stock(Fumet de Poisson)

생선의 뼈와 머리, 꼬리, 지느러미 같은 상품화할 수 없는 부분에 채소(당근을 제외한 양파, 파슬리, 셀러리, 버섯 등)와 향료 등을 넣어 다갈색이 되도록 볶은 후 물을 붓고 1~2시간 정도 끓인 다음 소금과 후추, 레몬껍질을 넣고 서서히 끓여 약 30분 후 찌꺼기를 걸러낸다.

(3) Poultry Stock(Fond de Volaille)

가금류나 조류의 뼈나 날개, 목, 다리에 채소다발과 향료를 넣고 2~3시간 끓인 다음 White Wine, 후추, 소금으로 양념하여 걸러낸다.

2) 수프의 종류

수프는 온도에 따라 Hot Soup(Potage Chaud)와 Cold Soup(Potage Froid)로 나누며, 농도에 Clear Soup와 Thick Soup로 나눈다.

(1) Clear Soup(Potage Claire)

맑은 스톡이나 Broth를 사용하여 만든 수프이다.

가. 콩소메(Consommé)

콩소메는 부용(Bouillon)을 졸인 것이 아니라 맑게 한 것이다. 부용이 맑고 풍미를 잃지 않도록 하기 위해 지방분이 제거된 고기를 잘게 썰거나 기계에 갈아서 사용하며, 양파, 당근, 백리향, 파슬리 등과 함께 서서히 끓이면서 달걀흰자를 넣어 빠른 속도로 젓는다. 이때 주의해야 할 점은 부용을 아주 펄펄 끓이는 것

▌그림 7-24 Consomme

(Boiling)이 아니라 천천히 끓여야 한다(Simmering). 이렇게 1~2시간 끓인 후 White Wine이나 Sherry Wine을 첨가하여 완성시킨 후 천을 대고 걸러 내어 이중 용기에 넣어 식지 않게 한다. 조리된 콩소메는 가미한 재료에 따라 명칭을 달리하는데 그 종류가 400여 가지가 넘는다.

나. Bouillon

부용(Bouillon)은 White Stock을 기본으로 하여 뼈 대신 고깃덩어리(Rump나 Round Steak)를 크게 잘라 넣고 고아 낸 국물인데, 위에 뜬 기름을 천을 대고 여과시켜 제거(Degreasing)한다. 이때 삶아진 고깃덩어리는 주요리(Main Dish)로 제공되기도 하는데, 대표적인 것으로 오스트리아에서 유명한 요리인 Boiled Table Beef를 들 수가 있다. 부용을 보관할 때는 용기(보통 스테인리스 용기)에 담아 찬 곳에 두어야 하며, 뚜껑을 덮으면 변질될 위험이 있다. 또 식은 국물에 뜨거운 국물을 섞어 보관하여도 변질될 수 있다.

다. Vegetable Soup

- French Onion Soup: 양파와 마늘을 넣고 끓인 Stock에 Crouton과 치즈를 뿌려 Salamander에 넣어 갈색으로 구워 제공되는 수프이다.
- Minestrone Soup: 베이컨, 양파, 셀러리, 당근, 감자, Tomato Paste를 볶아 Stock에 넣은 후 향료를 첨가하여 끓인 수프이다. Cabbage, Tomato Dice, Peas를 첨가하여 제공한다.

(2) Thick Soup(Potage Lié)

Liaison을 사용하여 탁하고 농도가 진하게 만든 수프이다.

가. Cream Soup(Potage Créme): 크림수프는 Béchamel이나 Velouté를 기본으로 하여 만든 수프이다.
- Béchamel: Roux에 우유와 Cream을 첨가하여 만든다.
- Velouté: Roux에 Stock을 혼합하여 만든다.

▌그림 7-25 Cream Soup

나. Purée Soup(Potage Purée): 채소를 잘게 분쇄한 것을 Purée라 하며, 이것을 Bouillon과 혼합하여 조리한 수프이다.

다. Chowder: 조개, 새우, 게, 생선류 등과 감자를 이용하여 만든 수프이다.

라. Bisque: 새우, 게, 가재 등으로 만든 어패류 수프이다.

- Liaison

  두 개의 서로 다른 물질을 결합시켜 새로운 하나의 물질을 만드는 역할을 하는 것으로 Butter, Roux, Cream, Starch 등의 종류가 있다. 사용 목적은 맛, 색깔, 농도를 조절하는 데 있다.

- Roux

  밀가루와 버터(반고체 상태)를 1:1의 비율로 배합하여 Pan이나 Oven을 이용하여 볶거나 구운 것이다. 종류에는 Roux Blanc, Roux Blond, Roux Brun이 있다. 일반적으로 Stock과 결합시켜 소스를 만드는 데 이용한다.

(3) Cold Soup(Potage Froid)

가. Cold Consommé: Hot Consommé를 가벼운 젤리 상태가 될 때까지 식힌 후 Sherry Wine과 Pimento, Tomato concasse 등으로 장식한 수프이다.

나. Vichyssoise(Cold Potato Soup): 감자, 양파, 부추를 볶아 스톡에 넣어 Cream을 첨가하여 만든 수프이다.

다. Andalusian Gazpacho: 토마토, 양파, 마늘, 식초, 샐러드유를 이용해 만든 수프이다.

라. Cold Pear and Watercress Soup: 배, Chicken Broth, Pureé, Lemon Juice, Whipped Cream, Watercress잎을 이용한 수프이다.

(4) National Soup

나라별로 독특한 대표적인 수프이다.

가. Bouillabaisse: 프랑스 남쪽지방에서부터 시작된 수프로 생선스톡에 여러 가지 생선과 바닷가재, 채소, 올리브유를 넣어 끓인 생선 수프이다.

나. Olla Podrida: 스페인의 수프로 콩, 양파, 셀러리, 마늘, 쌀 등을 이용한 것이다.

다. Ox-Tail Soup: 영국의 수프로 Ox-Tail, Bacon, Tomato Pureé 등을 사용한 수프이다.

3. 생선요리(Fish: Poisson)

　생선은 육류보다 섬유질이 연하고 맛이 담백하며 열량이 적다. 또한 소화가 잘 되고 단백질, 지방, 칼슘, 비타민(A, B, C) 등이 풍부하여 건강식으로 육류에 비해 선호도가 높아지는 추세이다. 그러나 부패하기 쉬운 결점이 있어 신선도를 유지하는 데 유의하여야 한다. 일반적으로 생선요리는 바다생선(Sea Fish), 민물고기(Fresh Water Fish), 조개류(Shell Fish), 갑각류(Crutacean), 연체류(Mollusca), 식용 개구리, 달팽이 등을 들 수 있다. 이들의 저장방법에 따라 생(生)생선(Fresh Fish), 얼린 생선(Frozen Fish), 절인 생선(Cured Fish), 통조림(Canned Fish) 등으로 나누어진다.

(1) Caviar

- Caviar의 유래

　"Caviar"는 터키의 "Havyar"라는 말에서 변형된 것이다. Caviar는 철갑상어의 알로서 진주빛의 회색부터 연한 갈색까지 색깔이 다양하다. 미국에서는 1966년까지 어떠한 알이라도 알의 색이 검은 것은 "Caviar"로 불리었다. 그러나 Whitefish(황어), Carp(잉어), Paddlefish(미시시피강에 서식하는 철갑상어의 일종)의 크고 질 좋은 알들이 대량으로 공급되자 소비자들은 이런 알들을 착색하여 판매한다고 비판하기 시작하였다. 그러자 FDA(Food and Drug Administration)는 철갑상어의 알로만 만든 것을 "Caviar"라고 하며 범위를 제한하였다. 역사적으로 최상의 Caviar는 Yellow-bellied Sterlet이라는 상어의 알로 만들어진 것이다. 그러나 현재는 거의 멸종되어 어획량이 적으므로 상대적으로 수요가 높아져가고 있다. 이 상어의 알은 제정 러시아 황제들을 상징하던 전설적인 황금색이었고 현재는 소련의 영해 밖에서는 거의 찾아볼 수 없는 어종이 되었다.

- Caviar의 제조

　상어를 잡은 후 한 시간 내에 알을 추출하여야 하며, 알 주위의 세포조식을 제거하기 위해 최소한 한 개의 알보다 큰 그물눈을 가진 체를 사용해 부드러운 동작으로 깨끗이 씻는다. 그물을 통과해 밑에 받쳐 놓은 용기에 모아진 알들을 찬물에 3~4회 조심스럽게 씻어 10분 정도 배수를 시킨 다음 거품을 제거한다. 배수가 끝나면 알무게의 3% 정도의 소금을 넣어 절인다. 소금에 절인 알을 항아리나 매끄러운 얇은 그릇에 곧바로 저장하는 데 용기 속에 공기가 들어가지 않도록 하여야 한다. Caviar는 26~30°F(-4~0°C)의 냉장고에 보관하여야 하며, 일주일 정도 지나면 진미를 느낄 수 있는 절정의 시기가 된다.

▌그림 7-26 Caviar

그러나 6개월이 경과되면 섬세한 맛과 눈으로 표현되는 품질은 급속히 저하된다.

4. 육류 요리(Meat: Viande)

육류에는 높은 칼로리, 특히 단백질, 탄수화물, 지방, 무기질, 비타민 등이 풍부하여 Main Dish로서 가장 선호되는 품목이라 하겠다. 육류를 조리하는 데 있어 각국마다 대표적인 조리방법이 있는데 프랑스에서는 버터, 이탈리아에서는 올리브유, 독일에서는 라드(Lard), 미국에서는 샐러드유로 고기를 구우며, 영국에서는 Jus로 조리고, 중국 및 일본에서는 장유로 조리는 방법으로 독특한 맛을 내고 있다.

1) 쇠고기(Beef: Boeuf)

(1) 쇠고기의 분류

식육으로 사용할 수 있는 소로는 새끼를 낳지 않은 암소나 거세한 수소가 좋다. 또한 사용목적에 따라 소의 연령에는 차이가 있으나, Steak, Roast용으로는 2~3세의 어린 것이 좋으며, 육가공용으로는 5~7세의 늙은 소가 좋다. 쇠고기는 밝은 선홍빛이어야 하며, 육질은 단단하고 미세한 고깃결과 대리석같이 매끄러워야 한다. 다음은 쇠고기로 사용할 수 있는 소를 분류한 것이다.

가. 수송아지: 어릴 때 거세하여 곡물로 사육한 후 2년 반이나 3년 정도 되었을 때 판매한다.

나. 어린 암소: 2년 반이나 3년 정도 된 송아지를 낳지 않은 어린 암소

다. 암소: 1~2마리의 송아지를 낳은 암소

라. 거세한 황소: 성적으로 성숙한 후 거세한 수컷

마. 황소: 거세하지 않은 수컷으로 Sausage나 Drybeef를 만든다.

(2) 쇠고기의 등급

미연방 정부에서는 소비자와 축산업자, 판매업자의 이익을 보호하기 위하여 고기의 완성도(쇠고기의 내부 및 외부에 있는 지방질의 양과 색), 조직(쇠고기 몸통의 고기의 일반적인 비율), 품질(고기와 뼈의 색과 구조)을 분류하여 종합적으로 판단한 후 쇠고기의 등급을 나누고 있다.

가. USDA Prime: 최상급의 등급으로 대부분이 수송아지나 어린 암소에서 얻는데, 그 양이 제한되어 생산된다. 육질은 맛과 육즙을 더해 주는 좋은 그물조직으로 되어 있고, 단단하고 하얀 크림색의 지방으로 두껍게 덮여 있으며, 성숙시키기 적합하다.

▌그림 7-27 USDA Prime

나. USDA Choice: 이 등급은 가장 인기가 있으며 그 양도 많다. 육질이 연하고 육즙이 많으며 Prime급보다 지방질이 적으나 고급의 지방질을 함유하고 있으며, 지방질의 구조가 치밀하고 좋은 그물조직으로 되어 있다.

다. USDA Good: 경제적인 쇠고기로 알려져 있으며, 목초로 사육한 수송아지와 어린 암소고기는 대부분이 상급에 속하며 지방 함량이 낮기 때문에 덜 수축된다. 이 등급의 고기는 연하지만 Prime과 Choice급의 연질과 맛에는 뒤떨어진다.

라. USDA Standard: 어린 수송아지, 어린 암소, 암소로부터 얻는다. 살코기의 비율이 높고 지방량은 적다. 위의 등급보다 맛이나 연질이 떨어진다.

마. USDA Commercial: 늙은 암소 등 성숙한 동물에서 생산되는데 맛은 풍부하지만 질기기 때문에 연해지도록 천천히 요리하거나 오래 익혀야 한다.

바. USDA Utility: 거세한 황소, 황소, 늙은 암소에서 생산된다.

사. USDA Cuter/ USDA Canner: 황소와 거세한 황소의 고기는 모두가 이 등급에 속한다. 경제적, 영양적, 규모적으로 유리하고 제조가공하거나 기계에 갈아 사용하기에 적합하다.

(3) 고기의 부분별 명칭

가. 부위에 따른 등급분류

• 고급 – 허리 윗부분 고기(안심, 등심, 엉덩이살): 가장 연하고 신속히 익으며, 요리에 적합하다.

• 중급 – 어깨부분, 갈비, 등심: 고급보다는 약간 질기며, 부위에 따라 차이가 있다.

• 저급 – 목, 배, 다리: 가장 질기고 오래 익으며, 부스러기가 많이 생긴다.

나. 쇠고기의 부위별 명칭

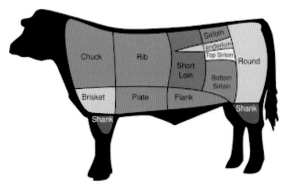

▮그림 7-28 쇠고기 부위별 명칭

① Tenderloin(안심부위)

• Chateaubriand: 프랑스 혁명 전 귀족 '샤또브리앙'이 즐겨 먹었던 것으로 그의 주방장 몽미레이유(Montmireil)가 고안한 것이라 하였다. 소의 등뼈 양쪽 밑에 붙어 있는 연한 안심부위를 두껍게(4~5cm) 잘라서 굽는 최고급 스테이크이다.

- Tournedos: 이 요리는 1855년 파리에서 처음으로 시작되었던 것으로 Tournedos 란 "눈깜박할 사이에 다 된다"는 의미로 안심부위의 중간 뒤쪽 부분의 스 테이크이다.
- Filet Mignon: 이것은 "아주 예쁜 소형의 안심스테이크"라는 의미로 안심부 위의 뒷부분으로 만든 스테이크이다.

② Sirloin Steak

이 스테이크는 영국의 왕이었던 'Charles 2세'가 명명한 것으로 그는 등심스 테이크를 매우 좋아하여 스테이크에 남작 작위를 수여했다고 한다. 그 후 "loin"에 "Sir"를 붙여 "Sirloin"이라고 하였다.

③ Porter House Steak

이 스테이크는 Short Loin Steak로 안심과 뼈를 함께 자른 크기가 큰 스테이 크이다.

④ T-bone Steak

Short Loin으로 Porter House Steak를 잘라낸 다음 그 앞부분을 자른 것으로 Porter House Steak보다 안심부분이 작고 뼈를 T자 모양으로 자른 것이다.

⑤ Rib Steak

갈비 등심 스테이크로 Rib Eye Steak, Rib Roast등이 있다. Rib Roast(Prime Rib of Beef)는 총 13개의 갈비 중 6번째부터 12번째 갈비까지 7개의 갈비로 이루어진다.

⑥ Round Steak

소 허벅지에서 추출한 스테이크

⑦ Rump Steak

소 궁둥이에서 추출한 스테이크

⑧ Flank Steak

소 배 부위에서 추출한 스테이크

(4) Steak 굽는 정도

가. Rare(Blue)

Steak 속이 따뜻할 정도로 겉부분만 살짝 익혀 자르면 속에서 피가 흐르도록 굽는다. 조리시간은 약 2~3분 정도, 고기 내부의 온도는 52℃ 정도이다.

나. Medium Rare(Saignant)

Rare보다는 좀 더 익히며 Medium보다는 좀 덜 익힌 것으로 역시 자르면 피가 보이도록 하여야 한다. 조리시간은 약 3~4분 정도, 고기 내부의 온도는 55℃ 정도이다.

다. Medium(a Point)

Rare와 Well-done의 절반 정도를 익히는 것이며, 자르면 붉은색이 되어야 한다. 조리시간은 5~6분 정도, 고기 내부의 온도는 60℃ 정도이다.

라. Medium Well-done(Cuit)

거의 익히는데, 자르면 가운데 부분에만 약간 붉은색이 있어야 한다. 조리시간은 약 8~9분 정도, 고기 내부의 온도는 65℃ 정도이다.

마. Well-done(Bien Cuit)

속까지 완전히 익히는 것이다. 조리시간은 약 10~12분 정도, 고기 내부의 온도는 70℃ 정도이다.

레어   미디움 레어   미디움   미디움 웰   웰던
Rare   Medium Rare   Medium   Medium Well   Well Done

▌그림 7-29 쇠고기의 굽기 정도

2) 송아지고기(Veal: Veau)

Veal은 3개월 미만의 송아지고기를 말한다. 일반적으로 우유로 사육하며, 조직이 매우 부드럽고 밝은 회색의 Pink빛을 띤다. 3~10개월 정도된 송아지는 Calf로 부르며 조직은 붉은 Pink색을 띤다.

3) 돼지고기(Pork: Porc)

돼지고기는 영국산이 가장 많이 알려져 있으며, 현재 한국에서 가장 많이 사육하고 있는 품종은 Yorkshire, Berkshire 등이 있다. 용도로는 Bacon Type(주로 고기를 씀)과 Lard Type(주로 지방을 씀)이 있다.

4) 양고기(Lamb: Agneau)

가장 좋은 양고기는 Hothouse로 생후 8~15주 된 어린 양이며, 그다음은 3~5개월 된 Spring Lamb이 있다. 일반적으로 사용하는 양고기는 생후 1~2년 미만의 것으로 고기의 색깔은 약간 검붉은색이며, 조직은 Spring Lamb보다 거칠다.

5) 가금류(Poultry: Volaille)

가금이란 닭, 오리, 칠면조, 비둘기, 거위 등 집에서 사육하는 날짐승을 말한다.

가금은 크게 흰색 고기(White Meat)를 가진 가금과 검은색 고기(Blank Meat)를 가진 가금으로 분류할 수 있다. 일반적으로 흰색 고기는 앞가슴살(Breast), 검은색 고기는 다리 부분의 고기를 의미한다.

흰색 고기를 가진 가금은 닭, 칠면조 등이며, 검은색 고기를 가진 가금은 오리, 거위, 뿔닭, 비둘기 등이다.

5. 샐러드(Salad: Salade)

샐러드의 어원은 라틴어로 "Herba Salate"로서 그 뜻은 소금을 뿌린 Herb(향초)이다. 즉, 샐러드란 신선한 채소나 향초 등을 소금만으로 간을 맞추어 먹었던 것에서 유래한다. 이것이 발전하여 다양한 Dressing과 기름과 식초(Oil & Vinegar) 등을 첨가하여 먹게 되었고, 채소도 여러 가지를 혼합하여 사용하게 되었다. 샐러드는 Herbs(향료), Plants(씨앗에서 싹이 튼 모종), Vegetable(잎채소, 뿌리채소, 열매채소), 달걀, 고기, 해산물 등에 기름과 식초 또는 마요네즈를 이용하여 만든 각종 드레싱과 혼합하거나 곁들여 제공된다. 샐러드는 지방분이 많은 주요리의 소화를 돕고, 비타민 A, C 등 필수 비타민과 미네랄이 함유되어 있어 건강의 균형을 유지시켜 주는 데 좋은 역할을 한다. 샐러드는 크게 순수 샐러드와 혼성 샐러드로 구분된다.

1) 순수 샐러드(Simple Salad)

① Green Salad: Lettuce, Chicory, Endive, Romaine을 한 입 크기로 잘라 만드는 샐러드

② Garden Salad, ③ Spinach & Mushroom Salad, ④ Palm Salad, ⑤ Chef's Salad

2) 혼성 샐러드(Compound Salad)

① Caesar Salad
- Wooden Mixing Bowl에 Anchovy와 Garlic을 넣고 잘 섞는다.
  (Garlic과 Anchovy는 고객의 취향을 물어본 후 넣는다.)
- Egg Yolk과 Mustard를 넣고 잘 섞는다.
- Salad Oil을 조금씩 넣어가며 잘 저어 섞는다.
- Lemon Juice와 식초를 넣어 농도를 조절하며 잘 저어준다.
- Salt, Pepper, Tabasco, Worcestershire Sauce를 넣어 간을 맞춘다.
- 양상추를 넣고 Onion Chopped, Bacon Chopped, Parmesan Cheese를 뿌린 후 재빨리 버무린다.
- 접시에 적당량을 나누어 담은 후 Crouton을 얹어준다.

② Artichoke Salad, ③ Seafood Salad

┃그림 7-30 Caesar Salad

6. 드레싱(Dressing)

드레싱은 일반적으로 샐러드에 혼합하거나 곁들여서 제공되는데, 풍미와 맛을 더하고 가치를 돋보이게 하며, 소화를 돕는 소화촉진제의 역할을 한다.

드레싱은 Vinaigrette, Mayonnaise, Cooked or Boiled Dressing으로 크게 3가지로 나눌 수 있으며, 여기에 부재료가 가미되어 여러 종류로 파생된다. Vinaigrette와 Mayonnaise는 기름이 기본이 되는 반면에, Boiled Dressing은 약간의 버터 외에는 기름이나 지방을 포함하지 않는다.

(1) French Dressing(Vinaigrette)

식초(Wine Vinegar), 올리브유, 레몬주스, 소금, 후추, 향료를 섞어서 만든다. 식초의 종류에 따라 여러 가지 파생소스가 많으며, 풍미를 위해서 더 많은 부재료를 가감할 수 있다.

▌그림 7-31 French Dressing

(2) American French Dressing(Emulsified)

달걀, 식초, 샐러드유, 마늘, 겨자, 레몬주스, Worcestershire Sauce 등을 재료로 한 드레싱이다.

(3) Italian Dressing(Sauce Italiene)

식초, 올리브유, 마늘, 레몬주스, Oregano, Basil, Dill 등을 재료로 한다.

▌그림 7-32 Italian Dressing

(4) Russian Dressing(Mayonnaise Russe)

마요네즈에 토마토 케첩을 넣고, Caviar 또는 Salmon Roe, 삶은 달걀, 양파, Red Pimento, 올리브유, 피클, 레몬주스, 소금, 후추를 혼합한 드레싱으로 Thousand Island Dressing과 비슷하다.

▌그림 7-33 Russian Dressing

(5) Thousand Island Dressing

이 드레싱은 마요네즈를 바탕으로 달콤한 피클이 주재료로 들어간 약간 단맛이 나는 드레싱이다. 마요네즈, 토마토케첩, 올리브유, Tomato Paste, 양파, 피클, 셀러리, 레몬주스, 백포도주, 파프리카, 파슬리, 소금, 후추 등을 혼합한 드레싱으로 양파와 피클 등이 많은 섬같이 보인다 하여 천 개의 섬을 가진 소스라고 부른다.

▌그림 7-34 Thousand Island Dressing

(6) Blue Cheese Dressing

Blue Cheese, 마요네즈, Sour Cream, 마늘, 소금, 후추, 양파 등으로 만든다. 특히, 프랑스 남부 Roquefort 마을의 양치기가 우연히 만든 것에서 유래된 Roquefort Cheese를 이용한 드레싱은 치즈 고유의 이름을 붙여 Roquefort Dressing이라고 한다.

▌그림 7-35 Blue Cheese Dressing

(7) House Dressing

달걀노른자, Dijon Mustard, 샐러드유, 식초, 양파, Caper, 마늘, Worcestershire Sauce, Hot Sauce, 레몬주스, Maggi Sauce, 우유, 설탕, 소금, Black Pepper Crush 등으로 만든 드레싱이다.

그림 7-36 House Dressing

7. 치즈(Cheese)

1) 치즈의 정의

치즈란 일반적으로 우유, 양유, 염소젖 등을 주제로 하며 젖 속의 주요 단백질인 Casein과 지방을 함께 응고시키기 위해 젖산균(Starter) 및 응유효소(Rennet)를 작용시켜 얻은 응유(Curd)를 유장(Whey)과 분리시킨 후 즉시 미성숙 치즈로 만들거나 또는 응유를 가온, 가압, 가염 등의 공정을 거친 다음 유용한 Bacteria, 세균 곰팡이 등을 이용하여 일정한 온도와 습도를 갖춘 장소에서 일정기간 동안 숙성시켜 만든 식품이다.

2) 치즈의 종류

(1) Very Hard Cheese

초경질 치즈 또는 최경질 치즈 등으로 번역되며 수분함량이 가장 낮고 딱딱하기 때문에 분말로 식용할 수 있다. 따라서 분쇄 치즈라고도 하며, 대표적인 것은 다음과 같다.

☞ Romano Cheese, Parmesan Cheese, Sapsago Cheese

그림 7-37 Parmesan Cheese

(2) Hard Cheese

경질 치즈라고 부르는데 수분함량이 30~42%이고 조직이 단단하다. Bacteria로 숙성시키며 가장 많이 이용되고 있는 치즈로 종류도 많다.

☞ Cheddar Cheese, Gouda Cheese, Edam Cheese, Emmental Cheese, Gruyére Cheese

▌그림 7-38 Cheddar Cheese

(3) Semi-soft Cheese

치즈의 굳기가 Hard Cheese와 Soft Cheese의 중간인 것으로 수분 함량이 38~45%를 나타낸다. 숙성은 Bacteria로 하기도 하고 곰팡이로 하기도 한다.

☞ Brick Cheese, Limburger Cheese, Port du Salut Cheese, Roquefort Cheese, Stilton Cheese, Muenster Cheese, Gorgonzola Cheese, Tomme De Savoie Cheese

(4) Soft Cheese

아주 연질의 치즈로 수분함량이 40~60%를 차지한다. 숙성을 전혀 하지 않은 것도 있으나 짧은 기간 동안 Bacteria나 곰팡이로 숙성시키는 것도 있다. 제품의 저장성이 낮으므로 단시일 내에 식용해야 한다.

☞ Camembert Cheese, Brie Cheese, Mozzarella Cheese, Cream Cheese, Hand Cheese

▌그림 7-39 Camembert Cheese

8. 후식(Dessert)

1) 찬 후식(Cold Dessert: Entremet Froid)

(1) Bavarian Cream(Bavaroise)

우유, 달걀노른자, 젤라틴, 설탕, 생크림을 재료로 하여 만들며, 사용되는 주재료 또는 모양에 따라 명칭을 달리한다.

☞ Lemon Bavaroise, Vanilla Bavaroise, Strawberry Bavaroise, Pistachio Bavaroise, Coffee Bavaroise, Rainbow Bavaroise

▌그림 7-40 Bavarian Cream(Bavaroise)

(2) Pudding

달걀, 우유, 바닐라향, 설탕, 소금을 재료로 하여 증기에 찐 것, 오븐에 구운 것, 차게 굳힌 것 등으로 나누어지며 완성된 형태는 연두부와 흡사하고 어린이와 노약자에게 인기있는 후식으로서 종류가 다양하다.

▌그림 7-41 Pudding

(3) Mousse

달걀, 생크림, 설탕, 럼을 혼합한 다음 글라스에 담아 차갑게 한 것이며, 첨가되는 부재료에 따라 다양하게 만들어진다.

▌그림 7-42 **Mousse**

(4) Jelly

젤라틴, 달걀흰자, 설탕, 레몬, 백포도주, 물을 섞어서 가열한 후 차갑게 응고시킨 것이며, 이 외에 각종 과일 또는 향신료를 첨가하여 만든 것도 있다.

▌그림 7-43 **Jelly**

(5) Charlotte

비스킷을 손가락 모양으로 둥글게 만들어 그 속에 바바리안 크림 또는 무스크림을 넣고 차갑게 응고시킨 것이며, 다른 부재료를 사용하여 다양하게 만든다.

▌그림 7-44 Charlotte

(6) Fruit Salad

각종 과일을 재료로 레몬주스, 설탕, 시럽을 넣고 주재료와 어울리는 양주를 첨가하여 차갑게 만든 것으로 프루트칵테일과 비슷하며, 아이스크림에 곁들이거나 찬 후식과 더운 후식에 같이 혼합하여 만든 것이 여러 가지 있다.

▌그림 7-45 Fruit Salad

(7) Stewed Fruit Compote

주재료인 과일을 설탕시럽과 콘스타치로 온건한 불에 삶아서 조림한 것을 말하며, 사용되는 재료에 따라 종류가 다양하다.

▌그림 7-46 Stewed Fruit Compote

(8) Fresh Fruits

(9) Cake and Pie

2) 얼음 과자(Frozen Dessert)

(1) Ice Cream

(2) Sherbet

셔벗이 아이스크림과 다른 점은 유지방을 사용하지 않았다는 점이다. 주된 재료는 과즙, 설탕, 물, 술, 달걀흰자이며, 저칼로리 식품으로서 시원하고 산뜻하여 생선요리 다음에 제공하거나 후식으로 제공하는데, 이는 소화를 돕고 입맛을 상쾌하게 해주기 때문이다.

▌그림 7-47 Sherbet

(3) Parfait

달걀노른자, 생크림, 설탕, 럼, 뜨거운 물을 재료로 하여 기포상태가 된 것을 냉동시켜서 만든 것이며, 여러 가지 과일과 술을 이용하여 다양하게 만든다.

▌그림 7-48 Parfait

3) 더운 후식(Hot Dessert: Entremet Chaud)

이 후식은 여러 가지 방법으로 만들어지는데 그 방법은 오븐에 익히는 법, 더운 물 또는 우유에 삶아 내는 법, 기름에 튀기는 법, 알코올로 Flambée하는 법, Pan에 익혀 내는 법 등이 있다.

(1) Hot Souffle Grandmarnier

달걀, 우유, 밀가루, 버터, 설탕, 그란마니에를 재료로 하여 오븐에 낸 것으로서 완성된 후에는 분말설탕을 뿌리고 바닐라 소스로 장식하여 제공되며, 그 외에 사용하는 재료에 따라여러 가지가 있다.

(2) Fritter(Beignet)

과일에 반죽을 입혀서 식용유에 튀긴 것을 베니에라고 하는데, 완성된 후에는 설탕과 계핏가루를 묻혀서 럼 소스 또는 계피소스를 곁

▌그림 7-49 Hot Souffle Grandmarnier

들여서 제공하며, 사과, 배, 복숭아, 파인애플 등이 주로 사용된다.

❙그림 7-50 Fritter(Beignet)

(3) Pan Cake(Crépe)

프랑스의 전통적인 후식으로 밀가루, 달걀, 우유, 설탕 등을 혼합한 후 프라이 팬을 이용하여 종이처럼 얇게 익힌 것이며, 과일, 브랜디, 리큐어 등으로 만든 내용물과 소스를 곁들여서 여러 가지 모양으로 만든다.

❙그림 7-51 Pan Cake(Crépe)

(4) Gratin

얇게 구운 크레페(Crépe) 위에 설탕, 레몬주스에 삶은 잘게 썬 과일을 올려 놓고 이탈리아식 소스인 사바용을 끼얹어서 오븐에 구워 낸 것을 그라탱이라고 하며, 그 위에 아이스크림 또는 셔벗을 올려서 제공한다.

▌그림 7-52 Gratin

(5) Flambing(Flambée)

과일을 주재료로 하여 설탕, 버터, 과일주스, 브랜디 또는 리큐어 등을 첨가하여 독특한 맛을 내며, 고객의 테이블 앞에서 조리하는 프랑스 최고의 전통적인 후식이다.

▌그림 7-53 Flambing(Flambée)

(6) Savoury

치즈로 만든 한 입에 먹는 요리로서 그 종류는 다음과 같다.

☞ Cheese Souffle, Cheese Straw, Cheese Custard

▌그림 7-54 Cheese Souffle

9. 커피(Coffee)

1) 커피의 3대 원종 및 특성

커피는 크게 아라비카, 로부스타, 리베리카의 3대 원종으로 분류된다. 그러나 리베리카는 거의 생산되지 않아 일반적으로 아라비카에서 분류된 마일드(Mild)와 브라질, 그리고 로부스타(Robusta)가 세계 커피의 3대 원종으로 구별되고 있다.

(1) 마일드(Mild)

에티오피아의 고산 지대가 원산지로 맛과 향이 뛰어나고 산출량도 많다. 모카를 비롯하여 콜롬비아, 코스타리카, 멕시코, 과테말라, 온두라스, 엘살바도르, 에콰도르, 에티오피아, 베네수엘라 등에서 재배되고 있다.

(2) 브라질(Brazil)

세계 제일의 산출량(세계 총생산량의 약 1/3)을 자랑하는 품종으로 원두의 모양은 원형 또는 타원형으로 부드럽고 신맛이 강하다. 주로 배합의 기초로 많이 사용되고 있으며, 특히 브라질 산토스는 브라질에서 생산되는 커피 가운데 가장 좋은 품질로 평가되고 있다.

- 블루 마운틴(Blue Moutain): 서인도 제도의 카리브 연안에 위치한 자메이카섬 동부의 2,500m 고지대에서 산출되는 커피로서 생산량은 극히 적으나 세계에서 가장 맛이 좋으며 향기가 뛰어나서 세계 제1급 커피로 알려져 있다.
- 탄자니아: 쓴맛과 신맛이 잘 조화되어 있는 커피이며 특히 탄자니아의 킬리만자로 산록에서 생산되는 킬리만자로는 신맛이 대단히 강하다.

(3) 로부스타(Robusta)

중앙 아프리카의 콩고지방이 원산지로서 아프리카와 동부의 인도나 인도네시아, 자바 등지에서 재배되고 있으며, 쓴맛이 강한 것이 특징이다. 아이보리코스트, 우간다, 앙골라, 인도네시아 등의 산지에서 생산된다.

2) 커피 메뉴

(1) 카페오레(Café au lait)

프랑스식 모닝 커피로 카페오레는 커피와 우유라는 뜻이다. 영국에서는 밀크커피, 독일에서는 미히르 카페, 이탈리아에서는 카페라테로 불린다. 여름에는 차게, 겨울에는 뜨겁게 해서 마실 수도 있다.

┃그림 7-55 Café au lait

(2) 카페 카푸치노(Café Cappuccino)

이탈리아 타입의 짙은 커피로 아침 한때 우유와 커피에 시나몬(계피) 향을 더하여 마신다. 컵에 커피를 넣고 거품을 낸 우유를 얹는다.

▮그림 7-56. **Café Cappuccino**

(3) 카페 로열(Café Royal)

부른 불빛을 연출해 내는 "커피의 황제" 카페 로열은 프랑스 황제 나폴레옹이 좋아했다는 환상적인 분위기의 커피이다. 커피를 넣은 컵에 로열 스푼을 걸치고 각 설탕을 스푼 위에 올려 놓고 설탕 위로 브랜디를 부은 후 불을 붙인다. 실내를 어둡게 하는 것이 분위기에 좋다.

(4) 커피 플로트(Coffee Float)

크림 커피로 일명 카페 그라세, 카페 제라트로도 불리며, 아이스크림이 들어 있는 커피이다.

(5) 더치 커피(Dutch Coffee)

물을 사용하여 3시간 이상 추출한 독특하고 향기 높은 커피이다.

(6) 아이리시 커피(Irish Coffee)

글라스에 설탕과 위스키를 넣은 후 커피를 천천히 섞는다. 생크림을 얹고 롱스푼을 준비한다. 아이리시 커피 글라스를 이용하여 위스키에 불을 붙여 만드는 방법도 있으며 더블린 공항에서 추위를 이기기 위한 커피로 처음 생겨났다.

(7) 비엔나 커피(Vienna Coffee)

컵에 커피를 따르고 휘핑크림을 듬뿍 넣고 스푼으로 젓지 않고 마신다.

(8) 튀르키시 커피(Turkish Coffee)

용기에 물과 커피, 설탕을 넣고 불에 올려 놓는다. 끓으면 불을 끄고 난 후 다시 올려 놓기를 세 번 반복한다. 우러난 액이 조용히 가라 않으면 데미타스 컵에 천천히 따른다.

(9) 카페 알렉산더(Café Alexander)

아이스커피와 브랜디, 카카오의 향이 한데 어우러진 가장 전통적인 분위기의 커피로서 커피(50ml)를 얼음과 함께 용기에 부어 냉커피를 만들어 브랜디와 크림 드 카카오를 넣은 후 생크림을 살며시 띄운다.

(10) 카페 에스프레소(Café Espresso)

본격적인 이탈리안 커피로 "크림카페"라고도 한다. 이탈리아에서는 식후에 즐겨 마시는데, 피자 따위의 지방이 많은 요리를 먹은 후에 적합한 커피이다. 에스프레소 머신에 넣어 추출한 뒤 데미타스 컵에 따라 블랙으로 마시는데, 너무 강렬하기 때문에 기호에 따라 설탕, 밀크 등을 넣어도 좋다.

▌그림 7-57 Café Espresso

제8장 조리부서

제1절 조리부서관리의 의의

1. 조리부서 관리개요

조리업무란 식재료의 구매, 상품의 생산, 판매 서비스에 이르는 전 공정에서 발생하는 제반 업무를 말하며, 부차적으로 인력, 주방 관리에 관계되는 업무도 이에 포함된다. 조리업무의 기본 단계는 다음과 같다.

첫째, 의사결정 단계로서 전년도 매출기록, 객실 예약상황, 당일 예약상황 등 기초자료를 이용하여 예상 이용객수를 예측함으로써 소요 식자재의 구매의뢰, 신메뉴의 작성 및 개발 등을 수행한다. 이러한 업무를 위하여 경제에 늘 관심을 가져야 하며, 동종업계 답사, 정기적 시장조사 등을 통하여 항상 변화에 민감하게 대처하도록 하여야 한다. 또한 비수기를 대비하여 식자재의 구매저장과 적정 재고량 유지를 위한 정기 재고조사 및 구매물품에 대한 철저한 검수 등을 실행해야 한다. 둘째, 조리상품의 생산단계로서 표준량 목표에 의한 상품생산과 기타 생산에 필요한 여러 조리공정을 말하며, 고객의 욕구 충족을 위한 품질관리에 초점을 맞추어 진행되어야 한다. 셋째, 조리상품의 판매와 사후관리로서 상품을 통한 고객의 욕구를 극대화하여야 하며, 이를 위해서 접객원으로 하여금 요리가 신속, 정확하게 전달되도록 해야 한다. 또한 요리에 대한 고객의 반응을 수시로 확인하여 신메뉴개발의 기초자료로 활용하며, 이를 위한 고객카드나 매출품목 기록을 철저히 하여 비인기 상품에 대한 대체품목 개발 등 고객관리에 최선을 다해야 한다.

향후 조리업무는 인건비의 상승으로 경영의 합리화가 필요하여 주방시설의 현대화가 이루어질 것이며, 재고관리, 인력관리, 메뉴관리 등의 합리화를 위하여 컴퓨터의 사용, 식품가공학의 발달로 인한 다양한 가공품의 사용으로 조리공정이 단순화되는 등 많은 변화가 기대된다.

한편 조리인으로서 기본자세는 첫째, 조리는 인간의 기본적인 욕구를 충족시켜 주는 창작행위이므로 조리 하나하나에 예술적 감각을 최대한 남는 예술가로서의 자세가 필요하며, 둘째, 조직의 발전이 나의 발전임을 깨달아 기물과 기기의 적절한 관리, 식재료 및 에너지 사용의 절약 등의 자세가 필요하다. 셋째, 주방에서 이루어지는 공동작업에 임해야 하므로 동료, 상하 간에 서로 존중하고 협동하는 마음자세가 필요하다. 넷째, 조리사의 위생상태는 고객의 건강과 직결되므로 항상 개인위생, 주방위생, 식품위생 등에 주의해야 한다.

2. 조리부서의 조직과 역할

조리부서의 조직이란 요리의 생산, 식자재의 구매, 인력관리, 메뉴개발 등 조리상품과 주방운영에 관계되는 전반적인 업무를 효율적으로 수행하기 위한 일체의 인적구성을 의미한다. 이러한 조직은 호텔의 규모와 형태, 메뉴의 성격에 따라 약간의 차이가 있으나 기본적인 구성은 유사하다. 그 역할에 따라 Line과 Staff로 나눌 수 있다. [그림 8-1]에서 보면 총주방장이 있고, 이를 보좌하는 수석 조리장이 있으며, 일선 단위 영업장을 관할하는 조리과장, 연회장, 메인주방(main kitchen)을 담당하는 조리과장, 한식주방, 일식주방, 중식주방 등 동양식 주방을 관할하는 조리과장 등이 있다. 이러한 기본 조직구성 아래 각 단위 영업장을 중심으로 조리장과 부조리장이 있으며 그다음 직급에 따라 supervisor, section chef, cook, assistant cook, trainee 등이 있다.

각 직무에 따른 직무 내용은 다음과 같다.

■ 총주방장(Executive Chef): 조리부서를 대표하며 직원들의 인사관리, 메뉴의 개발, 식자재의 구매 등 조리부서의 원활한 운영을 위한 전반적인 업무를 수행하며 이에 대한 책임을 진다.

- 부주방장(Sous Chef): 총주방장 부재 시 그 역할을 대행하며 조리의 개발 및 정보수집과 직원 조리교육 등 주방운영의 실질적인 책임을 진다.
- Outlet Chef: 단위 업장의 주방장 부재 시 그 역할을 대신하거나 특별행사 시 지원, 파견되는 주방장으로 조리부 전 영업장에 대한 일반적인 지식을 갖추고 있어야 한다.

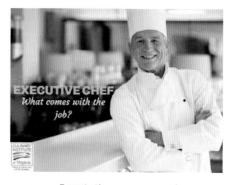

■그림 8-1 **총주방장**(Executive Chef)

- Training Chef: 조리에 관한 전문지식을 갖고 교육에 관한 자료수집, 기획, 강의를 담당한다.
- Head Chef: 단위 업장의 주방책임자로 업장의 신메뉴개발, 고객접대, 인력관리, 원가관리, 위생안전관리 및 조리기술지도 등 단위 영업장의 주방업무를 총괄하며 그 책임을 진다.
- Assistant Head Chef: Head Chef 부재 시 그 역할을 대신하며 단위 주방장의 지시에 따라 실무적인 일을 수행하며 주방업무 전반에 관하여 함께 의논하며 부하직원의 고충을 수렴하며 해결한다.
- Supervisor: 수련과정의 견습 주방장으로 Assistant H.Chef에 준하는 업무를 수행하며 Section Chef와 함께 모든 조리업무의 Mise-en-place를 수행, 점검한다.
- Section Chef: Hot Section, Cold Section, Dessert Section 등으로 크게 나눌 수 있으며, 주방장의 지시에 따라 실무적인 조리업무를 수행한다.
- Cook: Section Chef를 보좌하여 조리업무를 수행하며, 냉장고 정리, 주방의 청결상태 등 주방 내의 위생환경에 대한 업무를 수행한다.
- Assistant Cook: Cook을 보좌하여 조리업무를 수행하며, 주방장의 지시에 따라 식재료를 수령하고 이에 따른 재고관리카드(bin card)를 작성한다.
- Trainee: 견습사원으로 주방업무에 관한 기본적인 사항을 신속히 습득하려는 노력이 필요하며, 채소 등 식재료의 기초적인 취급에 대하여 정확히 배워서 기본기를 익힌다. 특히 칼의 사용법 및 보관, 방화, 안전 및 위생에 대한 교육을 철저히 빈아야 한다.

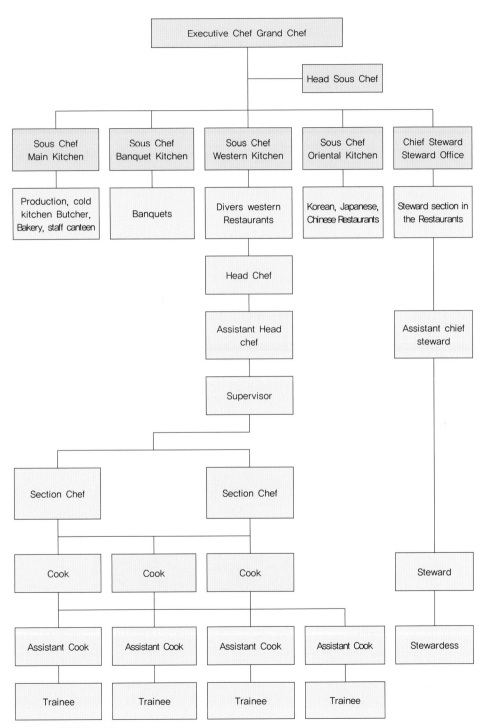

그림 8-2 **주방의 조직도**

- Chief Steward: 각종 주방용기 및 식기류의 구매의뢰 및 관리와 기물관리과의 인력관리와 교육을 담당한다.
- Assistant Chief Steward: Chief Steward 부재 시 그 역할을 대행하며 각종 연회 행사 시 기물공급 및 설치를 담당한다.
- Steward: 일선 영업장의 쓰레기 수거 및 처리와 조리기물의 세척을 담당한다.
- Stewardess: 일선 영업장에 배속되어 각종 식기류의 세척과 Dish washer의 관리를 담당한다.

(1) 메인 조리부서

일반적으로 서양식 조리부문에서 채택하는 형태로 동일부문 내에 여러 조리부서의 형태를 갖추고, 소스·수프·스톡·반제품 등을 생산하여 여러 조리부서에 공급해 주는 조리부서로 지원 조리부서 또는 준비 조리부서라고도 칭한다. 대규모의 면적과 식재료 출입이 용이한 메인 조리부서 시스템의 조리부서는 모든 종류의 기자재를 구비하고 있고 대규모의 시설을 갖추고 있다.

① 핫 키친(hot kitchen): 핫 키친에서는 스톡(stock), 수프(soup), 소스(sauce)를 생산하여 영업조리부서에 공급을 하는 역할을 하는데, 호텔 또는 대규모 (upscale) 레스토랑에서는 핵심적인 역할을 한다.

┃그림 8-3 Hot Kitchen

② 가르드 망제(garde manger) 또는 콜드 키친(cold kitchen): 전채(appetizer), 소스, 수프, 샐러드, 테린(terrine), 파테(pate)와 같은 안티파스토 중 차가운 음식을 준비하여 영업조리부서에 공급하는 역할을 한다. 음식의 신선함을 유지하기 위하여 실내온도가 매우 낮은 것이 특징이다.

▌그림 8-4 Cold Kitchen

③ 육가공 조리부서(butcher shop): 육류, 가금류, 어패류 등을 손질하여 햄, 소시
지 등으로 생산하여 영업조리부서에 공급한다. 그러나 육가공 조리부서는
규모가 크지 않은 외식업장에서는 필요하지 않다.

▌그림 8-5 Butcher Shop

④ 제빵조리부서(pastry): 빵, 케이크, 초콜릿, 쿠키, 파이 등의 디저트류를 생산하
는 조리부서다.

▌그림 8-6 Pastry

제2절 주방관리

1. 주방관리의 개요

시설의 고급화 및 조기 노후화, 노동집약성 등 현대 호텔산업의 특징으로 인해 경영압박이 점차 증가하고 있는 것이 현실이며, 특히 주방에서 식자재 및 기기 에너지의 사용은 전체 호텔 경비에서 상당한 비율을 차지한다. 따라서 주방관리는 과학적으로 운영해야 한다. 즉 식당의 형태와 규모에 따른 주방규모의 설정과 이에 필요한 적정인원의 선발과 기기의 배치, 직무분장에 따른 효율적 인력활용, 식재료의 적정구매와 관리, 기기 및 에너지의 효율적 이용과 관리 등이 절실히 요구되고 있다.

2. 주방의 기본 구성

주방의 기본 형태는 식재료의 반입, 저장, 조리, 서비스 등 작업동선의 흐름을 효과적으로 처리하는 데 중점을 두고 있으며, 주방의 특성에 따라 약간의 차이는 있으나 비교적 다음과 같은 모델이 보편적이다.

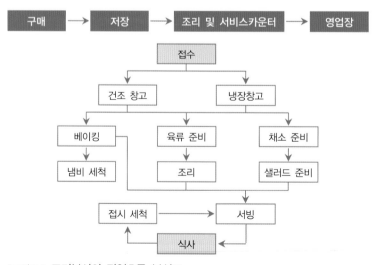

┃그림 8-7 조리부서의 작업흐름 분석표

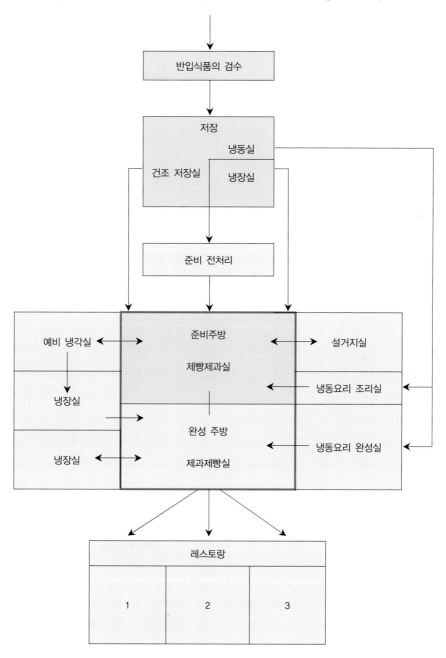

그림 8-8 결합된 메인주방과 업장주방의 도면

분리된 메인과 업장 주방 도면
(Diagram of a Separated Preparation and Finishing Kitchen)

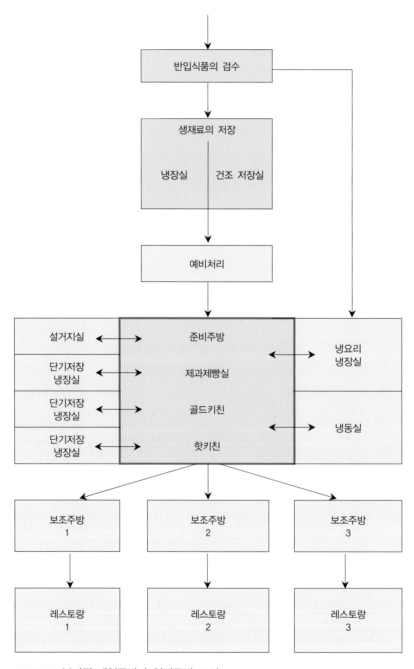

┃그림 8-9 분리된 메인주방과 업장주방 도면

3. 인력관리

인건비의 지속적인 상승은 노동집약적 특성이 있는 호텔산업에 있어서 매우 중요한 문제이며 더욱 심화되어 갈 것이다. 인력관리는 인력의 적재적소 원칙의 인사관리측면과 근무인원의 효과적 활용, 나아가 적정 근무인원의 산출 등이다. 여기서 인력의 적재적소 원칙은 업무의 수행능력, 재능, 본인의 희망 등 각 개인의 신상을 충분히 파악하여 가능한 한 본인의 의사를 최대로 고려하여 배치함을 의미한다. 근무인원을 효과적으로 활용하기 위해서는 우선 직급별 직무분장표를 작성한다음 개인별 1일 작업계획서 등을 작성하여야 한다. 여기에 준하여 효율적으로인력을 운영하며 영업장의 예약상황 등을 고려하여 불필요한 인력에 대하여는 구제제도를 이용, 타 업장 지원 등을 통한 인력활용의 극대화를 이룰 수 있도록 해야 한다.

4. 식재료 및 에너지 관리

요리상품을 생산하기 위해서는 고기, 채소, 곡물 등의 식자재와 이를 조리하기 위해 물, 전기, 가스와 같은 기초 에너지가 필요하다. 이의 효과적 사용과 관리를 위해서는 정확한 식재료의 구입 및 취급방법과 에너지 사용의 충분한 이해가 필요하다.

1) 식재료의 구매관리와 조리

구매란 적절한 시기, 경제적 가격, 적정량과 품질로 필요한 상품을 구매함을 의미하며, 이를 위해서는 항상 적정 재고상태를 유지하기 위한 점검이 필요하다. 물가동향을 통한 적절한 구매와 계절적으로 생산되는 품목의 구매 등이 적정재고에반영되어야 한다. 또한 구매 물품에 대하여는 물품인도, 품질관리를 철저히 하여보관물품에 대한 손실을 극소화하며 선입선출에 의한 출고를 원칙으로 한다. 식품의 조리에 있어서는 손실의 방지를 위해 조리 개시 전에 필요 식자재를 정확히 준비하고 recipe를 참조하여 조리한다.

2) 에너지 관리

조리상품을 생산하기 위해서는 수도, 전기, 가스와 같은 기초에너지가 필요하다. 이를 효과적으로 이용관리하기 위해서는 다음과 같은 사항을 준수해야 한다.

(1) 절수

가. 고장난 수도꼭지는 즉시 보수하여 수돗물의 누수를 방지한다.

나. 사용한 조리기구는 가급적 모았다가 한 번에 세척한다.

다. 채소나 과일은 1차로 sink에 받아서 담수에서 씻은 다음 흐르는 물에 헹구어 낸다.

라. 주방 바닥 청결 시 필요 이상의 물을 낭비하지 않는다.

(2) 절전

가. 주방용 전기제품은 사용시간 이외에는 가급적 코드를 뽑아 놓는다.

나. 영업시간 이외에는 불필요한 전등은 가급적 소등한다.

다. back side의 전등은 사용 시만 점등한다.

라. 모든 기기는 용량에 맞는 전압을 사용한다.

(3) 가스절약

가. 영업시간 외의 오븐은 점화봉만 남겨두고 불을 끈다.

나. 조리 시 불의 세기를 너무 과도하게 사용하지 않는다.

다. 조리의 규격에 맞는 용기를 사용한다.

라. 정확한 조리 방법을 터득하여 조리과정에 따라 불의 강약을 조절한다.

마. 가스사용 시 절대 자리를 이탈하지 않는다.

제3절 원가관리

1. 원가의 개요

원가라 함은 통상적으로 기업의 상품을 생산하기 위하여 투입한 재료비의 합계를 의미하며, 좀 더 상세히 설명한다면, 특정제품의 제조, 판매 및 서비스의 제공을 위하여 소비된 총경제가치라 정의할 수 있겠다. 기업은 상품을 판매하는 과정에서 얻는 이윤으로 기업활동을 하는데 원가의 효율적 관리는 기업 이윤과 밀접한 관계를 갖는 만큼 매우 중요하다. 판매가에 비해 원가가 너무 높을 경우 목표이익의 감소를 초래, 경영수지에 압박을 주며, 반대로 너무 낮을 경우 단기적으로는 목표이익이 증가하겠으나 상품의 질적 저하로 고객이 감소한다면 매출이 감소되어 결과적으로 이익도 감소될 것이다. 이 원가의 효율적 관리를 위하여 보통 표준원가방식을 이용하는데 이는 식당의 성격, 고객의 수준, 메뉴의 형태에 따라 각각 적용비율이 다르겠으나 평균 40%의 원가율을 정하고 있다.

주방에서는 이 표준 원가율에 따라서 식자재의 양, 질, 가격을 사전에 계획하여 판매가에 합당한 상품을 생산할 수 있도록 원가를 적정선으로 유지하여야 하며 이를 위하여 표준 양목표를 이용하고 있다.

1) 원가산출의 목적

합리적 경영계획을 위한 기초자료와 이익계획에 따른 손익의 산정과 재정상태를 파악한다. 이는 가격결정을 하는 데 필요한 정보를 제공하기 위함이다.
① 제품 가격결정의 목적: 판매가의 결정
② 원가관리의 목적: 원가관리의 기초자료를 제공하여 표준원가를 설정하고 이와 비교하여 적정원가를 유지시켜 준다.
③ 예산편성의 목적: 예산편성의 기초자료로 이용한다.

2) 원가의 요소

① 원가의 3대 요소
　가. 재료비: 제품생산에 투입된 순수 재료비
　나. 노무비: 임금, 봉급 등 인적자원에 지출된 비용
　다. 경비: 재료비, 노무비 이외의 비용(보험료, 감가상각비, 수도, 전기료)

3) 원가의 구성

① 직접원가
특정제품의 생산을 위해 직접 투입된 비용으로 다음 3가지가 있다.

가. 직접재료비: 각종 원재료의 구매를 위하여 지출된 순수 재료비

나. 직접노무비: 임금

다. 직접경비: 외주 가공비

② 제조원가

직접원가에 제조 간접비를 합한 것으로 일반적으로 제품의 원가라 할 때는 이 제조원가를 말한다.

가. 간접재료비: 보조 재료비

나. 간접노무비: 급료, 수당

다. 간접경비: 감가상각비, 보험료, 수도광열비

③ 총원가

제조원가에 판매비 및 일반관리비를 합친 원가

④ 판매가

판매가격으로서 총원가에 이윤을 더한 원가

〈표 8-1〉 호텔에서의 원가 및 판매가격

직접원가 = 직접재료비+직접노무비+직접경비
제조원가 = 직접원가+제조간접비
총원가 = 제조원가 + 판매비와 일반관리비
순수판매원가 = 총원가 + 이익
총판매가격 = 판매가격×1.21(봉사료 10%, 세금 10%)

2. 표준 양목표(standard recipe)

표준 양목표는 조리 상품의 생산에 소비된 모든 식재료와 그 사용량, 조리방법을 표시한 기록으로 고객에게 항상 균일한 질의 상품을 제공하게 해 주는 지침서로서의 역할과 경영자로 하여금 정확한 원가를 산출할 수 있도록 하여 적정판매가의 산출을 가능하게 한다. 또한 표준원가와 실제원가와의 차이를 분석함으로써 보다 효과적인 정보 및 자료에 의한 원가관리를 할 수 있게 한다.

그 밖에 기록적인 측면에서 새로운 메뉴개발의 기초자료로 이용할 수 있다. 또한 주방에서 조리할 때에는 반드시 양목표에 표시된 식재료 및 그 사용량을 준수하여야만 양목표로서의 기능을 유지한다 할 수 있다. 표준 양목표의 작성은 요리의 명칭과 사용 식자재, 그 사용량과 단위가격을 일정한 서식에 따라 기입한다.

1) 작성방법

① 각 항별로 식자재의 정확한 수량과 무게를 기입한다.
② 단위는 무게, 길이, 용량을 각각 구분하여 표시하며, 무게 또는 용량의 크기에 따라 적합한 단위를 선택한다.
③ 도매물가의 변동에 따라 식재료의 구매가격이 변화하므로 정기적으로 시장조사를 하여 가격변동을 점검하여 표시한다.
④ 요리 사진을 첨부하여 참조한다.

2) 원가산출법

① Total Cost : 재료비의 총합계
② Cost per Portion: Total cost/ No of portions
③ sales prices의 결정은 식당의 형태와 요리에 따라 차이가 있으나 일반적으로 원가의 2.5~3배 서에서 결정한다.
④ Cost percentage: portion cost/sale price × 100(%)

〈표 8-2〉 standard recipe card(L호텔 사례)

NO OF PORTIONS		BASIC PORTION SIZE	ITEM CODE	PURCHASE SPECIFICATION AND PRICE					
	I								
QTY	UNIT	INGREDIENTS		DATE '88.2.24		DATE		DATE	
				AT	AMOUNT	AT	AMOUNT	AT	AMOUNT
160	gr	Filet of Beef		23.0	3,680				
100	cc	Au Jus		3.0	300				
80	gr	Pine Mushroom		5.0	400				
40	gr	Wild Mushroom		5.0	200				
40	cc	Fresh Cream		2.0	80				
20	gr	Butter		4.0	80				
40	cc	Red Wine		3.6	144				
1	Ts	Maggi Sauce			100				
40	gr	Snail Butter		5.0	200				
1	ea	Baked potato			700				
50	gr	Broccoli		2.0	100				
30	gr	Cherry Tomato		5.0	150				
30	gr	Onion Chopped		1.0	30				
		TOTAL COST			6,164				
		COST PER PORTION			6,164				
		SALES PRICE			15,000				
		COST PERCENTAGE			41.1				
NO: 19		ITEM: FILET MIGNON FORESTIERE					RESTAURANT NAME: PRINCESS		

위 양목표에서는 number of portions이 1이기 때문에 total cost와 portions cost는 동일하다.

제4절 메뉴

1. 메뉴의 개요

차림표 또는 식단의 뜻으로 쓰이는 menu는 오늘날 전 세계적으로 통용되는 용어로 원래 불어의 "Minute"에서 따온 말로서 그 뜻은 "작은 목록"이라고 한다. 메뉴가 사용되기 시작한 것은 1498년경 프랑스 어느 귀족의 착안이라 전한다. 그 후 1540년 프랑스에서 "그링위그"라고 하는 후작이 요리에 관한 내용, 순서를 메모하여 자기 식탁 위에 놓고 차례로 나오는 요리를 즐기고 있었는데, 이것이 초대되어 온 손님들의 눈에 들어 좋은 아이디어라는 평판이 돌았다. 이때부터 귀족 간의 연회에 유행됨에 따라 차츰 유럽 각국에 전파되어 정찬, 즉 정식 식사의 메뉴로서 사용하게 되었다. 오늘날 세계적으로 메뉴를 불어로 표기하는 경향이 많은데, 이것은 앞서 말한 바처럼 프랑스 요리가 양식요리의 대명사처럼 세계적으로 유명하고 메뉴의 유래가 프랑스에서 처음 시작되었기 때문이라 여겨진다.

2. 메뉴의 종류

1) Table d'hôte menu(Full course menu)

정식 차림표는 한 끼분의 식사로 구성되며 미각, 영양, 분량의 균형을 참작하여야 하고 요금도 한 끼분으로 표기되어 있으므로 고객은 이 차림표와 가격을 용이하게 이용하면 저렴한 가격으로 다양한 요리를 맛볼 수 있는 장점이 있다. 일반적으로 banquet연회 시 사용하며 Deluxe Restaurantd에서도 사용한다.

요리의 일반적인 순서는 다음과 같다.

① 전채(Hot, Cold Appetizer: Hors D'oeuver Chaud, Froid)
② 수프(Soup: Porage)
③ 생선요리(Fish: Poisson)
④ 샐러드(Salad: Salade)
⑤ 주요리(Main Dish: Plat Princlpale)
⑥ 후식(Dessert: Entremet)
⑦ 커피 또는 차(Coffee or Tea: Café ou Thé)

이러한 요리 순서는 연회의 성격과 주최 측의 형편에 따라 고스기 줄기도 하며 추가될 수도 있다. 예를 들면 옛 프랑스 궁중에서 사용하던 메뉴에는 50가지의 코스가 있는 것도 있었다 하나, 현재 프랑스의 일반식당에서 사용하는 메뉴는 기본적으로 Entrées, Plats Principaux, Dessert 등 3단계로 구분하여 판매하고 있다. 여기서 Entrée란 주요리의 개념이 아닌 식사의 첫요리를 의미한다.

2) A La Carte Menu

일명 일품요리라 하며 식당에서 판매되는 모든 요리는 위에서 언급한 Appetizer, Soup, Salad, Fish, Meat, Desser, Coffee 등으로 구분하여 매 코스마다 여러 가지 종류의 요리를 준비하여 고객이 원하는 코스만 선택하여 먹을 수 있는 이점이 있는 식당의 표준차림표라고 할 수 있다.

3) Daily menu(Plats du jour)

식당의 전략메뉴라 할 수 있는 이 식단은 매일 시장에서 나오는 특별재료를 구입하여 조리장의 기술을 최대로 발휘하여 고객의 식욕을 자극할 수 있는 메뉴이다. 양질의 재료를 적정가격으로 구입하여 계절 감각을 돋울 수 있으므로 고객의 호기심을 만족시킬 수 있다. daily menu를 이용하면 다음과 같은 식당 운영상의 장점이 있다.

① Ready dish로 빠른 서비스를 할 수 있다.
② 재료 사용상 재고품을 판매함으로써 재고 경비를 줄일 수 있다.
③ 고객에게 매일매일 새 상품을 제공하므로 호기심을 자극할 수 있다.
④ 매상의 증진효과를 볼 수 있다.

4) 기타 메뉴의 종류

① All year round menu(Menu de Toute L'année)
대부분의 일품요리 메뉴로서 한번 작성되면 연중 내내 사용되는 메뉴를 말한다.
② Seasonal menu(Menu de Saison)
한 계절에 맞게 작성된 차림표로서 그 계절의 대표적인 요리를 중심으로 구성된다.
계절에 따라 대표적인 요리를 소개하면 다음과 같다.

■ Fish and Seafood(Poisson et Fruits de Mer)

▍그림 8-10 Oysters(Huitres): 굴 9~3월

▍그림 8-11 Mussel(Moules): 홍합 9~3월

▍그림 8-12 Salmon(Saumon): 연어 3~9월

▌그림 8-13 River Trout(Truite): 송어 4~9월

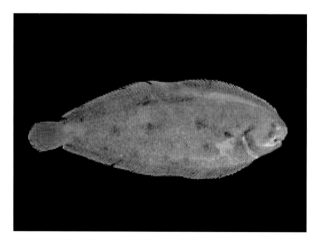

▌그림 8-14 Sole(Sole): 혀넙치 1~12월

▌그림 8-15 Cod(Cabillaud): 대구 1~12월

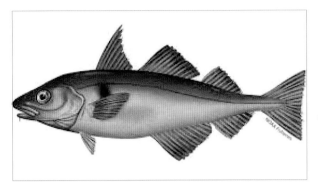

▌그림 8-16 Haddock(Aigrefin): 대구의 일종 1~12월

▌그림 8-17 Halibut(Fletan): 광어 1~12월

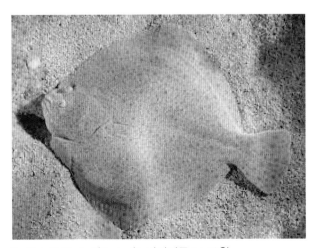

▌그림 8-18 Turbot(Turbot): 가자미류 1~12월

■ Poultry(Volaille): 가금류 1~12월(특히 Goose는 12월이 가장 좋다)

┃그림 8-19 Poultry(Volaille): 가금류

■ Game(Gibier): 엽조류

┃그림 8-20 Game(Gibier): 엽조류

▌그림 8-21 Snipe(Bécasse): 도요새 10~3월

▌그림 8-22 Wild Duck(Canard Sauvage): 물오리 10~2월

▌그림 8-23 Quail(Caille): 메추리 9~2월

▮그림 8-24 Pheasant(Faisan): 꿩 10~2월

■ Meat(Beef, Pork, Lamb, Veal): 육류는 일반적으로 연중 어느때나 좋으나 Pork는 여름에 기피하고 Lamb은 가을에 많이 찾는다.

③ 기타 식사의 목적에 따라 Supper, Banquet, Breakfast, Buffet, Ball Menu 등이 있다.

3. 메뉴의 작성

메뉴의 작성 시 고객에게 최대의 만족을 주기 위해서는 대상 고객의 선정, 고객의 경제적 능력, 구입가능 식품, 업소의 형태 및 시설의 수용능력, 원가의 수익성, 음식의 다양성 등을 철저히 분석하여 결정하여야 한다.

1) 대상고객의 선정 및 경제적 능력

메뉴작성 시 대상고객이 누구인가를 결정하고 그들의 경제적 능력에 맞는 메뉴를 준비하여야 한다.

2) 구입가능 식품

메뉴 계획자는 식품에 대하여 충분한 지식이 있어야 하며, 시장조사를 철저히 하여 식품의 계절적 출하상황, 재배작황, 가격 등을 충분히 고려하여 계절적으로 조화를 이루는 메뉴를 작성하여야 한다.

3) 업소의 형태 및 시설의 수용능력

업소의 형태에 따라 메뉴의 성격이 달라져야 하며 주방의 인력 등 수용능력을 고려하여 작성하여야 한다.

4) 원가의 수익성

메뉴는 음식의 원가비율(cost)에 따라 계획되어야 하고 이 비율을 유지하기 위해서는 표준화된 조리법을 적용하며 물가의 변동에 민감해야 한다.

5) 음식의 다양성

메뉴 작성 시 영양의 조화, 맛의 변화를 위하여 음식의 중복을 피하여야 한다.
예: Cocktail Shrimp 다음에 Fish Soup가 계속해서 나온다면 고객에게 맛의 변화를 줄 수 없다.

4. 불어 메뉴의 작성

일반적으로 양식 메뉴는 불어로 작성하고 있으며 영어 또는 한글로 해설한다. 여기서는 주로 기초적인 불어 메뉴 작성과 해독에 필요한 지식을 언급한다.

메뉴에 나오는 à là, à l', au(à + le), aux(à + les)는 불어의 전치사 à와 남성 단수 정관사 le, 여성 단수 정관사 la와 복수 정관사 les의 축약형으로 요리의 방법, Garniture의 종류 등을 나타낸다. 불어의 전치사 de는 영어의 of이다.

불어 메뉴를 표기할 때 항상 명사 · 형용사 · 전치사가 남성, 여성과 단수, 복수와 일치하여야 한다. 메뉴 표기 시 첫 단어는 주재료의 성과 수에 따라 le, la, les 등의 정관사가 오고 다음 주재료의 명칭, 조리방법, 지명 등이 온다.

Le	Fillet de Veau	Grillé à La	Parisienne
↓	↓	↓	↓
정관사	주재료	조리방법	지역적 조리방법의 특성

■ à 다음에 국명, 도시명, 지명이 오는 것은 Sauce나 Garniture의 지역적 특성을 나타내는 것이 많다.

　à La Florentine: 시금치를 Garnish로 사용함을 의미

　à La Napolitaine: 토마토를 Garnish로 사용함을 의미

■ 지방의 특색을 강조하는 경우

　à L'anglaise : 영국풍의

　à La Provençale: 프로방스풍의

　à L'Espagnole : 스페인풍의

■ 각국의 특별 요리는 불어가 아닌 그 나라의 단어로 적는다.

　예: Potage Minestra는 Potage를 붙이지 않고 Minesrtra로 표기

■ 사람 이름이 올 때에는 à la, au, aux와 같은 관사를 붙이지 않는다.

　예: Tournedos au Rossini(×)

　　　Tournedos Rossini(○)

　　　Péche à la Melba(×)

　　　Péche Melba(○)

제9장 호텔 연회업무

1. 호텔 연회업무

연회(宴會)란 호텔 또는 식음료를 판매하기 위한 제반시설이 완비된 장소에서 2인 이상의 단체 고객에게 식음료와 기타 부수적인 사항을 첨가하여 행사의 본연의 목적을 달성할 수 있도록 하여 주고 그에 따른 응분의 대가를 수수하는 행위를 말한다.

2인 이상의 단체 고객이란 동일한 목적을 위하여 참석한 일행을 지칭하며, 구별된 장소란 별도로 준비된 장소를 말하며, 부수적인 사항이란 고객이 식사 이외의 목적을 달성하기 위한 행위 및 시설 등의 요구사항을 의미한다. 오늘날의 연회는 사회가 복잡해지고 경제가 발전함에 따라 대형화되고 다양하게 이루어진다. 따라서 호텔 연회행사도 점차 방대하게 다발적으로 이루어지기 때문에 그에 따라 대형 연회장을 완벽히 갖추고 연회를 전담하는 부서를 조직화하여 연회 유치에 심혈을 기울이고 있다.

현대의 연회시장은 아직도 연회발생 잠재력이 무궁하므로 개발 여하에 따라서 보다 많은 연회행사를 유치할 수 있는 매력적인 상품이며, 또한 연회매출도 상당히 중요한 부분을 차지하므로 행사 유치에 필요한 홍보 및 활동이 적극적으로 이루어져야 한다.

2. 호텔 컨벤션 유치의 효과

2005년 11월에 있었던 APEC총회에 참석한 아시아·태평양지역 26개국 정상들은 부산의 특급호텔에 투숙하면서 다자간 회의를 숙소호텔에서 개최하여 호텔의 컨벤션 시설을 충분히 활용하였다. 세계적인 정상들이 묵은 호텔들은 호텔 홍보에 성공적인 컨벤션을 충분히 활용하였고, 어떤 호텔은 객실평균요금이 상승하는 계기가 되기도 하였다.

호텔에 컨벤션을 유치했을 때 그 효과는 다음과 같다.

첫째, 이 행사에 참가하는 대표자들은 객실을 비롯하여 식음료, 부대시설, 세탁, 쇼핑, 각종 입장료 수입 등에 기여한다. 둘째, 대형 행사를 유치하면 객실점유율이 높아지고 체류기간을 늘릴 수 있다. 이로 인해 고정경비인 인건비를 절감할 수 있다. 셋째, 비수기의 대형행사 유치는 완만한 영업상황을 상승세로 전환시켜 경영관리자와 종업원의 마음을 편안하게 해준다. 넷째, 행사관련 비즈니스는 단골고객 창출에 큰 도움을 주며, 이러한 행사가 자주 반복되면 호텔의 영업이 크게 활성화된다. 뿐만 아니라 대단위 고객이 구전을 통해 호텔의 홍보요원이 된다. 다섯째, 컨벤션 참가자는 일반적으로 동반자가 있으므로 이들에 의한 부대시설 영업과 쇼핑 판매가 증가한다. 여섯째, 전시회가 수반되는 컨벤션은 규모가 크고, 외부인의 호텔이용을 유도한다.

2016년 문화체육관광부(이하 문체부)와 한국관광공사는 세계 국제회의 통계를 매년 공식적으로 발표하는 국제협회연합(Union of International Associations; UIA)의 세계 국제회의 개최 순위를 인용해 한국이 세계 1위를 기록했다고 발표했다. 국제협회연합은 2016년 한 해 동안 전 세계에서 총 11,000건의 국제회의가 개최되었는데(2015년 12,350건), 이 중 한국은 총 997건의 국제회의를 개최하여 세계 1위를 기록하였으며 세계시장 점유율도 7.5%에서 9.5%로 상승했다고 밝혔다. 한국은 2014년 4위(636건), 2015년 2위(891건)에 이어 2016년 1단계 상승한 세계 1위(997건)를 달성해 세계 국제회의의 주요 개최지로서의 위상을 굳혔다. 2017년도 역시 1위(1,297건)였으나 2018년도(890건), 2019년도(1,113건)에는 싱가폴에 밀려 각각 2위를 기록하였으며, 서울은 2017년 이래 연속 3위를 기록하고 있다.

〈표 9-1〉 국제회의 개최 순위(국가, 도시)

순위	도시	2019년	2018년	2017년	순위	국가	2019년	2018년	2017년
1	싱가포르	1,205	1,238(1)	877(1)	1	싱가포르	1,205	1,238(1)	877(2)
2	브뤼셀	963	734(2)	763(2)	2	한국	1,113	890(2)	1,297(1)
3	서울	603	439(3)	688(3)	3	벨기에	1,094	857(3)	810(3)
4	파리	405	260(6)	268(6)	4	미국	750	616(4)	575(5)
5	비엔나	325	404(4)	515(4)	5	일본	719	597(5)	523(6)
6	도쿄	305	325(5)	269(5)	6	프랑스	665	465(7)	422(8)
7	방콕	293	121(17)	232(7)	7	스페인	531	456(8)	440(7)
8	런던	217	186(8)	166(11)	8	영국	418	333(9)	307(11)
9	마드리드	215	201(7)	159(12)		독일	418	305(10)	374(9)
10	리스본	204	146(10)	135(16)	10	오스트리아	417	488(6)	591(4)

출처 UIA(Union of International Association), International Meetings Statistics Report(매년 6월 발표자료 기준).

3. 연회부서의 조직 및 역할

1) 연회부서의 조직

호텔의 규모와 영업성향에 따라 컨벤션과 연회부문은 마케팅을 주요 업무로 하는 세일즈와 마케팅부서에 소속되어 있거나 식음료부서에 속해 있다. 주로 국제적인 체인호텔은 마케팅부서에 소속되어 판매촉진에 중심을 두고 있지만 연회장의 운영은 식음료부서장의 지휘를 받는 연회서비스부서(Catering Department)에서 이행하게 된다. 이는 세일즈와 마케팅은 참모조직으로서 총지배인을 보좌하고, 식음료부서는 line조직으로서 연회 현장에서 고객에게 서비스하는 영업부서이기 때문이다. 따라서 컨벤션과 연회부문은 연회판촉부서와 연회서비스부서로 구별하며, 연회판촉과 연회예약부서는 다양한 경로를 통해 예약을 접수하고, 이를 연회행사지시서(Banquet Event Order, Function Order)에 의해 연회서비스부서로 넘겨주는 역할을 하며, 연회서비스부서는 연회예약을 통하여 받은 행사를 차질없이 준비하여 집행하는 역할을 한다. 일부 대규모 호텔에서는 식음료부서에 연회판촉지배인을 소속시키고, 판매촉진과 연회장영업을 연회부서장이 직접 책임지

기도 한다. 규모에 따라 호텔 판촉지배인은 각 세분시장별로 적절한 인원을 배정
하게 된다. 컨벤션과 연회부서의 조직도는 [그림 9-1]과 같다.

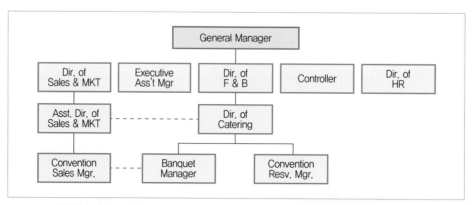

■ 그림 9-1 컨벤션 / 연회부서의 조직도

2) 컨벤션과 연회부서의 역할

(1) 연회 판촉지배인

컨벤션과 연회부문의 판촉지배인은 세일즈와 마케팅부서에 소속되어 마케팅임
원의 지휘에 의해 업무를 진행한다. 각 세분시장별로 맡은 영역을 커버하게 되며,
주로 기업시장(corporate market: 기업과 관련된 모든 시장)과 협회시장(association
market: 각종 협회, 결혼식, 약혼식 등) 등으로 구분하거나 지역별로 업무를 분장
하고 판촉활동을 전개한다. 중소규모 호텔에서는 판촉지배인 1~2명이 시장을 세
분화하지 않고 연회부문 전반에 대해 판촉활동을 한다. 전시·컨벤션 행사기획자
를 방문하고, 여행사와 단체관광객에 대해 논의하며, 기업체의 행사담당자와 관
계를 유지하기도 한다. 판촉지배인은 호텔을 대표하여 외부고객과 마주치는 최초
의 종업원이다. 판촉지배인의 행동, 태도, 언어의 품격에 따라 호텔의 이미지가
달라질 수 있다. 따라서 호텔의 판촉지배인은 전문영역에 정통한 전문가여야 하
고, 지식이 풍부해야 하며, 서비스마인드가 뛰어나야 한다. 뿐만 아니라 지속적으
로 판촉에 성공하기 위해 행사기획자와 지속적인 관계를 유지하고, 호텔 내의 행
사과정에 처음부터 끝까지 책임성 있게 참여하여 고객에게 신뢰성 있는 서비스를
제공함으로써 거래처 관리에 세심한 배려를 기울여야 한다.

(2) 연회 예약지배인

컨벤션이나 연회예약을 담당하는 예약지배인은 판촉지배인을 통해 협의된 내용을 문서화하여 관련 부서에 협조를 구하고, 이를 연회장서비스부서에 넘겨 행사를 진행하게 한다. 판촉지배인을 통하지 않고 호텔을 방문한 연회행사 고객을 위해 충분한 자료와 전문지식을 활용하여 신뢰성 있는 협상을 하여야 한다. 그리고 컨벤션이나 연회행사 기간 동안 고객이 필요로 하는 행정업무를 주관적으로 보필하여 성공적으로 행사를 마칠 수 있도록 고객서비스에 만전을 기한다. 연회예약사무실은 컨벤션과 연회행사를 치르는 공간에 근접한 곳이 거래를 성사시키고, 행사를 진행하고, 마무리하는 데 가장 적합한 장소임에 유념하여 공간을 확보해야 한다. 연회예약사무실에는 고객이 이용하기에 안락한 시설과 가구를 비치하고, 음료서비스가 가능한 공간을 확보하는 것도 필요하다. 시설에 대한 안내서(Fact sheet), 각종 행사에 필요한 장비와 기구, 행사진행은 모니터를 통해 시뮬레이션으로 볼 수 있는 프로그램을 준비하고, 진행했던 주요 행사들은 앨범에 정리하여 고객이 참고할 수 있도록 준비한다.

(3) 연회부서장

연회부서를 관장하는 식음료담당 임원을 비롯하여 식음료영업을 담당하는 식음료부서장의 조직 아래 연회부서가 있고, 이를 담당하는 부서장으로 연회부장 또는 연회차장(Director of Catering)이 있다. 연회부서는 객실영업부서, 식음료영업부서와 같이 고객의 서비스를 담당하며, 재방문 고객을 창출하는 것이 가장 큰 목적이 된다. 연회부서장은 연회부문의 예산을 짜고, 인력계획을 세워 다양한 컨벤션과 연회행사를 품위 있게 치르는 역할을 담당하게 된다. 마케팅과 판촉부서 및 연회장을 운영하는 연회지배인의 업무를 지원하며, 호텔의 고객인 회의기획자와 함께 전반적인 회의와 연회행사를 위한 장소 확인, 장비와 기구 확인, 서비스의 질적 제고를 위한 종업원 서비스 교육, 다양한 행사를 전문적인 시각에서 평가하는 업무도 연회부서장의 역할이 된다. 일부 체인호텔에서는 식음료영업부장이 식음료담당 임원을 보좌하는 직위에서 각종 식당과 음료부문을 책임지고, 연회부서장이 연회업무를 총괄하고 있다. 이는 그 중요성, 전문성, 영업의 성향이 일일 식음료 영업과는 다르기 때문에 조직관리 측면에서 고안된 역할분장이기도 하다.

(4) 연회서비스지배인

컨벤션이나 각종 대형 행사는 연회부서장을 통해 넘겨받은 연회서비스지배인이 그 행사에 맞는 현장의 레이아웃(lay-out)을 하고, 필요한 인력을 확보하게 된다. 뿐만 아니라 행사장에서 서비스를 책임지고 진행하게 된다. 연회서비스지배인은 타 식음료영업장의 지배인과는 조금 다른 업무를 진행하게 되므로 전문성과 오랜 경험이 있는 유능한 지배인으로 보직하게 된다. 연회서비스의 특성은 첫째, 한 번에 대량의 식음료를 서비스한다. 둘째, 동일한 메뉴와 동일한 서비스가 동시에 이뤄진다. 셋째, 예약을 통하여 영업이 가능하다. 넷째, 영업시간은 고객의 요청에 의한다. 다섯째, 행사의 성격에 따라 연회장의 준비도 달라진다. 여섯째, 각종 회의를 수반할 때는 다양한 장비를 목적에 맞게 비치해야 한다. 일곱째, 외부행사도 내부행사에 못지않게 철저히 준비해야 한다.

(5) 연회장 캡틴

곳곳에 펼쳐진 다양한 연회장에서 같은 시간대에 여러 행사를 치를 때, 실제적으로 연회장 하나하나를 책임지고 운영하는 사람이 연회장의 캡틴이다. 이들의 업무는 연회지배인을 보좌하고, 현장서비스를 수행하는 웨이터와 웨이트리스를 리드하고 지원한다. 연회행사지시서(banquet event order, function sheet)에 의해 행사준비 작업을 하고, 행사에 따라 필요한 장비, 기구, 기물들을 준비한다. 행사장의 테이블을 레이아웃된 대로 정리하고 정돈하는 것을 리드하며, 필요시 메뉴를 준비하여 테이블에 비치한다. 서비스에 필요한 인원을 확보하고, 헤드 테이블의 서비스를 직접 수행한다. 행사 후 마무리를 위해 계산서를 검토하고, 고객과 정산작업을 이행하며, 필요한 고객관계 업무와 보고사항을 준비한다.

(6) 연회장 웨이터와 웨이트리스

연회장에 배속된 종업원은 불규칙한 근무스케줄과 테이블의 이동, 설치, 기물의 배치 등 단시간에 매우 많은 업무를 소화해야 하므로 체력, 서비스정신, 서비스 숙련도가 크게 요구되는 직책이다. 주요 업무는 행사장 정돈과 테이블 셋업이다. 이 외에도 각종 기물(Silver Ware, Glass Ware, China Ware, Utensil) 등을 닦아 제자리에 정돈하고, 행사 시 이를 테이블에 비치한다. 행사를 위해 주어진 행사지시서에 따라 연회장을 정리하고 테이블을 배열한다. 연회장 시설이나 기구, 가구 등이 파손되지 않도록 관리하고 만약 보수가 필요하면 캡틴에게 보고하여 제때 관련 부서에 넘겨 활용할 수 있도록 한다. 실내의 온도와 습도의 조정이 필요할 때 캡틴에게 보고하고, 관련 부서에 연락하여 지원을 받는다. 연회행사에 제공될 메뉴를 준비하고, 와인리스트 / 음료리스트가 필요하면 이를 제시하고 주문을 받는다. 순서에 따라 정중하고, 예의바르게 서비스하여 고객의 식사를 돕는다. 코스에 따라 필요한 접시와 집기를 셋업하거나 치운다. 필요한 리넨의 청구, 수령, 반납 등의 업무를 담당하고 사용 후 기물과 기기들을 관련 부서에 반납한다. 연회지배인이나 캡틴의 지시에 따라 연회장의 기타 업무를 수행한다.

제2절 │ 연회의 종류

컨벤션의 종류에는 정부회의, 기업회의, 협회회의 등이 있으며, 정부 간 회의는 외교부가 주관부서가 되어 정부를 대표하는 각급 인사를 국제기구, 정부 간의 회의에 참여하게 하고 이들이 모여 관련사항을 논의하는 회의이다. 기업회의는 관련기업들이 상호이익과 공동의 발전을 모색하고, 관련정보를 교환하기 위해 한 자리에 모여 협의하고 토론하는 자리이다. 협회회의는 주로 비영리단체가 상호 공동관심사를 논의하기 위해 정기적, 비정기적으로 회합을 갖는 것을 말한다. 우리나라 「국제회의산업육성에 관한 법률」 시행령 제2조에 나타난 국제회의의 종류와 규모를 보면 첫째, 국제기구, 기관 또는 법인·단체가 개최하는 회의로서 해당 회의에 3개국 이상의 외국인이 참가할 것, 회의참가자가 100인 이상이고 그중 외국인이 50인 이상일 것, 2일 이상 진행되는 회의일 것. 둘째, 국제기구, 기관, 법인 또는 단체가 개최하는 회의로 「감염병의 예방 및 관리에 관한 법률」 제2조 제2호에 따른 제1급 감염병 확산으로 외국인이 회의장에 직접 참석하기 곤란한 회의로서 개최일이 문화체육관광부 장관이 정하여 고시하는 기간 내일 것, 회의 참가자 수, 외국인 참가자 수 및 회의 일수가 문화체육관광부 장관이 정하여 고시하는 기준에 해당할 것을 요건으로 정하고 있다.

호텔에서 치러지는 연회는 컨벤션과 관련된 각종 연회와 국내 단체의 월례회,

정기총회, 회장단 이·취임식, 송년모임, 신년하례식 등 각종 단체의 회의가 있으며, 각종 학술단체에서 주관하는 콘퍼런스, 세미나, 워크숍 등의 학술회의, 각종 기업이나 협회에서 주관하는 임원회의, 지역장회의, 대리점장회의, 협력업체회의, 상품설명회, 협회모임, 각종 교육 등과 각종 지방자치단체의 모임 등이 있다.

1. 회의의 종류

1) 컨벤션(convention)

컨벤션은 가장 일반적으로 쓰이는 용어로 정부, 각종 단체, 기업 등이 주최하는 대형 국제회의 행사이다. 컨벤션을 개최하는 주최자는 대부분 국제단체와 다국적 기업이다. 기업의 신상품 소개, 전략회의 등을 주목적으로 하는 정기집회에 많이 사용되며 전시회를 수반하는 경우도 흔히 있다. 과거에는 각 기구나 단체에서 개최하는 연차총회의 의미로 쓰였으나, 요즈음에는 총회, 휴회기간 중 개최되는 각종 소규모 회의, 위원회 회의 등을 포괄적으로 의미하며, 연회를 수반한다. 컨벤션을 전문적으로 주관하는 조직은 컨벤션기획가(Convention planner)이다.

2) 콘퍼런스(conference)

컨벤션과 비슷한 용어로 통상적으로 컨벤션에 비해 회의진행상 토론회가 많이 열리고 회의 참가자들에게 토론의 참여 기회도 많이 주어진다. 또한 컨벤션은 다수 주제를 다루는 업계의 정기회의에 자주 사용되는 반면, 콘퍼런스는 주로 과학, 기술, 학문 분야의 새로운 지식습득 및 문제점 토론을 위한 회의에 보다 비중을 둔다.

3) 콩그레스(congress)

콘퍼런스와 같은 의미를 지닌 용어로, 유럽지역에서 빈번히 사용되며, 주로 국제규모의 회의를 의미한다.

4) 회의(meeting)

크고 작은 회의를 총칭하며 가장 포괄적인 용어로 사용된다. 회의는 격식을 갖추거나 격식을 갖추지 않을 수도 있다. 특히 컨벤션, 콘퍼런스 등이 이뤄질 때 부수적으로 진행되는 다양한 회의에는 회의참가자들의 참여를 독려하기 위해 모든 참가자들을 토론그룹에 배정하고 전체회의에서 논의된 사항을 보고하는 자문회의(buzz session), 본회의 기간 중 또는 휴회기간 중 소집하여 위임된 사항을 연구 검토하고 토론하여 본회의에 건의하는 위원회회의(committee meeting), 의사결정 순서가 비밀리에 진행되는 집행회의(executive session) 등의 회의가 함께 진행된다.

5) 심포지엄(symposium)

제시된 안건에 대해 전문가들이 다수의 청중 앞에서 벌이는 공개토론회로서 포럼에 비해 다소의 형식을 갖추며 청중에게도 질의의 기회가 주어지지만 한정적이다.

6) 포럼(forum)

사회자의 주도하에 청중 앞에서 벌이는 공개토론회로서 제시된 한 가지의 주제에 대해 상반된 견해를 가진 동일 분야의 전문가들이 서로의 주장을 펼치며, 청중의 자유로운 질의와 응답이 이뤄진다.

7) 패널토의(panel discussion)

청중이 모인 가운데 2~8명의 연사가 사회자의 주도하에 서로 다른 분야에서 전문가적 견해를 발표하는 공개토론회로서 청중도 자신의 의견을 발표할 수 있다.

8) 세미나(seminar)

주로 교육목적을 띤 회의로 30명 이하의 참가자로 이루어지며 참가자 중 1인의 주도하에 특정 분야에 대한 각자의 지식이나 경험을 발표하고 토의한다.

9) 강연(lecture)

한 사람의 전문가가 일정한 형식에 따라 강연하며 청중에게 질의 및 응답의 시간을 주기도 한다.

10) 워크숍(workshop)

콘퍼런스의 일부로 조직되는 훈련 목적의 회의로 30~35명 정도의 인원이 특정

문제나 과제에 대한 새로운 지식, 기술, 전략 등을 서로 교환한다.

11) 원격회의(teleconferencing)

회의 참가자가 회의 장소를 이동하지 않고 국가 간 또는 대륙 간 통신시설을 이용하여 화상으로 진행하는 회의이다. 이는 시간과 비용을 절약하고, 준비 없이도 회의를 개최할 수 있는 장점이 있으며, 고도의 통신기술을 활용하여 회의를 개최할 수 있다.

2. 연회의 종류

컨벤션과 전시회가 개최되는 호텔의 연회장에서는 초청리셉션, 만찬, 각양각색의 크고 작은 파티, 이벤트 등 다양한 행사가 함께 이뤄진다. 또한 이벤트형으로는 전시회, 패션쇼, 콘서트, 디너쇼, 콘테스트 등이 있으며, 호텔 자체에서도 특정한 날 이벤트나 프로그램을 만들어 고객에게 홍보해서 식음료를 판매하는데 어린이날, 어버이날, 크리스마스이브, 송년의 밤 행사 등이 있다. 또한 결혼식, 가족모임, 각종 단체모임 등의 행사를 치르게 되는데 이러한 행사는 목적과 규모에 맞게 스케줄에 의한 관리가 필요하고, 고객만족서비스를 위한 조직적 대처가 요구되며, 각 연회의 종류는 다음과 같다.

1) 컨벤션 연회

초청리셉션, 만찬, 각양각색의 크고 작은 파티, 이벤트가 이뤄진다. 컨벤션 연회의 종류에는 오찬, 만찬, 리셉션, 칵테일파티가 있으며, 오찬에는 참가자의 편의를 위해 가능하면 뷔페형으로 서비스하고, 주류는 제공되지 않는다. 디너는 격식에 따라 정식, 준정식, 약식 등이 있고, 각 파티에 따라 복장과 형식을 사전에 요구하기도 한다.

2) 기업연회와 사회단체연회

기업연회와 각종 사회단체의 연회에는 창업 축하연, 창립기념일, 신년하례, 송년회, 전략회의와 단합대회, 각종 사회단체의 친목회, 동창의 밤 등이 있다. 격식을 차릴 수도 있고 격식 없이 식사와 유흥에 맞추어 연회를 베풀 수도 있다.

3) 가족연회

가족연회는 결혼식과 피로연, 약혼식, 회갑잔치, 칠순잔치, 돌잔치, 생일파티, 결혼기념일 등 가족들에게 특별한 날을 기념하기 위해 베푸는 연회로서 목적에 맞게 데커레이션과 연주가 따른다.

▌그림 9-2 **호텔의 연회장**(상: 콘퍼런스, 하: 가족연)

4) 이벤트 연회

이벤트 연회는 전시회, 패션쇼, 콘서트, 디너쇼, 각종 콘테스트 등과 함께 이뤄지는 연회로 주제에 맞게 음식과 데커레이션을 준비하고, 참가자에게 복장 등을 요구하거나 입장을 제한하는 경우도 있다.

5) 칵테일파티

컨벤션이나 콘퍼런스 등을 전후하여 초청리셉션, 만찬 등의 코스로 참가자들이 식사하기에 앞서 분위기를 돋우고, 담소하는 자리를 마련하게 된다. 이때 주로 칵테일파티를 열며 각종 청량음료, 와인, 칵테일 등이 카나페(canape)와 함께 제공된다.

6) 출장연회

고객의 요구에 의해 호텔을 떠나 주최 측이 원하는 장소에서 식음료서비스를 하는 연회행사로 최근에 크게 성장하는 연회의 형태이다.

제3절 연회예약 업무

컨벤션과 연회예약은 컨벤션 기획사와 기업들에 의해 이뤄진다. 그 외의 연회는 고객이 직접 내방하거나 전화, 팩스, 인터넷 등으로 접수하게 되며, 연회판촉지배인의 활동에 의해 이루어진다. 고객이 예약을 문의하면 제일 먼저 연회의 성격이나 규모를 파악한 다음, 예약상황을 검색하여 고객이 원하는 일시에 필요한 연회장의 현황을 먼저 점검한다. 연회장 공간이 사용 가능하다면 고객과 이용 내용에 대해 협상하여 예약서를 완성한다.

예약서에 기록하는 주된 내용은 다음과 같으며, 고객과 협상한 내용을 차례대로 기록해 나가고 완성되면 연회지시서를 만들어 관련부서에 보내고 행사의 진행을 확인한다.

1) 컨벤션기획사와 기업체를 위한 견적서 작성

대규모 컨벤션을 유치하기 위해 컨벤션 판촉지배인이 외부활동을 하는 동안 연회예약지배인은 필요한 사항을 빠짐없이 챙겨 행정적 뒷받침을 하게 된다. 견적서는 각 판촉지배인이 작성할 수도 있지만 전체적인 조율과 조정을 위해서는 예약지배인이 작성하는 것이 일반적이다. 컨벤션기획사 측으로부터 그들이 국제입찰에 참여하거나 그들의 행사를 진행하기 위해 견적서를 요청받게 되면 연회의 성격, 규모, 인원 수, 스케줄을 파악한 후 이에 적합한 견적서를 작성한다. 컨벤션기획사나 기업체가 해당 호텔에 견적을 요구할 때는 항상 경쟁호텔에도 같은 내용으로 견적을 요청했을 것이라는 전제하에 견적서를 제출하는 것이 합당하며, 정성과 내용이 알찬 견적서가 선택될 가능성이 높다는 것에 유념하여 업무를 이행해야 한다.

2) 연회일시

고객이 원하는 날짜를 제시하면 예약장부를 열람하여 연회장의 사용여부를 체크하고 만약 그 날짜에 앞선 예약이 있다면 그 예약이 확정적인지 잠정적인지를 확인한다. 잠정적 예약이라면 그 예약자에게 연락을 취해 빠른 결정을 요구해서 계약금을 받아 예약을 확약한다. 연회예약에서 시간은 연회장의 효율적인 운영을 위해 대단히 중요한 요소이다. 연회장의 사용 시간대는 크게 조·중·석식의 시간대로 나누어 관리하여 매출의 극대화를 기해야 한다. 예약을 받을 때 중식은 12시~15시 30분까지로 한정하고, 석식은 18시 이후로 정하여 중식 후 석식을 준비할 수 있는 시간적 여유를 두어야 한다. 만약 고객이 원하는 시간이 맞지 않으면 앞선 예약을 확약하고, 그 후 발생하는 예약은 시간적 여유를 고려해서 예약을 받아야 한다.

3) 연회장소

호텔은 대·중·소규모의 연회장을 여러 개 보유하고 있으므로 연회의 종류와 인원에 맞게 적절한 장소를 배정하는 것은 연회장 매출의 극대화와 효율적인 운영을 위해 매우 바람직한 일이다. 연회장 수용범위의 기준은 면적과 연회장의 스타일 및 레이아웃이다.

4) 제공될 식음료 협의

연회에 서비스되는 메뉴는 사전에 준비된 시식품을 바탕으로 고객과 협의한다.

경우에 따라서는 특별메뉴를 주문하는 경우도 있고, 예산에 맞는 메뉴를 요구하는 경우도 있다. 메뉴를 추천할 때에는 연회의 성격에 맞는 것을 제안하고, 음료도 함께 판매하므로 up-selling에도 힘써야 한다. 주문을 받을 때에는 첫째, 확정인원(guarantee person)과 예상인원(expected person)을 설명하고, 이를 확정한다. 둘째, 메뉴별 최저인원(minimum attendee)과 최저매출(minimum revenue)을 이해시킨다. 셋째, 외부반입 음료에 대한 서비스요금 부가(corkage charge)에 대해 논의하고, 이를 주문서에 포함한다.

5) 안내판 내용 협의

행사를 주관하는 주체 측은 행사장 안내판을 잘 보이는 곳에 부착하거나 게시해 줄 것을 요청한다. 외부에는 현수막(banner), 내부에는 안내판(sign board)을 품위 있게 제작하여 부착한다. 행사의 규모에 따라 또는 호텔의 홍보계획에 따라 현수막을 무료로 제공하는 경우도 있지만, 청구하게 되는 경우 장비, 기구, 현수막, 부가서비스 요금 등을 빠짐없이 계상한다. 안내판을 제작할 때에는 주최 측이 제공하는 내용을 충분히 이해하고, 오자와 탈자가 없도록 제작을 의뢰하는 것이 중요하다.

컨벤션에 사용되는 각종 안내판은 외국어 표기를 정확하게 해야 하고, 요청이 있을 때 각종 인쇄물, 편지지와 편지봉투도 준비해야 한다.

6) 선수금의 수령

연회고객과 행사에 대한 모든 협의가 끝나면 예약금을 받는다. 연회예약은 일반적으로 예상금액의 30% 이상을 예치하여 행사진행에 대한 위험부담(risk)을 줄인다. 예치금을 입금시키면서 영수증과 함께 연회계약서를 작성하여 고객과 예약지배인이 각각 서명하여 부본을 고객에게 교부한다.

7) 연회행사지시서(Function Order)의 작성과 배부

연회계약서가 완성되면 늦어도 행사일 7~10일 전에 연회행사지시서를 작성하여 필요한 결재를 득한 후 각 부서에 업무를 할당하고, 협조를 요청한다. 작성요령은 연회행사지시서에 있는 각종 내용을 채워 나가면서 특이사항은 상세히 기록하면 된다.

〈표 9-2〉 연회행사지시서(Function Order)

The World Best Smile Hotel Busan

FUNCTION ORDER

DATE : Sept. 14, 2017	DAY : Thursday	TIME : 19 : 00~22 : 00 C-3

VENUE : Gaya (Dinner), Silla A+B+C(Cocktail)	TYPE OF FUNCTION : Post-Naming Cocktail & Dinner

GUARANTEED : 56 PAX	EXPECTED : 60 PAX	SEATS : 60PAX

ENGAGER : Mrs. Elisabeth Schuler	COMPANY : Rickmers Reederei GmbH & Cie.KG

TEL # : +001+49+40+389+177+312	E-mail : e.schuler@rickmers.com	FAX # : +001+49+40+389+177+500

ADDRESS : Neumuehlen 19,22763 Hamburg, German

NAME OF PARTY : Post Naming Ceremony

BILLING INSTRUCTION : Master Foli	DEPOSIT : Non

FOOD & PRICE : Menu Price : ₩ 150,000++ = ₩ 181,500(INCL) 　　　(See Attached Menu) Wine & Champagnes : － Champagnes 　Moet Chandon Imperial / Brut. 　₩ 150,000++ = ₩ 181,500(INCL) － White Wine 　Mouton Cadet, Medoc, Baron & Philippe. 　₩ 70,000++= ₩ 84,700(INCL) － Red Wine 　Villa Antinori Chianti Classico. 　₩ 80,000++ = ₩ 96,800(INCL)	SET-UP REQUIREMENTS Room Set-Up *1. Standing Cocktails(Silla A+B+C, 19 : 00~19 : 30)* 　*－ Glass High Table & Lighting & Flower* 　*－ Bistro Tables with flowers* 　*－ Complimentary dry snacks and cold canapes* *2. Dining Area(GBR A, 19 : 30~22 : 00)* 　*－ Cherry Blossoms Theme Decoration : ₩1,500,000+* 　　*＊Same as Hamburg Deco will be set up East Aisle* 　　*＊to stage Cherry Blossoms Deco* 　*－ Gaya Room Stage must be extended.* 　*－ Podium 2 Ea with mike* 　*－ 7 Round Table * 8 People each (To be revised)* 　*－ Red Color Table Top Flower on the table* 　*－ White Table Cloth (no need runner)* 　*－ White Chair Cover with Red Ribbon* 　*－ Registration Desk will be set up across Kuromatsu* 　*－ Korean Traditional Dance Troupe : : ₩ 1,700,000+* 　*－ Menu design shall be Teekay type*

BEVERAGE & CORKAGE FEE : Post-Dinner Cocktail : Open Bar Set-Up

P/R & G. DESIGNER : None	TYPE OF ICE-CARVING : Type of seagull (Comp.)
ENGINEERING : Need	SOUND & LIGHTING : M/C 2, Podium 2.
BANNER : Comp.	CANDLE & DRY ICE & SOAP DROP : None
PHOTO : NONE	STEWARDING : None
FLOWER : See the BQ Manager	
HOUSEKEEPING : None	PARKING & VEHICLE DISPATCH : None
SIGN BOARD : To be advised	
DATE : Aug. 28. 2017 INCHARGED BY : D. H. Park	APPLICANT BY : G. H. Lee

〈표 9-3〉 연회예약 접수명세서(L 호텔의 사례)

	擔當	課長	部長

HOTEL LOTTE
POSTAL ADDRESS: C.P.O. BOX
3500 K23533-5, K28313
CANLE: HOTEL IOTTE
TEL. 771-10 SEOUL KOREA

宴會豫約接受明細書
AGREEMENT

行事場 ROOM: | 行事形式 TYPE OF FUNCTION:

行事日 DATE: | 行事時間 TIME:

行事名 NAME OF FUNCTION: | 主催 ORGANIZATION:

住所 BILLING ADDRESS: | 電話 OFFICE:
| TEL: HOME:

豫約者 ORGANIZER: | 職位 POSITION | 豫約金 DEPOSIT | ₩ NO:

豫想人員 EXPECTED: | 支拂保證人員 GUARANTEED: | 支拂關係 PAYMENT | CASH: CHARGE:

單價 UNIT PRICE:
- FOOD: | CANAPE: | CAKE:: | SC:
- RENTAL: | FLOWER: | BANNER:
- TRANSPTN: | PHOTO: | ICE CARV:
- MUSICIAN: | VAT:

SERVICE MANAGER

1. TABLE SHAPE

T	I	U	O

2. EQUPMENT:
3. iNDVIDUAL MENU:
4. OTHERS:

SIGN BOARD

BAR

FULL	SOFI	CONSUMPTION	LIMITED
CORK-AGE	BRINGING-IN BTL	CHARGE	F.O.C.

WINE	W
	R
	CH

RORIST

ART ROOM

DUTY MGR.

MENU

OTUERS
- RECEPTION TABLE/SIGN BOOK
- TELEPHONE
- NAME TAG/PLACE CARD
- SEATING ARRANGEMENT
- FLAG
- BLACK · BOARD/WHITE
- FLIP CHART
- PODIUM

SOUND ROOM
- MIC · TABLE
    STAND
    WIRELESS
- PROJECTOR · OHP/SLIDE/VIDEO
- POINTER · ELECTRIC/LASER
- SCREEN
- RECORD PLAYER
- STS
- HEAD · PHONE SET

* 上記 協議된 事項은 兩側의 事前合意없이 一方的으로 바꿀 수 없습니다.

* 上記 行事에 發生된 金額은 호텔로부터 請求書를 받는 대로 모든 金額을 支拂하여야 하며 30日이 超過하면 法的 節次에 準합니다.

* 上記 協議된 事項外에 追加나 變動할 事項이 있으면 곧 저희 宴會部로 通報하여 주십시오.

If you bave any changes or addition, Please call me immediately.

20 . . .

豫約者署名 GUEST SIGNATURE:
宴會擔當者署名 PREPARED BY:

宴會豫約室: 778-4015/6, 771-1-(241/4)
(Banquet Reservation Office)
宴會販促部: 778-4241/5, 771-10(230/3)
(Sales & Marketing Office)

〈표 9-4〉 연회예약 선수금 카드(L 호텔의 사례)

HOTEL LOTTE
ADVANCE BANQUET DEPOSIT RECORD

GUEST NAME:	DATE:
AGENT/FIRM	DEPOSIT ₩ $
ADDRESS:	CHECK☐ CASH☐
DATE OF CHECK:	CHECK NO:
ARRIVAL DATE:	DEPARTURE DATE:
REC'D BY	ACCOUNTANT
	ORIGINAL

〈표 9-5〉 연회행사지시서(Event Order)

HOTEL LOTTE
POSTAL ADDRESS: C.P.O. BOX
3500 K23533-5, K28313
CABLE: HOTEL IOTTE
TEL. 771-10 SEOUL KOREA

宴會行事通報
EVENT ORDER

擔當	支配人	課長	部長

行事場 FILE NO:	作成日 PREPARED:
行事場 ROOM:	行事形式 TYPE OF FUNCTION:
行事日 DATE:	行事時間 TIME:
行事名 NAME OF FUNCTION:	主催 ORGANIZATION:
住所 BILLING ADDRESS:	電話 OFFICE: TEL: HOME:
豫約者 ORGANIZER:	職位 POSITION 豫約金 DEPOSIT ₩ NO:
豫想人員 EXPECTED:	支拂保證人員 GUARANTEED: 支拂關係 PAYMENT CASH: CHARGE:

單價 UNIT PRICE:	FOOD:	CANAPE:	CAKE::	SC:
	RENTAL:	FLOWER:	BANNER:	
	TRANSPTN:	PHOTO:	ICE CARV:	
	MUSICIAN:			VAT:

SERVICE MANAGER

1. TABLE SHAPE

T	I	U	D	O

2. EQUPMENT:
3. INDVIDUAL MENU:
4. OTHERS:

SIGN BOARD

BAR

FULL	SOFI	CONSUMPTION		LIMITED

CORK-AGE	BRINGING-IN BTL	CHARGE	F.O.C.

WINE	W
	R
	C.H

FLORIST

ART ROOM

DUTY MGR.

MENU

8) 예약의 취소와 변경

연회를 예약한 고객이 사유에 의해 취소나 변경을 요구할 경우 계약의 조건에 따라 처리한다. 예약의 내용이 변경되거나 취소되면 'Revise Slip'을 작성하여 즉시 관련부서에 통보하여야 한다. 그리고 연회예약장부(banquet control book)에도 그 결과를 정리한다. 취소의 경우 계약금 환불문제가 생기는데, 특별한 경우를 제외하고 행사일 하루 전의 취소는 불가능하며 요금징수에 협상이 이루어져야 한다. 2일 전의 취소 시 계약금의 50%를 공제하고, 그 이상은 전액을 환불하는 것이 일반적이다.

제4절 연회장의 서비스상품

1. 식음료 서비스

연회장에서는 호텔 내의 식음료 영업장에서 취급하는 모든 메뉴를 서비스할 수 있으나 조리부서 시스템 및 서비스 인력, 매출과 이익을 고려하여 고객에게 제안한다. 연회메뉴는 종류별로 등급화되어 고객의 선택이 용이하도록 구성되어 있으므로 대량인원으로 인한 동일한 메뉴를 제공하는 데 별다른 문제가 없다. 그러나 연회메뉴는 신축성이 높아 고객과의 협상을 통하여 특별한 메뉴를 구성할 수도 있다.

1) 식사서비스상품

(1) 조찬메뉴

한식, 일식, 양식, 조식뷔페 등의 메뉴를 구성할 수 있다.

(2) 정찬과 만찬메뉴

중식, 석식에 제공되는 것으로 한·일·중·양식의 정식이 등급별로 세트화되어 있고, 뷔페 메뉴와 일품요리(à la carte) 메뉴를 준비할 수도 있다.

(3) 뷔페메뉴

뷔페메뉴도 등급별로 구성할 수 있으며, 착석뷔페(seating buffet)와 입석뷔페(standing buffet)로 나눌 수 있다. 입석뷔페는 서 있는 자세에서 자유롭게 이동하면서 환담을 곁들여 식사를 하므로 가급적 나이프를 사용하지 않고 포크를 사용하도록 대부분의 요리는 커트해서 제공된다.

(4) 칵테일 리셉션의 음식 메뉴

칵테일 리셉션은 공식 만찬에 들어가기 전에 이뤄지는 입석형식의 가벼운 파티이므로 담소하면서 간단하게 먹을 수 있는 요리로서 오드블(hors d'oeuvre), 과일 카나페(vagetable canape), 채소 렐리시(vegetable relish), 스낵류 등이 주로 제공된다.

(5) 티파티(tea party) 메뉴

식사 전후에 간단하게 쿠키, 과일, 카나페, 커피, 홍차, 녹차, 음료수 등이 제공된다. 칵테일 리셉션이 없는 연회행사에 이를 제안한다.

(6) 커피 휴식(coffee break) 메뉴

각종 회의를 진행하는 동안 잠시 쉬는 시간을 이용하여 커피, 홍차, 녹차, 음료수 등과 다과류가 제공되는 메뉴이다. 컨벤션에서는 각급 중·소규모 회의가 수없이 이뤄지는데, 이러한 세션에는 꼭 'Coffee Break'이 따른다.

(7) 출장연회 메뉴

출장연회는 호텔 외부에서 요리가 제공되는 특수성으로 인하여 대부분의 메뉴는 뷔페나 칵테일 리셉션으로 구성되며, 이동 시 보온과 보냉에 강한 장비와 단시간에 상하지 않는 메뉴로 구성한다.

2) 음료서비스상품

연회석상에서의 음료는 테이블 위에 원하는 품목과 수량을 진열하는 'Table Service Bar'와 고객이 직접 품목을 주문하는 'Bar Service'가 있다. 전자는 주로 정찬과 Seating Buffet에서, 후자는 Standing Buffet와 Cocktail Reception에서 이루어진다. 각종 연회에 설치되어 서비스되는 바에는 호텔 브랜드(house brand)와 국내산 브랜드(domestic brand)의 음료로 구성되는 'Standard Bar'와 수입음료로 구성되는 'Deluxe Bar'로 구분된다. 부가되는 요금을 설치 시간으로 계산하는 방법과 소모된 음료의 양으로 계산하는 방법이 있다. 스탠더드 바는 Whisky, Gin, Vodka, Rum, Campari, Vermouth, Wine, Beer, Juice, Mixer류 등으로 구성하며, 디럭스 바에는 스탠더드 바 품목에 Aperitif류, Liquor류, Brandy가 추가되고, 와인, 맥주, 주스, 믹서류가 수입품 브랜드로 구성된다.

한편 Cash Bar의 경우는 Cashier가 연회장 내에 계산대(NCR)를 설치하고 현금으로 취급판매하는 것을 말한다. 이때 Cashier는 웨이터 혹은 고객으로부터 직접 현금을 받아서 Order Pad를 받아서 Bartender에게 넘겨주면, Bartender는 주문한 음료를 고객에게 제공한다. 연회 종료 후 Order Pad를 집계하여 Cashier의 판매액과 비교하여 정산한다.

2. 각종 회의실과 기자재의 대여

1) 연회장 대여

호텔은 대규모, 중규모, 소규모 회의나 전시회, 이벤트 등을 위해 연회장을 대여하게 되는데 대여요금은 연회장의 규모, 사용 시간에 따라 청구한다. 회의와 식사를 함께 예약하는 경우와 회의를 위한 공간만 예약하는 경우에는 협상에 따라 각각 다른 요금을 부과할 수밖에 없다.

2) 기자재 대여

각종 회의를 위한 연회장의 기자재로는 회의실 기자재(meeting equipments)와 시청각시스템(audio-visual system), 조명시스템(lighting system) 등이 있다. 행사의 규모와 매출의 규모에 따라 기자재의 요금을 부과하는 경우와 무료로 제공하는 경우가 있으며, 대부분이 협상에 의해 요금을 청구하게 된다.

(1) 일반 기자재

회의실 기자재에는 행사의 명칭, 시간, 장소 등을 안내하는 안내판을 비롯하여 조립식 무대, 무대 위에 까는 붉은색 카펫, 연설을 위한 포디엄(podium)과 렉턴 (lectern), 브리핑에 사용하는 플립 차트(flip chart), 소형 화이트보드(white board), 흑판(black board), 댄스 플로어(dance floor), 번호봉(numbering stand), 피아노, 각국의 국기 등이 있다.

(2) 시청각 시스템(audio-visual system)

시청각 기자재에는 각종 마이크(Microphone), 18mm Motion Picture, Overhead Projector, Reel to Reel Recording System, Video Beam Projector, Video Camera & VHS Recorder, Slide Projector, Laser Pointer & Electric Pointer, Portable Screen & Automatic Screen, Multi-vision, Simultaneous Translation System, Walkie-Talkie, Turntable & Cassette Deck 등이 있다.

(3) 조명 시스템(lighting System)

호텔연회장에는 연회장의 규모와 목적에 따라 많은 조명이 설치되어 있으며, 특별한 행사에는 여기에 맞는 조명을 추가로 설치하게 된다. 조명등의 종류로는 대상물에 고정하는 Pin Spot Light, 등장인물에게 집중적으로 비춰주는 Long Pin Spot Light, 무대 위쪽 테두리를 비춰주는 Border Light, 무대 위쪽을 수평으로 비춰주는 Horizontal Light, 무대 중앙에 설치된 공 모양의 회전용 조명으로 Mirror Ball, 무대를 중심으로 번쩍거리는 Strobe Light, 무대 위에 안개를 뿜어내는 Fog Machine 등이 있다.

3. 그 밖의 서비스상품

호텔이 제공하는 연회에는 행사의 멋과 품위를 극대화하기 위해 매우 다양한 전문가들이 필요한 서비스를 제공한다. 호텔의 연회장에서 제공하는 그 밖의 서비스상품으로는 꽃꽂이, 사진, 비디오, 엔터테인먼트, 각종 목적에 적합한 케이크, 아이스카빙, 현수막, 비즈니스센터 서비스, 리무진 서비스 등이 있다. 이러한 서비스상품도 협상의 대상이 되며, 고객의 요청에 따라 제공되고, 합당한 요금을 부과한다.

제5절 연회서비스와 사후관리

1. 연회장의 테이블 배열

연회는 컨벤션을 축하하는 공식적인 행사이므로 격식을 갖추고, 에티켓과 매너를 지키면서 진행되기 때문에 행사의 종류와 인원에 따라 철저히 준비함으로써 성공적인 컨벤션에 기여하게 된다. 연회장이 타 식음료영업장과 다른 점은 고객의 요청에 의해 공간과 서비스가 이뤄진다는 것이다. 따라서 호텔은 테이블의 배치를 다양하게 할 수 있도록 시뮬레이션을 통한 자료를 확보하고, 주최 측과 협의하여 테이블의 배열을 완성해야 한다. 연회장에 테이블을 배치하는 방법은 원형테이블, 타원형 배열, T형 배열, E형 배열, I형 배열, U형 배열, 사각형 배열, 극장식 배열, 교실형 배열 등이 있다.

1) 원형 테이블(Round table shape)

많은 인원을 수용하여 식사와 함께 제공하는 연주회, 디너쇼, 패션쇼 등에 이용되는 형태이다. 테이블과 테이블 간격은 3.3m 정도, 의자와 의자 사이의 간격은 90cm 정도로 하고, 양쪽 통로는 60cm 공간을 유지하도록 한다. 테이블은 무대를 중심으로 중앙부분을 고정한 뒤 앞줄부터 맞추면서 배열하면 되지만 뒷줄은 앞줄의 중앙부분이 보일 수 있도록 지그재그 식으로 맞춘다.

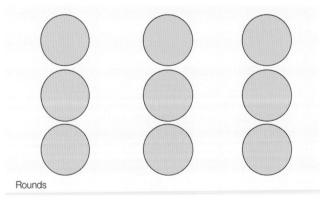

Rounds

▎그림 9-3 Round table shape

2) 원형 배열(Oval shape)

타원형은 양쪽에 반달형 테이블(half round table)을 붙여서 사용한다. 이는 I형 테이블의 모형과 비슷하게 배열된다.

3) T형 배열(T-shape)

이 형은 많은 손님이 상석에 앉을 때 유용하다. 상석을 중심으로 T형으로 길게 배열할 수 있으며, 상황에 따라 테이블의 폭을 2배로 늘릴 수 있다.

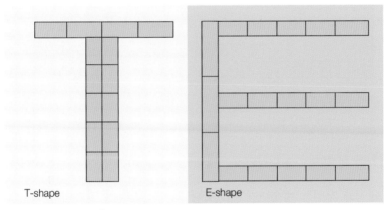

T-shape   E-shape

∥그림 9-4 T-shape & E-shape

4) E형 배열(E-shape)

E형은 많은 인원이 식사할 때 활용되며 테이블 안쪽의 의자와 뒷면 의자의 사이는 출입이 편리하게 120cm 정도의 간격을 유지해야 한다.

5) I형 배열(I-shape)

예상되는 참석자 수에 따라 테이블을 배열하고, 의자와 의자의 간격은 60cm의 공간을 유지하도록 한다.

6) U형 배열(U-shape)

U형에서는 일반적으로 직사각형 테이블을 사용하는데, 테이블 전체 길이는 연회행사 인원 수에 따라 다르게 배치한다. 일반적으로 의자와 의자 사이는 50~

60cm의 공간을 유지한다. 테이블클로스는 양쪽이 균형 있게 내려와야 하며, 헤드 테이블 앞쪽에는 드레이프스(drapes)를 붙여 고객의 다리가 보이지 않게 한다.

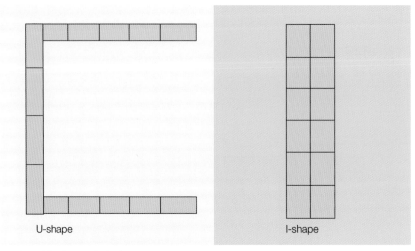

그림 9-5 U-shape & I shape

7) 사각형 배열(Square-shape, Hollow-shape)

U형 테이블 모형과 비슷하게 배열하나 테이블 사각이 밀폐되기 때문에 좌석은 외부 쪽에만 배열한다.

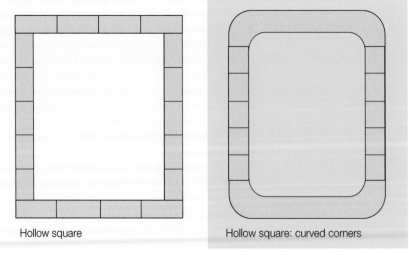

그림 9-6 Square shape & Hollow shape

8) 극장식 배열(Theater-style)

의자만을 배치하는 것으로 의자와 의자 사이의 공간과 의자의 앞줄과 뒷줄의 간격을 적절히 맞춰 고객이 이용하는 데 불편하지 않게 배열한다.

연설자의 테이블과 첫 번째 줄은 앞에서 2m 정도의 간격을 유지하고, 400명 이상의 홀 좌석 배치는 통로가 1.5m 이상의 넓이를 유지하도록 한다. 소연회일 경우는 복도 폭이 1.5m 정도가 되도록 한다. 의자의 배치를 똑바로 하기 위해서는 긴 줄을 이용하여 가로, 세로를 조화롭게 맞춘다.

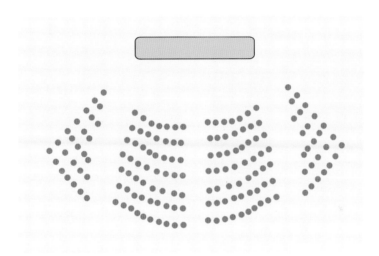

┃그림 9-7 Theatre/Auditorium： Center aisle/semicircular

┃그림 9-8 Theatre/Auditorium： Center block and curved wings

9) 교실형 배열(Class-style)

세미나 테이블을 이용하여 교실의 책상과 의자처럼 배열하는 것으로 무대와 앞 테이블의 간격은 1m 정도 떨어지게 설치하고, 중앙 복도의 간격은 1.5m 이상 띄우며, 테이블과 테이블의 간격은 150cm, 의자와 의자 사이의 간격은 40cm 정도로 배열한다. 일반적으로 1개의 테이블에 3개의 의자를 배치한다.

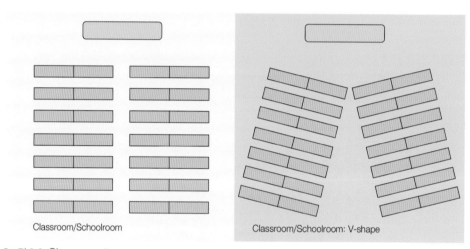

Classroom/Schoolroom

Classroom/Schoolroom: V-shape

┃그림 9-9 Classroom type

2. 연회고객의 좌석 배치

연회장에 고객을 모시고 연회를 베푸는 것은 컨벤션에서 빠질 수 없는 공식적인 행사이므로 음식, 분위기, 의전, 무대행사 등 모두가 매우 중요한 요소들이다. 테이블에 명패를 비치하고, 격식에 맞게 안내하고, 식전행사를 진행하고, 식사를 즐겁게 할 수 있도록 준비하는 것은 호텔의 품격과 서비스품질에 크게 영향을 미치며 나아가서 호텔의 이미지를 높이는 계기가 된다. 연회는 주빈이 있는 경우와 주빈이 없는 경우, 주빈으로 부부가 참석하는 경우, 주빈 혼자 참석하는 경우로 구분하여 좌석을 배치하게 된다. 주빈의 자리는 테이블의 중앙이며 출입문의 반대편에서 출입문을 향해 배열한다. 부부가 참석할 경우 부인은 남편의 왼쪽에 앉는 것이 예의이며, 주빈이 없는 연회의 I형 테이블에는 부부가 각각 마주보면서 반대편 테이블에 앉게 된다. 또한 공동주최의 만찬에는 각각의 부부가 마주 앉고 부인은 남편의 왼쪽에 앉으며 초청고객은 그 옆으로 앉게 된다. 모든 식음료서비스는 주빈을 중심으로 먼저 서비스하게 된다.

3. 연회서비스 방법

연회서비스는 많은 참석자에게 같은 서비스를 동시에 진행해야 하므로 서비스에 필요한 인원을 충분히 확보하고, 리허설을 거쳐 진행에 차질이 없도록 한다. 연회의 성격에 따라 준비와 서비스 방법을 다르게 하기도 한다.

1) 식음료 제공 시 서비스 방법

(1) 칵테일 리셉션

칵테일 리셉션은 정식 전에 실시하거나 정식과 겸해서 이행하게 된다. 정식 전의 칵테일 리셉션은 대개 본 연회장 앞의 복도(foyer)나 별실을 이용하여 개최하는데 음식은 간단한 오드블 정도이고, 바는 인원의 규모에 따라 적당한 위치에 2~4곳에 설치한다. 음식은 참석 고객들의 자리에서 고객접점 서비스요원들에 의해 코스별로 서비스되지만 칵테일 바를 중심으로 이뤄지는 칵테일파티는 고객이 찾아오면 서비스해 주는 경우도 있고 대개 서비스요원이 트레이에 칵테일과 주스류를 담아 현장을 돌면서 서비스하기도 한다. 잔에 든 음료를 서브할 때는 종이 냅킨에 싸서 서브하여 물기가 고객의 손에 묻거나 흘러내리지 않게 한다.

(2) 정식코스 서비스

연회지배인은 사전에 서비스 요원들의 담당구역을 정하고, 첫 번째 코스의 음식은 전체 인원에게 동시에 서브되어야 하므로 캡틴이나 지배인이 주빈부터 서브하는 것을 신호로 동시에 맡은 구역을 서브한다. 지배인은 코스가 진행되는 상황을 면밀히 관찰하고, 전체의 흐름에 맞춰 캡틴에게 신호를 보내고 웨이터와 웨이트리스는 그 동작에 맞춰 서브를 진행한다.

(3) 가족연회

가족연회는 결혼피로연, 약혼식, 회갑연, 수연, 돌잔치, 축하연 등이 주종을 이룬다. 일반적으로 가족연은 의식, 식사, 여흥이 따르게 되므로 각 종류별로 필요한 준비를 사전에 해두어야 한다. 연회행사를 맡은 지배인이나 캡틴은 행사 순서를 잘 파악하여 식순에 따라 행사를 주도적으로 진행해 나가며 매우 부드럽고, 매끄럽게 행사의 순서를 잘 연속해 나가야 한다.

가족연에는 사후 방문객에게 별도의 인사를 위한 방명록 기록이 매우 중요하므로 접수대를 설치하여 필요한 기자재 및 필기구를 준비해야 하고, 식순에 따라 케이크, 안개, 아이스카빙, 피아노, 엔터테인먼트 등도 사전에 점검해야 한다. 연회장의 분위기를 고취시키기 위해 배달되는 화환, 꽃바구니 등은 입구와 행사장에 적절히 안배하여 진열하고, 코사지(corsage)는 주빈의 취향에 맞게 색의 조화를 이뤄야 한다. 가족연은 대부분이 뷔페를 중심으로 메뉴가 구성되므로 음식의 재공급과 테이블의 청결 및 위생에 각별히 신경을 써야 한다.

2) 회의실의 서비스 방법

회의는 사전에 Banner, Sign Board, 명찰, 방명록 등을 준비하고, 기자재의 작동을 점검하여 두면 회의시간 동안에는 별다른 업무가 없다. 또한 행사장의 규모에 따라 1~2명의 서비스접점요원을 배치하여 주최 측 담당자로부터의 돌발적인 주문사항에 대처하면 된다. Coffee Break 시간에 맞춰 커피, 주스, 물, 다과를 준비하고, 고객이 회의장 밖으로 나왔을 때 행사장 정리와 음용수를 보충하면 충분한 서비스가 된다.

3) 출장연회 서비스 방법

출장연회는 고객이 원하는 장소나 시간에 따라 행하여지는 행사이므로 요리, 음료, 식기, 테이블 등 행사에 필요한 식음료와 기물을 고객이 원하는 장소에 제때 운반하여 서비스에 임하여야 한다. 출장연회 담당자는 사전에 현장을 답사하여 테이블의 레이아웃을 설계하고, 음식과 장비의 이동에 필요한 동선을 잘 체크해야 한다. 다음과 같은 사항을 숙지하여 차질 없이 훌륭한 행사를 진행해야 한다. 행사장 내 전기, 수도 및 조리부서 시설 유무에 따라 준비할 품목도 달리길에 유념해야 한다. 장소가 야외일 경우 우천 시에 대비한 텐트나 이동공간을 확보하여 행사계획을 수립한다. 음식의 이동으로 일어날 수 있는 문제점을 파악하여 보온, 보냉, 위생에 보다 세심한 배려가 있어야 호텔의 이미지를 손상시키지 않는다. 현장서비스요원을 선정할 때는 경험이 풍부한 사람들로 팀을 구성함으로써 비상대처 능력을 확보해야 한다. 위와 같이 행사에 필요한 제반기구, 장비, 음식, 음료 등이 정해지면 호텔의 외부로 나가는 물품은 반출증을 작성하여 부서장의 결재를 득하여 안전관리부서에 제출한 후 호텔을 출발하고, 복귀한 후에도 이러한 방법에 의해 제자리에 두도록 한다.

4) 연회 종료 후의 정리업무

(1) 계산서 발급과 후불관리

상설 연회장을 운영하는 호텔을 제외하면 대부분의 호텔 연회장에는 영업회계원이 배치되지 않는다. 따라서 행사를 진행한 지배인이나 캡틴이 계산서를 발급하고, 대금을 고객으로부터 수령하여 프런트데스크 에이전트, 또는 식음료부서의 영업장 회계원에게 입금시킨다. 계산서는 행사지시서를 바탕으로 작성하며, 추가로 제공된 품목과 수량을 검토하여 청구한다. 할인혜택을 받는 회원에게는 합당한 할인혜택이 주어졌는지를 검토하고, 예치금에 대한 공제도 빠짐없이 확인한다. 호텔의 절차에 따라 사전에 승인된 후불은 고객으로부터 후불 약정서를 받아 경리관련 부서로 넘기며, 후불회수에 필요한 제반 서류와 증빙자료를 잘 정리해 두어야 한다.

(2) 기물과 테이블의 정리

연회행사가 끝나서 고객의 환송을 마친 연회부서는 기물의 정리와 테이블의 원위치가 큰 업무로 남는다. 다음 행사의 준비와 타 부서의 원활한 업무를 위해 가능하면 빠른 시간 내에 이를 이행해야 한다. 수거용 트롤리를 사용하여 여러 개의 용기(inset)를 용도별로 배열해 놓고 분리수거를 실시한다. 용기별로 은기물과 집기, 남겨진 음식물, 일반 쓰레기 등으로 구분하면 처리가 용이하다. 사용한 접시는 크기별로 겹쳐놓고 컵은 글라스 랙(racks)에 쌓아 기물담당(steward)에게 보내며, 사용된 리넨은 종류별로 일정한 양을 묶어 세탁실로 보낸다. 사용되지 않은 음식, 버터, 크림, 밀크 등은 조리부서로 되돌려 보내고, 소금, 후추, 설탕 등은 잘 수거하여 저장고에 깨끗하게 보관한다.

테이블 위의 각종 기물이 제거되면 테이블을 접어서 보관장소로 옮긴 다음 의자들을 쌓아서 치워놓고 다음 행사를 치를 수 있도록 홀 바닥을 깨끗이 청소해야 한다. 의자는 다음에 있을 행사의 종류에 따라 용도별로 쌓아놓는다. 의자는 8개씩 쌓아놓아야 이동이 용이하고, 배치하기에도 좋다. 의자를 쌓아올릴 때 고장난 의자나 더러워진 것들은 골라내어 세탁을 의뢰하거나 수리를 의뢰해야 한다.

제**3**부

영업지원부문

제10장 호텔인적자원관리

제1절 호텔인적자원관리의 목적

1. 종사원 만족(employees' satisfaction)

환대산업의 인적자원관리의 목적은 우선 종사원의 만족에 있다. 일반적으로 종사원들의 교육 및 복지에 충분히 투자한 호텔이 그렇지 못한 호텔에 비해 생산성이 높아지는 것이 현실이다. 이는 종사원들의 만족을 통한 생산성 향상이 이루어져야만 목표에 도달할 수 있는 조직의 특징을 보여준다.

2. 생산성(productivity)

두 번째는 생산성의 향상에 있다. 즉 최소의 투자로 최대의 효율을 목적으로 하는 것이다. 국민 전체의 생산성은 1인당 GNP로 측정되듯이 기업의 효율은 1인당 매출액, 평당 매출액에 의해 경쟁사와의 경쟁에서 살아남아야 한다는 것이다. 이를 위해서는 종사원이 최대의 효율을 낼 수 있도록 하는 조직 전체의 효율적인 시스템, 운영시스템, 교육시스템 등이 고려되어야 한다.

3. 성장(growth)

세 번째는 성장에 있다. 이는 개인의 발전뿐만 아니라 조직의 성장을 의미한다. 개인은 조직에 속하게 된 후 지속적인 개인적 훈련과 조직의 교육에 힘입어 입사 후 지속적인 성장을 거듭하게 된다. 이는 조직을 위해서도 바람직한 내용이다. 또한 이러한 개인의 집합인 조직 또한 변화하는 환경에 적응하면서 지속적인 성장이 이루어져야 끊임없는 경쟁환경 속에서 살아남을 수 있다.

제2절 직무분석 및 직무설계

1. 인력의 충원계획

각 부서의 영업이 활성화되어 현재의 조직구성원으로는 고객서비스에 차질이 생길 가능성이 있다면, 각 부서장은 원활한 부서 운영을 위해 이를 미리 예측하고, 적절한 대응책을 강구해야 한다. 가끔 현장 슈퍼바이저의 인력이 부족하여 고객서비스에 문제가 생겨, 고객 불평불만이 발생하게 되는데, 이때 가장 먼저 고려해야 할 사항은 담당종업원의 숙련도, 근무스케줄, 직무기술서(job description) 등을 면밀하게 분석하여 업무방법의 개선, 행정의 간소화, 지원가능자원을 투입하여 개선책을 세워야 한다. 만약 개선의 여지가 없다면 인원을 보충하여 고객서비스에 만전을 기해야 하며, 현재인원에 대한 인력분석(manpower analysis)을 바탕으로 총지배인에게 보고하고, 이를 근거로 인력관리부서와 논의하여 필요한 인력을 보충받게 된다. 충원요청서가 인력관리부서에 접수되면 인력관리부서는 지원자를 모집하기 위해 공고하고, 인터뷰 일정을 짠다. 이때 인력관리부서에서는 필요한 보직에 충원되어야 할 사람의 업무숙련도, 언어구사능력, 특기사항 등에 대해 정확히 파악하여 충원계획을 세우고, 필요한 인원을 모집한다.

2. 직무분석

1) 직무분석의 목적과 절차

직무분석(job analysis)이란 직무를 구성하는 모든 과업을 구체화하고 지식, 기술, 능력 등 직무수행에 요구되는 기본사항에 대한 정보자료를 수집, 분석, 정리하는 과정이다. 이를 위해 직무를 수행하기 위한 절차에 관련된 사항을 정리한 것이 직무기술서(job description)이며, 이러한 직무들을 수행하기 위해 필요한 요건(지식, 기술, 능력)을 정리한 것이 직무명세서(job specification)이다.

(1) 직무분석의 목적

직무분석은 구성원들이 수행해야 하는 업무를 체계적으로 정리하는 것이며 전략목적과의 연계가 중요하다. 또한 조직변화, 임금불균형, 인적자원관리시스템의 체계화 등을 위해 직무분석은 중요한 과업이다. 따라서 직무분석을 수행할 경우 그에 관한 목적을 명확하게 설정할 필요가 있다.

(2) 직무분석의 절차

가. 분석대상 직무의 선정

신규 호텔이나 레스토랑들은 아마도 전체 직무에 대한 직무분석이 필요할 것이다. 그러나 기존의 호텔이나 레스토랑들은 직무분석의 대상을 선별해야 할 것이다. 직무분석은 일반적으로 1년에 한 번 정도 정규적으로 실시하는 회사가 있는가 하면 어떤 기업들은 3년에 한 번 정도로 실시하기도 하고 전략적 변화에 따라 직무분석을 실시하기도 한다. 가장 중요한 것은 그 대상 직무에 대한 변화의 정도가 직무분석의 빈도에 적용되어야 한다는 것이다.

기업 내부 및 외부의 요인들은 직무분석의 빈도에 영향을 미칠 수 있는데 예를 들면 메뉴의 변화는 그 조리부서 조리사들의 직무에 영향을 미칠 수 있다. 따라서 새로운 직무분석이 시도되어야 한다. 또한 프런트시스템의 변화는 프런트 클럭들의 직무에 영향을 미치므로 새롭게 직무를 분석해 내야만 한다. 또한 새롭게 입사한 나이트오디터에 대한 직무도 그 직원의 능력에 따라 변화될 수 있다. 즉 경험이 풍부한 경우는 또 다른 임무를 부여할 수 있지만 처음 나이트오디터를 경험하는 직원이라면 새로운 직무분석이 필요할 수 있다. 이처럼 기업내부의 요인에 따라 직무분석이 필요하다.

기업외부의 요인으로는 경기 침체에 따른 매출의 하락이 있다. 예를 들어 1997년 우리나라에서 터진 IMF는 국내 경기를 위축시킴은 물론 대부분의 기업들을 도산으로 몰고 감에 따라 대량 정리해고 및 감원이 이루어져 관련 직무에 대한 재분석이 필요하였다. 그와 반대되는 경우도 생각할 수 있을 것이다. 경쟁업체의 출현으로 경쟁력을 향상하고 생산성을 높이기 위해 새롭게 직무분석을 시도하는 경우도 있을 것이다.

나. 필요한 정보자료

직무분석을 위해 필요한 자료들은 다음과 같다.

실제 작업행동의 내용, 도구 및 장비 운영방법, 직무내용, 직무수행 시 필요한 개인특성, 직무수행에 필요한 행동요령, 성과기준 등이다.

〈표 10-1〉 직무분석정보 수집방법

방법	직무기술서	직무명세서	인터뷰	성과평가	교육훈련
관찰법	●	●	●		
인터뷰	●	●	●	●	●
설문지	●	●	●	●	●
중요사건법	●	●	●	●	●
성과평가(상사)		●	●		
자기성과평가		●	●		
사건기록	●	●	●		

출처 Woods, Johanson, & Sciarini(2012), Managing Hospitality Human Resources(5th Ed.), Lansing, Michigan: American Hotel & Lodging Educational Institute.

① 사전정보활용

직무정보의 수집은 기존에 분석된 직무의 내용이 정리된 자료를 찾는 것이다. 미국 노동부(U.S. Department of Labor)에서 제공하고 있는 O*NET(Occupational Information Network) 등 사전정보의 활용을 통해 직무의 내용을 참고할 수 있다. 또는 경쟁업체 및 국내 문헌자료를 통해 정보를 사전에 파악할 수 있다.

② 관찰법(observation method)

관찰법이란 직무와 관련된 종사원들의 직무수행 내용을 보다 자세하게 관찰해 봄으로써 직무의 내용을 파악하는 것이다. 이를 위해 종사원의 행동내용을 지속적으로 관찰하는 것이 중요하다.

③ 면접방법(interview method)

면접방법은 직속상사 또는 부서의 책임자가 종사원들과의 면담을 통해 직무의 내용, 난이도, 필요한 기구 및 기계류, 업무수행의 시간 등에 대해 조사하며 특히 종사원들의 내면적 문제를 해결함으로써 직무의 내용을 개선해 나가려는 시도이다.

④ 설문방법(questionnaire method)

설문방법은 직무의 내용, 난이도, 필요한 장비 및 기구류, 업무수행의 시간 등에 대해 설문하고 특히 직무의 속성에 대한 평가를 통해 직무의 내용을 보다 구체화해 나가는 과정이다. 이러한 설문조사를 통해 종사원들의 만족도도 고려할 수 있으며 그 결과에 따라 해당 직무가 아닌 새로운 직무를 개발하는 것도 관리자의 몫이다.

⑤ 중요사건방법

직무수행과 관련하여 일어났던 종사원들의 행동을 기록하고 유지함으로써 그 직무에 대한 내용을 변경해 나가는 노력이다. 예를 들어 도어맨이 비가 오는 날 주차장까지 고객들을 안내하며 도왔다면 그 직무는 도어맨의 직무에 포함될 수 있을 것이다.

⑥ 성과평가(상사의 평가)

인사고과 등 종사원들의 성과에 대한 평가를 통해 직무분석과 관련된 정보를 획득할 수 있다. 종사원들의 성과가 떨어지는 이유를 파악해 보면 직무분석의 잘못된 부분을 발견할 수 있으며 이에 대한 보충의 의미로 직무분석을 개선할 수 있다.

⑦ 자기 성과평가

상사의 직무성과평가뿐만 아니라 직무를 수행하는 본인이 자신의 성과에 대해 평가해 봄으로써 부족한 부분에 대한 교육의 필요성을 느낄 수 있다. 이는 직무의 개선과 직결되어 직무분석 자료로 활용될 수 있다.

⑧ 사건 기록방법

종사원들과 관련된 여러 가지 사건을 기록보관함으로써 이에 대한 종합평가로 직무분석에 반영하는 경우이다. 예를 들어 갑자기 화재가 발생할 경우 종사원들의 행동요령이 직무분석에 없었다면 이를 직무의 한 부분으로 반영하는 것도 좋은 방법이다.

다. 정보자료의 수집주최 결정

직무분석 정보자료의 수집주최는 인사부서의 교육분야 담당자가 될 수 있다. 또한 현업에서의 관리자 및 고참사원들이 될 수 있을 것이다. 가장 바람직한 것은 담당직무에 숙련된 직원들이 필요에 의해 수집한 자료이다. 이러한 차원에서 보면 인사부서의 지원은 그들에게 최신의 정보를 제공함으로써 전략적·변화적 담당자의 역할이 될 것이다.

라. 정보자료의 분석

수집된 자료들은 현재 수행되고 있는 직무의 내용과 비교 분석하여 장단점을 파악해 보고 본사의 현황과 맞는 체계로 재구성함으로써 자료를 정보화할 수 있다. 그러한 분석능력은 인사부서의 인적자원 스태프뿐만 아니라 현업부서의 숙련된 고참사원에 의해 분석이 시도되며 최종적으로는 현업부서의 관리자들에 의해 확인되고 승인됨으로써 최종적으로 분석이 이루어진다.

마. 직무기술서·직무명세서 및 직무평가

직무기술서는 직무목적, 직무에 포함된 주요 과업과 업무, 책임, 조직관계 등 직무내용이 명시되며, 표준성과의 제시, 구성원으로부터 기대되는 업무수행을 명시하는 공식문서이다. 이러한 직무기술서는 담당부서 신입사원 교육자료, OJT, 업적평가 등에 기본 자료로 활용될 수 있으며, 조직구조 분석과 설계, 경영관리자의 승계와 대체 등에도 활용될 수 있다.

직무명세서란 직무를 만족하게 수행하는 데 필요한 지식과 기술, 능력, 자질을 명세한 공식문서이다. 이는 모집과 선발, 직무개선, 직무재설계, 경력계획, 경력상담 등에 활용할 수 있다.

한편 직무평가(job evaluation)는 직무가치를 평가하여 공정한 임금 결정에 반영하기 위해 실시한다. 직무가치를 측정하는 중요요소는 지식, 경험, 노력(정신적·육체적), 책임, 직무조건 등이다.

직무와 관련된 용어는 다음과 같다.

① **과업**(Task): 동작요소들로 구성된 일의 한 부분(예: 문서 수발, 문서 분류, 문서 보관)

② **직위**(Position): 한 작업자가 수행하는 과업의 집합(예: 기획실 교육담당, 구매팀 창고담당 등)

③ **직무**(Job): 과업내용이 비슷한 직위들로 구성된 집합으로 직무분석에서 한 개의 단위로 묶어 그 내용을 분석할 수 있는 직위들의 일반적 개념(예: 교육담당, 일반자재 구매담당, 나이트오디터, 메인주방 콜키친 담당 등)

④ **직무군**(Job family): 조직 내 유사한 직무들의 집합(예: 비서직, 프런트부서, 조리부서, 식음료부서 등)

⑤ **직종**(Occupation): 모든 조직체에 걸쳐서 공통적으로 적용되는 직무군의 일반적 분류(예: 프런트오피스 직원, 경리회계 직원, 보일러 담당, 메인주방 사원 등)

⑥ **직종군**(Occupational Group): 사무직, 기술직, 관리직 등 여러 직종으로 구성된 가장 넓은 직무개념

2) 직무분석 시 유의사항

(1) 직무내용의 모호성

직무내용은 모호한 표현보다는 명확하게 처리하는 것이 적절하다. 즉 식당종사원들은 고객을 만족시킬 것이라는 애매한 표현보다는 '식당종사원들은 용모를 단정히 하고 고객맞이, 주문, 서브, 계산, 서비스관리에 있어 보다 철저하게 서비스할 수 있어야 한다'와 같이 구체적인 요소가 있어야 한다. 이를 위해서는 직무의

내용을 끊임없이 개선·보강해 나가야 한다(〈표 10-2〉 참조).

(2) 직무내용의 실제성

직무분석 시 현재의 직무와 근접할 수 있도록 지속적인 수정이 이루어져야 한다. 예를 들면 프런트오피스 프로그램의 개선에 따른 업무의 변화가 있다면 그것이 현재의 직무내용과 연계되도록 수정되어야 한다. 주방에서의 메뉴개선도 같은 상황이다.

(3) 실무진의 협조

직무분석을 실시할 경우 실무진에서의 협조가 매우 중요하다. 실무진은 부서의 팀장을 비롯하여 고참사원, 사원, 신입사원으로 구성되는 경우가 많은데 특히 고참사원들의 협조가 매우 중요하다. 부서의 팀장들은 직무분석의 내용을 최종적으로 확인하고 인사부서와의 협조에 충실해야 한다.

3) 직무분석의 전략적 접근과 인적자원관리자의 역할

(1) 직무분석의 전략적 접근

직무분석은 과거에는 무시되었으나 현재는 조직효율성을 높이기 위한 기본 기능으로 중요시되고 있다. 따라서 지속적인 개선·보강의 노력이 필요하다. 또한 직무분석의 내용을 얼마나 자세하게 다룰 것인가도 경영전략의 목적에 따라 변경되어야 한다. 예를 들어 신규호텔 프로젝트를 수행할 경우 기존 호텔에서의 직무분석내용을 참고하여 충분한 검토가 이루어진 후 새로운 직무분석에 임해야 할 것이다.

한편 직무분석과정에 관련 구성원을 얼마나 참여시킬 것인가에 대한 결정도 중요하다. 왜냐하면 기존 직무에서 벗어나 직무분석을 실시할 경우 너무 많은 구성원들이 참여하면 기존 직무에 영향을 미칠 수 있고 또한 구성원들의 정보의 정확성에도 문제가 발생할 수 있기 때문이다. 따라서 전략적으로 각 부서의 고참 사원들 중 회사에 열정을 갖고 개선에 참여할 수 있는 종사원들로 구성하는 것이 바람직할 것이다.

직무분석은 매년 실시하는 것보다는 관련부서의 문제가 심각할 경우 집중적으로 그 부서에 대한 직무분석을 실시하며 변화가 많을 경우 직무분석의 시기는 보통 비수기에 실시하는 것이 바람직하다.

(2) 인적자원관리자의 역할

인적자원관리자는 직무분석 시 가장 중요한 역할을 하게 되는데 먼저 직무분석의 중요성을 인식시키고, 분석대상 직무를 선정하며, 직무분석을 실시한다. 특히 직무기술서와 직무명세서를 작성하며, 표준성과에 대한 협의도 하게 된다.

고참사원들로 구성된 직무분석 참여 구성원들은 직무분석의 목적과 중요성을 이해하고, 부서장에게 직무 변경사항을 보고하며 직무분석을 요청하게 된다. 특히 정보자료를 조사하여 제공하고 협조하는 것이 가장 중요하다. 또한 인적자원 스태프에 의해 작성된 직무기술서나 직무명세서를 확인하며 표준성과에 대한 의견을 제시하고 협조를 구한다.

부서 팀장들은 직무분석의 필요성을 인식하고 분석대상 직무를 협의하며, 참여 구성원을 선정하여 직무분석에 협조하도록 한다. 분석결과에 대한 협의를 통해 직무기술서 및 직무명세서를 검토하고 확인하는 역할을 한다. 가장 중요한 것은 표준성과를 설정하는 일이다. 예를 들면 '정해진 출근시간에 룸메이드가 몇 개의 객실을 청소할 것인가?', '좌석당 몇 명의 서비스요원을 배치할 것인가?' 등이다.

〈표 10-2〉 직무기술서 사례(창원 풀만호텔)

JOB DESCRIPTION

JOB TITLE   : SALES MANAGER
DIVISION   : SALES & MARKETING
DEPARTMENT : SALES
REPORTS TO : DIRECTOR OF SALES & MARKETING

GENERAL MISSION

- The Sales Manager's mission is to primarily promote the hotel and where possible, hotels belonging to the chain in his/her area/region. To achieve optimal sales at the best possible conditions for the company.
- To ensure the smooth running operation of the commercial section in consultation with the Director of Sales & Marketing on all matters.
- The performance of the Sales Manager will be determined solely by the productivities of the corporate section as well as the overall results of the hotel.

RESPONSIBILITIES AND MEANS

- The Sales manager performs his/her duties within the framework defined by the chain and hotel norms and by internal regulations as specified by the Director of Sales & Marketing. The Sales Manager will also be responsible to the Director of Sales & Marketing for the Corporate Section and all Sales Personnel within the section.

ADMINISTRATION RESPONSIBILITIES

The Sales Manager:

- Assist in drawing up the marketing plan annually with the Director of Sales and Marketing (including section on Corporate Accounts).
- Keeps a record on former, existing, potential clients and a profile of each of them.
- Organizes regular visits in accordance to a predetermined plan.
- Prepares a tentative monthly schedule to record all sales and other related actives for the preceding month.
- Presents a summary of his/her visits to the Sales manager on a weekly basis (Weekly Sales Plan) prior to and after the week is completed.
- Ensures that the invoicing effectively corresponds to all services agreed upon and rendered.
- Ensures that all new clients have no negative credit references.
- Records all daily sales calls.
- Records the statistics of his/her accounts.
- Submits production reports on his/her list of accounts on a monthly basis.
- Conducts group briefing to other staff within the corporate section when required.

TECHNICAL RESPONSIBILITIES

- The Sales Manager is familiar with the operation and application of the hotel's computer/data processing system.

COMMERCIAL RESPONSIBILITIES

The Sales Manager:

- Keeps himself/herself well informed about the operations especially in key departments (Front Office, Housekeeping, F&B, Banqueting etc.)
- Sets, in conjunction with the Director of Sales & Marketing and Sales Manager, currents rates as charged by the hotel.
- Closely observes matters pertaining to competition (sites, prices, services offered on a regular basis-quarterly or more often if need to be).
- Promotes the hotel as often as possible through entertaining, conduction, site inspections, presentation etc. of the hotel.

SALES RESPONSIBILITIES

The Sales Manager:

- Pays visits to former, existing and potential clients in view of entering into contracts with them, especially commercial accounts.

- Defines precisely guest requirements and ensures that the guest services offered corresponds effectively to their requests.
- Provides after-sales service and in particular to ensure all guests complaints are taken seriously and discussed with the respective departments if necessary.
- Receives in the hotel any important guests whom he has approached.
- Negotiates prices with the clients.
- Confirms verbal proposals in writing.
- Ensures that all complaints have initiated follow-up action.

PUBLIC RELATIONS RESPONSIBILITIES
- The Sales Manager organizes meetings with professional people especially clients & people in a position to publicize the hotel.

DIRECT LIAISONS
- The Sales Manager is responsible to the Director of Sales & Marketing.

FUNCTIONAL LIAISONS
- The Sales Manager maintains contacts with all the other departments of the hotel and may have contact with managements at the regional level.
- The Sales Manager maintains and ensures the smooth running operation of the Commercial Section.

REPLACEMENT AND TEMPORARY MISSION
- In his/her absence, the Sales Manager may be replaced first by the Senior Sales Manager appointed by the Director of Sales & Marketing.
- The Sales Manager may be called upon the undertake :
  • Activities outside his/her own area and to publicize hotels other than his/her own for specific projects and/or programs.
  • To assist another Director of Sales & Marketing in the opening or general sales effort of any other of the chain's hotels.

3. 직무설계

직무설계(job design)란 기존 직무를 대상으로 동기부여적 관점에서 직무내용을 개선하고 직무의 효율성을 높이기 위한 직무재설계에 초점을 맞추는데 과업을 수행하기 위해 종사원들에게 어떻게 일을 시킬 것인가에 관련된 문제이다. 이는 조직의 효율성 및 성과측면에서 매우 중요한 전략적 의미를 갖는다.

1) 직무설계와 자아실현

1900년대 초 개인의 직무는 경제적 관점이었으나 1930년대 인간관계론이 대두한 이후 개인의 직무는 환경관점으로 변모하였다. 특히 Argyris(1957)는 개인은 미성숙에서 성숙의 단계로 발전한다는 이론을 발표하였다. 이는 조직에서 개인이 직무와 갈등관계에 놓이게 되는 원인을 파악하는 데 중요한 단서를 제공하였다. 즉 조직에서는 직무전문화, 명령계통의 강화, 지휘의 통일 등을 원하지만 개인이 그에 못 미칠 경우 갈등이 생긴다는 것이다. 따라서 종사원을 대상으로 직무설계를 할 경우 성숙도를 고려해야 한다는 결론이 나왔다.

2) 직무설계방법

(1) 직무단순화(job simplification)

직무단순화란 직무분석을 실시하여 직무를 작은 단위로 분석한 후 전체 직무에서 단위직무들이 어떻게 작용하는지를 평가한다. 보통 시간과 동작연구(time & motion study)를 통해 단위직무를 분석한다.

(2) 직무확대(job enlargement)

직무확대란 동일한 기술과 직무내용으로 주어진 직무에 직무를 추가하는 것을 말한다(수평적 직무확대: horizontal job expansion). 예를 들면 프런트 종사원들이 체크인 업무를 수행하고 있었는데 컴퓨터의 프로그램 발전 및 회사의 업무통합으로 수납업무까지 책임진다면 이것은 하나의 직무확대로 볼 수 있다. 일반적으로 직무확대는 종사원들에게 동기를 부여하기 위한 방법으로 수행되나 보상문제에 있어 추가업무에 대한 추가보상이 없는 경우 불만족을 초래할 경우가 있다.

(3) 직무충실화(job enrichment)

직무충실화는 직무확대가 비슷한 기술과 지식을 요구하는 직무를 추가하는 것에 반해서 전혀 다른 기술과 지식을 요구하는 것을 말한다(수직적 직무확대: vertical job expansion). 예를 들면 조리사에게 조리기술 이외에 구매업무도 수행하도록 하는 것을 말한다. 종사원들의 동기를 자극하는 면에서 직무확대보다는 직무충실화가 보다 더 강하게 작용하는 경향이 있다. 이는 자기개발과 연계되어 종사원들의 동기를 제고시킬 수 있다.

(4) 직무순환(job rotation)

직무순환은 직무설계에 있어 매우 자주 일어나는 방법으로 같은 부서 내에서 직무순환을 통해 종사원들을 동기부여하거나 타 부서로 전배하여 보다 넓은 분야의 직무도 접하게 만드는 시스템이다. 예를 들어 메인주방의 cold kitchen에서 근무하는 직원이 hot kitchen, butcher 등으로 직무순환을 할 수 있으며, 메인주방에서 연회주방 및 각 업장의 주방으로 직무순환될 수 있다. 이러한 직무순환을 통해 종사원들은 교차훈련(cross-training)을 받게 되어 경력개발에 많은 도움이 되며 이는 경력관리에도 매우 중요한 역할을 한다.

(5) 작업팀(team building)

작업팀이란 개인단위가 아닌 팀단위로 업무를 진행하는 것이다. 예를 들어 자동차 조립은 라인별로 분리되어 단순화된 작업을 실시하는 것이 아니라 자율작업팀으로 처음부터 끝까지 모든 공정을 팀단위로 책임지고 업무를 수행하는 것이다. 작업팀을 설계하기 위해서는 교육시스템이 필요하며, 또한 팀단위의 경쟁이 치열할 경우에는 매우 비생산적일 수 있다.

3) 현대조직의 직무설계방향과 인적자원관리자의 역할

(1) 전략적 직무설계

현대조직에서는 직무의 수평적 측면보다는 수직적 측면을 강조하며, 작업팀으로 동기를 부여하는 것이 매우 중요하다. 이를 위해서는 직무를 수행할 때 교육시스템, 정보기술의 활용, 신축적인 근무스케줄이 필요하다.

(2) 인적자원관리자의 역할

직무설계 시 인적자원관리자는 전략적 동반자로서 경영전략과 기업의 가치를 직무설계에 반영하려는 노력이 필요하다. 특히 직무설계와 관련된 교육훈련내용, 보상시스템의 개발이 우선시되어야 할 것이다. 또한 변화담당자로서 직무설계를 통해 나타난 조직의 현황을 파악하고 조직효율성에 필요하다면 그러한 직무설계를 확대해 나갈 수 있는 변화담당자의 역할이 중요하다

제3절 인적자원관리 부서의 업무

1. 모집과 채용

모집 전에 모집과 관련하여 다음과 같은 절차를 고려해야 한다.

1) 필요직무에 대한 정의(define job requirements)

필요한 직무를 정의하기 위하여 관리자들은 필요 직무의 주요 책임과 과업에 대해 이해해야 한다. 즉, 직무와 관련된 배경특성, 필요한 직무를 수행할 개인의 특성, 조직문화의 특성, 관리자들의 관리스타일에 대한 이해가 필요하다.

2) 필요직무의 직무분석, 직무명세, 직무특성 분석

모집 전 관리자들은 필요직무에 대한 현재의 직무분석, 직무명세서, 직무특성에 대해 이해해야 하며 필요하다면 직무내용을 최신화해야 한다.

3) 관계법령 및 규정 확인

모집 전 관련 법규의 변경사항 등을 확인하여 모집, 선발, 승진과 관련된 업무에 변경사항을 반영하여 의사결정을 할 수 있어야 한다.

4) 모집관련 메시지의 결정

모집과 관련된 직무의 내용에 대한 설명은 응시자들에게 동기를 부여하기 좋은 방법이다. 따라서 모집 전 관련 직무에 대한 메시지를 현실적이며, 장기적 관점을 반영해서 개발해야 한다.

5) 경쟁사를 고려한 모집전략

모집이란 가용자원을 확인하는 것도 중요하지만 관리자들은 모집을 통해 경쟁사의 전략을 파악할 수 있다. 즉, 타 회사의 응시자들이 경쟁회사와 비교한 정보를 제공할 수 있다. 따라서 관리자들은 경쟁사를 고려하여 신중하게 모집전략을 세워야 한다.

6) 모집방법의 결정

델타항공은 일반직원은 외부모집으로 하고 있으나, 간부직은 내부에서 승계되도록 하고 있다. 이러한 전략을 수행하기 위해서는 내부직원들의 경력개발계획이 필요할 것이다. 또한 간부직을 외부모집으로 하는 기업도 있다. 즉 기업의 환경에 따라 내부 및 외부모집에 대한 결정을 해야 한다.

7) 모집의 원천 결정

내부이건 외부이건 모집을 어디에서 할 것인가를 결정해야 한다. 외부모집의 경우 학교, 경쟁사, 교회, 아파트 등에서 할 수 있으며 특히 신문, 라디오, 웹사이트 등 가용자원이 많은 미디어를 결정할 필요가 있다. 내부모집의 경우는 관련 기업의 내부 인트라넷을 통해 모집의 내용을 전달할 수 있다.

8) 모집자의 선발

모집을 전담할 모집자(recruiter)를 선발하는 것은 잠재적인 우수인력들을 동기부여할 수 있으므로 매우 중요하다. 모집을 담당하는 부서에 대한 이미지로 인해 우수인력이 다른 경쟁사로 이동할 수 있으므로 모집에 있어 모집자를 누구로 할 것인가는 매우 중요하다.

9) 모집전략의 채택 및 실행

모집전략은 때에 따라 매스미디어(신문, 잡지, 라디오, 웹사이트 등)를 통해 하는 것보다 구전에 의해 효과를 거둘 수 있다. 따라서 모집전략은 기업의 특성에 따라 달라질 수 있다.

10) 모집인력 평가수단의 결정

모집인력들을 평가하여 올바른 직원을 선발하기 위한 방법은 여러 가지가 있을 수 있다. 보통 이용되는 수단으로는 이력서, 자기소개서 등이다. 이러한 평가방법들은 올바른 인력을 선발하기 위한 도구로 사용되기도 하지만 그렇지 않을 경우 모집비용은 매우 비효율적으로 전락할 수 있다. 따라서 기업의 모집인력에 대한 내용타당성을 평가하고 그에 맞는 인력을 스크린할 수 있는 도구들을 사용해야 한다.

11) 모집방법의 효율 평가

사내모집, 지인, 신문·잡지, 학교, 직업소개서 등 모집의 원천을 통해 모집할 경우 그에 따른 비용도 고려하여 모집방법을 평가해야 한다. 일반적으로 모집에 드는 비용에 비해 올바른 직원을 채용할 확률은 수확률에 따라 결정된다.

2. 선발

참신한 인력과 관리층의 선발(selection)은 환대산업기업의 경쟁이익을 보장한다. 선발은 관리자들의 가장 중요한 과업 중 하나이다. 이러한 선발은 경력이 없는 관리자들에게 위임할 수 없으며 숙련된 관리자들이 해결해야 할 과제이다. 드러커(Drucker)는 선발의사결정이 가장 오래 지속되는 의사결정이며 가장 변형되기 어려운 과업이라고 하였다. 선발결정은 우수한 관리자들도 성공률이 33%에 불과하기 때문에 매우 어려운 과업이다. 성공적인 선발과정은 인적자원관리에 대한 섬세한 계획하에 성공을 거둘 수 있는데, 그것은 효과적인 직무분석, 직무설계, 모집, 직무기술서, 직무명세서, 법적 제한사항에 대한 고찰, 사회적 요구 등을 사전에 분석하고 대비하는 관리자들의 몫이다. 특히 환대산업의 관리자들은 인력에 대한 수요를 예측하지 못하고 갑작스레 인력이 필요할 경우에 힘든 작업을 하게 되므로 신뢰성 있는 인력 선발을 하지 못하고 있다.

〈표 10-3〉 선발과정

순서	내용
1	필요한 직무 확인
2	필요 직무의 직무기술서 확인
3	필요 직무의 직무명세서 확인
4	모집방법의 결정
5	모집인원에 대한 사전 screening
6	인터뷰 장소 확인
7	인터뷰 전략 선택
8	인터뷰 질문 준비
9	인터뷰 실시
10	인터뷰 마감
11	선발대상자 평가
12	참고자료 확인

1) 선발도구

(1) 이력서, 자기소개서, 및 기타 서류

이력서에는 응시자들의 현재 연령, 주소, 주민번호, 연락처, 경력사항, 학력사항 등이 명시된다. 또한 자기소개서는 응시자들의 경력사항과 관련된 성격적인 장단점, 특이사항 등을 피력할 수 있는 도구이다. 따라서 이력서와 자기소개서는 가장 기본적인 선발도구이다. 특히 최근 이력서는 기업의 양식에 의해 작성하도록 하는 것이 추세이다.

또한 이력서 이외에 추천서 등 응시자를 확인할 수 있는 여러 가지 서류가 있다. 그러한 서류들은 다음과 같다.

① 학력증명서, ② 경력증명서, ③ 건강증명서, ④ 성적증명서, ⑤ 포상증명서, ⑥ 신원조회, ⑦ 인적보증 등이다.

〈표 10-4〉 입사지원서

	성명	한글		지원분야	
(사진: 최근 3개월)		한자		희망직위	
	생 년 월 일			희망연봉	
	현 주 소			입사가능일	
	연락처　자택)		C.P)	E-mail	

학력	학 교 명	전 공	구 분	졸업연월일	소재지
	고등학교		졸업예정 · 졸업		
	대 학 교		졸업예정 · 졸업		
	대 학 원		졸업예정 · 졸업		

경력	회 사 명	재직기간	담당업무	직 위	급 여	소재지	퇴직사유
		~					
		~					
		~					
		~					

자격	종 류	취득일	외국어	구 분	시험명	공인성적	회화	독해
							상 · 중 · 하	상 · 중 · 하
							상 · 중 · 하	상 · 중 · 하
							상 · 중 · 하	상 · 중 · 하

병역	병역구분	필 · 미필 · 면제	신체	신장		cm	체중		kg
	면제사유			교정 시력	좌 우		기타 질병		
	복무기간								

가족사항	관계	성명	연령	동거	관계	성명	연령	동거	기타	구 분	해당여부
				同 · 別				同 · 別		보 훈	
				同 · 別				同 · 別		장 애	
				同 · 別				同 · 別		결 혼	
				同 · 別				同 · 別		취 미	

상기와 같이 제출하오며 일체 허위 사실이 없음을 확인합니다.

20 년　　월　　일
지원자　　　　(인)

〈표 10-5〉 자기소개서 사례

성장과정 및 성격
학교생활 및 특기사항
주요경력 및 수행업무
지원동기 및 입사 후 포부

상기와 같이 제출하오며 일체 허위 사실이 없음을 확인합니다.

20 년   월   일
지원자   (인)

2) 면접의 원칙

관리자들은 다음과 같이 면접을 준비해야 한다.

첫째, 면접 전에 응시자들의 이력서 및 자기소개서 등 관련 서류에 대해 인지해야만 한다.

둘째, 적정한 장소를 준비해야만 한다. 면접장소는 면접에 방해받지 않는 장소여야 한다.

셋째, 면접에 응하는 지원자들을 편하게 하여 면접관과의 동질감(rapport)을 느낄 수 있게 하여야 한다.

넷째, 직무의 특성에 대해 숙지하고 있어야 한다. 즉, 채용할 직무에 대한 직무기술서 및 직무명세서를 통해 직무에 대해 완전히 숙지한 후 면접에 임해야 한다.

또한 지원자들은 다음의 사항을 준비하여 면접에서 좋은 점수를 획득할 수 있을 것이다.

① 면접 전에 지원회사에 대해 미리 조사하라, ② 면접장소를 사전 답사하라, ③ 복장 및 외모를 준비하라, ④ 예비면접을 해보라, ⑤ 이력서 및 추천서에 대해 사전에 확인하라, ⑥ 일찍 도착하라, ⑦ 필요서류를 덤으로 준비하라, ⑧ 면접 시 최선을 다하라, ⑨ 질문하라, ⑩ 면접 후 감사의 인사를 하라 등이다.

3. 오리엔테이션

오리엔테이션은 신입사원에게 호텔의 주변 환경과 내부 환경에 잘 적응할 수 있는 기초정보를 제공하는 기회이면서 호텔의 기업철학과 경영방침을 전달하는 중요한 과정이다. 이 부분은 대개 인력관리부서의 주요 업무 중 하나이다. 오리엔테이션의 주요 목적은 첫째, 새로운 조직에 대한 불안을 제거한다. 새로운 조직에서 업무를 시작하는 사람은 그들이 내린 결정에 대해 후회하지 않을 비전을 발견할 수 있어야 한다. 따라서 인력관리부서와 관련 부서장들은 호텔의 철학과 경영방침, 경력관리 등에 대한 희망적 방향제시가 있어야 한다. 둘째, 새로운 구성원에게 사기를 주어 호텔의 이직률을 줄인다. 오리엔테이션에서 얻은 확신과 호텔에 대한 신뢰는 오래도록 간직되며, 신입사원이 그 호텔에 입사한 것을 후회하지 않고 오래도록 종사할 수 있도록 도움을 준다. 셋째, 신입사원과 재직사원 간에 호텔기업의 기업철학, 경영방침, 영업목표, 고객안전 및 종업원 안전 등에 대한 통일된 정보를 공유하게 된다. 즉 함께 일하는 구성원의 행동지침을 전달한다. 넷째, 신입사원이 해당 호텔조직에 대해 많은 정보와 지식을 얻는 데 도움을 준다. 주요 내용은 다음과 같으며, 교육이 끝난 후에는 오리엔테이션 체크리스트(orientation check list)를 통해 숙지상태를 확인한다.

오리엔테이션의 주요 내용

- 호텔산업의 지역사회에서의 경제적 · 사회적 역할 소개
- 호텔의 경영목적(Mission Statement), 고객서비스의 효과, 팀워크의 중요성 등
- 사원용 소책자(employee handbook)의 내용으로 각 부서 소개, 급여일, 복리후생 등
- 사규 및 규정집에 소개된 고객 및 사원의 안전, 노동조합 관련 정보 등
- 호텔의 각 부서 방문 및 각 부서장과 인사
- 호텔시설에 대한 소개 및 특이사항에 대한 안내
- 기타 필요한 사항

4. 실무교육

오리엔테이션이 끝난 신입사원은 각 부서별 실무교육(on-the-job training)을 받게 된다. 실무교육은 신입사원이 보직에 필요한 업무지식과 기능(work knowledge and skill)을 개선하는 데 도움이 된다. 실무교육은 모두에게 필요한 것은 아니며 일정기간 기존 직원이 수행하는 업무를 관찰하는 것만으로도 서비스태도와 방법을 익힐 수 있다. 객실영업부서나 식음료부서의 경우 지배인에 의해 교육 스케줄이 작성되고, 업무단계별 절차로 하나하나 배우고 익히게 되는데, 이때 체인호텔의 매뉴얼과 근무조별 업무내용 및 서비스 프로그램 등에 기반하여 실무교육이 진행된다. 호텔마다 조금씩 다르지만, 세계적인 체인호텔들은 상급자가 교육스케줄을 작성하여 피교육자를 대동하고 실제적인 업무를 직접 보여주면서 실무교육을 한다. 또한 피교육자가 직접 업무를 해보게 하며, 스스로 했던 업무를 확인하여 절차가 업무표준과 맞는지 점검하도록 한다. 계획된 일정에 따라 추진되는 실무교육 프로그램이 끝나면 현장 투입 전에 교육에 대한 체크리스트를 작성하여 확인하고 실무부서장에게 제출한다. 실무교육에는 기존 종업원의 재교육도 포함된다. 각종 전산시스템이 최첨단 장비로 바뀌거나 중요한 서비스 매뉴얼이 개발되어 각 호텔체인에 보급될 경우 해당 부서는 그룹별 실무교육이 필요하게 된다. 또한 영업부서에서 시도되는 업셀링제도(up-selling program) 등을 추진할 때도 집체교육을 받아 같은 방법의 판매기법을 구사하기도 한다.

호텔이 제공하는 교육훈련에는 실무교육을 비롯하여 인성교육이 있다. 조직문

화교육은 호텔의 인력관리부서에서 전문강사가 교육을 주도하기도 하지만 주로 임원 또는 간부사원으로 구성된 강사진이 다양한 교육훈련을 마련하여 시행하고 있다. 이와 더불어 체인호텔은 체인의 이미지와 가치를 유지하기 위해 주기별로 각 분야별, 지역별 워크숍을 개최하며, 여기에 참석한 간부는 사내강사로 활동하면서 체인에서 배운 기업의 미션, 서비스마인드 및 분야별 전문지식을 전파한다.

교육훈련의 중요성은 호텔의 서비스품질관리와 맥을 같이하며, 최근 호텔기업들이 이 분야에 많은 관심과 투자를 아끼지 않아 인력관리에 심혈을 기울이고 있음을 알 수 있다.

1) 관리자교육

관리자들을 위한 교육훈련에는 사례연구, 관리자선발교육(in-basket training), 상담교육, 행동모델교육, 강사교육 등이 있다.

2) 일반직원교육

일반직원들을 위한 교육에는 현장직무교육(on-the-job training), 직무교육(job instruction training), 강의, 코칭/멘토링(coaching/mentoring), 자기학습(programmed instruction) 등이 있다.

5. 인사고과

인사고과는 관리자들에게 가장 어려운 과업이다. 왜냐하면 인사고과의 기능이 종사원들에게 잘못 실행될 경우 종사원들은 회사에 대해 반감을 갖거나 오해로 인해 동기가 소진될 수 있기 때문이다. 물론 인사고과는 사람이 하는 일이라서 실수가 있을 수 있고 실패하는 경우도 많다. 이러한 내용을 관리자나 부하가 모두 이해해야 하는 것이 관리과정이다. 따라서 관리자들은 편향된 관점이 아닌 신뢰도와 타당도를 갖춘 인사고과를 실시함으로써 이러한 조직적 문제를 제거해 나가야 한다. 물론 기업의 사명이나 이념에 따라 인사고과의 내용은 달라질 수 있지만 인적자원관리의 목적인 구성원의 만족에 초점을 맞추어 고과의 내용을 보다 성실히 수행함로써 종사원을 동기부여해 나가야 할 것이다.

1) 순위방법(ranking methods)

가. 단순순위법(simple ranking method)

단순순위법은 모든 종사원들의 순위를 매김으로써 인사고과를 실시하는 방법이다. 그러나 단순한 순위로 종사원을 평가할 경우 어떠한 기준으로 평가할 것인가가 문제이다. 예를 들어, 책임감에 대해서 평가할 경우 다른 요인은 평가하기 곤란하다는 단점이 있다.

나. 교대서열법(alternative ranking method)

교대서열법은 단순순위법과 유사하다. 즉, 가장 우수한 종사원을 선발하고 이어 가장 열등한 종사원을 선발한 후 나머지 종사원들 중에서 같은 방법으로 인사고과를 하는 방법이다.

다. 쌍대비교법(paired comparison method)

쌍대비교법은 모든 종사원들을 두 사람씩 쌍을 지어 비교한 후 우수한 점수가 많은 종사원을 순위대로 하여 인사고과하는 방법이다.

2) 강제분포법(forced distribution method)

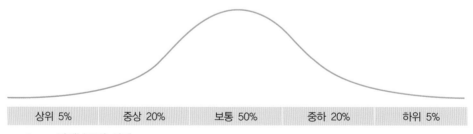

| 상위 5% | 중상 20% | 보통 50% | 중하 20% | 하위 5% |

▌그림 10-1 강제분포법 사례

강제분포법은 [그림 10-1]과 같이 전체 사원을 상위 5%, 하위 5%, 중간 50% 등과 같이 %를 설정하여 인사고과를 실시하는 경우이다. 대부분의 기업에서 강제분포법을 활용하고 있으며 특히 하위 5%에 해당하는 직원에게 경고를 주거나 퇴직을 권유하는 경우가 많다. 강제분포법을 이용하여 구조조정에 성공기업은 1980년

대 Jack Welch의 GE(general electric)이다.

3) 그래픽 평정척도법(graphic rating scale method)

그래픽 평정척도법은 종사원들을 평가할 경우 최소 10개에서 15개 정도의 고과요인을 설정하고 각 요인에 대해 1~5점 척도를 평가하여 인사고과하는 방법이다. 주로 사용되는 고과요인은 직무특성, 직무성과품질, 직무의 양, 신뢰성, 출근상황, 인간관계, 직무지식, 집중도 등이다. 그래픽 평정척도법의 단점은 고과자들이 각 인사고과 요인에 대해 정확한 인식이 없기 때문에 관대화오류, 엄격성오류, 후광효과 등이 나타날 수 있다. 또한 각 고과요인의 중요도에 따른 반영비율을 조정할 수 없다. 따라서 그래픽 평정척도법을 이용할 경우에는 각 고과요인에 대한 반영비율을 사전에 조정할 필요가 있다. 〈표 10-6〉은 그래픽 평정척도법의 사례이다.

〈표 10-6〉 그래픽 평정척도법 사례

고과요인	매우 미흡	미흡	보통	우수	매우 우수
직무성과					
행동성과					
출결사항					
대인관계					
직무지식					
집중도					
신뢰성					

4) 행동기준법(behaviorally anchored rating scales method)

행동기준법은 특정 사건에 기초하여 종사원들의 행동을 묘사하고 각 단계별로 점수화하여 고과하는 방법이다. 이 방법은 종사원과 관리자들이 함께 고과를 작성함으로써 종사원들로 하여금 고과결과에 대해 인정받을 수 있는 방법이다. 그러나 각 고과요소에 대해 이러한 고과방법을 개발하는 것은 시간과 비용이 많이 든다는 단점이 있다. 〈표 10-7〉은 식음료부서 웨이터에 대한 행동기준법의 사례이다.

〈표 10-7〉 행동기준법 사례(호텔 식음료부서 웨이터)

피평가자: 웨이터	
고과요소: 식음료 서비스 지식	
점수	고과요소
5	숙달된 서브, 고객안내, 환송, 주문 및 고객만족은 물론 업장관리가 능숙함
4	숙달된 서브, 고객안내, 환송, 주문 및 고객만족에 주의하고 있음
3	기초적인 서브, 고객안내, 환송, 주문에 문제없음
2	기초적인 서브 및 고객안내 및 환송에 대해 인식하고 있음
1	기초적인 서브에 대해 인식하고 있음

5) 행동관찰법(bahavioral observation scales)

행동관찰법은 행동기준법의 단점에 대응하기 위해 개발된 기법이다. 즉 행동기준법으로 특정 사건에 대해 고과를 할 경우 종사원들의 지속적인 노력이나 행동은 관찰할 수 없다는 단점이 있다. 종사원들은 때때로 행동기준에 따라 행동하지만 지속적으로 행동하는가에 대한 고과를 하고자 할 경우 행동관찰법이 유용하다. 〈표 10-8〉은 행동관찰법의 사례이다.

〈표 10-8〉 행동관찰법 사례

고과요소	전혀 없음	없음	보통	있음	항상 있음
친절성					
협동심					
판매력					
인내심					

6) 중요사건법(critical incidents)

중요사건법은 종사원들의 특별한 행동에 근거하여 관리자들이 고과를 하는 것이다. 이러한 중요사건법으로 고과를 할 경우 종사원들의 바람직한 서비스와 관련하여 성과에 도움이 되는 행동들을 찾아낼 수 있는 장점이 있으나 관리자는 중

요사건들을 지속적으로 관리해 나가야 하는 단점이 있다. 또한 종사원들의 행동을 공정하게 평가하는 것도 쉽지는 않다.

7) 목표에 의한 관리(management by objectives)

다른 고과들과는 다르게 목표관리에서는 종사원과 관리자가 같이 공동의 목표를 설정하고 그 목표의 달성여부에 따라 인사고과를 실시하는 형태이다. 따라서 관리자와 종사원들은 목표달성을 위한 action plan을 같이 세우며 관리자들은 평가기간에 목표달성을 위해 도움을 줄 수 있다. 평가할 때 종사원들과 관리자들은 성과달성의 정도에 대해 토론하며 결과를 받아들이게 된다.

〈표 10-9〉 목표관리 고과표 사례

부서명:
지배인:
평가기간:
고과자:

성과목표	측정지표	결과
시장점유율(%)	30%	25% (−5%)
매출액(단위: 천원)	105억	100억 (−5억)
객실점유율(%)	65%	61% (−4%)
종사원 만족도	만족도 4점(5점 척도)	만족도 4.5점 (+0.5)
고객불평건수	20건 이하	18건

6. 임금관리

일반적으로 보상이라고 하면 봉급이나 월급을 생각하게 된다. 구성원들에 대한 보상은 경제적 보상과 비경제적 보상으로 구분할 수 있다. 경제적 보상에는 직접보상으로 임금을 통칭하며 간접보상은 복리후생프로그램 등으로 대변할 수 있다. 비경제적 보상은 직장의 안정이나 경력상의 보상과 사회·심리적 보상으로 구분할 수 있다.

1) 생계비

보상은 일반적으로 종사원들의 생계에 도움이 되는 것으로 식비, 의료비, 집세 등에 필요한 최소한의 경비가 보장되어야 한다. 따라서 소비자물가는 보상을 결정할 때 고려해야 하는 지표이다. 최근 경기의 불황으로 기업체에서 임금을 동결하는 경향이 있는데 이는 종사원들의 사기에 매우 부정적인 영향을 미친다.

2) 노동시장

노동시장의 상황에 따라 보상수준은 달라질 수 있다. 즉, 실업률이 높을 경우 보상수준은 자연히 낮아질 수 있다. 하지만 노동의 공급측면에서 매우 부족할 경우, 적절한 인재를 찾을 수 없는 경우 보상수준은 올라갈 수 있다. 또한 지역의 경제상황이 호황일 경우와 불황일 경우 보상수준은 달라질 수 있다. 한편 기업의 내부수익률에 따라서도 보상수준은 달라질 수 있다.

3) 노조의 영향

노조가 조직된 기업체의 경우 그렇지 않은 경우에 비해 보상수준은 증가한다. 우리나라의 경우 현대자동차의 노조는 그 영향력이 매우 강력하여 매년 보상수준을 높이려는 단체교섭을 진행하고 있다.

4) 정부정책

정부의 최저임금제 등 법적인 내용도 보상수준을 결정하는 데 영향을 미친다. 뿐만 아니라 정부에서 제시하는 관련 법규의 변경 등은 기업의 보상수준을 결정하는 데 많은 영향을 미친다. 최근 노사정 합의가 이루지지 못한 면은 기업측에 어려움을 가중시키고 있다. 이렇듯 정부의 정책에 따라 보상수준 및 보상의 내용이 변화될 수 있다.

7. 복리후생 프로그램

기본임금과 수당, 성과급 이외에 구성원들의 경제적 안정과 생활의 질을 향상시키기 위한 간접적 보상을 복리후생(employee benefits)이라고 부른다. 전통적으로 복리후생은 보완급부(supplementary benefit) 개념하에 기본임금에 더하여 부여되는 추가적인 혜택으로 취급되어 왔으나 근래에 와서 그 비중이 커짐에 따라 포괄적인 복리후생 개념으로 변해가고 있다.

1) 법정복리후생

법정복리후생이란 법에 의하여 종사원들과 그들 가족의 사회보장을 위하여 직장생활이나 일상생활의 여러 가지 위험으로부터 보호하는 것이다. 우리나라에서는 의료보험, 산업재해보험, 고용보험, 국민연금 등 사회보험이 적용되어 조직체가 보험료의 일부 또는 전액을 부담한다. 또한 근로기준법에 따른 퇴직금의 지급도 법정복리후생에 포함된다고 볼 수 있다.

2) 경제적 복리

법정복리후생 외에도 구성원들과 그 가족들의 경제적 안정에 관련된 프로그램들은 다음과 같다.
① 주택급여와 주택소유를 위한 재정적 지원
② 구성원 본인 및 직계가족의 경조사, 재해에 대비하는 공제제도
③ 교육비 지원
④ 급식, 통근, 구매, 매점 등 소비생활의 보조
⑤ 퇴직금과 의료비 등 법정복리 이외의 추가혜택
⑥ 예금, 융자 등의 금융제도

3) 건강과 여가

종사원들의 건강을 위한 의료실 운영, 건강상담, 이미용실·운동 및 여가시설의 운영 등을 포함한다. 또한 도서실과 문화회관, 교양강좌 및 기타 문화활동에 대한 편의와 보조를 제공하는 것이다.

4) 휴가와 무노동시간 보상

월급을 받는 종사원의 경우에는 법정 휴일과 병가, 연차휴가, 개인적인 사유의 결근 등 실제로 일하지 않는 시간에 대해서도 보상을 한다. 또한 중식시간, 휴식시간, 세수시간, 탈의시간, 개인적인 용무로 자리를 비우는 시간 등의 무노동시간에 대해서도 임금을 지불한다.

제11장 호텔회계

제1절 호텔관리부문

1. 호텔관리부문의 개요

1) 호텔관리부문의 중요성

호텔은 총지배인을 중심으로 경영관리를 이행하고, 매출과 이익관리를 한다. 이익관리의 중심에는 예산의 수립과 집행을 주관하는 업무지원부문, 즉 관리부서가 있다. 호텔관리부문의 주요 업무는 매출에 대한 예측, 예산수립 및 집행, 재무관리, 경영관리보고서의 작성, 내부 통제시스템 개발, 주주총회 관련 보고서 작성 및 유지, 내·외부 감사업무, 관공서업무 등이 있으며, 이러한 업무는 기업회계를 바탕으로 이뤄지고 있다. 경영관리는 필요한 정보를 많이 확보하는 사람이 주도권을 잡게 되는데 관리담당 임원이 많은 의사결정에서 주도적 역할을 하는 것은 호텔의 정확한 재정상태와 현금의 흐름에 깊이 관여하기 때문이다. 따라서 호텔의 관리부문은 영업부문을 지원하며 전반적인 회사의 경영을 책임지는 부서라고 할 수 있다.

2) 호텔관리부문의 조직

호텔의 관리부문은 관리담당 임원을 중심으로 회계와 경리를 맡은 경리부서, 주주총회와 관공서 업무를 담당하는 총무부서, 구매부서 등으로 구분하고 있으며, 인력관리부서, 안전관리부서, 시설관리부서가 관리부문에 편제된 호텔들도 있다.

그러나 본서에서는 호텔경영관리를 이해하는 데 도움을 주기 위해 각각의 부서들을 독립된 영역으로 학습할 수 있도록 세분화하였다. 따라서 이 장에서는 경리와 회계를 중심으로 회계업무에 대한 내용으로 구성하였고, 회계부문의 책임자로는 관리부장 / 경리장이 보직되며, 그의 지휘 아래 회계과장(Chief Accountant), 지불과장(Account Payable Accountant), 후불과장(Receivable Accountant), 급여과장(Pay-master), 원가관리과장(Cost Accountant), 고정자산관리과장(Capital Accountant), 검수과장(Receiving Manager) 등이 각각의 전문성에 의해 분장된 업무를 이행하게 된다.

3) 호텔관리부문의 역할

(1) 관리담당 임원

호텔의 관리담당 임원은 지원부서의 장으로서 총무, 인사, 경리, 구매, 컴퓨터시스템, 시설, 안전 등과 관련된 업무를 총괄한다.

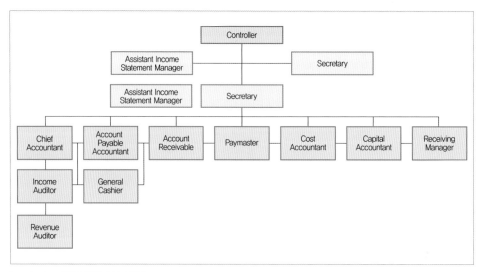

┃그림 11-1 호텔관리부서 조직

(2) 관리 및 회계부서장

관리 및 회계부서장은 관리담당 임원의 업무를 보좌하며, 호텔 내의 업무지원 부문에 주력하게 된다. 주된 업무는 회계부문이며, 좀 더 구체적으로 살펴보면 다음과 같다.

① 객실영업, 식음영업, 부대시설영업에 따른 영업예측의 시스템 구축
② 호텔의 중장기 경영계획과 예산 수립
③ 연간 예산 및 월간 예산 수립
④ 자금계획 수립
⑤ 대차대조표, 손익계산서, 재산목록 작성
⑥ 현금흐름 보고서 작성
⑦ 일일경영관리 보고서 작성
⑧ 수정 매출보고서 작성
⑨ 현금, 외상매출금 회수, 외상매입금 지불, 구매 및 검수, 재고조사, 급여 등에 대한 내부통제업무
⑩ 내부, 외부 감사업무의 주관
⑪ 체인본부, 주주총회 및 이사회에 제출할 각종 자료의 생산
⑫ 호텔과 관련된 각종 계약서의 유지

(3) 회계과장

관리부서장을 도와 경리부문의 실무책임자로서 각종 경리관련 보고서에 관련된 업무를 관장하게 된다.

(4) 지불과장

지불과장(Payable Master)은 원재료, 일반자재, 공사대금 등 호텔이 구입한 모든 물품에 대한 대금을 자금지출계획에 의해 제때 집행하는 책임자이나.

(5) 후불과장 또는 여신과장

영업부서에서 발생된 각종 후불금(미수금)을 30일, 60일, 90일, 120일 또는 그 이상 회수계획을 세워 수금하고, 미회수금액에 대한 대손처리를 책임지고 수행하

게 된다.

(6) 급여과장

인사부서와의 긴밀한 업무협조를 통해 종업원들의 급여를 제때에 지급하게 된다. 급여 관련 계정은 기본급, 제수당, 복리후생 등 다양한 항목들이 있어 업무가 매우 복잡하다.

(7) 원가관리과장

호텔에서 발생되는 매출과 구입가격을 비교분석하여 관련부서에 보고하는 책임자이다. 특히 식음부서의 업무를 보조하므로 간혹 식음부서에 배속되는 호텔도 있다.

(8) 고정자산관리과장

호텔의 토지, 건물, 비품 등 모든 재산을 관리하는 주무 책임자로서 관리부서장의 지휘하에 있다.

(9) 검수과장

구매부서장의 지휘를 받는 경우도 있지만 주로 관리부서 소속으로 호텔 구매부서가 발주한 각종 물품의 검수, 보관, 재고관리를 책임진다.

제2절 호텔회계의 기본 이해

1. 회계의 의의

회계란 "재무적 성격을 갖는 거래나 사건을 화폐단위에 의해서 뜻있는 방법으로 기록·분류·요약하고 해석하는 기술이다"라고 정의(AICPA: American Institute of Certified Public Accountants, 1953)하고 있으며, 1966년 미국 회계학회(AAA: American Accounting Association)에 의하면 회계란 "회계정보 이용자가 정보에 입각한 판단이나 의사결정을 할 수 있도록 경제적 정보를 식별·측정하고 이를 전달하는 과정"이라고 정의하고 있다. 호텔기업에 있어서 회계란 "경제적 의사결정에 필요한 정보를 제공하기 위해 호텔기업의 경제적 행위를 측정하고 전달하는 행위"라고 할 수 있다. 즉 회계는 특정 경영관리조직의 재무정보시스템의 경제적 사상(事象)을 파악하고 기록하며, 이러한 정보가 필요한 이용자들에게 전달하는 일련의 과정이라고 할 수 있다.

① 회계의 첫 번째 과정인 거래 및 사상(事象)의 파악은 특정 회계주체와 관련된 경제적 활동의 증거가 되는 사상을 선별하는 것이다.

② 일단 거래를 파악하고 해당 거래에 대한 금액을 측정하면, 경제적 거래 및 사상은 그 조직의 재무활동 내역을 제공할 목적으로 기록된다.

③ 이렇게 파악, 기록된 활동은 정보이용자들에게 전달되지 않으면 가치가 없으므로 가장 보편적 형태인 재무제표의 작성과 배포를 통하여 전달된다.

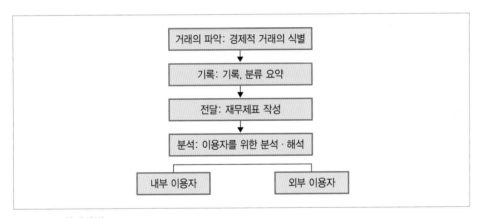

▌그림 11-2 회계과정

2. 회계의 기능

회계의 기능은 모든 기업이 그 회계를 처리하는 데 있어 따르지 않으면 안 되는, 즉 기업회계기준이나 상법 등에 의해서 기업의 상이한 모든 이해관계자(주주, 채권자, 종업원, 소비자, 지역주민, 정부 등)의 수익성, 안전성, 유동성 등과 같은 목적에 부응하기 위해서 기업이 수행하지 않으면 안 되는 기능을 말한다. 이는 다음과 같이 관리적 기능, 보전적 기능, 보고적 기능으로 설명할 수 있다.

1) 관리적 기능

내부적 기능이라고도 하며, 기업 경영자의 입장에서 기업의 경영활동을 계량적으로 분석 파악하여 그 결과를 다 기업과 비교 평가한다든가 예산 및 표준매출목표를 수립함과 동시에 재무관리(financial management)와 원가관리(cost management) 등을 정확하게 관리하는 기능을 말한다.

2) 보전적 기능

채권자 입장에서 권리의 행사, 채무자로서 의무의 이행 등 경영활동에 있어서 모든 거래와 계약의 확보는 물론 위법, 부당, 오류 등에 의한 재산과 자본의 감손을 방지하는 것으로서 기업 본래의 목적과 임무를 수행하는 것을 말한다.

3) 보고적 기능

외부적 기능이라고도 하며, 재무제표, 즉 재무상태(B/S) 및 경영성과(I/S)를 이해관계자들에게 측정하여 전달, 보고하는 기능을 말한다.

3. 회계의 기본 가정

1) 화폐측정의 가정

화폐로 표현할 수 있는 거래정보만이 어느 한 기업 실체에 대한 회계기록에 포함된다는 가정이다.

2) 기업실체의 가정

소유주나 경영자와는 별개의 독립된 기업실체가 존재하며, 모든 경제적 사상(事象) 거래는 특정기업 실체에 한하여 인식될 수 있다는 가정이다.

3) 회계기간의 가정

기업의 경제적 수명은 인위적으로 보다 짧은 회계기간 단위로 나눌 수 있다는 가정이다.

4) 계속기업의 가정

기업의 현재 목표들을 실행하기 위해서 지속적으로 운영된다는 가정이다.

4. 회계원칙

1) 취득원가 기준

자산은 취득시점의 원가로 기록하는 것을 말하며, 원가자산이 취득된 시점에 교환된 가치를 말한다.

2) 수익인식의 원칙

수익은 발생한 회계기간에 인식한다는 원칙이다.

3) 수익 · 비용 대응의 원칙

발생주의를 근거로 수익 · 비용 금액을 확정한다 하더라도 과연 비용을 어느 기간에 기록할 것인가를 결정해야 한다. 비용의 인식은 수익의 인식과 연결된다. 수익 · 비용 대응의 원칙은 어떤 거래의 결과로 나타나는 수익에 대하여, 그것을 획득하는 데 소요된 비용을 대비시키는 것이다.

4) 완전공시의 원칙

재무제표 이용자들의 경제적 의사결정에 영향을 줄 수 있는 상황이나 거래들에 대한 정보를 빠짐없이 밝혀야 한다는 원칙이다.

5) 중요성의 원칙

중요성이란 한 기업의 전반적인 재무상태나 운영에 영향을 미치는 계정과목에 관련된 것으로, 즉 어떤 계정과목이 합리적인 투자자나 채권자의 의사결정에 영향을 미친다면 중요성을 지니는 것이다.

6) 보수주의 원칙

회계적 의미의 보수주의란 기업의 재무상태에 불리한 영향을 미치는 회계방법을 사용하는 원칙으로 자산은 될수록 작게, 부채는 크게, 수익은 가급적 늦게, 비용은 빨리 계상하는 것을 말한다.

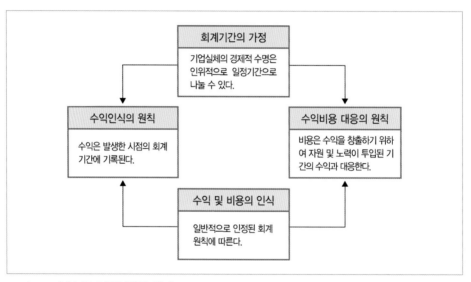

▍그림 11-3 수익 및 비용인식의 체계

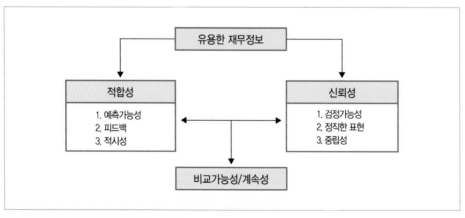

▍그림 11-4 회계정보가 갖춰야 할 특성

5. 회계 거래의 분석

1) 회계등식

호텔에서 장부를 통해 정리하고 유지할 수 있는 모든 요소는 자산, 부채, 자본으로 구성되어 있으며, 이를 구성하는 요소는 아래와 같이 나타낸다.

$$자 산 = 부 채 + 자 본$$

2) 자산

기업이 보유하는 자원으로, 경제적 가치가 있는 모든 자원을 말한다. 자산은 생산·소비·교환과 같은 경제활동을 수행하는 데 사용되는 가치 있는 것을 말한다.

3) 자산의 주요 항목

① 현금(Cash on hand): 돈이나 돈과 동일하게 취급되는 현금등가물을 말한다.

② 예금(Cash in bank): 돈이나 돈과 동일하게 취급되는 현금등가물을 말한다.

③ 유가증권(Marketable securities): 기업이 일시적인 여유자금의 활용을 위하여 일시 소유하는 시장성 있는 증권으로, 타사 발행 주식 및 사채 등을 말한다.

④ 외상매출금(Accounts receivable): 상품이나 용역을 외상으로 판매한 금액을 말하며, 대부분의 외상매출은 일반적으로 30일 내지 60일 내에 회수될 수 있으며, 기업의 가장 중요한 청구권이기도 하다.

⑤ 받을 어음(Notes receivable): 상품이나 용역을 판매하고 고객으로부터 어음을 받으면 만기일에 현금을 받을 권리가 생기는데, 이때 현금을 회수할 수 있도록 받아둔 어음을 말한다.

⑥ 식료 재고(Food inventory): 호텔에서 사용할 식료품 재료를 구입하여 일정기간 사용하고 남은 재료를 말하며, 매달 시행하는 재고조사에 의해 실세로 남아 있는 부분을 말한다.

⑦ 음료 재고(Beverage inventory): 호텔에서 사용할 음료 재료를 구입하여 일정기간 판매 또는 사용하고 남은 것을 말하며, 매달 시행하는 재고조사에 의해 실제로 남아 있는 부분을 말한다.

⑧ 선급금(Prepaid expense): 기업에서 필요로 하는 재료 구입, 서비스용역 계약 등에 필요한 금액 중 일정부분을 미리 지급하여 향후 구입이나 서비스용역 계약이 완료되면 소멸될 계정을 말한다.

⑨ 건물(Building): 호텔의 건물은 형태가 있는 고정자산이다.

⑩ 소모품(Operating supplies): 호텔의 객실, 식음료, 연회, 부대업장 등에서 영업을 위해 사용되거나 종업원의 복리후생을 목적으로 사용되는 대부분의 일회성 물품이 이에 속한다.

4) 부채

자산에 대한 청구권이다. 부채는 현금으로 갚아주거나 용역을 제공해야 할 의무 또는 빚을 말한다.

5) 부채의 주요 항목

① 외상매입금(Accounts payable): 식음료 자재 및 기타 소모품을 외상으로 매입한 금액으로 현금으로 갚아주어야 한다.

② 지급어음(Notes payable): 매입한 물품에 대해 공급업자에게 어음을 발행하여 만기일에 현금으로 지불할 의무

③ 차입금(Loan): 채권자로부터 빌린 금액으로, 현금을 갚아야 할 의무

④ 선수금(Advance deposits): 제품이나 서비스에 대해 미리 받은 금액으로서 아직 상품, 서비스가 제공되지 않은 경우

⑤ 미지급금(Accrued expenses): 회기 말에 발생하였으나 아직 갚지 않은 비용으로서 미지급금 비용은 발생한 기간에 기록한다는 수익비용 대응의 원칙에 근거를 둔 것이다.

6) 자본

총자산에 대한 소유청구권을 자본이라 하며, 자기가 출자한 금액과 이익잉여금을 합한 것이다.

7) 자본의 주요 항목

① **납입자본(Paid-in capital)**: 주주들이 자기 돈으로 출자한 자본으로 주식이 액면가 이상으로 팔릴 때 주식발행 초과금이 생기는데, 이 차액을 추가납입자본이라고 한다.

② **이익잉여금(Retained earnings)**: 납입자본을 운용하여 벌어들인 순이익 중 배당금으로 기업 밖으로 유출된 금액을 제외한 것이다.

제3절　호텔의 영업회계

1. 호텔영업회계의 의의

호텔기업의 운영부분은 크게 수익발생부서(Revenue Center)와 비용발생부서(Cost Center)로 나눌 수 있다. 호텔기업에 있어 수익발생부서로는 객실, 식음료, 연회, 부대시설영업 부서 등을 들 수 있고, 비용발생부서로는 인력관리, 마케팅, 구매, 시설, 총무, 회계 부서 등을 들 수 있다.

호텔기업은 각 영업부서의 성격에 따라 다른 상품들이 판매되어 매출액이 발생하게 되며, 업장별로 판매된 상품의 매출액은 온라인 시스템을 통하여 전송 및 집계되고 있다. 또 하루의 영업 결과에 대해서는 야간회계감사(night auditor)를 통해 거래내역들을 감사하고 마감하게 된다. 감사 시 오류를 수정보완하며, 업장의 영업결과에 대한 감사활동이 끝나면 영업보고서를 작성하여 하루의 영업활동에 대해 마감처리하게 된다.

2. 객실영업부서의 영업회계

객실영업부서의 영업회계 중 가장 중요한 업무는 숙박하는 투숙객의 고객원장에 대한 관리업무이다. 객실부문의 영업회계는 프런트데스크 에이전트(front desk agent)와 야간회계감사가 수행하며, 일부 단독호텔은 객실회계원(front cashier)이 업무를 진행한다. 호텔의 객실을 이용함으로써 발생되는 제반 대금을 단기적인 외상매출금 형태로 고객원장에 기록하고, 각 영업장에서 발행된 모든 계산서를 관리보관하며, 퇴숙 시 이들 금액을 합산하여 고객에게 청구하는 역할을 담당한다. 또 타 영업부서에서 필요한 거스름돈의 교환이나 환율게시, 환전업무를 수행한다.

1) 고객원장의 작성

호텔의 투숙객이 호텔에 체재하면서 각 업장에서 발생시킨 모든 요금을 거래발생 순서대로 기록해 나가는 것을 고객원장(guest ledger)이라 한다. 호텔의 경우 투숙객과 투숙객이 아닌 두 가지 형태로 구분할 수 있는데 투숙객이 아닌 경우 업장에서 발생시킨 계산서로 정산을 하고, 투숙객의 경우 식음료영업장, 부대시설영업장을 이용하고 난 후 투숙객 계정으로 후불처리한 후에 퇴숙 시 일괄적으로 정산한다. 고객원장은 투숙과 동시에 개설하며, 원장 개설 이후 호텔 내의 부대시설에서 후불처리가 가능하게 된다.

2) 단체총괄계정(group master ledger)

단체총괄계정이란 단체고객용 원장을 말하는 것으로 개별투숙객이 아닌 단체투숙객의 경우 지불처가 다를 경우를 위해서 개설한 계정을 말한다. 즉 단체투숙객들의 사용요금에 대해서 여행사, 항공사, 컨벤션기획사 등에 직접적으로 청구하기 위해서 개설된 계정을 말한다. 단체총괄계정에서 개별고객계정의 경우 단체객의 객실 및 식사요금을 제외하고 개인적으로 사용한 금액을 청구하기 위해서 개설된 계정을 말한다.

3) 고객원장의 내용

고객원장의 구성 형식은 호텔마다 다를 수 있지만 구성내용 면에서는 거의 흡사하다고 할 수 있다. 고객원장의 구성내용은 상호명, 회사주소, 대표자명, 사업자등록번호, 전화번호, 청구처, 주소, 고객서명 및 승인자의 서명, 도착일, 출발일, 계정번호, 객실번호, 고객 수, 객실요금, 일자, 참조내역, 금액 등으로 구성되어 있다.

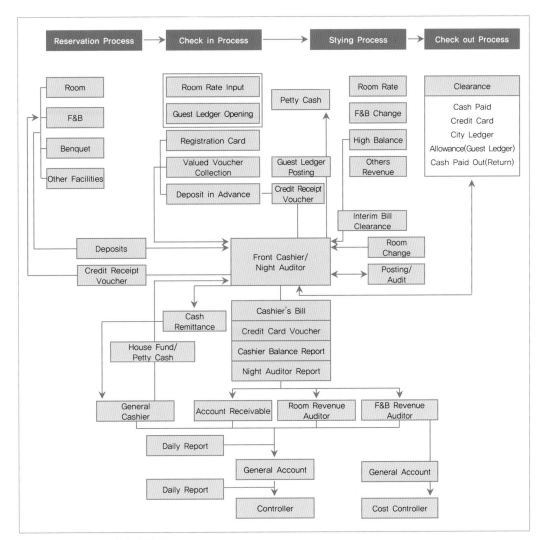

그림 11-5 호텔영업회계 순환과정

4) 요금수납 업무

요금수납 업무는 부과한 요금을 결제하는 업무이다. 요금의 수납은 중간 수납과 퇴숙 정산으로 구분할 수 있으며, 지급형태에 따라 현금결제와 신용결제로 구분할 수 있다.

(1) 현금결제

내국통화, 외국통화, 자기앞수표, 당좌수표, 여행자수표 등으로 결제하는 것은 현금결제에 속한다. 외국통화는 외국환매도증서를 발행하여 환전 후에 한화로 수령하며, 자기앞수표와 당좌수표는 지역에 따라 추심료를 받게 된다.

(2) 신용결제

신용결제는 후불조건의 쿠폰, 크레디트 카드, 어음, 외상매출 결제의 방법들을 가리킨다.

(3) 선급(advanced payment, deposit)

휴대품이 없거나 예약 없이 오는 고객에 대해서 체크인 시에 미리 청구하여 받는 선납금이나 예약 시에 계약이행을 확실하게 하기 위하여 납입받는 금액이 이에 속한다. 전자는 이용요금을 미리 받는 것으로서 'Advanced Pay', 'Paid in Advance'라 하고 후자의 것은 계약금으로 받는 것으로서 'Deposit'이라고 말한다.

5) 기타 업무

주요 업무 외에도 외환 교환업무, 여행자수표 교환업무, 시재금의 관리, 일일 영업보고서의 작성 등을 행하게 된다.

6) 야간회계감사(night auditor) 업무

호텔은 연중무휴의 영업을 하기 때문에 정기적으로 당일의 영업판매액에 대한 재무감사가 필요하다. 따라서 당일 발생된 수입과 호텔 회계계정에 관한 마감업무를 수행하고, 회계정보를 제공해 주는 야간회계감사가 있다. 야간회계감사는 영업장 부문별로 당일의 매상수입을 정산하는 일을 맡고 있으며, 주요 기능은 수취계정의 총 잔액과 개별원장 합계액의 비교와 검증, 개별원장의 대변과 차변 기록과 청구액의 정확성 검증, 영업장 및 부문별 매출의 확정 등이다.

야간회계감사의 주요 업무는 다음과 같다.

① 수취계정의 총 잔액과 개별원장의 비교 및 검증
② 발생계정의 정확성 확인

③ 청구액의 이상 유무 점검

④ 당일 수입일람표의 작성

⑤ 야간의 수익감사업무 수행

⑥ 매출자료(영업일보, 매출현황)의 작성

3. 식음부서의 영업회계

호텔의 수익 중 가장 중요한 두 부서는 바로 객실부문과 식음료부문이다. 현대 호텔의 수익구조에서 볼 때 식음료부의 수익이 객실의 수익을 앞서가는 추세이다. 호텔에서 식음료의 구성은 물론 호텔의 규모에 따라 차이가 있겠지만 로비라운지, 커피숍, 한식당, 일식당, 중식당, 이탈리아 식당, 프랑스 식당, 뷔페레스토랑, 룸서비스, 연회장, 베이커리숍 등이 대표적인 예라 하겠다.

특히 식음료부의 매출이 증대됨에 따라 이에 맞는 호텔의 수익관리 측면에서 식음료부서의 영업회계를 효율적·효과적으로 관리하는 방법은 호텔의 매출관리에 있어 중요한 부분이라 할 수 있다.

1) 주문접수

(1) 주문전표(order slip)의 작성

식음료 종사원(waiter, waitress)이 고객에게 직접 주문을 받아서 'Order Slip'을 작성한다. 오더는 호텔마다 다르긴 하지만 기본적으로 캐셔용, 조리용, 보관용 3가지로 작성하며 작성된 오더는 캐셔에게 1장이 전해지며, 1장은 조리를 위해 조리부서로 가게 되고, 1장은 체크용으로 별도 보관하게 된다. 따라서 주문은 3매 1조를 원칙으로 하는 게 좋다.

(2) 계산서의 작성

식당에서의 계산서는 'Check', 'Chit', 'Bill' 등으로 불리고, 계산서의 기본 형식은 재화나 용역의 공급기록에 대한 내역서이며 또한 식음료사업 특유의 부가적 기록을 내포하고 있다. 계산서는 식음료 매장에서 거래된 모든 상품에 대한 거래내역과 금액을 기재하여 고객에게 청구하는 역할을 하며 내부적으로 기업의 수익에 대한 보고, 재무자료를 근거로 제공하는 역할을 한다.

계산서의 구성내용을 살펴보면 다음과 같다.

① 호텔명, 계산서 번호, 테이블 번호, 고객 수 등
② 메뉴명, 수량, 메뉴 코드
③ 세무관련 자료
④ 봉사료, 부가가치세, 합계
⑤ 지불형태

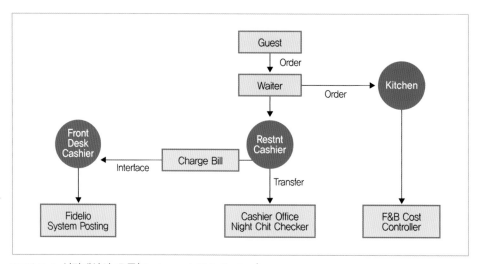

▌그림 11-6 **식당계산의 흐름**(Restaurant Chit System)

(3) 계산서의 관리

식음료부문은 매장에 비해 거래가 빈번하게 이루어지고 위에서 설명한 바와 같이 내부관리의 기초자료와 재무적 근거자료가 되기 때문에 계산서는 철저하게 관리되어야 한다. 식음료 업장 수납원용 계산서를 관리해야 하는 구체적인 이유는 첫째, 내부 수익감사보고서만으로는 식음료 업장 수납원용 계산서를 관리하기 어렵기 때문이다. 둘째, 식음료 영업의 특성상 단위의 현금거래가 많이 이루어지므로 만일 적절한 통제절차가 수립되어 있지 않으면 부정의 소지가 있기 때문이다. 셋째, 오늘날 사용 중인 포스시스템(POS : point of sale system)은 각 호텔마다 다소 다르므로 바람직한 통제 제도를 선택하기가 어렵고, 또한 통제제도이 통일성을 기하기 어렵기 때문이다.

(4) 계산서 기록의 취소 및 정정

식음료계산서의 취소(void) 또는 정정(correction)은 전체 취소와 부분 취소로 구분한다. 취소의 사유는 이중 작성, 기록착오, 불취식, 분할 재작성 등으로 구분한다. 취소는 임의로 해서는 안 되며, 감독자(Supervisor)의 허락을 득한 후에 시행해야 한다.

2) 식음료 업장 수납원

식음료 업장 수납원(cashier)의 경우 대부분의 체인호텔은 영업부서에 소속되어 서비스와 회계업무를 함께 수행하지만 일부 단독경영호텔은 관리부서나 회계부서로 소속되어, 영업회계업무를 수행한다. cashier는 계산, 수납원인 동시에 식음료 업장의 인상을 최종적으로 결정하는 역할을 하는 중요한 고객접점 종업원이다. 따라서 업장 수납원의 경우 회계업무에 대한 지식뿐만 아니라 대고객 서비스에 있어서도 뛰어난 역량을 가지고 있어야 한다. 식음료 업장 수납원이 행하는 업무는 다음과 같다.

① 모든 식음료 매출액에 대한 계산서의 작성과 기록
② 현금 및 카드 정산 매출에 대한 회계의 처리
③ 시재금의 보관 및 관리
④ 일일 영업보고서의 작성
⑤ 기타 각종 계산서의 작성 및 관리

이 외에도 관리부서와 연관된 업무를 수행하며, 영업을 위해서 각종 서류와 시재금 등을 관리부서로부터 수령하여 준비하고, 마감 시에도 POS의 수행절차에 따라 미감을 행히는 식음료 영업장의 오픈과 마감을 수행하는 역할을 한다.

제4절 재무제표의 이해

관리회계의 범주는 다양하지만 본장에서는 재무제표의 이해와 재무제표비율분석의 범주만 다루기로 한다.

1. 대차대조표

대차대조표는 일정시점에 기업의 재무상태, 즉 자산 및 자본의 내용을 수록한 표이다. 기업은 자본주가 투자한 돈(자기자본)과 금융기관 등으로부터 빌린 돈(부채 또는 타인자본)으로 공장 기계설비 등 고정자산을 구입하고 일부는 운전자금으로 사용하기 위하여 현금이나 예금 등 유동자산으로 보유한다. 이와 같이 기업의 자금조달과 운용상태를 한 표에 나타낸 것이 대차대조표인데, 자본과 부채를 합한 금액과 자산총액이 일치하도록 작성된다. 이때 자본과 부채는 대차대조표의 오른쪽인 대변에 기록되어 자금의 조달원천을 나타내고, 자산은 대차대조표의 왼쪽인 차변에 기록되어 조달된 자금의 운용상태를 나타낸다.

2. 손익계산서

손익계산서(Profit & Loss Statement)는 일정기간 동안 기업의 경영성과를 나타내는 표이다. 재무제표를 작성하는 중요한 목적 중 하나는 기업이 일정기간 동안 얼마나 이익을 남겼는지 또는 얼마나 손해를 보았는지를 정확하게 계산하는 것이며 손익계산서의 작성을 통해 정확한 손익금액 계산과 함께 그 손익이 경영의 어떤 활동에서 발생하였는지를 알아보는 것이 가능하다. 생산이나 판매 등 기업의 고유한 영업활동 결과로 발생한 손익을 영업손익, 주된 영업활동 이외의 보조적 또는 부수적인 영업활동과는 관계없이 발생한 손익을 특별손익이라 한다. 또한 기업이 얻은 모든 수익에서 기업이 지출한 모든 비용을 차감하고 순수하게 기업에 이익으로 남은 몫을 당기순이익이라 한다.

〈표 11-1〉 대차대조표 양식

대차대조표(요약계정식)			
제××기 2×××년 ×월 ×일 현재			
(주)월드베스트스마일호텔			(단위 : 천원)
자 산	**금 액**	**부채 / 자본**	**금 액**
자산		**부채**	
Ⅰ. 유동자산		Ⅰ. 유동부채	
1. 현금과 예금		1. 매입채무	
2. 유가증권		2. 단기차입금	
3. 매출채권		Ⅱ. 고정부채	
4. 재고자산		1. 사채	
Ⅱ. 고정자산		2. 장기차입금	
(1) 투자자산			
1. 장기성 예금		**부채 총계**	
2. 특정현금과 예금			
3. 투자유가증권		**자본**	
(2) 유형자산		Ⅰ. 자본금	
1. 토지		Ⅱ. 자본잉여금	
2. 건물		1. 자본준비금	
3. 건설 중인 자산		2. 재평가적립금	
(3) 무형자산		Ⅲ. 이익잉여금	
－		1. 이익준비금	
－		2. 기타 적립금	
(4) 이연자산		3. 이월이익잉여금	
－			
－		**당기순이익**	
		Ⅳ. 자본조정	
		자본총계	
자산총계		부채와 자본총계	

〈표 11-2〉 손익계산서 양식

과 목	제 X(당)기	
손익계산서(요약계정식) 제××기 2×××년 ×월 ×일부터 2×××년 ×월 ×일까지 (주)월드베스트스마일호텔 (단위 : 천원)		
Ⅰ. 매출액		
Ⅱ. 매출원가		
Ⅲ. 매출총이익		
Ⅳ. 판매비와 관리비 1. 급여 2. 지급임차료 3. 감가상각비 4. 광고선전비 5. 대손상각비		
Ⅴ. 영업이익		
Ⅵ. 영업외수익 1. 이자수익 2. 배당금수익 3. 임대료		
Ⅶ. 영업외비용 1. 이자비용 2. 이연자산 상각비		
Ⅷ. 경상이익		
Ⅸ. 특별이익 1. 보험차익 2. 전기오류수정이익		
Ⅹ. 특별손실 1. 재해손실 2. 전기오류수정손실		
ⅩⅠ. 법인세차감전순이익		
ⅩⅡ. 법인세 비용		
ⅩⅢ. 당기순이익 (주당경상이익 :) (주당순이익 :)		

3. 현금흐름표

현금흐름표(SCF : statement of cash flow)는 일정기간 동안 기업이 조달한 현금의 내역과 조달된 현금이 어떻게 이용되었는가 하는 운용내역을 영업활동, 투자활동 및 재무활동으로 나누어 정리한 재무보고서이다.

〈표 11-3〉 현금흐름표 양식

현금흐름표

2×××년 ×월 ×일부터 2×××년 ×월 ×일까지

(주)월드베스트스마일호텔　　　　　　　　　　　　　　　　　　　　　　(단위 : 천원)

I. 영업활동으로 인한 현금흐름	
1. 매출로부터의 유입액	2. 매입에 대한 유출액
3. 영업비의 지급	
II. 투자활동으로 인한 현금흐름	
1. 투자활동으로 인한 현금 유입액	2. 투자활동으로 인한 현금 유출액
III. 재무활동으로 인한 현금흐름	
1. 재무활동으로 인한 현금 유입액	2. 재무활동으로 인한 현금 유출액
IV. 현금의 증가	
V. 기초의 현금	
VI. 기말의 현금	

4. 이익잉여금처분계산서

이익잉여금처분계산서는 전기 이월이익잉여금과 당기 이익잉여금의 처분사항을 명확히 보고하기 위하여 작성되는 재무제표이다. 이익잉여금처분계산서는 처분이익잉여금, 임의적립금 등의 이입액, 이익잉여금처분과 차기이월이익잉여금으로 구성된다.

> 배당가능액 = (처분전이익잉여금 + 임의적립금 등의 이입액) −
> 　　　　　　 (이익준비금 + 기타 법정적립금 + 이익잉여금처분에 의한 상각액)

〈표 11-4〉 이익잉여금처분계산서 양식

이익잉여금처분계산서		
제××기 2×××년 ×월 ×일부터 2×××년 ×월 ×일까지		
(주)월드베스트스마일호텔		(단위: 천원)
과 목	금 액	
I. 처분전 이익잉여금		
1. 전기이월이익잉여금		
2. 당기순이익		
II. 임의적립금이입액		
1. 사업확장적립금		
2. 배당평균적립금		
III. 이익잉여금처분액		
1. 이익준비금		
2. 재무구조개선적립금		
3. 배당금		
4. 감채적립금		
IV. 차기이월이익잉여금		

호텔회계 실무사례

Income, Account Receivable

→ Restaurant, Banquet Cashier, Front Cashier, Night Auditor,
  A/R Collector

✅ 사람 + 시스템 + Operation

　Income 부분에서 회계적 기능도 중요하겠지만 사람에 의해 이루어지는 것이므로 회계를 다루어 나가는 데 사람이 생각하는 회계원칙이나 회계인으로 그 사람의 태도가 좋아야 원만한 회계인이 될 수 있다.

✅ 회계원칙

- 회계기준: Balance Sheet(대차대조표), Profit Loss(손익계산서)
- 일반원칙: 기업회계기준에서 일반원칙 6가지
- 신뢰성의 원칙 / 명료성의 원칙 / 충분성의 원칙 / 계속성의 원칙 / 중요성의 원칙 /안전성의 원치

- 회계공준: 회계가 성립하기 위한 기초전제, 가정. 누구나 경험적으로 당연지
  사로 인정
- 기업실체의 공준, 계속기업의 공준, 화폐가치 인정의 공준, 회계기간의 공준

대차대조표

- 구분표시, 총액표시, 1년 기준, 유동성 배열법, 잉여금 구분, 특정비용 이연,
  특정수익 이연

손익계산서

- 발생주의, 수익 · 비용대응, 총액주의, 구분계산

회계인으로서의 태도

- 친절, 정확, 신속, 안전, 협조, 적극성, 팀워크, 자기향상, 건강, 냉정한 판단력,
  용모단정, 관계부분과의 원활한 커뮤니케이션
- 지식: 목적, 방침, 목표, 상품, 회계지식 등
- 기능: 계산력, 서비스력, 회계기 조작능력 등
- 태도: 친절, 정확, 신속, 안전, 적극성, 팀워크, 자기향상, 건강, 냉정한 판단력,
  용모단정, 예절, 관계부분과의 의사소통

Income의 system & operation

일반적인 회계시스템과 오퍼레이션의 기본원리

- 주고, 받고, +, -, give & take

대변, 차변의 원리를 활용

前 殘高 + 發生 - 回收 = 現 殘高

DR.   CR.

回收(-)	前 殘高
現 殘高	發生(+)

- 기업회계에서는 어느 부분이건 간에 이 원리를 이용하고 있고, 호텔기업에 있
  어서도 마찬가지로 이 원리를 활용한다. 영업회계부분(매출회계)도 이 원리를
  활용하여 설명한다.

☑ **차변요소**
- 자산의 증가
- 부채의 감소
- 자본의 감소
- 비용의 발생

☑ **대변요소**
- 자산의 감소
- 부채의 증가
- 자본의 증가
- 수익의 발생

(1) 식음료 판매회계(F&B, Restaurant Cashier)

Dr.(借邊)   Cr.(貸邊)

현금(cash)		
외상매출금(charge)	신용카드(credit card)	매출(revenue)
	숙박객거래(guest ledger)	
	외래객거래(city ledger)	

- 매출 = 현금 + 외상매출금
- 분개처리: 외매 ##,###   매출 ##,###
  현금 *,***   외매 *,***

(2) 객실판매회계(Front Cashier) / 精算(Night auditor)

Dr.(借邊)   Cr.(貸邊)

현금(cash)	前日殘高(opening balance)
조정(adjust)	객실매출(room revenue)
외상매출금(city ledger)	기타 매출(miscellaneous)
今日殘高(net out standing)	食飲料對替(F&B charge)

- 전일잔고 + 발생 – 회수 = 금일잔고
- 분개처리: (발생) 외매 **,***   매출 **,***
  매출 **,***
  (회수) 현금 **,***   외매 **,***
  매출 *,***

(3) 여신회계(Account Receivable / Credit Manager)

Dr.(借邊) Cr.(貸邊)

현금(cash)	前日殘高(openning balance)
今日殘高(balance)	외상매출금 발생(revenue)

- 전일잔고 + 외매발생 – 회수 = 금일잔고
- 분개처리: 현금 ***,***　외매 ***,***

(4) 영업회계(Income Auditor & A/R)

Dr.(借邊) Cr.(貸邊)

현금(cash)	前日殘高(openning balance)
금일잔고(balance)	매출(revenue)

- 일일회계제도(Daily Revenue System)
- 전일잔고 + 발생 – 회수 = 금일잔고의 분야별 연결
- 전일, 금일 잔고의 의미
- 재무 또는 일반회계와 연결: 매출 계정, 현금 계정, 외상매출금 계정 등

① 식음료회계 사례

2021년 3월 27일

```
1.  3/27  커피  100  cash
2.  3/27  주스  120  cash
3.  3/27  맥주  150  cash
4.  3/27  커피  200  credit card
5.  3/27  맥주  300  credit card
6.  3/27  주스  360  credit card
7.  3/27  커피  300  # 127 배군희
8.  3/27  주스  340  # 129 김영실
9.  3/27  맥주  600  # 137 유정아
10. 3/27  맥주  150  # 125 이정수
11. 3/27  커피  300  한양(주)
12. 3/27  주스  240  삼성(주)
```

2021년 3월 28일

1. 3/28 커피 200 cash
2. 3/28 주스 240 cash
3. 3/28 맥주 300 cash
4. 3/28 커피 100 credit card
5. 3/28 주스 360 credit card
6. 3/28 맥주 150 credit card
7. 3/28 커피 200 # 134 한경희
8. 3/28 주스 240 # 138 유선화
9. 3/28 맥주 150 # 139 이소영
10. 3/28 커피 500 # 140 김선미
11. 3/28 맥주 600 # 061 김영호
12. 3/28 주스 120 # 064 이혜정
13. 3/28 커피 100 현대(주)
14. 3/28 주스 120 대우(주)

2021년 3월 29일

1. 3/29 커피 200 cash
2. 3/29 주스 120 cash
3. 3/29 맥주 300 cash
4. 3/29 맥주 450 credit card
5. 3/29 주스 360 credit card
6. 3/29 주스 120 credit card
7. 3/29 맥주 150 # 134 한경희
8. 3/29 주스 720 # 139 이소영
9. 3/29 커피 100 # 125 이정수
10. 3/29 커피 200 # 129 김영실
11. 3/29 맥주 300 한일(주)
12. 3/29 커피 300 제일(주)

객실회계 사례 1

2021년 3월 27일

1. #126 이은수 5,000 3/27 현금
2. #127 배군희 6,000 3/27 한양(주)
3. #128 안희영 5,000 3/27 credit card
4. #129 김영실 6,000 3/27, 3/28 한성여행사
5. #134 한경희 5,000 3/27, 3/28 대한여행사
6. #137 유정아 5,000 3/27, 3/28 현금
7. #138 유선화 5,000 3/27, 3/28 대우여행사
8. #139 이소영 6,000 3/27, 3/28 삼성여행사
9. #140 김선미 5,000 3/27, 3/28 신성(주)
10. #125 이정수 6,000 3/27, 3/28, 3/29 현금

2021년 3월 28일

11. #061 김영출 5,000 3/28 현금
12. #062 김민정 6,000 3/28, 3/29 한양(주)
13. #063 최영애 5,000 3/28, 3/29 삼양(주)
14. #064 이혜정 6,000 3/28, 3/29 한국(주)
15. #065 황성원 5,000 3/28, 3/29 현금

2021년 3월 29일

16. #067 신정란 5,000 3/29, 3/30 현금
17. #068 정지현 5,000 3/29, 3/30 대한(주)
18. #069 최소연 5,000 3/29, 3/30 한양(주)
19. #070 김성희 5,000 3/29, 3/30 한양(주)
20. #071 김진석 5,000 3/29 현금

2021년 10월 25일 식음료회계 사례

1) 커피 100원 cash

2) 주스 50원 cash

3) 맥주 200원 credit card

4) 맥주 150원 # 127 홍길동

5) 양주 1,000원 한성(주)

회　　수					매출	비고
cash	C/C	guest ledger	city ledger	계		
100				100	커피 100	
50				50	주스 50	
	200			200	맥주 200	
		150		150	맥주 150	홍길동
			1,000	1,000	양주 1,000	한성(주)
150	200	150	1,000	1,500	1,500	

2021년 10월 26일 식음료회계 사례

1) 커피 50원 cash

2) 주스 50원 cash

3) 양주 1,000원 credit card

4) 맥주 200원 #130 한경희

5) 스테이크 1,000원 삼성(주)

회　　수					매출	비고
cash	C/C	guest ledger	city ledger	계		
50				50	커피 50	
50				50	주스 50	
	1,000			1,000	양주 1,000	
		200		200	맥주 200	한경희
			1,000	1,000	스테이크 1,000	삼성(주)
100	1,000	200	1,000	2,300	2,300	

2021년 10월 27일 식음료회계 사례

1) 커피   50원 cash

2) 주스   100원 cash

3) 스파게티 100원 credit card

4) 맥주 500원 #131 유선화

5) 인삼차   500원 현대(주)

회 수					매출	비고
cash	C/C	guest ledger	city ledger	계		
50				50	커피 50	
100				100	주스 100	
	100			100	스파게티 100	
		500		500	맥주 500	유선화
			500	500	인삼차 500	현대(주)
150	100	500	500	1,250	1,250	

③ 객실회계 사례 2

10/25

① 125호 이은수 5,000 10/25   1박 현금

② 127호 홍길동 6,000 10/25, 26   2박 C/C

10/26

③ 130호 한경희 5,000 10/26, 27   2박 대우(주)

④ 131호 유정아 5,000 10/26   1박 삼성(주)

10/27

⑤ 132호 유선화 5,000 10/27   1박 현금

⑥ 133호 김선미 6,000 10/27, 28   2박 C/C

date	room #	Guest name	Folio #	O/B 전잔고	발생				회수				N.O.S 현잔고
					room	F/B	Others	total	paid	allow-ance	charge	total	
10/25	125	이은수	①	–	5,000			5,000					5,000
	127	홍길동	②	–	6,000	150		6,150					6,150
계				–	11,000	150		11,150					11,150
10/26	125	이은수	①	5,000					5,000			5,000	0
	127	홍길동	②	6,150	6,000			6,000					12,150
	130	한경희	③	–	5,000	200		5,200					5,200
	131	유정아	④	–	5,000			5,000					5,000
계				11,150	16,000	200		16,200	5,000			5,000	22,350
10/27	127	홍길동	②	12,150							12,150	12,150	0
	130	한경희	③	5,200	5,000			5,000					10,200
	131	유정아	④	5,000							5,000	5,000	0
	132	유선화	⑤	–	5,000	500		5,500					5,500
	133	김선미	⑥	–	6,000			6,000					6,000
계				22,350	16,000	500		16,500			17,150	17,150	21,700

10/25 매출보고서

회수	cash 150	Opening Balance 0	전잔고
	allowance 0	G/L 11,150	발생
	charge(C/C) 1,200	F&B 현금 150	
		카드 200	
현잔고	N.O.S 11,150	C/L 1,000	
	12,500	12,500	

10/26 매출보고서

회수	cash 5,000 + 100	O/B 11,150	전잔고
	allowance 0	G/L Room 16,000 F&B 200	발생
	charge(C/C) 2,000	F&B 현금 100	
		카드 1,000	
현잔고	N.O.S 22,350	C/L 1,000	
	29,450	29,450	

10/27 매출보고서

	cash 150	O/B 22,350	전잔고
회수	allowance 0	G/L Room 16,000 F&B 500	발생
	charge(C/C) 17,150 + 600	F&B 현금 150	
		카드 100	
현잔고	N.O.S 21,700	C/L 500	
	39,600	39,600	

제**12**장 호텔구매관리

제1절 구매관리의 의의

1. 구매관리의 개요

구매란 구매자가 판매자에게 일정한 대가를 지불하고 필요한 제품이나 서비스를 취득하는 것이며, 판매란 구매자로부터 대가를 받고 제품이나 서비스를 제공하는 것을 말한다. 구매관리의 대상은 원재료나 제품이며, 구매관리란 구매를 계획하고 수행하며 평가하는 일련의 과정을 말한다.

구매관리의 목적은 적정한 품질의 제품이나 서비스를 적정한 수량과 가격의 적정한 조건으로 적정한 업체로부터 적정한 시기에 공급받는 것이다.

2. 구매관리부서의 조직과 역할

1) 호텔구매부서의 조직

(1) 조직유형

- 대규모 호텔: 총지배인, 관리담당 임원의 산하에 구매부, 구매과 등의 명칭으로 독립된 부서로 운영
- 소규모 호텔: 관리팀 아래에 구매과, 용도과 등의 명칭으로 운영

(2) 구매업무의 기능

- **독립경영호텔형**: 구매부서장이 구매, 창고, 검수 담당, 경리/회계부서장이 대금지불, 원가관리 담당, 업무진행은 신속하나 투명성이 낮다.
- **국제적 체인호텔형**: 구매부서장이 구매만 담당, 창고, 검수, 대금지불, 원가관리는 경리/회계부서장이 담당, 업무진행이 느리나 투명성은 높다.
- **혼합형**: 관리부서에서 구매와 창고업무를 담당, 경리/회계부서에서는 검수, 대금지불, 원가관리 담당

2) 구매부서의 역할

- **구매부서장**: 전반적인 구매업무 총괄
- **구매담당과장(계장)**: 구매업무 담당
- **구매 행정담당**: 구매업무 보조
- **검수담당과장(계장)**: 검수업무 담당
- **창고관리담당**: 창고의 관리
- **대금지급담당**: 납품대금 지급
- **원가관리과장(계장)**: 원가의 관리
- **사용 부서**: 구매신청 및 물품수령

3) 구매담당자의 요건

- 부정부패를 모르는 청렴성
- 물품 및 구매업무에 대한 전문지식
- 근면, 성실하고 적극적인 성격과 신속하고 치밀한 사무능력
- 회사의 얼굴로서 친절해야 함
- 파트너십(partnership)
- 최선을 다하는 자세와 동료애

3. 구매자재의 분류

구분	직도자재	창고자재
식음자재	Daily 식자재 (육류, 생선, 채소, 과일)	통조림 식품, 건조식품, 유제품, 인스턴트 식품, 주류 및 음료
일반자재	FF&E, 잡자재, 상품류, 화훼류, 공사건, 유지보수계약 등	기물류, 영선자재, 유니폼, 리넨류, 문구류, 인쇄물, 소모품 등

제2절 구매관리

1. 일반자재의 구매절차

1) 구매신청서 작성

각 부서에서 물품 구매에 대한 필요성을 인식하고 정확한 품명이나 사용목적, 예상가격 조사, 경제적 수량을 산출한 후 구매신청서(Purchase Request)를 작성하고 참고자료를 첨부하여 부서장 및 총지배인의 결재를 받아 구매부서에 제출한다.

2) 예산통제

통제대상 물품의 경우에 한해 예산통제를 받는다.

■ **통제대상:** 집기류, 고정자산 또는 중요 계약 건 등

3) 구매신청서 접수

구매신청서 검토 후 접수 또는 반송을 하며, 구매부서장의 결재를 받고 긴급한 물품의 경우 우선적으로 처리한다. 구매할 브랜드, 경제적 수량, 품질, 사양 등을 결정하고 소액 및 긴급구매의 경우 구매부서 자금으로 우선 구매한다.

4) 예산통제

우수업체들을 대상으로 3개 이상의 견적서를 접수하고, 득점인 경우, 기존가석

과 동일한 경우, 소액의 경우에는 단독견적이 가능하다. 견적서 기재사항은 업체
명, 대표자, 사업자등록번호, 작성날짜, 품명, 수량, 규격, 단가, 총금액, 부가세, 납
품기한 등이다.

5) 업체선정

업체별, 품목별 견적내용 및 조건을 비교하고, 1~2개 업체에 대한 협상 및 단가
또는 조건 등을 조정하여, 최종적으로 1개 업체를 납품업체로 잠정 선정한다.

6) 발주

(1) 발주서(Purchase Order) 작성

기재항목	구매신청번호, 발주일, 발주서번호, 청구부서명, 납품업체명, 품명, 수량, 단가, 부가세, 발주총액, 납품기한, 지불조건, 분할납품여부 등

(2) 상급자의 결재를 받는다

결재순서	구매담당자 → 구매과장 → 구매부서장 → 발주부서장 → 담당 임원 → 총지배인 → 대표이사

- **발주방법**: 내방, 전화, 팩스, 인터넷 등
- **발주서 배분**: 검수, 창고, 청구부서, 원가관리부서 등
- 특별한 경우 별도의 계약을 체결한다.

7) 납기관리

- 발주서 관리 및 납품여부 확인
- 중요물품의 경우 검수과에서 직접 확인
- 납품기한 지체 시 납품독촉 또는 대책수립

8) 검수

- 물품 도착 시 제반서류 검토와 함께 검수
- 식자재의 경우 신선도와 당도 등 점검, 육안과 기계를 동시 활용

9) 납품

- 검수 후 사용부서나 창고로 운반
- 업자는 물품 인도 후 거래명세표에 서명을 받아 검수과에 제출

10) 대금 지급

- 대금지불담당자는 제반서류에 근거하여 납품대금 지급

2. Daily 식자재의 구매절차

1) 견적서 접수

- 시장조사결과 및 납품실적 등을 참고하여 2~3개 우수업체 선정
- 한달 2~3회 단위로 단가계약용 견적서 접수

2) 단가계약

- 품목별로 납품업체 선정
- 계약과 동시에 일정기간 동안 단가고정

3) 일일식자재 구매요청서 작성

- 단가계약서류에 대해 상급자의 결재를 받음
- 각 주방은 일일식자재 구매요청서 작성 및 상급자의 승인을 받음
- 구매부서에 일일식자재 구매요청서 제출

4) 일일식자재 구매요청서 접수

- 도착한 일일식자재 구매요청서 검토, 결재 후 담당자에게 배부

5) 발주

- 일일식자재 구매요청서 상에 발주업체와 납품단가 기재
- 발주방법: 전화, 팩스, 메일, 인터넷 등

- 공휴일인 경우 2일분 동시발주
- 긴급한 경우 긴급구매신청서(urgent order)에 의해 처리

6) 납기관리

- 납품지연 예방 위해 수시 확인
- 납품불가 시 즉시 경고조치 및 경쟁업체에 발주

7) 검수

- 물품 도착 시 제반서류 검토와 함께 검수
- 신선도와 당도 등 점검, 육안과 기계를 동시 활용

8) 납품

- 검수 후 각 주방으로 운반
- 업자는 물품 인도 후 거래명세표에 서명을 받아 검수과에 제출

9) 대금 지급

대금지불담당자는 제반서류에 근거하여 납품대금 지급

제3절 ▶ 검수관리

1. 검수관리의 의의

1) 검수의 개념

- 개념: 납품물품에 대해 주문내용과 일치하는지를 확인하여 인수여부를 결정하는 활동
- 호텔의 검수인원: 보통 1명에서 3명 정도
- 소속: 체인호텔은 구매부서와 달리하나 국내호텔은 같은 부서에 둠

■ 검수의 중요성: 60%를 차지하는 식자재의 검수가 특히 중요

2) 검수시설

■ 위치: 통상 호텔의 건물 뒤쪽 종업원 출입구 부근
■ 배치: 창고, 조리준비실 등과 가까운 곳 같은 층, 직선거리에 배치
■ 면적: 물건과 사람 이동이나 다량의 검수가 가능해야 함
■ 바닥: 잘 닦이는 재질, 배수, 안전성, 조명시설 등 확보

3) 검수시간

시간	검수업무
오전 8시 30분 ~ 9시 30분	Daily 식자재
오전 10시 ~ 12시	창고식자재, 음료자재
오후 1시 ~ 3시	일반자재
오후 4시 ~ 6시	서류정리

4) 검수담당자의 요건

■ 부정부패를 모르는 청렴성
■ 물품 및 구매업무에 대한 전문지식
■ 근면, 성실하고 적극적인 성격과 신속하고 치밀한 사무능력
■ 협력업체에 친절해야 함
■ 공정성
■ 다양한 평가기구를 운영할 능력

2. 검수절차

1) 서류검수

■ 물품 도착 시 먼저 서류검수를 하고 이상이 없을 경우 물품 검수
■ 발주서에 의거하여 협력업체의 제반서류 확인 및 납기일 파악
■ 거래명세표(Invoice, 송장 또는 납품서)를 확인

- 세금계산서의 필요적 기재사항과 임의적 기재사항 확인

2) 물품검수

- 서류의 내용과 물품을 비교하며 물품에 대한 내용 확인
- 물품에 이상이 없는 경우에 한해 납품 허가
- **부득이한 입고:** 가격삭감 조건으로 납품하는 경우도 있음
- **물품검수의 유형:** 전수검수, 발췌검수 및 현장검수
- 물품검수 확인 사항(〈표 12-1〉 참고)

〈표 12-1〉 검수단계

단계	중요 확인사항
1단계	수량(눈), 중량(저울), 크기(자 또는 육안)를 확인한다.
2단계	형태(육안), 상태(청결성, 신선도, 맛, 색상, 광택, 냄새, 탄성 등)
3단계	당도, 밀도, 온도(당도계 등)
4단계	유통기간, 진품여부, 제조일자, 유해성(세균오염, 독성, 방사능, 농약 등), 이물질, 첨가물, 진품, 중고품, 불량여부

3. 사후업무

- 검수 후 납품허용 시 거래명세표에 검수도장을 찍어줌
- 물품에 대한 하자발생 시 반품 또는 조건부 납품 허용
- 반품 시 반품서 작성
- 납품기한 어긴 경우 지체상환금 부과
- 당일 처리한 제반서류를 정리, 검수일지 작성 및 보고
- 시장상황 및 물품에 대한 정확한 정보를 수시로 파악 및 숙지

제4절 창고관리

1. 입출고관리

1) 입고관리

입고란 납품물품이 검수를 거친 후 창고에 반입되는 절차를 의미하며 일반자재는 일반창고로, 저장식음자재는 식자재창고로 입고한다.

(1) 입고절차

- 업체는 검수 후 물품과 거래명세표를 창고담당자에게 제출
- 창고담당자는 확인 후 입고, 거래명세표에 서명
- 창고담당자는 물품에 자재관리카드를 부착하거나 컴퓨터에 입력

2) 출고관리

출고란 납품물품이 사용부서의 요청에 의해 창고로부터 반출되는 과정을 의미하며 오전 10시부터 오후 3시까지 출고시킴

(1) 출고절차

- 사용부서는 물품청구서를 작성하여 창고담당자에게 제출
- 창고담당자는 출고시킨 후 물품청구서에 서명
- 재고관리카드나 컴퓨터에 출고내역 기재 등

2. 저장관리

1) 저장시설의 종류

- 냉동, 냉장, 가스저장이나 가공식품 개발 등의 저장기술 개발
- **저장의 목적**: 부패와 변질 방지로 영양적 가치를 장기간 유지시키는 것

2) 저장시설의 요건

- 같은 건물의 같은 층, 검수구역과 조리구역 사이의 직선거리에 설치
- 문의 크기는 카트의 출입이 용이하도록 함
- 문 안쪽에 안전 및 경보 장치 설치
- 창문이 없거나 부득이한 경우 보호용 창문을 설치, 직사광선 차단
- 온도계, 자동온도조절기, 습도계, 제습기, 환풍기, 자외선램프, 방충망, 살충제 등 설치
- 바닥에 팔레트 설치, 25cm 정도의 공간 유지
- 선반은 조절이 쉽도록 조립식으로 설치
- 식음자재는 50~60%의 습도를 유지하여 건조를 방지

3. 재고관리

1) 재고관리의 의의

재고(inventory)란 일정한 시점에 창고에 적재되어 있는 물품의 수량을 의미한다. 여기서 재고관리란 사용부서에서 필요로 하는 원자재나 부자재 등의 물품을 즉시 제공할 수 있도록 예상 수요량을 미리 확보하여 이를 최적의 상태로 유지관리하는 전반적인 관리활동을 말한다. 호텔기업에 가장 적절한 방법으로 재고조사를 실시하고, 적정한 재고회전율을 유지하며, 아울러 재고자산을 평가하는 업무 등을 포함한다. 호텔의 재고자산 비중은 평균 20% 정도이며 이를 위해 상당한 비용이 소요된다. 재고관리를 하는 이유는 원활한 경영관리를 통한 효익의 증대이다.

2) 재고조사의 유형

(1) 장부재고조사법

- 구매 후 입고되는 물품에 대해 기록하는 방법
- 대량의 재고를 보유하는 업체 등에서 특히 많이 활용

(2) 실사재고조사법

- 장부재고조사법의 단점을 보완 가능
- 통상 장부재고조사법과 병행하여 실시

3) 재고관리의 기법

(1) 80/20 관리법

- 투입과 산출 사이에는 근본적인 불균형이 있다는 원칙에 근거
- 물품의 20%가 총구매금액의 80%를 차지하므로 20% 집중관리

(2) ABC 관리법

- 금액에 따라 A, B, C그룹으로 나누고, A그룹을 집중적으로 관리

(3) 최대최소관리법

- 안전재고량 이상의 재고수준은 유지되도록 재고량을 보유, 관리하는 방식

4) 재고회전율

- **재고회전율**(inventory turnover): 일정기간 창고에 있는 재고의 사용빈도를 나타내는 수치
- **적정재고수준**: 수요를 가장 경제적으로 충족시킬 수 있는 재고량으로 통상 소비량이나 소비액의 1.5배 수준

(1) 재고회전율 산출공식

- 월평균 재고액 = (기초 재고금액 + 기말 재고금액) ÷ 2
- 월 매출원가 = 기초 재고액 + 당월 구매액 − 기말 재고액
- 재고회전율 = 총매출원가 ÷ 평균 재고액

5) 재고자산의 가치평가법

(1) 실제구매가법

- 실제로 구매한 단가를 적용하여 개별적으로 계산

- 개별적으로 가격을 표시하여야 하며 재고물량이 소규모일 때 유용

(2) 선입선출법

- 먼저 구입한 것을 먼저 소비한다는 것을 전제하여 가장 최근의 구입단가 적용
- 가격이 인상될 때나 재고액을 높게 책정하고 싶을 때 활용
- 식료품이나 의류와 같이 장기간 보관할 때 품질이 저하되거나 기능이 진부화 되는 재고자산의 경우에 적합함

〈표 12-2〉 선입선출법 사례

구분		판매가능상품			판매 수량	기말재고자산		
		수량	단가	금액		수량	단가	금액
기초재고		6	100	600	6			
매 입	5/10	10	110	1,100	10			
	5/15	10	130	1,300	6	4	130	520
	5/26	4	150	600	-	4	150	600
계		30		3,600	22	8		1,120

주: 매출원가 = 3,600(판매가능액) − 1,120(기말재고자산) = 2,480

(3) 후입선출법

- 나중에 구입한 것부터 먼저 사용한다는 전제하에 계산
- 인플레이션이나 물가상승이 예상될 때 활용
- 기말재고자산은 과거에 매입된 가격으로, 매출원가는 최근에 매입된 가격으로 대차대조표 및 손익계산서에 반영됨
- 재고자산의 가격이 상승하는 경우, 대차대조표에 표시되고 재고자산가액과 시가와의 사이에 지나친 괴리가 발생할 수 있는 단점이 있음

〈표 12-3〉 후입선출법 사례

구분		판매가능상품			판매수량	기말재고자산		
		수량	단가	금액		수량	단가	금액
기초재고		6	100	600	-	6	100	600
매입	5/10	10	110	1,100	8	2	110	220
	5/15	10	130	1,300	10			
	5/26	4	150	600	4			
계		30		3,600	22	8		820

주: 매출원가 = 3,600(판매가능액) − 820(기말재고자산) = 2,780

(4) 최종구입가법

- 재고금액을 가장 최근의 구매단가를 적용하여 계산
- 간편하고 신속함

(5) 총평균법

- 총구매금액을 총구매수량으로 나눈 평균단가로 계산하는 방법
- 재고물량이 대규모일 때 많이 활용

제13장 호텔정보관리[1]

1. 호텔정보시스템의 개요

호텔기업은 경영관리의 특성상 인적 서비스의 의존도가 매우 높기 때문에 모든 서비스가 사람에 의해 이루어져 왔다. 그러나 최근에는 직간접적으로 컴퓨터를 통해 신속하고 정확한 서비스를 제공하고 있다. 예를 들어, 데이터베이스에 의한 개별 마케팅(individual marketing), 환영인사(welcome message), TV 체크아웃(television check-out), 객실자동화장치(room automation system) 등 컴퓨터시스템에 의해 이뤄지는 서비스부분이 계속 증가하고 있다. 이는 호텔경영관리의 가장 큰 비용부분인 인건비를 절감하고, 편리한 고객서비스를 할 수 있게 되므로 각 호텔은 정보시스템의 도입과 업그레이드에 많은 투자를 하고 있다. 21세기에 들면서 전 세계를 무대로 사업여행을 하는 고객들은 자신에게 필요한 인터넷 접속, 자동전화, 화상회의 등을 호텔 측에 요구하고, 이러한 시설과 설비, 장치의 유무가 호텔의 선택요인으로 작용하고 있다.

호텔의 정보시스템은 경영관리시스템(PMS : property management system)이라고 하며, 고객서비스의 핵심에 있는 객실영업부서를 중심으로 호텔정보시스템(HIS : hotel information system)이 바탕이 되어 백오피스(Back Office)와의 상호교류를 통해 필요한 자료를 주고받는다. 일반적으로 호텔의 정보시스템은 크게 4종

---

1) 박대환·박봉규·이준혁·오흥철·박진우(2014), 호텔경영론, 서울 : 백산출판사.

류로 구분할 수 있다. 첫째, 객실관련업무를 관장하는 프런트오피스 시스템(front office system) 둘째, 경영정보·인력관리·구매관리·시설관리를 관장하는 백오피스 시스템(back office system) 셋째, 식음료 영업장·조리부서·부대시설영업 등의 영업회계(cashiering), 주문(ordering), 조리법(recipe) 등을 관장하는 영업장관리시스템(POS: point of sale system), 넷째, 모든 시스템을 호환시켜 통합하는 인터페이스시스템(interface system)으로 구성되어 있다.

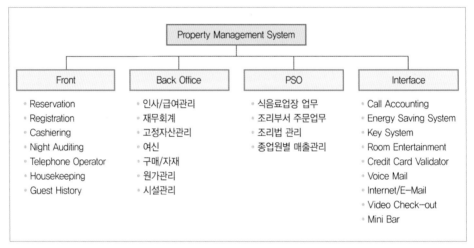

▌그림 13-1 초대규모, 대규모 호텔의 관리시스템 구축

1) 프런트오피스 시스템

프런트오피스는 고객의 투숙, 체류, 퇴숙 등 호텔 이용의 전 과정을 통해 고객에게 서비스하는 부서로서 고객접점의 최일선 부서이다. 따라서 이러한 모든 업무를 원활하고 신속하게 수행하기 위해서는 시스템을 기능별로 구분하여 추진하여야 한다. 첫째, 고객의 객실예약을 담당하는 예약(Reservation) 파트, 둘째, 고객에게 객실을 배정하는 객실영업(Front Desk) 파트, 셋째, 고객의 계산과 환전, 퇴숙을 담당하는 객실영업회계(Front Cashier) 파트, 넷째, 일일영업을 마감하는 야간회계감사(Night Auditor) 파트, 다섯째, 객실의 정비상태를 관리하는 객실관리(Housekeeping) 파트, 여섯째, 고객의 전화사용 및 안내를 담당하는 통합안내센터 및 교환(Service Express & PABX) 파트, 일곱째, 마케팅 활동과 고객관리시스템(Guest History & Database

Marketing System) 등이 있다.

2) 백오피스 시스템

백오피스 시스템에는 호텔에서 발생하는 매출·매입관계를 관리하는 회계시스템, 종업원의 채용, 급여, 교육을 관리하는 인력·교육시스템, 구매와 원가관리시스템, 경영관리분석, 시설관리시스템 등이 있다.

3) 식음료영업장과 부대시설영업장 관리시스템

영업장 관리시스템은 호텔의 다양한 식당, 연회장, 바와 라운지, 멤버십클럽 등 식음료영업장과 수영장, 헬스클럽 등 부대시설영업장에서 사용되는 매출을 관리하는 시스템으로서 판매시점관리(POS : point of sales)시스템을 활용한다. 판매시점관리시스템은 사용용도에 따라 백화점용, 호텔용, 외식사업용 등으로 구분할 수 있으며, 사용하는 업체의 경영관리방식에 따라 적절한 기기를 도입해야 한다.

4) 인터페이스 시스템

호텔정보시스템의 구성은 다양하게 세분화되어 있고, 여기서 출력되는 자료도 분산되어 관리될 수 있다. 인터페이스 시스템(Interface System)은 호텔에 설치된 각각의 시스템에 수록된 자료를 또 다른 시스템으로 이동하여 활용할 수 있도록 중계기능을 하는 시스템이다. 객실에서 출력되는 객실정보데이터, 영업장에서 제공되는 업장정보데이터 등을 서로 주고받으므로 고객서비스와 종업원을 위한 정보자료로 이용할 수 있다. 객실부서에서 일일영업이 마감되면 인터페이스를 통해 백오피스 관리회계파트의 외상매출금계정(city ledger)에 자동 대체되어 후불업무를 진행하도록 하는 기능이라든지, 프런트데스크의 객실판매와 객실의 자동화시스템이 정보호환을 하는 것은 모두 인터페이스 시스템에 의한 것이다.

2. 호텔정보시스템의 구성

일반적으로 컴퓨터시스템은 하드웨어, 소프트웨어로 구성된다. 기억용량과 크기에 따라 대형컴퓨터, 중형컴퓨터, 소형컴퓨터로 구분되지만, 최근 호텔에서는 가격이 저렴하고 성능이 우수한 퍼스널컴퓨터를 연결하여 네트워크를 구성한 시스템을 구축하는 PC-LAN(Personal Computer Local Area Network) 환경이 주종을 이루고 있다. 우리나라 대부분의 대규모 호텔에 보급되고 있는 'Micros Fidelio'는 Micros 제품과 Fidelio 제품으로 구분되어 있으며, Fidelio 제품에는 DOS와 Window Operating System을 사용하는 Fidelio 제품군, Window Operating System을 사용하는 OPERA 제품군, 인터넷을 이용한 'MyFidelio.net' 등이 있다. Fidelio는 호텔의 예약, 체크인과 체크아웃, 고객관리, 여신관리 등을 주력으로 개발되었으며, 'Fidelio Suite Version 6'과 'Fidelio Suite Version 7'이 있다. 2010년에 접어들면서 앞서가는 호텔들은 Fidelio Opera Version으로 시스템을 up-grade하고 고객관리 프로그램을 활용한 재방문고객관리에 만전을 기하고 있다.

1) 하드웨어시스템

퍼스널컴퓨터의 발달로 가정과 직장마다 사용자가 원하는 시스템을 이용하여 다양하게 응용할 수 있게 되었고, 그로 인해 속도, 다양성, 용량 등 사용자의 요구가 많아졌다. 퍼스널컴퓨터의 진보와 네트워크 환경의 발전으로 메인프레임 컴퓨터에서 PC-LAN이라는 다운사이징화된 시스템으로 변하였고, 이는 호텔기업의 시스템적 구축에 크게 기여하였으며, 그 가치는 매우 높게 평가되고 있다.

2) 네트워크시스템

Fidelio System은 대중화된 퍼스널컴퓨터의 성능과 우수한 네트워크 장비를 조합해서 구축된 새로운 환경의 프런트오피스 시스템이다. 이 시스템에서 사용되는 네트워크 장비와 LAN을 구성하는 요소는 서버용 PC, 클라이언트용 PC, 어댑터 카드, 네트워크 운영시스템과 케이블이다. 첫째, Fidelio System의 서버로는 미국 제품인 Compaq Computer를 사용하고 있다. 그 이유는 안전성이 높고, 국제 공인 제품이기 때문에 시스템의 표준화를 기할 수 있어 널리 활용된다. 둘째, 클라이언

트용 PC는 노트북 퍼스널컴퓨터를 포함하여 일반적인 데스크톱 퍼스널컴퓨터가 사용되며, 컴퓨터를 직접 사용하는 사람이 쓰는 컴퓨터이다. 'Fidelio Client'용 퍼스널컴퓨터로는 각 해당 국가의 제품을 사용하고 있으며, 그 이유는 문제 발생 시 유지·보수가 용이하고 가격이 저렴하기 때문이다. 셋째, 어댑터카드는 컴퓨터에 삽입되는 보드로 LAN의 하위층을 지원하는 주체이다. 어댑터카드는 이더넷(ethernet), 토큰링(token-ring) 등 다양한 통신방식이 존재하고, Fidelio System은 이더넷방식을 채택하고 있다. 넷째, 네크워크 운영시스템과 케이블은 LAN Manager, Netware, MS-Networks, Apple Share, DEC net, TOPS 등 다양한 네트워크 오퍼레이팅시스템 소프트웨어가 있다. Fidelio System의 네트워크 운영시스템에는 Netware가 채용되고 있다. 또한 LAN용 케이블로는 전화선과 같이 가는 선인 UTP(unshielded tested pair)가 사용되고 있다.

3) 소프트웨어시스템

호텔에서 사용하는 호텔정보시스템(HIS : hotel information system)은 IBM System 36과 IBM AS/400에서 운영되는 시스템 지원 프로그램(system support program)과 OS/400으로 작동하는 메인프레임 컴퓨터에서 운영되는 프런트오피스 시스템 소프트웨어이다. 구사된 컴퓨터 언어는 RPG(report programming generator)언어로 되어 있어 사용자의 대중성은 그리 크지 않다. 그러나 1990년대 우리나라에 보급된 Fidelio의 소프트웨어는 PC환경에서 운영되는 네트워크 운영시스템(DOS : disk operating system), Windows 3.1, Windows 95 환경에서 개발된 시스템으로서 데이터베이스는 Oracle로 일반 사용자들도 쉽게 들어본 환경으로 구축되었다. 2000년대에 들면서 Fidelio version 7은 최신의 Windows 기술과 추가된 고유의 기능으로 기본 성능이 더욱 향상되었고, 이러한 소프트웨어에 의해 향상된 기종은 Windows NT, 다양한 UNIX 환경, Novell Netware에서 운영되도록 개발되었다. 이들은 Xbase와 Oracle 데이터베이스를 사용한다.

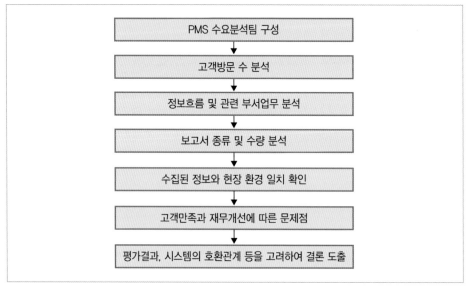

```
┌─────────────────────────────────┐
│         PMS 수요분석팀 구성          │
└─────────────────────────────────┘
                 ↓
┌─────────────────────────────────┐
│          고객방문 수 분석           │
└─────────────────────────────────┘
                 ↓
┌─────────────────────────────────┐
│      정보흐름 및 관련 부서업무 분석      │
└─────────────────────────────────┘
                 ↓
┌─────────────────────────────────┐
│         보고서 종류 및 수량 분석        │
└─────────────────────────────────┘
                 ↓
┌─────────────────────────────────┐
│      수집된 정보와 현장 환경 일치 확인     │
└─────────────────────────────────┘
                 ↓
┌─────────────────────────────────┐
│      고객만족과 재무개선에 따른 문제점     │
└─────────────────────────────────┘
                 ↓
┌─────────────────────────────────┐
│  평가결과, 시스템의 호환관계 등을 고려하여 결론 도출  │
└─────────────────────────────────┘
```

▌그림 13-2 호텔정보시스템 구축 절차

3. 호텔정보시스템의 도입과정

호텔의 정보시스템을 도입할 때 가장 먼저 고려되어야 하는 것은 필요분석으로서 그 호텔이 필요로 하는 시스템이 무엇인지, 호텔의 규모에 합당한 것은 어느 것인지, 어떤 세부적인 기능을 원하는지를 실무진과 충분히 의논하고 검토해야한다. 또한 호텔의 전 부서를 망라하고 대고객 서비스의 흐름이 원활히 이루어지도록 시스템을 설계해야 함은 말할 필요도 없다. 아울러 부서마다 작성하는 문서와 그들이 배부되는 부서를 검토하고 난 다음 차후 필요로 하는 보고서와 생산해야 할 보고서 등을 면밀히 분석해야 한다. 수집된 자료를 토대로 호텔의 최고 경영층이 함께 모여 시스템 도입에 대한 의사결정을 하게 되는데, 이때 검토해야할 사항으로는 첫째, 하드웨어(hardware)와 소프트웨어(software)는 쉽게 구할 수있는가, 둘째, 전력호환이나 사후관리가 용이한가, 셋째, 투입비용에 대한 장·단기회수계획은 몇 년으로 할 것인가 등을 논의하여 결정한다. 또한 컴퓨터 하드웨어의 기종과 경영관리시스템(Property Management System)의 종류를 정하는 것 못지않게 고객접점종업원(system user)의 초기교육 프로그램(conversion training program)과 유지보수계약(maintenance agreement)도 함께 고려되어야 한다. 호텔정보시스템의 도입에 대한 의사결정이 이루어지면 가장 먼저 고려해야 하는 절차는 관리자와 실무진으로 PMS 수요분석팀을 구성하는 것이며, 구성된 분석팀에 의해 객실예약, 고객등록, 고객계정, 퇴숙절차, 야간회계감사, 고객이력관리 등을 근거로 방문고객 수를 분석한다. 이때 각 시스템에 유입되는 정보흐름도 분석에 포함하고, 객실영업부서에서 경영진이나 타 부서에 보내는 보고서도 분석해야 한다. 수집된 정보를 바탕으로 문서와 현장의 일치 여부를 비교 분석하게 되며, 보고서 관리, 정보교환, 행정업무 등의 중요도 순으로 우선순위를 정하여야 한다. 최종적으로 고객만족과 재무개선을 고려하여 도출된 문제점들을 평가하며, 제반사항을 취합하여 운영·행정 등의 시스템과 호환관계를 분석하고 결론을 도출하게 된다.

4. 호텔정보시스템의 적용부문

호텔정보시스템은 각 분야별 시스템이 인터페이스를 통해 어우러져 통합전산시스템을 이루고 각 구성시스템은 각각 특별한 기능을 수행한다. 호텔마다 운영체계나 보고라인이 조금씩 다를 수도 있지만, 대개 시스템의 구축과 관련된 의사결정은 총지배인과 부총지배인이 하게 되며, 실제적인 운영은 객실영업부서가 중심이 되고, 설치 및 유지관리는 정보전산실에서 맡아 진행하게 된다.

1980~1990년대 호텔산업의 가장 큰 변화라면 호텔전산화라고 할 수 있을 것이며, 호텔마다 수작업이나 기계로 하던 입숙과 퇴숙(check-in & check-out), 고객안내, 고객관리 등 제반 기능들을 전산화하여 고객서비스에 만전을 기해왔다. 특히 호텔의 PMS는 IBM의 하드웨어를 지원받는 HIS(hotel information system) 36과 AS400 등에 의해 획기적인 발전이 있었다. 1990년대 후반에 접어들면서 우리나라 대형 호텔들은 비용과 유지관리가 상대적으로 유리한 PC-LAN형의 Fidelio System으로 바꾸어 왔으며, 이 시스템을 지원하는 하드웨어는 미국의 콤팩 시리즈(Compaq PEO1500)이다. 프런트오피스 시스템은 예약, 등록, 메시지, 퇴숙 등의 기본적인 기능에 고객편의를 위한 인터페이스시스템을 추가시켜 다기능화되고 있다. FOS는 예약업무(reservations), 등록업무(registrations), 객실현황(room status), 판매 포스팅 업무(bill posting), 전화료 계산(call accounting), 퇴숙절차(check-out), 야간회

계감사 업무(night audit), 조회·안내 및 보고서((inquiries / reports), 객실관리부서(housekeeping) 업무 등을 기본적으로 취급한다. 또한 백오피스(back office), 식음료부서(food & beverage), 시설관리부서(maintenance), 안전관리부서(security), 마케팅과 판촉부서(marketing & sales), 인력관리부서(personnel), 전자우편(electronic mail), 시각조회(time clock) 등과 인터페이스로 연결되어 호텔의 전체 PMS가 구축되며, 그 중심은 'Front Office System'이었다. 또한 2000년대에 널리 보급되고 있는 'OPERA'에는 PMS는 물론이고, 연회예약시스템인 S&C(sales and catering), 호텔의 전략과 분석, 보고서 등에 관한 데이터베이스시스템인 CIS(central information system), 체인본부의 예약시스템인 CRS(central reservation system), 객실매출액 극대화를 위한 RMS(revenue management system), 서비스 품질관리시스템인 QMS(quality management system), 호텔의 자재관리를 위한 솔루션인 MC(material control), 호텔 내의 무선정보를 교류하는 'Opera Palm' 등으로 크게 확대되었다. 정보통신의 발달로 호텔에 설치된 전산시스템은 각 인터페이스로 상호 커뮤니케이션하므로 호텔정보관리시스템이 원활하게 운영된다. 따라서 인터페이스로 연결되는 각 module의 업무영역은 [그림 13-3]과 같다.

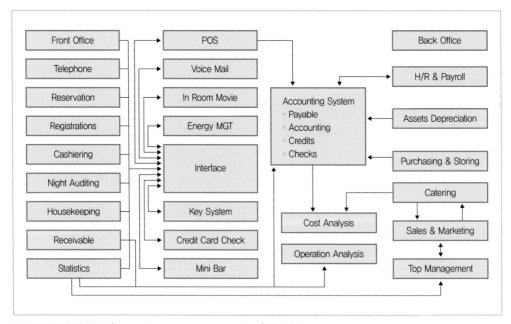

▌그림 13-3 호텔 PMS(property management system)의 흐름

프런트오피스 시스템은 고객의 객실 예약, 고객에게 객실을 배정하는 객실영업, 고객의 계산과 환전, 퇴숙을 담당하는 객실영업회계, 일일영업을 마감하는 야간 회계감사, 객실의 정비상태를 관리하는 객실관리, 고객의 전화사용 및 안내를 담당하는 통합안내센터 및 교환업무, 마케팅 활동과 고객관리 등과 관련된 프로그램을 모두 취급하고 있다. 프런트오피스 시스템을 작동하기 위해서는 선행해야 할 작업으로 요소정의(configuration)가 있다. 요소정의는 컴퓨터를 당해 호텔의 운영에 맞게 필요한 용어를 약어로 입력한 것으로 호텔의 필요에 따라 다양하게 구성할 수 있다. 이들은 대부분 영어 알파벳과 상수로 구성된다. 구체적으로는 고객의 주소지, 우편번호, 영수증 처리업장, 매출발생분야, 예약경로, 수수료 지급처, 수수료 퍼센트, 우대카드 종류, 추천방법, 위치별 객실, 할인카드, 회사분류별, 취미별, 언어별, 테스트, 국적별, 배부되는 신문종류, 지급종류, 가격수준, 객실의 종류, 객실 VIP 셋업, 판촉지배인, 고객이력유지, 고객서비스종류, 지급단위, 업그레이드 책임자, 업그레이드 종류, 비디오 체크아웃, 우대고객 구분 등이며, 필요할 때마다 책임자가 수정하거나 보완할 수 있다. 코드를 기억하지 못할 때는 코드화된 자료를 불러서 데이터를 확인하고, 코드와 연관된 완전한 이름을 도움말 상자를 통하여 인식할 수도 있다. 코드는 다양하게 구획하지만 일반적으로 업장별 계산발생처 코드, 객실 취소의 원인 코드, 프런트데스크 회계원 코드, 외부고객의 후불계정 또는 카드결제 고객을 위한 가상객실 코드, 각 세분시장별 구분 코드, 고객 국적별 코드, 고장난 객실 코드, 객실요금 코드, 지역별 구분 코드, 예약형태 구분 코드, 객실 형태별 구분 코드, 객실 내 서비스 품목 코드, 고객의 호텔투숙 원인 코드 등으로 구분하고, 각 코드별로 세분된 요소정의의 약어를 부여한다.

1. 객실예약

객실예약관리 모듈에는 당해 호텔에서 접수하는 예약과 체인본부 또는 예약대행사로부터 온라인으로 접수되는 예약접수 등이 있으며, 당해 호텔의 예약은 신규와 재방문으로 구분하여 각각의 화면에 입력하게 된다. 체인본부 또는 대행사의 예약은 CRS(central reservation system) 또는 GDS(global distribution system)에서 온라인으로 입력된다. 호텔에 입력되는 예약은 예약모듈과 매출관리시스템인 RMS(revenue management system)에 의해 정보가 공유되고, 매출관리시스템에서 분석된 자료는 실시간적 수요와 전체적인 수요에서 가장 최적화된 가격을 설정하여 가격을 제시하므로 효율적인 객실판매를 돕는 시스템이다.

우리나라 호텔기업에서 가장 많이 이용되고 있는 Fidelio System의 객실예약관리 모듈에는 'Suite 7 Reservation'이 있으며, 이 모듈은 호텔예약의 모든 기능을 실행할 수 있다. 새로운 고객, 회사, 여행사, 단체, 그 외 예약원천(source)에 대한 정보기록(profile)을 만들며, 고객의 사진도 첨부될 수 있고, 과거의 체류와 미래의 예약 및 고객의 호텔에 대한 전반적인 정보를 포함할 수 있다. 하나의 예약정보기록이 만들어지면 예약을 디스플레이, 검색, 갱신, 취소 또는 복귀시킬 수 있는 기능이 있다. 또한 예약에 대한 확인서, 고정요금, 메시지, 예약금 등의 생성, 변경, 취소 기능도 주어진다. 뿐만 아니라 이벤트 옵션에서는 미래의 행사, 정해진 날짜, 캘린더 기능도 수행한다.

2. 객실영업

예약관리 모듈에서 입력한 자료는 당일 도착고객을 중심으로 프런트데스크에서 업무를 진행하는 기초자료가 된다. 객실을 이용하는 고객의 입숙, 체류, 메시지, 환전, 퇴숙, 일일회계마감 등에 관련된 업무를 진행하는 모듈이다. 시스템의 기본기능은 호텔에 도착한 고객의 객실배정기능, 투숙 중인 고객에 대한 제반 안내 및 메시지 취급기능, 고객이력 관리기능, 거래처 관리기능 등이 있다.

3. 객실영업회계

고객이 퇴숙 절차를 밟아 사용요금을 계산하거나 또는 중간계산을 할 때, 외국환을 교환할 때, 시스템적으로 지원해 주는 기능으로 영수증 발급기능, 사용액 입력기능, 일괄 사용액 입력기능 등이 있다. 객실회계원(front desk cashier)이 고객

으로부터 호텔 이용요금을 청구할 때 각각의 개인 번호와 비밀번호를 입력하여
시스템을 운영하고, 이를 관리해 주는 회계원 관리기능은 다음과 같은 것으로 구
성된다.

1) 주요 기능

① 로그인 기능 　　② 기본기능
③ 부과와 계산서 　② 계산 창의 옵션
⑤ 지불과 퇴숙 　　⑥ 환전
⑦ 비투숙객의 계산 　⑧ 각종 보고서
⑨ 하우스 뱅크와 객실회계원 　⑩ 선수금
⑪ 객실회계원 마감

4. 일일영업 마감

영업회계분야에서 일일업무의 마감으로 야간회계감사 업무가 수행된다. 매출
의 총액을 산출하고, 현 상태에서 거래된 내역들을 파악하게 된다. 마감에 따라
호텔이 출력하는 보고서의 종류는 매우 다양하며, 호텔경영관리에 필요한 기본적
인 자료들은 이것을 통해 받게 된다.

1) 주요 기능

① 시작하기 　　② 일일마감을 위한 시스템 준비
③ 일일마감 운영하기 ④ 온라인 백업
⑤ 재구성

5. 객실관리

객실관리모듈(Housekeeping Module)은 객실의 상태를 보고하고, 기록할 수 있
는 기능으로 고장난 객실 체크기능, 객실이력기능, 객실청소 상태가 깨끗하게 정
비되었는지, 정비 중인지, 아직 정비를 하지 않았는지, 객실이 고객에 의해 점유

되고 있는지 등의 상태를 조회할 수 있다.

1) 주요 기능

① 기본기능
② 객실 배정하기, 정비상태보기, 리넨주기 지정하기
③ 객실이력
④ 객실초과예약
⑤ 객실점유율 그래프

6. 통합안내센터와 PABX

　교환실 모듈은 고객이 객실에서 사용하는 전화내역관리 및 메시지관리 등 전화설비를 이용한 시스템을 지원한다. 시스템기능으로는 메시지를 화면으로 보는 기능, 메시지를 객실로 전달하는 기능, 추적해서 메시지를 조회하는 기능이 있다. 호텔의 교환실 시스템은 최신 첨단기능을 가진 사설교환기(PABX : private authorization branch exchange)의 운영을 전제로 한다. 최근에는 통신기술의 발달로 교환실업무가 지속적으로 축소되면서 통합안내센터의 기능을 수행하며, 객실에서 고객이 요구하는 종합적인 안내업무와 보안업무는 물론이고, 룸서비스 주문(room service order taking), 근무시간 외의 예약업무, 일반적인 호텔안내업무 등을 커버하게 되므로 여기에 필요한 통신장비 및 컴퓨터시스템이 더 보완되어 업무의 효율을 높이고 있는 추세이다.

　호텔은 정보통신기술의 발달로 각종 고객서비스를 개발하여 고객의 편의를 도모하고 있다. 이러한 정보통신의 적극적인 수용으로 호텔기업은 다음과 같은 혜택을 받고 있다. 첫째, 비전형적인 절차를 기계적이고 전형적인 절차로 바꾼다. 둘째, 지역적인 한계를 극복함으로써 정보수집에 요구되는 시간이 크게 단축된다. 셋째, 경영활동의 폭이 증대된다. 넷째, 인력이 절감된다. 다섯째, 업무의 복잡성을 줄여준다. 그러나 우수한 정보기술이라 할지라도 사용자들이 이를 활용하지 않으면 무용지물이 되며, 호텔은 비용만 증가하는 문제를 감당해야 한다. 호텔이 개발하여 고객에게 편의를 제공하고 있는 통신시스템은 아래와 같다.

① 객실용 전화기에 붉은색과 푸른색 램프(message light system)를 장착하여 각종 메시지의 보관을 알리고, 고객이 위험할 때 교환실과 즉시 교신 가능
② 룸 어텐던트가 전화기로 청소여부를 입력하면 호스트컴퓨터의 'Room status system'이 작동하여 프런트데스크에서 판매가능 객실로 표시
③ 객실에 비치된 미니바의 이용 현황을 전화기로 입력하면 해당 객실의 계정으로 자동입력되어 신속한 퇴숙절차에 도움이 됨
④ 고객이 사용하는 전화내역 및 요금(call accounting system)이 자동산출되어 고객 계정에 입력
⑤ 전화를 받을 때 고객의 성명이 전화기의 화면을 통해 나타나는 'Calling name display system'이 작동
⑥ 객실에서 TV를 켜면 환영메시지와 함께 호텔 제반 부대시설에 대한 안내가 시작됨
⑦ TV화면을 통해 체크아웃 기능을 수행할 수 있고, 현재까지 고객이 이용한 요금을 조회할 수 있음
⑧ 객실에서 TV를 통해 유료영화를 시청하면 고객계정으로 자동이체되는 기능
⑨ 객실에서 노트북으로 이메일을 보내거나 정보를 검색할 수 있도록 데이터라인을 추가로 설치
⑩ 객실에 입실하기 위해 받은 카드키(ving card key)를 입실하여 카드를 카드박스에 넣으면 히터 / 에어컨디셔닝, 객실전등, 커튼, TV 등을 자동으로 작동할 수 있는 'Energy management system'

1) 프런트오피스 시스템과 호환되는 각종 시스템

① 요금정보 전송기능
② 체크인 / 체크아웃 시, 객실 전화등급 변경기능
③ 디지털폰에 이름 및 고객 정보 디스플레이 기능
④ 메시지 상태 표시 기능
⑤ Wake-up 기능 및 Wake-up 상태 프린터 출력기능
⑥ 객실상태 변경
⑦ 미니바 요금 기록

⑧ Room Attendant ID 등록기능

⑨ 객실교체 및 변경기능

⑩ 고객 정보 입력 및 변경기능

⑪ 객실에서 특정번호로써 발신 제어기능

⑫ 착신 거부기능

2) 음성사서함

① 체크인 시 패스워드 할당기능

② 체크아웃 시 메일박스 해제기능

③ 재체크인을 위한 메일박스 복구기능

④ 개인안내문 등록기능

⑤ 메시지 등록일자, 시간 제공기능

⑥ 모든 청취메시지 삭제기능

⑦ 메시지 보안기능

⑧ TEXT / FAT메시지 수신상황을 메일에 남기는 기능

⑨ 전화기에 메시지 대기램프 작동기능

⑩ 객실변경 시 메일박스 자동 변경기능

⑪ 체크아웃 후에도 메일박스 확인 가능기능

⑫ 음성안내를 동시에 여러 사람에게 전송할 수 있는 기능

⑬ 사용방법 안내기능

3) 팩스메일 시스템(Facsimile mail system) 기능

① 환영 메시지(welcome message) 전송기능

② 페이퍼 메시지(paper message) 전송기능

③ 체크아웃 시 특정장소로 팩스 보관기능

④ 체크인 시 신규 팩스번호 부여 기능

4) 전화교환서비스

① 'IN-HOUSE', 'CHECK-OUT', 예약자 고객 조회

② 당일 도착·출발예정자 조회

③ 전화요금 입력 확인 및 전화 'OUT OFF' 처리

④ 일, 월, 연, 전년대비 고객, 직원, 부서의 매출액 관리

⑤ 투숙객 외출유무 현황

⑥ 통화 중일 때 메시지 처리

⑦ 각종 메시지 관리 및 모닝콜 처리

⑧ 관광정보 조회

7. 마케팅 활동과 고객관리 시스템

호텔기업의 마케팅활동은 서비스마케팅 차원에서 고객과 호텔의 지속적인 거래를 유지하기 위해 관계마케팅을 구사하고 필요한 자료를 데이터베이스화하여 관리하게 된다. Fidelio System은 고객정보시스템을 통해 고객관계관리(CRM : customer relationship management)를 추진한다. 이는 당해 호텔과 관련된 개인고객, 여행사, 거래회사, 거래단체 등의 정보를 수집 및 관리하는 프로그램을 마케팅 측면에서 운영한다.

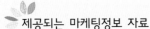
제공되는 마케팅정보 자료

- 객실, 연회예약현황 조회 및 처리
- 국적별 매출현황
- 지역별 매출현황
- 여행사, 거래처, 회원, 일반기업체, 각종 단체, 연회고객 관리
- 판촉지원별 실적 및 DM 발송
- 목표대비 실적분석 및 시장분석
- 타사 실적 비교 분석
- 각 영업장 실적 자동 집계처리
- 본사, 부산, 서울, 지역사무소, 해외사무소 등과 네트워크 구성

제3절 식음료영업 및 부대시설영업의 정보시스템

1. 영업장 POS 시스템

우리나라 대다수 호텔들이 영업장관리시스템으로 POS(point of sales) 시스템을 활용하고 있다. POS 시스템이란 각 영업장에서 발생하는 모든 판매현황을 일정한 시점에 화면과 보고서를 통해 파악하고, 내용을 분석할 수 있게 구성한 시스템이다. 이는 호텔의 식음료영업장, 부대시설영업장, 외식업체에 널리 이용되며, 이들 업체의 경영관리를 위한 정보기기시스템이다.

1) POS의 하드웨어 구성

(1) POS의 종류

일반적으로 POS는 크게 두 종류로 분류되며, ECR(electric cash register)형과 PC(personal computer)형이 있다. 두 종류의 차이점은 여러 가지가 있지만 가장 큰 차이는 ECR-POS는 설계가 기계식 금전등록기를 바탕으로 하고 있으며, 숫자관리와 계산지향적인 장비이다. 반면 PC-POS는 퍼스널컴퓨터를 근간으로 설계되어 고객서비스를 위한 정보의 효과적인 처리와 가공 및 상호교환을 위해 어떠한 요구에도 대응이 가능하다. 대부분의 세계적인 체인호텔들은 'Micros 8700'이라는 PC-POS를 채택하고 있고, 프런트오피스 시스템과 호환된 시스템을 현장에 설치하여 고객서비스에 만전을 기하고 있다. 일반적인 호텔 POS의 구성은 'Main controller'에서 분류되어 각 영업장과 조리부서에 네트워크형으로 구성되어 있다.

(2) POS기기의 주요 기능

영업장의 POS와 Fidelio는 인터페이스로 연결되어 객실 투숙객의 업장이용을 편리하게 해줄 뿐만 아니라 입력된 이용고객의 정보를 통해 보다 적극적인 고객서비스를 할 수 있도록 해준다. 고객이 각 영업장에서 이용한 요금은 프런트오피스 시스템의 객실계정에 자동 이체되어 지불에 대한 번거로움을 덜어주고, 프런트데스크에 계산서(bill)를 가져다주어야 하는 업무를 줄이므로 영업장회계원의 업무효율을 높여준다. 영업장에 설치된 POS의 기능은 다음과 같다.

① Fidelio에 고객의 투숙여부를 조회할 수 있는 기능
② 항목별, 그룹별, 영업장별로 다양한 메뉴관리가 가능
③ 조리부서 프린터와 서버용 단말기가 연동되어 고객 주문이 자동으로 출력되어 조리시간의 단축이 가능
④ 고객이 외국환으로 지불할 때 자동환전기능이 가능
⑤ 주차장 이용에 대해 허용시간별 쿠폰발행이 가능
⑥ 각 영업장별로 수십만의 메뉴도 모두 수록할 수 있으며, 항목별, 그룹별, 식 · 음료별, 시간대별, 직원별, 테이블별 매출에 대한 집계와 분석이 가능
⑦ 영업장, 프런트데스크, 조리부서 등 각 부문에서 자료의 상호 비교 확인이 가능
⑧ 신속, 정확한 계산으로 고객의 대기시간을 대폭 단축 가능

2) POS의 소프트웨어 구성

POS기기의 모델에 따라 소프트웨어의 구성도는 다르지만, 일반적인 구성은 영업회계, 조리부서 오더, 음식메뉴의 양목표(recipe), 영업장 고객관리, 인터페이스 등이다. 좀 더 구체적으로 살펴보면 첫째, 캐셔업무의 자동화로 영업회계일보 작성, 판매가격 자동 산출, 메뉴별 단가 실시간 조회, 둘째, 캐셔별 고객관리로 영업장 종업원에게 코드를 부여하고, 근무 중 고객에 대한 판매상황을 집계하므로 영업회계원의 대고객서비스의 효과와 근무효율을 제고, 셋째, 결산 자동화로 캐셔 및 영업장 정산, 영업장별 일일매출 현황, 영업장별 품목별 매출현황, 영업장별 목표대비 실적 통계자료, 할인판매 매출현황 산출, 넷째, 신속한 회원관리로 POS에 부착된 카드리더기로 멤버십에 대한 제반 정보를 인지하고, 상응하는 혜택을 부여함으로써 회원관리에 적극 대응, 다섯째, 정확한 품목관리로 수백 개의 식음료별 고유코드를 이용하여 신속하고 간편하게 품목관리를 할 수 있다.

2. 연회관리와 연회판촉시스템

POS는 호텔의 연회판촉관리시스템으로 고객관리, 예약 시 예약자 관리, 영업활동내용, 연회기록관리, 우편물 발송관리, 각종 보고서, 서신왕래 등을 관리한다.

연회관리의 주요 기능은 예약관리, 행사확정관리, 실행관리, 고객기초자료관리 등으로 구분할 수 있다. 예약관리는 일별/연회장별로 예약현황을 신속하게 조회하고, 당일 예약현황, 당일 취소, 노쇼(no show), 사용가능 연회장, 대기예약 등의 정보를 관리한다. 예약확정관리는 예약사항을 확인하고, 확인 후 행사 청구서를 발송하여 관련 부서 간에 행사준비상황을 상호 확인하고, 차질 없이 일일행사예정표를 관리하는 기능이다. 실행관리란 행사의 정산 및 조정, 금일행사현황을 점검하고, 행사별 예측과 실제 내용을 비교하여 기간별 연회영업을 분석하여 목표대비 영업실적을 분석하는 기능이다. 끝으로 고객기초자료관리는 고객별, 판촉지배인별 실적 집계와 노쇼 현황, 단체별 이용현황을 관리하는 기능이다. 여기에는 고객관리가 핵심이므로 고객과 연계되는 'Direct Mail' 발송, 고객기념일 챙기기 등도 포함하여 마케팅의 유용한 자료를 유지·관리하는 기능도 포함된다.

제4절 ▸ 업무지원부문의 정보시스템

업무지원부문의 시스템은 객실영업, 식음료영업, 부대시설영업부문에서 일일영업결과를 넘겨받아 경리 및 회계업무를 정리하고, 호텔이 세운 목표와 실적을 비교하여 각종 보고서를 생산하므로 경영관리의 자료로 활용하도록 한다. 시스템의 구현방향은 첫째, 유연한 시스템 구조의 실현으로 통합데이터베이스 구축, 데이터베이스의 개방성, 완벽한 보완체제 구축, 개방형 시스템의 구조 등을 지향하며 둘째, 시스템의 연계성 및 통합성을 고려하게 되므로 외부정보와의 원활한 연계, 각 시스템 간의 통합성과 정보공유체제를 구축한다. 셋째, 시스템의 안정성을 고려하여 장애를 유형별, 단계별로 대처할 수 있는 총체적인 복구기능 확보, 시스템·통신망·복잡화에 대응한 통일된 관리체계, 완벽한 보안 관리체계를 감안하여 시스템을 구축하게 된다. 넷째, 경제성을 고려하여 운영관리 비용의 최소화를 위한 시스템을 구축하고, 유지보수의 용이성을 확보해야 한다. 다섯째, 사용자 중심의 시스템을 구축하므로 최종 사용자의 편리성을 극대화하여 업무 효율을 높이고, 정보의 신뢰성을 확보해야 한다. 업무지원부문 시스템의 전반적인 내용은 호텔의 경영정보 및 재무관리업무, 인력관리 및 비용관련 조회, 외상매입금에 대한 자료관리, 외상매출금에 대한 자료관리, 손익관련 자료관리, 대차대조표 관리, 회계관련 자료 출력 등을 중심으로 되어 있다.

1. 경영정보시스템

경영정보시스템은 호텔경영관리자가 호텔을 효율적으로 운영하기 위해 계획하고 조직하며, 매출을 증대시키고, 상황에 맞는 일상관리를 진행하고, 조직을 시스템적으로 통제하기 위해 설계된 시스템이다. 호텔의 경영정보시스템은 프런트오피스, 영업장의 POS 등이 기본이 되어 인터페이스를 통해 업무지원분야와 통합하여 관리되고 있다. 자동화된 프런트오피스 시스템과 POS 시스템은 필요한 시점에서 경영관리자에게 많은 정보를 제공해 준다. 그렇지만 효과적인 경영정보시스템의 활용을 위해서는 일상적인 보고서 작업과 정보 활용단계를 넘어 컴퓨터의 능력을 확장시켜 나가면서 호텔기업이 필요로 하는 자료의 축적과 시스템 기능의 현실화를 통해 빠르고, 정확한 의사결정에 도움이 되어야 한다. 효과적인 경영정보시스템 설계는 경영관리자들에게 필요한 모든 정보를 처리할 수 있도록 설계하는 것이다. 경영관리자들은 특정한 정보들에 대하여 우선순위를 매기고, 이를 정의하여 관리하게 된다. 경영정보시스템은 조직체 내의 모든 정책결정 단계를 지원하기 위하여 컴퓨터를 응용할 수 있도록 설계되어 있다. 경영정보시스템에 의한 정책결정의 단계는 전략상의 계획, 전략적 정책결정과 이에 따른 운영을 포함한다. 전략상의 계획이란 장래성과 조직 내의 목적 수립을 통한 정책결정 활동단계이다. 전략적인 결정은 전략상의 계획을 수단으로 하여 결정되는 단계이다. 정책운영은 수립된 전략적 계획과 정책을 업무에 반영하고, 이를 진행해 나가는 단계를 말한다. 경영정보시스템은 목적사업에 관계된 일을 차질 없이 수행하도록 하고 이에 따른 감독업무를 시스템적으로 이행하도록 하며, 사업에 필요한 자원과 내부 지원을 원활하게 해주고, 이에 따른 정보를 경영관리자에게 제공하며, 불필요한 자료를 제거하고, 이를 간소화하여 경영관리자의 문서업무와 작업 비용을 줄여준다.

2. 회계관리시스템

호텔기업의 회계원리는 다른 기업체에서 사용하는 일반회계와 원칙적으로 다르게 운영되고 있기 때문에 일반회계를 알고 있다 하더라도 호텔관리회계에 대한 지식을 쌓아야 한다. 특히 체인호텔의 경영관리는 표준화된 형식과 계정과목을 토대로 운영되는 'Uniform System of Accounts'에 의해 운영되고 있다.

1) 시스템의 종류

호텔의 회계관리시스템은 외상매출금관리(AR : account receivable), 외상매입금관리(AP : account payable), 총계정원장관리(GL : general ledger), 재정보고서(FR : financial report), 관리손익모듈로 구분할 수 있으며, 이 모듈들은 시스템 도입 시 필요성과 효율성에 따라 회계패키지의 응용 소프트웨어를 조합하여 구축할 것인지를 결정한다.

(1) 외상매출금 관리모듈

객실요금, 식음료영업장, 부대시설영업장의 후불 발생과 관련된 채권관계에 대한 고객계정의 유지, 계산서 처리, 받을 계정 보고서를 작성하며, 회계 감사보고서까지 산출한다. 특히 기간별 외상매출금 관리보고서(aging report)를 통해 여신담당지배인, 관련부서장, 관리담당 임원, 총지배인은 고객 채무상태를 매달 회의를 통해 검토하고, 회수에 노력을 기울인다. 외상매출금은 발생 시점으로부터 30일, 60일, 90일, 120일로 기간 결과를 구분하여 표기되며, 그룹별 또는 알파벳 순서로 출력할 수도 있다. 이 기능은 고객의 신용한계를 설정하고, 신용한도액 이상을 초과한 모든 고객의 계정을 관리하여 신용거래의 자료로 활용한다. 따라서 외상매출금 관리모듈은 고객의 총계정원장의 자료관리가 중요하며, 구성되는 자료는 고객 계정코드, 고객 또는 계정이름, 주소, 전화번호, 구좌종류, 보증인, 신용한도액, 신용거래 이력현황과 지급된 금액 및 일자 등을 일목요연하게 자료화하여 관리한다.

(2) 외상매입금 관리모듈

외상매입금 관리모듈은 호텔기업이 사용하는 물품을 구입한 후 거래처에 지급되는 회계를 관리하는 모듈이다. 이 모듈은 독립적으로 운영되거나 다른 자동회계시스템과 연동하여 운영한다. 이 기능에는 구매 관련 송장업무, 거래처 관리정보 등이 주된 내용이며, 거래처 마스터파일, 송장등록파일, 수표등록파일 등과 보고서 생산기능을 수행한다.

(3) 총계정원장 관리모듈

일정한 시점을 기준으로 외상매출금관리를 하여 호텔의 재무적 균형을 파악하고, 매달 월말 결산관리를 수행하는 시스템으로 호텔경영에 중요한 자료를 보관, 관리하게 된다.

(4) 재정보고서 모듈

영업보고서(OR : operating report)라고도 하며, 매월 말에 이전 달의 영업결과를 결산하여 관련부서와 경영관리진에게 보고하는 보고서 프로그램이다. 체인호텔의 경우 이 보고서를 통하여 호텔별 손익분석을 하게 되며, 분석된 보고서는 호텔 내·외부의 자료로 활용하게 된다. 주요 자료로는 손익계산서와 대차대조표가 있다.

3. 인력관리시스템

호텔의 인력관리시스템은 인력관리, 급여관리, 고과관리를 중심으로 진행되며, 이를 위해 근태관리, 휴가관리, 교육관리를 함께 진행하게 된다. 이 시스템의 내용은 아래와 같다.

① **인력관리** : 사원번호부여, 인력관리, 제반 증명서 발급관리, 인력비용분석
② **부가급여관리** : 가압류관리, 학자금관리, 저축보험관리, 동아리관리, 경조사관리
③ **급여관리** : 급여관리, 상여금관리

④ **정산관리** : 연말정산관리

⑤ **퇴직관리** : 퇴직정산관리, 퇴직금관리, 퇴직충당금관리

⑥ **인상관리** : 인상테이블관리, 인상안에 따른 명세서관리

⑦ **소급관리** : 호봉인상관리, 소급급여관리, 고급상여관리

⑧ **근태관리** : 출퇴근관리, 휴가관리

⑨ **고과관리** : 사원관리, 감독자관리, 평가자관리

⑩ **교육관리** : 교육계획, 교육행정, 오리엔테이션, 직무교육, 인성교육, 사외교육

4. 시설관리시스템

호텔 시설관리시스템은 객실, 공중지역, 연회장, 식음료영업장, 부대시설영업장 등의 설비로 구성되어 있다. 전등, 조명, 냉·난방, 보안, 소방 등에 관련된 동력 부문이다. 에너지 비용이 높아지면서 이러한 설비와 제어장치도 보다 적극적으로 시스템화되고 있다. 시설관리시스템의 이점을 나열하면 첫째, 대폭적인 에너지 절약이 가능하고, 이는 단시일에 시설 투자비를 회수할 수 있게 된다. 둘째, 고객에 대한 서비스 향상으로 쾌적한 실내온도를 유지시켜 주며, 입실 시 전등의 자동 점등, 부재중 메시지 전달기능, 객실정비 시 룸어텐던트가 객실상황을 정확하게 파악하여 고객의 안전과 프라이버시를 보호하게 된다. 셋째, 호텔경영관리의 합리화로서 객실상황의 정확한 파악으로 객실 판매증진에 도움이 된다. 넷째, 객실의 온도상황을 관리한다. 다섯째, 객실 내의 화재발생 시 프런트데스크와 안전관리실의 판넬에 경보음과 객실번호의 표시가 나타나 긴급조치를 취할 수 있다. 시스템의 구성은 'Room Indicator System', 객실전원 제어시스템, 객실공조 제어시스템, 객실서비스 시스템으로 구성된다.

제5절 인터페이스 시스템

호텔의 정보시스템은 객실 및 마케팅부문, 식음료 및 부대시설영업부문, 업무지원부문으로 구분하여 각각 다른 시스템을 구축하고 있다. 이렇게 구축된 프로그램을 인터페이스(interface)가 연결하여 상호 정보를 교류하고, 공유하도록 도와준다. 2010년대에 들어 호텔정보시스템이 급속하게 발전하면서 호텔 대부분은 호텔 내의 모든 시스템이 상호 호환이 가능하도록 설치하고 있으며, 주요 내용은 다음과 같다.

- 객실예약업무(reservations)
- 매출관리(revenue management)
- 등록업무(registrations)
- 객실현황(room status)
- 계산서 입력업무(bill posting)
- 전화교환 및 전화요금(telephone-exchange & call accounting)
- 퇴숙절차(check-out)
- 야간회계감사 업무(night auditing)
- 조회, 안내 및 보고서((inquiries / reports)
- 백오피스(back office)
- 객실관리부서(housekeeping)
- 식음료부서(food & beverage)
- 시설관리부서(engineering)
- 안전관리부서(security)
- 마케팅과 판촉부서(marketing & sales)
- 인력관리부서(human resources)
- 전자우편(electronic mail)
- 시각조회(time clock)

▌그림 13-4 호텔정보관리시스템의 모듈

제6절 사물인터넷(IoT)과 호텔정보시스템[2]

4차 산업혁명과 더불어 급속도로 진행되고 있는 사물인터넷을 호텔의 환경과 연결하고 빅데이터 및 기타 AI(인공지능), 인터넷 환경과 연결하여 사고할 수 있는 능력은 매우 중요하다. 이는 향후 환대산업에서 성공할 수 있는 핵심능력일 것이다.

---

2) 정규엽(2019). 호텔 · 외식 · 관광마케팅. 서울: CENGAGE

1. 환대산업의 가치사슬

환대산업의 제품들과 산업 간의 가치사슬(value chain)의 관계는 [그림 13-5]와 같다. 아래 그림과 같이 F&B제품은 모든 산업과 관련되며, 그다음 객실 제품은 대다수의 산업과 관련된다.

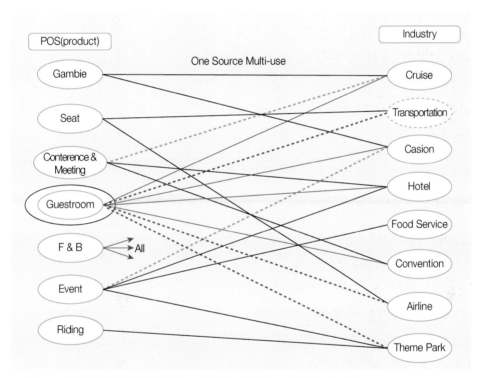

▌그림 13-5 환대산업의 가치사슬(Value chain in the hospitality industry)

2. 호텔 제품의 IoT적용부문

[그림 13-6]은 전체 호텔 제품의 IoT적용부문을 나타내고 있다.

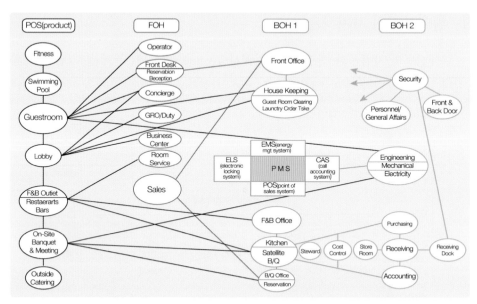

▌그림 13-6 IoT-Hotel Fit Diagram

1) Zone of POS Core

[그림 13-7]은 호텔의 전체 부문 중 IoT적용 시 가장 중요한 'Zone of Pos Core'인 객실부문을 나타내고 있다.

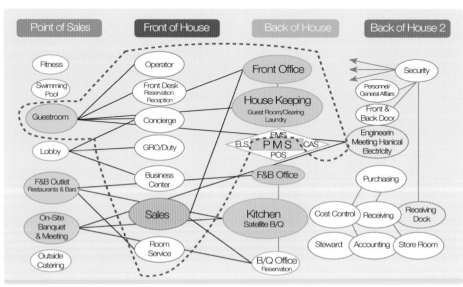

▌그림 13-7 Zone of POS Core

미래에 기대되는 IoT도입과 그 내용은 [그림 13-8], [그림 13-9], [그림 13-10], [그림 13-11] 등이다.

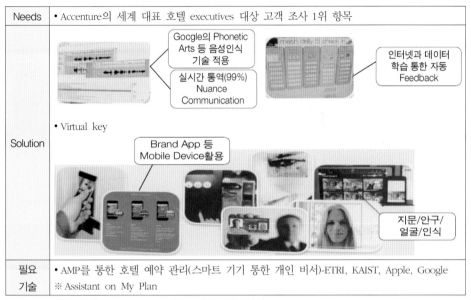

│그림 13-8 음성인식, virtual key, 지문, 안구, 얼굴인식

Needs	• Four Seasons, Hilton Worldwide 고객 조사 1위 • Hotels.com 호텔 amenity 선호도 조사 상위 항목(bathroom shower, premium bedding, mattress type)
Solution	고객은 취침 전 침대의 mattress의 강도와 베개의 형태 및 강도를 조절하고, 화장실에 들어가기 전에 샤워기의 온도(2분 단위로 점차 높아짐) 및 수압을 조정함. 고객이 화장실을 나와 침대에 누우면 relaxing place(400lux, 3,500k)로 돼있던 조명이 retiring place(80lux, 3,500k)로 자동 조정됨. 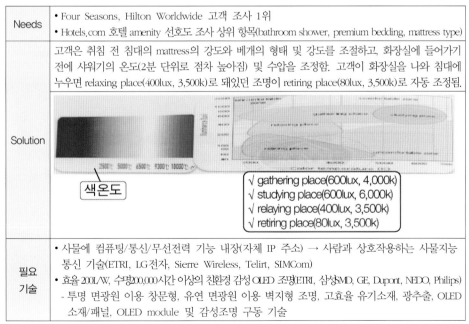
필요 기술	• 사물에 컴퓨팅/통신/무선전력 기능 내장(자체 IP 주소) → 사람과 상호작용하는 사물지능 통신 기술(ETRI, LG전자, Sierre Wireless, Telirt, SIMCom) • 효율 200L/W, 수명200,000시간 이상의 친환경 감성 OLED 조명(ETRI, 삼성SMD, GE, Dupont, NEDO, Philips) - 투명 면광원 이용 창문형, 유연 면광원 이용 벽지형 조명, 고효율 유기소재, 광추출, OLED 소재/패널, OLED module 및 감성조명 구동 기술

│그림 13-9 객실의 취침환경

Needs	• Business FIT에게 가장 중요한 시점 및 속성/complaint이 가장 빈번한 시점 및 속성
Solution	교통이 혼잡하다는 뉴스를 감지, TV가 켜지며 교통 뉴스가 나오고 스마트폰은 30분 먼저 알람을 울림. 곧 불이 켜지고 커피포트는 스스로 물을 끓임. 고객은 일어나 양치질을 하며 화장실의 스마트 벽장(삼성전자, LG전자, IBM, Accenture, Philips)을 통해 주저없이 모든 코디를 맞춤. 동시에 로봇이 룸서비스 조찬 제공 양치질하며 날씨와 뉴스체크 여성 고객이 스마트 거울과 벽장으로 일정 및 코디 체크 로봇의 룸서비스
필요 기술	• Inter-machine communication through ultra low power processors and microcontrollers • Interoperabillity of devices through novel protocols • IP-based networks connection

▌그림 13-10 Inter-machine communication

Needs	• 2020년대 세계 호텔 제1의 표적시장인 millennium 세대가 가장 선호하는 속성
Solution	특별한 인테리어 없이 표준 객실 module에 홀로그램, VR, AR 등의 기술로 객실 전체를 virtual tour, virtual time machine, 가상 객체와의 상호작용을 위한 실감 인터페이스 등 고객의 취향에 따라 융통성 있게 변형시킴 홀로그램 1 홀로그램 2 홀로그램 3 가상 연결
필요 기술	• 3차원 홀로그램 디스플레이 및 랜더링 기술(ETRI, KIST, MIT, NHK, SeeReal) • 다시점 interactive 홀로그램 영상을 이용한 multi-presence 기술 및 multi-channel 현장 음향 기술(삼성전자, GE, Sony) • 실내에서 실제 외부 환경처럼 느낄 수 있는 UHD급 30f/s의 실시간 3D 복원 엔진 및 디스플레이 기술, 1Gbps급 가시광 통신(ETRI, Bell Institute, NICK, CNET)

▌그림 13-11 미래의 객실

2) Zone of POS Blue Ocean

[그림 13-12]는 F&B부문을 중심으로 하는 'Zone of POS Blue Ocean'을 나타내고 있다.

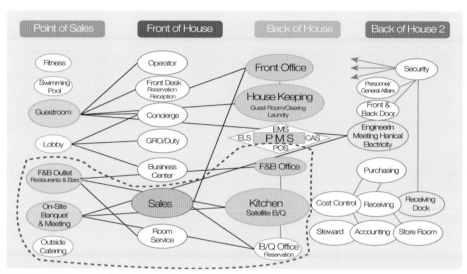

▮그림 13-12 Zone of POS Blue Ocean

제품특성	• 서비스산업, 환대산업의 제1특성인 무형성(intangibility) → 고객 자신의 욕구와 필요의 인지가 어려움
Solution	고객이 레스토랑에서 좌석에 앉아 음식을 선택하면 스마트 좌석은 고객의 체형, 건강상태(재방문 고객은 과거의 음식 취향) 등을 고려하여 관련 코스의 추천 메뉴를 홀로그램으로 띄움. 고객이 선택 메뉴에 손을 짚으면 음식의 레시피, 칼로리, 맛 등에 대한 정보와 함께 추천 와인 등이 제공됨. 고객 식사 중 스마트 포크는 진입횟수, 간격, 총시간, 음식의 칼로리 및 양 등을 측정하고 적정 칼로리 초과 시 진동함. 선호 음식에 대한 추천 메뉴　　메뉴 정보 제공　　식사 중 스마트 포크의 역할
필요기술	• 비접촉 센서 기반 뇌파 측정, eye tracking 등 neuro maketing을 통한 고객 니즈 판별 기술(서울대학교, KAIST, MIT) • 사용자 상태 인식 기술, 인체 친화형 생체 신호(EEG, ECG 등) 인식 기술 • 고객의 건강 상태, 체력 목표, 맛 선호도로 메뉴를 설계하는 clouding intelligence 기술(Virtual Agents Cloud)

▮그림 13-13 미래의 레스토랑

3) Zone of Eufunction

[그림 13-14]는 주방, 창고, 'F&B cost analysis', 검수, 구매, 'Receiving dock' 등을 중심으로 하는 'Zone of Eufunction'을 나타내고 있다.

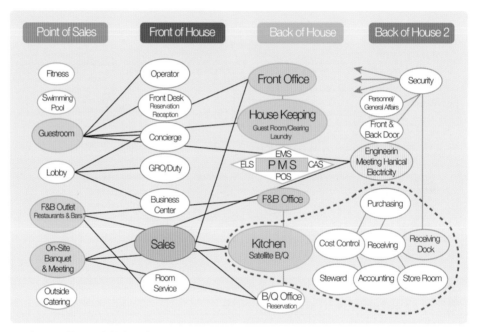

▌그림 13-14 Zone of Eufunction

제14장 호텔 프로젝트

제1절 호텔 프로젝트의 의의[1]

1. 호텔 프로젝트의 특성과 프로세스

프로젝트와 사업계획은 동일한 의미이며, 프로젝트의 특성은 다음과 같다.

- 목표지향성
- 상호관련성
- 명확성
- 독창성

일반적으로 프로젝트 프로세스는 프로젝트 인지, 프로젝트 계획, 프로젝트 계획의 실행, 프로젝트의 완성과 평가 등의 과정으로 진행된다. 여기서 프로젝트 계획은 다음과 같이 수립한다.

- 목표와 전략의 설정
- 과업분석과 각 과업별 하부목표의 설정
- 과업추진 순서결정과 시간계획
- 예산편성
- 과업별 책임분담
- 조직편성 및 훈련
- 정책과 업무흐름도 작성

---

1) 이호길(2018), 호텔사업프로젝트와 운영계획서, 서울 : 백산출판사.

프로젝트 팀은 전문가로 구성된 사업집단으로서 새로운 특정사업을 이루기 위해 편성되어 일정기간 존재하는 특정 조직을 말하며, 각각의 특성에 따라 각 전문분야에서 필요한 인원을 뽑아 팀을 구성한다. 따라서 업무수행방식은 매우 효율적이며 상황에 따라 적절한 인재를 투입하여 최대의 효과를 이룬다. 이러한 각각의 프로젝트를 독자적으로 수행하는 관리방식을 경영관리에서 프로젝트 매니지먼트(project management)라고 한다. 다시 말해서 군대에서 task force(기동부대)를 의미하며 기업에서도 이러한 용어를 사용하기도 한다.

2. 호텔사업 프로젝트의 배경과 동향

호텔사업 프로젝트의 배경은 다음과 같다.
- 외화획득과 국제수지 개선에 기여
- 고용증대를 통한 국민소득의 증가
- 조세수입의 확대
- 국토 및 지역사회의 균형개발
- 민간외교의 증진으로 국제평화에 기여

우리나라 호텔사업의 동향은 주 5일 근무제 도입의 확산으로 이들을 맞이할 관광호텔의 수요가 증가하면서 도심지나 관광지에 호텔이 건설되고 있다. 그러나 호텔건설과 관리운영에 대한 전문가나 건설에 대한 노하우가 부족하기 때문에 호텔기업가는 외국의 기술이나 자본에 의존하거나 경영방식에서 체인의 형식으로 건설하는 경우가 많다. 그러므로 호텔의 건설과정에서부터 경영관리에 이르기까지 외국인의 경영형식을 도입하거나 임차하여 운영하는 곳이 많다.

특히 우리나라 호텔사업은 국가적인 이벤트의 시기에 집중 건설되어 왔지만 오늘날은 지역 내 인구증가와 소득증대의 척도에 따라 공급의 균형을 이루는 시점이다. 호텔건축에 있어 대체로 1950년대에는 객실면적이 정해져 있지 않다가 1960년대 들어오면서 호텔의 객실면적 기준이 정해지기 시작했다. 그리고 1980년대 들어오면서 호텔의 등급이 상승되고 최저 소요한도의 면적을 국제규격으로 확대하면서 싱글룸($18\sim22m^2$), 더블룸($24\sim28m^2$), 트윈룸($24\sim30m^2$)으로 그 기준이 정해졌다.

뿐만 아니라 설비에 있어서도 그 수준이 크게 향상되었다. 향후에는 선진국처럼 복합형 호텔이 건축될 전망이다. 복합형 호텔이란 두 종류 이상의 업종이 시설기능을 병합한 건축물로서 상업시설과의 복합형, 역사와의 복합형, 사무실 빌딩과의 복합형, 공공서비스 빌딩과의 복합형 등으로 전체의 이미지를 문화공간으로 확대 발전시킨 것이다.

3. 호텔사업 프로젝트의 조건

호텔사업 프로젝트를 성공적으로 수행하기 위해서는 양질의 자본조건, 입지조건, 경영조건, 상품계획 등 네 가지 기본적 조건을 골고루 갖추어야 프로젝트를 성공적으로 수행할 수 있다.

첫째, 양질의 자본조건에는 소규모 호텔 200실 이하는 자기자본이 80% 이상이어야 하고, 중규모 호텔 200실 이하는 자기자본이 60% 이상이 되어야 하며, 대규모 호텔 500실 이하는 자기자본이 40% 이상이어야 한다.

둘째, 양질의 입지조건에는 자본조건, 시장조건, 공급조건 등을 골고루 갖추어야 한다. 즉, 시장조건에는 인구분포와 소득 등의 조건이 충족되어야 할 것이며, 공급조건에도 국민 또는 지역민의 생활수준 등을 고려해야 한다. 특히 도심지 호텔이 갖는 양질의 입지조건으로는 호텔이 3면의 도로와 접한 입지여야 하고, 주변이 비즈니스, 금융, 바(bar) 등의 장소와 근접한 곳이 가장 좋다. 또한 재래시장과 백화점도 근접한 장소이면 더욱 좋으며, 반경 1km 이내에는 동종업종이 있어야 하고 주차공간도 넓은 장소여야 할 것이다. 반면 휴양지 호텔의 입지조건으로는 소비행위를 촉진시킬 수 있는 여건과 휴식 및 오락추가가 적절한 장소, 그다음으로 아름다운 경관 및 경치가 좋은 장소가 되어야 한다.

셋째, 양질의 경영조건에는 우수한 전문경영자의 확보가 호텔건설 추진단계에 아주 중요하다. 그리고 호텔기업 경영방식(예: 아메리칸 플랜, 유러피언 플랜, 콘티넨털 플랜, 듀얼 플랜 등)에서도 그 주변 여건과 외부환경이 상황에 알맞게 구축되어야 하며, 이에 따른 각 부문별 원가관리제 실시 등을 잘 고려해야 할 것이다.

마지막으로 양질의 상품계획은 어떤 유형의 호텔사업을 할 것인가의 개념에서부터 시작하여 마케팅적 관점에서 일반대중 대상호텔을 지향할 것인가 아니면 가족단위 대상호텔을 할 것인가 또는 고소득층이나 특정이용객 대상호텔을 할 것인가 등의 양질의 상품계획을 잘 수립해야 프로젝트가 성공할 수 있다.

4. 호텔사업계획서 작성 내용

일반적으로 호텔사업 프로젝트 추진을 위한 사업계획서는 다음과 같이 작성되어야 한다.

- 표지: 사업계획서 제목, 기업명칭(가칭), 주소, 제출자, 제출문 등
- 사업계획서 요약
- 산업 및 시장분석: 산업특성, 수요자(목표시장, 시장세분화, 수요자특성 등), 시장규모 및 성장추세, 경쟁자, 매출목표 등
- 사업내용 분석: 제품 및 서비스, 사업규모, 필요기자재, 시장진입전략 등
- 사업채산성 분석: 예상수익 및 수익잠재력, 비용구조, 손익분기점 등
- 마케팅 계획: 시장세분화, 표적시장, 포지셔닝, 마케팅믹스 전략 등
- 설계 및 개발계획: 개발현황, 위험도분석, 제품개선, 개발비용, 신기술 동향 등
- 호텔입지: 입지분석, 규제 내용 등
- 경영팀 구성 및 조직운영 계획: 조직, 핵심구성원, 경영권, 고용, 이사진, 주주, 자문역 등
- 사업추진 일정
- 위험도 및 특수 고려사항: 예상되는 위험요인, 당면문제, 기본전제 등
- 재무계획: 예상수익, 예상비용, 추정대차대조표, 추정손익계산서, 추정현금흐름표, 손익분기점 분석 등
- 자금조달 계획 및 투자조건: 자금조달 요구액, 투자조건 등

제2절　사업타당성 조사의 접근[2]

1. 사업타당성 조사의 필요성과 평가요소

1) 사업타당성 조사의 필요성

사업계획에 따른 투자의사를 결정하는 데 기본적으로 필요한 것이 사업타당성 조사(business feasibility study)이다. 성공적인 사업계획 구축을 위한 사업타당성 조사는 창업을 실패로부터 지켜줄 수 있는 좋은 보조장치이다. 흔히 사업타당성 검토와 사업계획서를 동일시하는 경우가 있는데 이는 엄연히 서로 다르다.

우선적으로 사업타당성 검토 후 사업타당성이 인정된 경우에 작성하는 것이 사업계획서로서 사업의 내용, 경영방침, 기술성, 시장성 및 판매전망, 수익성, 소요자금조달, 운영계획, 인력충원과 계획 등을 모두 포함한 것이다. 사업타당성 검토는 외부 전문기관에 의뢰하거나 제3자에게 최종 검토하는 것이 합리적이며, 사업계획서는 사업타당성 검토에 근거하여 창업자(owner)와 참모(staff)가 직접 연구 작성하는 것이 가장 이상적이라 할 수 있다.

사업타당성 조사의 필요성을 네 가지로 요약하면 다음과 같다.

첫째, 창업자 자신의 주관적인 사업구상이 아닌 객관적이고 체계적인 사업타당성 검토는 사업계획 자체의 타당성 분석을 통해 창업회사의 성공률을 높일 수 있다는 장점이 있다.

둘째, 창업자가 사업타당성 검토를 통하여 구상하고 있는 기업의 제반형성 요소를 정확하게 파악하면 창업기간을 단축할 수 있으며, 효율적이고 생산적인 창업업무를 수행할 수 있다.

셋째, 창업자가 독자적으로 점검해 볼 수 없는 계획제품의 기술성, 시장성, 수익성, 자금수지 계획 등 세부항목을 분석하여 제시함으로써 해당업종에 대해 사전에 깨닫지 못한 세부사항을 인지하여 효율적인 창업경영을 도모할 수 있다.

넷째, 기업의 구성요소를 정확하게 파악함으로써 경영계획의 보완사항을 미리

---

2) 이호길(2018). 호텔사업프로젝트와 운영계획서. 서울: 백산출판사

확인할 수 있으며, 경영계획의 균형있는 지식습득과 경영능력 향상에 도움이 된다.

2) 사업타당성 분석의 평가요소

사업타당성 분석의 기본체계는 제1단계 예비사업성 분석, 제2단계 본 사업성 분석으로 나눌 수 있다.

제1단계로 예비사업성 분석은 후보 사업아이디어 발견을 위해서 사업가 아이디어의 평가과정으로, 예비사업성 발견, 예비사업성 분석 그리고 후보 사업아이디어의 1차적 선정으로 이어진다.

제2단계로 본 사업성 분석은 예비사업성 분석에서 1차적으로 선정된 후보 사업아이디어를 상세히 분석, 수익성 및 경제성 분석, 국민 경제적 공익성 분석 등을 통해 사업 성공 가능성을 확인하는 것이라 볼 수 있다.

2. 사업계획서 작성 원칙 및 유의사항

사업계획서는 창업자가 기업을 설립하여 지속적으로 성장·발전시켜 나가고자 하는 의지의 표현이므로 다음과 같은 작성원칙과 유의사항에 유의하여야 한다.
- 충분성과 자신감을 바탕으로 작성해야 한다.
- 객관성이 있어야 한다.
- 핵심내용을 강조하여야 한다.
- 전문적인 용어가 아닌 단순하고 보편적인 내용으로 구성해야 한다.
- 자금조달 운용계획은 정확하고 실현가능성이 있어야 한다.
- 계획사업에 잠재되어 있는 문제점과 향후 발생 가능한 위험요소를 심층분석해야 한다.

3. 사업계획서 작성의 기본순서와 표준항목

1) 사업계획서 작성의 기본 순서

사업계획서의 작성순서는 다음과 같다.

첫째, 사업계획서 목적에 의거하여 사업타당성 검증과 창업자 자신의 계획을 구체화하여 작성해야 한다. 또한 자금조달 방향 설정과 인허가 및 회사설립 목적 등 기본목표와 방향이 정해지지 않으면 사업계획서의 초점을 잃기 쉽다.

둘째, 제출기관에 따라 소정양식이 있는지 우선 알아보아야 하고 자금조달의 경우는 그 조달처가 은행권 금융회사냐 창업투자회사냐에 따라 내용이 조금씩 다른 점에 유의해야 한다.

셋째, 사업계획서는 추진일정상 일정기한 안에 작성해야 한다.

넷째, 사업계획서 작성에 직접 필요한 자료와 첨부서류를 준비한다.

다섯째, 작성해야 할 사업계획서의 양식을 결정한다.

여섯째, 실제 사업계획서를 작성한다. 일정한 양식에 따라 순차적으로 작성하되 추정손익계산서를 먼저 작성하는 것이 시간절약에 도움이 된다.

일곱째, 사업계획서 편집 및 제출이다. 사업계획서 제출 시에는 그 내용을 충분히 숙지하여야 한다.

2) 사업계획서 작성의 표준항목

(1) 회사 개요
- 회사 연혁
- 창업동기 및 사업의 기대효과
- 사업 전개방향 및 향후 계획

(2) 조직 및 인력현황
- 조직도
- 조직 및 인적 구성의 특징
- 대표자 및 경영진 현황
- 주주 현황

- 관계회사 내용
- 종사원 현황과 고용계획
- 종사원 교육훈련 현황 및 계획

(3) 기술현황 및 기술개발 계획

- 제품의 내용
- 제품의 아이템 선정과정 및 사업전망
- 기술현황
- 기술개발 투자현황 및 계획

(4) 시장성 및 판매전망

- 관련 산업의 최근 현황
- 동종업계 및 경쟁회사 현황
- 판매현황: 최근 2년간 판매실적, 판매경로 및 방법
- 시장 총규모 및 자사제품 수요전망
- 연도별 판매계획 및 마케팅 전략: 연도별 판매계획, 판매시스템 및 마케팅 전략, 마케팅 전략상 제 문제 및 해결방안

(5) 재무계획

- 재무현황: 최근 결산기 주요 재무상태 및 영업실적, 금융기관 차입금 현황
- 재무추정: 자금조달 운용계획표(자금흐름 분석표), 추정대차대조표, 추정손익계산서
- 향후 수익전망: 손익분기점 분석, 향후 5개년 수익전망, 순현가법 및 내부수익률법에 의한 투자수익률

(6) 자금운용 조달계획

- 소요자금
- 조달계획
- 연도별 증자 및 차입계획
- 자금조달상 문제점 및 해결방안

(7) 사업추진 일정계획

(8) 첨부서류
 - 정관
 - 상업 등기부등본
 - 사업자등록증 사본
 - 최근 2년간 결산서류
 - 최근 월합계 잔액시산표
 - 경영진·기술진 이력서

제3절 호텔의 구입과 재정의 확보

호텔사업을 경영하고자 하는 개인이나 법인은 일반적으로 두 가지의 기대가치를 염두에 둔다. 첫째는 대지, 건물, 비품 등 부동산의 가치가 상승할 것을 기대하고, 둘째는 호텔을 소유하거나 경영관리 함으로써 얻어지는 영업이익을 기대한다. 현재 운영되고 있는 호텔을 인수하고자 할 때는 위와 같은 두 가지의 가치를 분석하여 의사결정을 하게 되며, 신축 중인 호텔을 인수할 때는 입지와 상권 등을 분석할 수 있으나 영업에 대한 확신을 얻기 위해서는 많은 연구와 조언이 필요하다.

1. 호텔을 인수하여 개관

현재 운영 중인 호텔을 인수하는 일은 규모와 빈도는 다르지만 흔히 있는 일이다. 매도인의 사정에 따라 부동산시장에 매물로 나온 호텔을 여러 가지 경로를 통해 접촉하여 구입을 검토할 수 있다. 매물에 대한 정보는 대부분 중개인을 통해 얻을 수 있고 매우 구체적인 내용까지 파악한 후에 협상을 통해 적정한 금액과 지불조건을 제시해야 한다. 호텔을 구입하여 운영하고자 할 때 경영관리자로서 이행해야 할 중요한 검토사항은 향후 호텔을 운영하면서 호텔의 발전 가능성과 부동산 가치의 상승을 연차별로 분석하여 예측 가능한 정보를 보유하고 이를 토대로 구입에 임해야 한다. 이때 검토해야 할 주요 사항에는 위치, 체인호텔이라면 브랜드의 가치, 예방관리프로그램의 운영, 동일 브랜드 내에서 고객만족도 지수, 객실점유율, 객실평균요금 등이 있다. 호텔을 알차게 운영해 온 호텔은 그렇지 못한 호텔에 비해 상대적으로 값어치가 높다. 그러나 매출의 상한점을 유지한 호텔은 향후 경영관리를 잘하더라도 이익이 크게 신장되지 않는다는 것도 유념해야 한다. 만약 매출이 경쟁호텔에 비해 크게 저조했다면 무엇보다 시설의 개보수가 따라야 할 가능성이 높으므로 별도의 개보수자금도 구입자금에 함께 계상해야 한다. 동일시장 내 경쟁호텔이 많거나 위치가 좋지 못한 호텔은 구입해서 경영개선을 이루기에는 매우 힘이 들 것이므로 구입을 자제해야 한다.

2. 호텔을 신축하여 개관

호텔을 창업하여 경영관리에 참여하고자 하는 사람이 충분한 자금력을 확보하고 있다면 그는 입지와 상권을 고려하여 새로운 장소를 찾아다닐 것이다. 새로운 상권이 형성되고, 아직까지 경쟁호텔이 없는 곳이면 가장 매력도가 높은 위치라고 할 수 있으며, 그곳이 자연경관도 함께 갖추었다면 금상첨화일 것이다. 호텔의 건물이 신축되기까지는 호텔의 전문가, 건축설계사, 실내디자이너, 건축시공자, 호텔체인본부, 호텔의 협력업체, 행정업무를 대행하는 변호사와 법무사 등이 개입하게 된다. 가끔 호텔을 신축하고자 할 때 도시계획에 의한 용도와 고도제한, 주차공간 확보 등 각종 장애에 부딪히게 되는 경우가 있다. 호텔을 신축하고자 할 때 고려하여야 할 내용은 첫째, 위치를 잘 선택하여야 한다. 상권과 허가될 수 있는 조건을 면밀히 검토한다. 둘째, 가입하고자 하는 체인호텔에 먼저 확인한다. 왜냐하면 단독호텔이 성공할 수 있는 확률은 그다지 높지 않으므로 브랜드를 도입하고자 할 때 체인본부에서 필요로 하는 호텔의 규모, 객실의 크기, 객실 수, 부대영업장의 수용범위 등의 제약에 대해 확인하는 것이 중요하다. 셋째, 빌딩에 대한 디자인은 확인해야 한다. 호텔 빌딩은 그 자체가 하나의 작품이라고 할 수 있다. 뿐만 아니라 잘 설계된 호텔은 경영관리에 용이하며, 이익을 높이고, 비용을 줄일 수 있는 매력도 가지게 된다. 넷째, 호텔을 신축할 때는 경영관리자가 건축 진행과정에 참여해야 한다. 호텔의 경영관리자는 건축설계사, 체인본부, 실내디자이너, 건축시공사 등과 수시로 만나 호텔기업주의 의견을 전달하고, 영업에 필요한 내용들을 논의하여 향후 호텔 운영의 장애요소를 사전에 차단한다. 다섯째, 체인본부에서 제안하는 가구의 선택은 호텔의 브랜드 이미지를 높인다. 여섯째, 공사기간에 개관준비도 곁들여 한다. 호텔의 건물과 조경이 완성되고 난 후에 개업준비에 돌입하면 시간을 헛되이 소모할 수 있으므로 공사가 진행되는 상황과 개관하는 시기를 상호 보완하여 함께 진행해야 한다.

3. 호텔의 평가와 재정의 확보

호텔을 구입하거나 신축을 결정하면 먼저 해야 하는 것이 재정의 확보일 것이다. 호텔은 소규모라 하더라도 객실당 약 5천만 원에서 초대규모 호텔인 경우 3억 원 이상이 투입되는 매우 큰 규모의 부동산이라고 할 수 있다. 따라서 호텔기업을 창업하고자 할 때 대부분 금융기관을 통한 융자를 염두에 두고 이에 대한 자금계획을 세우게 된다. 아마 이러한 작업이 중요한 과정일 수도 있을 것이다. 왜냐하면 호텔은 그 자체가 부동산으로 평가되기 때문에 근저당물로 적합할 수 있고, 경영환경과 경영관리 능력에 따라 꾸준히 성장할 수 있는 기업이기 때문이다. 그러나 호텔은 공간산업이기 때문에 매출의 한계가 있을 수밖에 없으므로 수용능력을 초월한 영업은 허망된 꿈일 뿐이다. 호텔에의 투자는 눈앞에 보이는 건물과 토지에 대한 평가 및 시장에서의 가치가 함께 고려되어 의사결정을 하게 되므로 시장에서의 입지가 중요한 요인으로 작용할 수 있다. 금융기관으로부터 호텔의 구입자금이나 신축자금을 차용할 때는 많은 서류들을 미리 준비해야 한다.

1) 시장에서 호텔의 가치평가

비록 부동산전문가라 하더라도 호텔의 가치를 평가하는 데는 많은 어려움이 따른다. 예를 들어 호텔의 위치가 좋고 건물과 비품의 상태가 좋다고 하더라도 그간의 경영관리진이 능력이 없어 영업상태가 좋지 않았다면 그 호텔은 이익을 낼 수 없었을 것이다. 이러한 호텔의 가치는 낮게 평가될 수밖에 없다. 그러나 경영관리진이 경영을 잘해 높은 수준의 경영성과를 내었다면 호텔의 가치는 올라갈 것이지만 구입하는 매수인의 입장에서는 성장세가 둔화될 것을 염려하지 않을 수 없다. 아무튼 호텔을 평가하는 데 현재의 매출이익이 크게 작용하는 것은 틀림없는 사실이다. 호텔을 선택하는 주요 요인으로 매출목표의 달성, 호텔건물과 비품의 상태, 위치, 체인의 브랜드, 경험 많은 호텔 종업원 등의 내부적 요인과 호텔분석자료, 경쟁관계, 지역 내 새로운 호텔의 신축, 지역시장의 성장세 등이 검토의 대상이 된다. 호텔을 구입하기 위해 평가를 하고자 할 때 접근하는 방법으로 대체적 접근, 매출 추세적 접근, 객실판매가격 비교적 접근, 수익자산 평가적 접근, 투자회수적 접근 등이 있으며, 어떠한 방법으로 분석하고, 평가하든 간에 가장 중요한 것은 전체적인 가치를 볼 수 있는 것이다.

(1) 대체적 접근

대체적 접근은 호텔의 구매자가 같은 지역의 동일한 위치에 호텔을 신축할 때 투자되는 금액 정도를 구매적정가격으로 보는 경우이며, 이는 동일지역이라 하더라도 길목이 좋은 곳은 그리 흔하지 않기 때문에 신뢰성이 강하지 못하다.

(2) 매출 추세적 접근

매출 추세적 접근은 호텔의 매출이 가장 중요한 평가요인이기 때문에 객실의 매출에 따라 평가되어야 하며, 매출이 높을수록 호텔의 가치가 높아진다는 것을 전제로 접근하는 방법이다. 이 경우 호텔의 평가가치를 객실매출의 2~4배로 보는 방법이다.

(3) 객실판매가격 비교적 접근

이 분석방법은 동일 시장 내에서 동일 규모 호텔의 객실판매가격을 비교하여 각각의 순위를 정하고, 특정호텔이 매각되면 그 호텔과 비교하여 가격을 결정하는 방법이다.

(4) 수익자산 평가적 접근

이 분석방법은 호텔이 보유한 각 영업장의 연간 수입, 연간 지불되는 비용, 시장의 가치 등을 평가한다. 이때 호텔의 잠재적 매출 성장의 예측, 비용의 예측, 호텔 이익의 예측, 수익용 자산의 가치 등을 평가하기 때문에 방대한 분석방법과 자료가 동원된다. 일반적으로 금융기관이나 구매자가 가장 많이 활용하는 호텔 가치에 대한 평가방법이다.

(5) 투자회수적 접근

이 접근방법은 호텔의 가치를 구매주가 투자한 금액의 회수율로 보는 것으로 투자된 금액의 회수(ROI : return on investment)가 빠를수록 투자가치가 높다는 분석이 나올 수 있다.

2) 호텔구입 재정의 확보

호텔을 구입할 때 금융차입비율을 어느 정도로 할 것인지는 호텔기업주가 예상하는 금융비용과 변제능력일 것이다. 이것의 기본이 되는 자료는 근저당을 설정하려 하는 호텔의 부동산과 영업권에 대한 평가가치임에 틀림이 없다. 최적의 부채비율에 대한 분석은 복잡하고, 상황에 따라 매우 다른 결과가 나올 수 있으므로 투자전문가의 자문을 받아 의사결정을 하는 것이 바람직하다. 다만 본인이나 기업체가 보유한 자본금이 계약금과 1차 중도금을 치를 수 있는 상황이어야 금융기관의 융자도 가능할 것이다. 금융기관에서 차용한 자금은 일정기간 내에 원금을 상환해야 하고, 매월 약정한 금융이자를 지불하여야 한다. 만약 제때 이자가 지불되지 못하면 전액상환을 요구받게 될 것이다. 차입할 수 있는 금융기관은 다양하다. 은행, 투자회사, 보험회사, 저축은행, 새마을금고, 투자금융, 관광진흥개발기금 등이 있으며, 외국은행에서의 차입도 가능하다. 그러나 모든 금융기관은 호텔업에 융자하는 것에 신중을 기하고 있기 때문에 대상 금융기관과의 신뢰성을 구축하면서 사전에 의사를 타진하는 것이 필요하다.

(1) 강력한 시장

호텔이 현재의 투자가치가 높거나 향후 영업이 빠르게 신장될 것으로 예측되면 융자를 해줄 금융기관은 대출에 대한 매력을 느낄 수 있을 것이다. 반면에 미개발지역이나 대학가, 빈민촌 등에 호텔을 신축하겠다는 제안을 낼 경우 이를 수용해 줄 금융기관은 없을 것이다. 따라서 매출과 이익이 높을 수 있는 강력한 시장을 선정하여 호텔의 인수를 고려한다면 금융기관과의 상담도 용이할 것이다.

(2) 적절한 자기자본의 구성

금융기관은 융자에 대한 위험 부담을 최소화하기 위해 여러 가지 조건을 제시하게 되므로 투자자는 충분한 담보능력과 자기자본의 비율을 높여야 한다. 가령 호텔에 투입되는 자금이 1,000억 원이라면, 금융권에 따라 다를 수 있지만 금융기관에서 융자받게 되는 돈은 약 500억 원 정도일 것이다.

(3) 강력한 호텔체인에 가입

호텔의 가치를 구성하는 요소 중에는 체인의 브랜드가 큰 몫으로 작용하게 되므로 규모와 위치, 시설과 경관, 이미지에 적합한 호텔체인에 가입하여 브랜드 핵우산 아래 있게 되면 자산의 가치가 상승하게 된다. 메리어트, 하얏트, 웨스틴, 쉐라톤, 힐튼, 리츠칼튼 등의 브랜드는 금융기관에서도 매력성을 인정하고 높이 평가되고 있음을 주지해야 한다.

(4) 경영관리자의 능력

금융기관은 그들이 융자하는 자금이 산업발전에 기여하고 금융기관이 바라는 기간 내에 원리금을 상환할 수 있는 능력과 경험을 갖춘 경영관리인에게 대출을 하려고 할 것이다. 따라서 호텔기업에 뜻이 있는 투자자는 호텔경영에 많은 경험과 지식, 그리고 신뢰성과 성실성이 검증된 지배인으로 하여금 호텔을 인수하고, 경영관리할 수 있도록 계획을 세워야 한다.

(5) 객관적인 평가에 필요한 자료

호텔을 구입하여 경영관리에 참여하려는 투자자는 호텔의 현재 가치를 초월한 대금을 치르려 하지 않을 것이다. 금융기관도 현재의 값어치에 대해 면밀히 분석하려 할 것임은 주지하는 바이다. 따라서 그 호텔의 가치를 객관적으로 입증할 수 있는 증빙자료는 매우 유용하게 활용할 수 있기 때문에 대상호텔의 경영계획, 매출예측보고서 등을 작성하는 것이 중요하다. 만약 기존 호텔의 구입이 아닌 신축을 원한다면 금융기관은 호텔신축의 타당성조사보고서(feasibility study report)

를 요청할 것이다. 호텔경영계획서를 작성할 때 유의해야 할 점은 첫째, 호텔에 대한 일반적인 개요 설명, 둘째, 호텔의 마케팅 계획, 셋째, 호텔의 재정 운영계획, 넷째, 호텔의 부문별 영업계획 등이 포함되어야 한다. 객관적인 평가자료를 바탕으로 잘 짜여진 경영계획서는 매우 높은 설득력을 가지게 되며, 이는 금융기관의 자금을 도입하는 데 결정적인 역할을 하게 된다. 경영계획을 작성하는 순서는 〈표 14-1〉과 같다.

〈표 14-1〉 호텔인수경영계획서

호텔인수경영계획서(　　　　　년도)
1. 현재 경영관리에 대한 요약 2. 호텔의 개요 　• 호텔의 규모, 시설의 내용, 시설의 상태 　• 증축 및 개보수 계획 　• 평가에 대한 요약 3. 마케팅 계획과 시장에 대한 요약 　• 경쟁호텔 　• 현재 시장의 마케팅 노력과 결과 　• 잠재시장의 마케팅 노력의 방향과 방법 　• 예상되는 잠재시장의 마케팅 노력에 대한 결과 4. 재정계획(동원 가능한 자산의 상태와 필요로 하는 조달 규모) 　• 예측되는 총매출 　• 예측되는 수입과 지출 규모 　• 손익분기점 분석 　• 운영자금계획과 대차대조표 5. 경영관리 계획 　• 현재 경영관리팀에 대한 설명 　• 잠재적 경영관리팀에 대한 구상 　• 당해 호텔의 경영관리에 대한 철학과 전략 　• 잠재적 경영관리팀에 대한 이력서 6. 증빙서류 　• 호텔 부동산에 대한 감정서 　• 구매계약서 　• 체인호텔경영계약서 　• 기타 증빙에 도움이 되는 서류

제4절 ┃ 호텔 개관의 준비과정

호텔을 신축하거나 기존의 호텔을 인수하여 개관하거나 개관의 준비단계는 비슷하게 이루어진다. 대부분의 호텔들은 오랜 기간 동안 준비팀을 구성하여 총지배인의 지휘하에 일일업무를 수행하게 된다. 호텔의 개업은 물자와 인력이 제때 갖추어져야 가능하므로 기간별 할 일과 달성해야 할 목표를 상세하게 정리해 두고 이를 이행해 나가면서 문제점을 보완하여 일정에 차질 없이 완결한다.

1. 개관 6개월 전

총지배인이 부임하고, 개업 팀이 구성되면 그들이 일할 수 있는 공간을 마련하고 필요한 사무용 가구와 문구류를 갖추게 된다. 이때 마케팅 활동에 필요한 각종 인쇄물도 함께 주문해야 한다. 사무실에 전화기를 설치하고, 컴퓨터, 팩스 등도 함께 갖추어야 한다. 영업을 위한 주요 보직에 합당한 후보자를 물색하고, 시설관리를 위해 시설관리부서장을 영입한다. 체인호텔에 가입하였다면 체인본부와의 의사소통을 위한 채널을 구축하고, 그들의 매뉴얼에 의한 개업과 경영관리가 될 수 있도록 표준화에 힘쓴다. 개업에 필요한 작업을 구체화하면 다음과 같다.

① 호텔이 객실과 각 영업장, 사무실에 설치할 전화기 시스템을 결정하고, 이를 발주한다. 이때 경영관리에 필요한 유무선 장비를 함께 고려한다.
② 외부에 호텔개업에 대한 대형 안내판을 설치한다.
③ 지역의 상공인 모임에 회원으로 가입하고, 명부에 등재하고, 지역 소식지에 지속적으로 홍보한다.
④ 체인본부의 예약망이나 세계적 전문 예약망(Global Distribution System)에 가입하여 호텔의 위치, 규모, 시설, 서비스, 운영방법, 예약 등에 관해 홍보를 진행한다.
⑤ 지역 은행에 호텔의 예금계좌를 개설한다.
⑥ 호텔이 영업과 고객관리에 필요한 차량을 주문한다.

⑦ 호텔의 정보전산시스템 도입에 대한 검토작업에 착수한다.

⑧ 조경공사에 대한 검토와 발주에 들어간다.

⑨ 건물 외벽과 외부에 설치할 간판, 안내판의 제작을 위한 주문에 들어간다.

⑩ 호텔 내부에 부착할 각종 안내판의 주문에 들어간다.

⑪ 판촉전략에 의한 다양한 홍보를 펼치고, 개업에 초청할 인사들의 명단을 확보하고 DM을 발송한다.

⑫ 호텔에 설치할 시설장비, 세탁장비를 발주한다.

⑬ 개업에 필요한 각종 물품의 지불에 관련된 규정과 절차를 정비한다.

⑭ 호텔이 필요로 하는 협력업체를 모집하고, 이들과 협력관계를 구축한다.

⑮ 영업을 위해 관공서로부터 취득해야 하는 각종 인 · 허가를 신청한다.

⑯ 각국의 사업용 전화번호부(Yellow Page)에 광고를 게재한다.

⑰ 각 직급에 대한 직무기술서를 정리한다.

⑱ 각 객실에 비치할 가구를 발주한다.

2. 개관 3개월 전

세일즈와 마케팅을 담당하는 임원이 결정되면, 이때부터 본격적으로 마케팅활동에 돌입하게 된다. 경영관리를 위해 구성되는 임원회의의 구성이 완성되고, 호텔의 시설을 안전하게 운영하고, 관리할 시설관리부서와 안전관리부서의 간부진이 구성되어 본격적으로 업무에 돌입할 수 있어야 한다. 각 분야별 업무는 보다 세분화되어 개업 준비에 착수해야 한다.

① 식음료 부문의 냉동 식자재와 수입 음료를 발주하여 영업에 대비한다.

② 종업원의 급여 테이블을 만들기 위해 전국적, 지역적으로 조사에 착수한다.

③ 종업원 선발을 위한 공고를 신문, 라디오, TV, 리쿠르트 잡지 등에 낸다.

④ 객실과 식음료부서장이 업무에 착수하도록 하고, 각 분야별 인력선발에 앞장선다.

⑤ 예약시스템을 가동한다.

⑥ 객실부문에 필요한 각종 체크인, 체크아웃 장비와 인쇄물을 발주한다.

⑦ 헬스, 사우나, 조리부서, 하우스키핑에 필요한 장비를 납품받아 설치하고, 시운전에 들어간다.

⑧ 객실에 필요한 침대, 가구, 편의품, 리넨을 발주한다.

⑨ 프런트데스크와 각 영업장에 영업회계시스템을 설치하고, 시운전에 들어간다. 필요한 부분을 보완하고, 담당직원이 채용되면 교육에 들어간다.

⑩ 건물 내·외부를 소독할 수 있는 체계를 구축하고, 소독 준비에 돌입한다.

⑪ 객실에 비치할 성경, 불경, 전화번호부를 주문한다.

⑫ 연회장에 들어갈 각종 시청각, 조명장치에 대한 발주에 들어간다.

⑬ 세탁실에 필요한 세제, 인쇄물 및 포장지를 발주한다.

⑭ 안전관리실의 화재경보시스템을 작동하고, 비상키 시스템을 확립한다.

⑮ 필요한 인력을 선발하고 교육계획을 세운다.

⑯ 선발된 인원에 대해 각 영업장별 유니폼을 발주한다.

⑰ 개관준비계획을 수립하고, 각 분야별 업무를 분장한다.

3. 개관 1개월 전

개관 3개월 전에 인력의 영입과 장비의 도입에 대한 작업을 진행하여 개관 1개월 전까지 대부분의 업무가 종료된다. 이때부터는 대부분의 시설과 장비가 정상적으로 가동되고, 고객이 투숙할 때 전혀 불편함이 없도록 전관의 공기도 정화하여야 한다. 이즈음에 이뤄져야 하는 업무는 다음과 같다.

① 각종 보험을 검토하고, 빠진 부분은 추가로 가입한다.

② 고객을 위한 안전금고를 납품받아 설치하고, 운전에 들어간다.

③ 내·외부에 필요한 안내판과 번호판을 부착한다.

④ 화재안전시스템을 관리할 운영업체를 선정하고, 소화기를 제자리에 비치한다.

⑤ 모자라는 서비스직을 추가로 모집하고, 교육에 들어간다.

⑥ 개관에 초청할 인사들에게 초청장을 발송한다.

⑦ 유니폼을 납품받아 필요한 세탁을 실시한다.

⑧ 체인호텔의 홍보물을 집수받아 관련 부서에 배부한다.

⑨ 구급함을 설치하고, 필요한 약품과 소모품을 비치한다.

⑩ 각 객실에 번호표를 부착하고, 'Non-smoking'에 대한 안내문을 부착한다.

⑪ 각 객실 출입문에 피난통로, 비상시 행동요령을 부착한다.

⑫ 각 영업장과 헬스 및 사우나에 대한 일일점검체계를 구축하고 이를 이행한다.

⑬ 세탁실에 세제, 화공약품과 용기(dispenser)를 구입하여 설치한다.

⑭ 판촉지배인이 담당 시장에서 활동할 수 있도록 지원한다.

⑮ 개관에 대한 홍보와 광고를 대대적으로 이행하고, 개관행사의 이벤트에 대해 일일점검체제에 돌입한다.

⑯ 객실가구에 광택을 내고, 각종 편의품을 제자리에 비치한다.

⑰ 안전관리위원회를 구성하고, 안전관리부서가 중심이 되어 호텔의 인명과 재산을 위험관리(risk management)체계로 전환한다.

4. 개관 1주일 전

개관 1주일을 앞두면 건물 내·외부에 모든 불을 밝히고 개관 분위기를 만들어 가야 한다. 새로운 탄생을 경축하는 분위기는 내부 구성원의 마음으로부터 시작되며 모든 구성원의 축제이기도 하다. 영업부문은 연일 정상적인 영업에 돌입하고, 각 영업장은 내부 고객인 종업원을 초청하고 시식회를 갖고 품평을 받으며, 시설물은 종업원들에게 공개하여 미리 사용해 보도록 하여 구성원의 상품지식을 높이고, 고객만족을 실현하는 데 구전효과를 올리며, 개관 전에 종업원의 사기를 극대화한다. 개관을 앞둔 시점에서 확인하고, 이행해야 할 사항은 다음과 같다.

① 모든 구성원의 사기를 확인한다. 구성원들이 상하좌우로 보다 많은 커뮤니케이션을 할 수 있도록 분위기를 조성한다.

② 호텔의 PMS와 각종 시스템의 작동상태를 점검하고, 보고서를 작성한다.

③ 수질에 대한 점검과 배수상태를 확인한다.

④ 전기의 수전과 배전을 확인하고, 비상발전시스템을 점검한다.

⑤ 모든 시설물에 대한 전등을 확인하고, 조도를 조절한다.

⑥ 안전시스템을 실제상황에서 확인하고, 비상시에 대비한다.

⑦ 냉·난방시스템과 공조시설(HVAC)을 점검하여 개관일에 몰릴 많은 고객에게 첫인상을 좋게 한다.

⑧ 지역 매스컴을 활용한 홍보에 돌입한다.

⑨ 비즈니스에 영향을 미칠 인사들을 초청하여 투숙하고, 음식을 시식하도록 한다.

⑩ 종업원들이 근무에 임할 때 불편한 점이 없는지 살피고, 항상 미소로 고객을 맞이할 수 있도록 독려한다.

5. 개관 후 활동

호텔의 경영관리는 시스템에 의해 운영되므로 개업시점에서 발생하였던 다양한 문제점을 밝혀내어 보완하고, 잘되었던 일은 홍보자료로 활용할 수 있도록 발굴하여 문서화한다. 호텔의 역사는 개관 전부터 기록되지만 영상자료를 만들어 활용할 수 있는 것은 개관시점부터일 것이다. 이를 살펴보면 다음과 같다.

① 개관식에 참석하였던 모든 고객에게 대표이사나 총지배인의 명의로 감사의 편지를 보낸다.

② 개관에서 나타난 모든 문제점을 기록하여 이를 경영관리에 반영할 수 있도록 문서화한다.

③ 개관에 참여하였던 모든 매스컴사에 감사의 뜻을 전한다.

④ 개관식에서 수고한 호텔의 종업원 모두에게 총지배인이 감사의 뜻을 전한다.

⑤ 종업원의 서비스교육을 강화하고, 활기찬 조직문화가 정착되도록 한다.

⑥ 판촉지배인의 활동을 강화하고, 빠른 시일 내에 마케팅부문이 안정되도록 지원한다. 최초의 마케팅활동은 창업비용으로 간주하고, 예산을 집행해야 한다.

⑦ 각 부문별로 목표를 달성할 수 있도록 분위기를 조성하고, 이에 대한 공정한 평가제도를 확립하여 이행한다.

⑧ 일일 경영관리의 수월성을 확보할 수 있는 경영정보시스템을 강화한다.

김이종(2012). 호텔경영론. 서울: 새로미.

김이종(2012). 호텔식음료관리론. 서울: 새로미.

라마다 인터내셔널 호텔 매뉴얼.

롯데호텔 식음료 및 조리매뉴얼.

박대환 · 박봉규 · 이준혁 · 오흥철 · 박진우(2014). 호텔경영론. 서울: 백산출판사.

스기다 미네야스(김현수 역)(1988). 교류분석. 서울: 민지사.

영목충의 編(1995). 현대관광론. 서울: 백산출판사.

유철형(1996). 호텔식음료 경영과 실무. 서울: 백산출판사.

이준혁 · 박대환(2016). 호텔외식관광인적자원관리. 서울: 백산출판사.

이학종(1998). 조직행동론 – 이론과 사례연구. 서울: 세경사.

이학종 · 양혁승(2011). 전략적 인적자원관리. 서울: 박영사.

이호길(2018). 호텔사업프로젝트와 운영계획서. 서울: 백산출판사

전명준(1991). 호텔서비스. Tour Times.

정규엽(2013). 호텔외식관광마케팅. 서울: 연경문화사.

정규엽(2015). 호텔외식관광마케팅. 서울: 연경문화사.

정규엽(2017). 호텔외식관광마케팅. 서울: CENGAGE Learning.

정규엽(2019). 호텔외식관광마케팅. 서울: CENGAGE Learning.

채신석 · 정해용 · 고재용(2015). 호텔경영론. 서울: 백산출판사.

최병호 · 이진택 · 오봉희 · 김정수(2013). 호텔외식 주방관리 실무론. 서울: 백산출판사.

한국관광학회(2012). 한국현대관광사. 서울: 백산출판사.

HMC 호텔경영컨설팅 연구소 사료.

American Hotel & Lodging Educational Institute(2002). *Certified Hotel Administrator-Study Guide*-Vol Ⅰ,Ⅱ,Ⅲ. FL: Orlando, USA.

Goleman, Daniel(Jan. 2004). What makes a leader? *Harvard Business Review*, pp. 82-91.

Howell, J. P., & Costley, Dan L.(2006). *Understanding Behaviors for effective leadership*. 2nd Ed. New Jersey: Prentice-Hall.

Kavanaugh, R. R., & Ninemeier, J. D.(2001). *Supervision in the Hospitality Industry*, 3rd Ed. Lansing, Michigan: American Hotel & Lodging Educational Institute.

Robbins, S. P.(1989). *Training in Inter-Personal Skills*, NJ : Prentice-Hall.

Vallen, G. K., & Vallen, J. J.(2000). Check-In Check-Out. 6th Ed. NJ : Prentice-Hall.

Woods, R., Johanson, M. M., & Sciarini, M. P.(2012). *Managing Hospitality Human Resources*. 5th Ed. Lansing, Michigan : American Hotel & Lodging Educational Institute.

www.franchisehelp.com

www.hotelsmag.com

저자소개

이준혁

- 현) 영산대학교 호텔관광대학장
  영산대학교 호텔관광대학 외식경영학과 교수
  (사)한국호텔관광학회 회장(2022.3.~2024.2.)
- 경희대학교 경영대학원 관광경영학과(경영학 석사)
- 세종대학교 일반대학원 경영학과 호텔외식마케팅 전공(경영학 박사)
- 미국 플로리다국제대학교(FIU) 호텔관광학부 교환교수
- 미국 국제총지배인자격증 취득(AH&LA CHA)
- 라마다올림피아호텔 MTC(management training course) 객실팀,
  기획실 교육 담당, 고객관리 담당, 피트니스 담당, 당직 지배인
- (사)한국호텔외식관광경영학회 부회장
- (사)한국관광학회 편집위원
- 영산대학교 호텔관광학부장
- 한국외식경영학회 이사
- 대한관광경영학회 편집이사
- APEC 이후 부산관광이미지의 변화 외 논문 70편

박대환

- 영산대학교 호텔관광대학 호텔관광학부 명예교수
- 세종대학교 경영대학원 호텔경영학과(경영학 석사)
- 경남대학교 대학원 경영학과 서비스마케팅전공(경영학 박사)
- 미국 플로리다국제대학교(FIU) 호텔관광학부 교환교수
- 관광호텔 총지배인자격증 취득(한국관광공사)
- 미국 국제총지배인자격증 취득(AH&LA CHA)
- 부산웨스틴조선호텔 영업총괄 부총지배인
- 경상남도의회 자문위원(관광분야)
- 국가직무능력표준(NCS)설정 전문위원
- 한국호텔관광학회 회장

정연국

- 현) 동의과학대학교 호텔관광서비스과 교수
  동의과학대학교 국외여행인솔자 양성·소양과정 책임교수
  부산광역시 관광통역안내사 양성사업 책임교수
  관광종사원 관광통역안내사 국가자격시험 면접 및 출제위원
  관광종사원 국내여행안내사 국가자격시험 면접 및 출제위원
- 경희대학교 경영대학원 관광경영학과(경영학 석사)
- 세종대학교 대학원 경영학과(경영학 박사)
- 미국 국제총지배인자격증 취득(AH&LA CHA)
- (주)삼립 하일라 리조트 근무
- 동국대학교 관광산업연구소 연구원
- 영산대학교 호텔관광대학 겸임교수

저자와의
합의하에
인지첩부
생략

호텔경영론

2018년 8월 30일 초 판 1쇄 발행
2021년 3월 10일 제2판 1쇄 발행
2024년 1월 10일 제3판 1쇄 발행

지은이 이준혁 · 박대환 · 정연국
펴낸이 진욱상
펴낸곳 백산출판사
교 정 박시내
본문디자인 오행복
표지디자인 오정은

등 록 1974년 1월 9일 제406-1974-000001호
주 소 경기도 파주시 회동길 370(백산빌딩 3층)
전 화 02-914-1621(代)
팩 스 031-955-9911
이메일 edit@ibaeksan.kr
홈페이지 www.ibaeksan.kr

ISBN 979-11-6639-326-6 93320
값 34,000원